山﨑眞紀子・石川照子
須藤瑞代・藤井敦子・姚毅 著

女性記者・竹中繁のつないだ近代中国と日本

―一九二六～二七年の中国旅行日記を中心に―

研文出版

女性記者・竹中繁のつないだ近代中国と日本

――一九二六～二七年の中国旅行日記を中心に――

目次

凡　例

・本書で言及する竹中繁の遺品に含まれていた日記、ノート、手紙、写真などは「竹中繁史料」と総称する。
・漢字表記は、特に必要のある場合を除いて現代日本語の常用漢字表によった。
・原文中に編者の注記を挿入する場合は、〔　〕を用いた。
・史料の引用に際しては、適宜句読点を補った。
・手書きの文章を活字に起こすに際しては、くの字点（二字以上の文字を繰り返す符号）は使用せず表記した。
・判読不能の文字は□とした。
・本書内の他の章に関連記事がある場合は、（八－二）〔＝第八章第二節参照〕のように略記した。

女性記者・竹中繁のつないだ近代中国と日本

――一九二六～二七年の中国旅行日記を中心に――

はじめに

私たちが竹中繁《たけなかしげ》の残した中国旅行日記の研究を始めたきっかけは、アジア女性についてのジェンダー研究文献を読む会の延長線上にあった。会のメンバーは、近現代中国女性史・キリスト教史を専攻する石川照子、中国女性史・現代中国史の姚毅、近代中国女性史の須藤瑞代、中国女性史・中国文学の藤井敦子、日本近現代文学を専攻する山﨑眞紀子である。当初は山崎朋子『アジア女性交流史　明治・大正期編』（筑摩書房、一九九五年）、続けて同じく『アジア女性交流史　昭和期編』（同、二〇一二年）を読み終わり、さて次に何を読もうかとなった時に、須藤が東京朝日新聞社初の女性記者・竹中繁の大正末から昭和の初めにかけて中国を旅した記録を読むことを提案したことから本研究は始まる。

文字だけ見れば一見男性かと思われる竹中繁の名に、須藤が出会ったのは十年ほど前になる。一九一五年に上海において創刊された当時の中国の女性論をリードする雑誌『婦女雑誌』を読んでいたところ、刊行最終年の一九三一年に「竹中繁」署名の記事が複数あり、名前から男性かと思っていたが紹介記事には「日本人女性で、日本の女性解放運動に努力している人物」とあったという。いったいなぜ日本人女性が中国の雑誌に記事を書いているのだろうと不思議に思い調べていくにつれて、竹中が東京朝日新聞社の記者時代に中国を半年も旅行し、中国の新聞雑誌には日本女性を紹介する記事を、日本の新聞雑誌には中国女性を紹介する記事を書く、いわば双方向レポートをしていることがわかり、ますます興味を抱いた。

日中戦争へと至る当時の国際関係が悪化の一途をたどる中で、国家の論理に従うのではなく、尊敬すべき隣国の女性たちと開襟して交流したいとの一念で、さまざまな試みをしていた一女性ジャーナリスト・竹中繁がいたことは、今日、ほとんど知られていない。例外として、香川敦子が、一九九九年に『窓の女　竹中繁のこと』（新宿書房）を刊行していた。香川敦子は竹中繁が東京朝日新聞社入社以前に女子学院で教職に就いていた時の教え子で、以降、親交の深かった石川忍の長女である。須藤は香川敦子を通じ、竹中の遺族と面会して肉筆の手帳などを預かってデータに残し、藤井敦子とともにデータ化した肉筆をワードで起こしてパソコンに入力していった。その日記や竹中が執筆した雑誌記事、さらに竹中の令孫・稲葉幸子氏が保管している書簡類など、竹中繁が残した史料を私たち五人のメンバーが目にしたとき、このまま埋めておくにはあまりに惜しいと本書に向けての具体的な準備が始まった。

いま振り返れば、竹中繁という女性の、人目に立つことを嫌い常に陰に回って誠実に生き、そして、あの時代に日中関係が良い方向に向かうように最善の道を考えて黙々と歩みを進めて行ったジャーナリストの姿に、同じく研究論文を書くことで生を支えている私たちの偉大なる先人として、師と仰ぐ存在になりうると直感したのだと思う。研究会を始めた五年前当時、私たちは関西、関東、北海道と散り散りに住まいを構えていた。集まるための交通費の負担も大きかった。やがて文部科学省の科学研究費を申請して資料調査代や研究会費などの経費を支弁しつつ、京都、大阪、東京、札幌で集まり、本書にまとめられた共同研究へと進んでいったのである。

*

竹中繁が中国に強く関心を抱くようになったのは、一九二三年の春に大阪朝日新聞社の企画で、同社記者の恩田和子が中心となって遂行された女性だけの中国観光団に、竹中が同行して世話係を務めたことがきっかけであった。これが竹中にとっての初めての海外経験であり、以降、彼女の中国への関心が高まっていったのである。当時は第一次世界大戦後で、報道機関はますます国際的になっていった。同僚の若い男性記者たちは見聞を広めるため海外で長期間過ごすことが許されており、すでにアメリカやヨーロッパの滞在経験を経ていたものが多かった。竹中は入社十五年を経過してようやく渡航への声がかかった。その機会に彼女は同僚たちが選んだ欧米ではなく、中国を選んだのである。その理由を知る手掛かりが以下の文に見られる。

度々日本に居て聞いた言葉は、中国には恐ろしく突飛な婦人が出来てゐる、断髪をして政治を論じたり示威運動の先に立つたり、日本などよりはズツと急進的な思想をもつた婦人が近頃出来たさうだとか、または、中には交際上裡にもズンズン断ち入つて西洋人とも交れば、ダンスをやつたりなどしてなかなかハイカラな婦人がゐる、といふ事でした。そしてそれを如何にも珍しい事のやうに言ひまた聴くのでした。併しそれは過去の中国婦人の生活の歴史を考へさうして遽かに世界の舞台に飛び上る為めに（私は中国婦人の場合特に飛び上ると言ひ度いと思ふのです）急ごしらへをしなければならなくなつた道筋を考へるときに、凡ゆる平衡と中庸を失つたやうな現象のあらはれる事は、決して不思議でもなければ疑はしい事とも思はれません。しかし政府は一躍して国民の政府となつた。その掲げた看板はいかにもよかつたのですけれども、国民といふ中に婦人といふものをまだまるで見過して居たのでした。そこで婦人は他人の手をまたずに自分一人で立つて、歩んで、行くべき道を自分で拓かなければならない場合である事に気づきました。気づいて見れば世界の中で中国の婦人が婦人として、一番割の悪い場所に立つて居ながらなほ起ち後れて居たのでした。焦るのは如何にも当然のことだと思ひます。（竹中繁子「中国婦人雑感」『婦人運動』第五巻第四号、一九二七年七月）

世界を見渡して、竹中が渡航先に中国を選んだのは、特に最後に置かれた言葉に集約されるだろう。私たちが読んでいた『アジア女性交流史』（明治・大正期編）の冒頭にも、著者の山崎朋子が「日本女性の生活とその歴史を追究してゆくことから、わたしは、必然的に、アジア女性交流史という主題に行き当たらざるを得なかった」との言葉を寄せ、さらに、それまでの女性史の多くが「第一に、いわゆるエリート女性の歩みのみを取り上げるに熱心であり、第二に、それとからみ合いつつ、西欧の眼あるいは尺度によって構成されている」と記している。

竹中繁は一八七五（明治八）年に生まれ、一八八八年十一月キリスト教系の女子教育がなされていた女子学院に入学、二十歳で卒業するまでには英語を自分のものとした。つまり、西洋文脈の中で教育を受けてきた女性である。しかし、彼女の眼差しは中国に向けられた。繰り返すが「気づいて見れば世界の中で中国の婦人が婦人として、一番割の悪い場所に立つて居ながらなほ起ち後れて居たのでした」と記す竹中の言葉は、感傷に溺れずさらりと書かれた筆致ながらも、気づくことができた人間のみが発せられる意味深い言葉と言えるのではないだろうか。

もしかしたら「一番割の悪い場所」に竹中も長い間居続けたのかもしれない。母親を早くに亡くし、父親には慈愛深く育てられながらも、義母との軋轢もあり、家族に甘えることができなかった。女子学院卒業後、教育職に就き、英語を習いに来ていた八歳年下で東京帝国大学法科大学英法科を卒業したばかりの、後に内閣総理大臣に就任する鳩山一郎と恋愛関係になり、妊娠した。授かった彼の子どもを、繁は三十二歳の時に未婚のまま隠れて出産し里子に出している。竹中が懐妊したことを知らされた鳩山一郎の母は、一郎と寺田薫との結婚を急いで成立させた。竹中は、鳩山一郎とのことやひっそりと里扶持料を毎月届けに行ったことなどの記録や当時の心情などいっさい残していない。おそらく「書き記す」ことによって引き起こされるかもしれない何かを固く禁じたのだろう。

竹中が東京朝日新聞社の社員となったのは三十七歳の時である。本書にある中国旅行出発時は五十歳、十一月生まれの竹中は現地で五十一歳を迎えている。体力的にはまるで二十歳代のように精力的に教育機関を中心に周り、その時々に人を介して出会った、とりわけ感銘を受けた中国女性たちとの交流のさまを日記や記事にしたためた。

その日記を現在の私たちが読んでいくうえで、いまやそのまま置かれては理解することが難しい言葉、特に人物名や歴史的事項に注釈をつける必要があると判断し、大項目、中項目、小項目と分けて、各自調べた成果を精査し合った。そして、主要な人物や事項を改めて立てるべきものを検討することや、竹中宛の書簡判読など、次から次へと課題は生まれていった。こうして出来上がったのが本書である。

＊

はたして明治初期に生まれた東京朝日新聞社初の女性記者が遺した中国旅行の記録から、現在において何が見えてくるのだろうか。共に旅をしたのは、竹中の友人である服部升子である。服部は日本女子大学校第一回生として学び、卒業後は当時の奉天（現在の瀋陽）の女学校で五年間教鞭をとり、帰国後も日華学会に属して中国からの留学生を厚く世話をしていた。中国語が堪能な服部が教育機関を回りたいと主張し、竹中はそれに従った。後にこの経験を竹中は、

大かたの重要な都市を訪ねた間に、同行の服部女史が、平素のお仕事の関係上、学校歩きの必要から、それこそ虱つぶしに片端から学校を参観しました。服部女史は民国留学生の真の母として心身を打ち込んで居られるだけに、一歩彼地に踏み入れば、日本へ留学生を出してゐる土地から教育の状態を探る必要が当然あるわけです。従つて明けても暮れても、ではない来る日もまた来る日も学校廻りばかり、少しは気を更へての遊山気分も、私としては大いに必要なのですけれども、何がさて伴れの人は無駄な贅沢と一蹴して了ふので、しようことなしの諦めで照り降りなしの学校巡りにこれ日も足らなかつたのです。とは言ふもののその学校巡りが私にどれほど役立ちました事か！（「民国教育の過程」『婦選』第六巻第五号、一九三二年五月）

と述べている。旅は強行軍に進められ、さすがに竹中自身も音を上げている。しかし、竹中の言葉には生き生きとしたうれしい悲鳴があげられているように読める。加えて次にあげる文章をさらに読むならば、軽妙洒脱なリズムに江戸以来の庶民性が感じとれはしないだろうか。どうやらエリート臭は彼女とは無縁のようだ。

或日また例の異様な洋装の女旅人二人は、正午真近に南京の駅に現はれた。滬寧線で上海から着いたのである。一人は小さいスーツケースを提げて、他の一人は風呂敷包を小脇に抱へてゐた。改札口から流され出ると、右手の台を前にして居た一人の中国婦人が、いきなりスーツケースの方を呼び止めた。

「その鞄には何が這入つてゐるかお見せなさい。」

スーツケースは婦人の言葉を耳にもかけずに歩き出さうとした。と、また「中を検めます、お見せなさい」といふ。

「何も貴女に見せる必要なんかありません。一体貴女は何者ですッ」こちらも居丈高だ。

「私は税関吏です。」

役目の手前とあらば拒むも詮ないと思つたので、不精無精《ママ》に台の上で鞄を開いて見せた。

「宜しい」

通過の上で、下関《シャークワン》の宝萊館に二人は向つた。この当時南京の町を歩くと、城内の入り口や船着場に、恰うど公衆電話のスタンドの様な物が立つてゐて、「女検査所」と書いた木札が掲げてあつたものだ。まさか通りがゝりの女の誰れ彼れを検査するわけでもあるまいが、と聞いて見れば、広東から入り込んだらしい怪しい婦人と認めた者を、女が検査するのだといつた。

×　×

二人の女旅人とは、誰あらう、大正の女弥次喜多をきめて、そこらに辿り着いた、例の服部女史と、かく申す筆者自身が、北伐の戦酣な当時、北方の驍将と呼ばれた孫伝芳が死守してゐた蘇州の街でと、南京の駅と街頭で出会はした事件なのです。（竹中繁「支那婦人の進出」『婦選』第六巻第七号、一九三二年七月）

怪しい婦人と認めた者を、女が検査する、この合理的な方法を即座に導入する中国に竹中は感心しつつ、長旅で懐がさびしく節約を大いに課せられた、盟友・服部との中年女性二人旅の生真面目ゆえの滑稽さが、からりとしたユーモアで書き記されている。大学を出てすぐ入社したエリート記者の一群の外れにいた竹中の文体と視点は、実に魅力的だ。

さらに加えれば、冒頭に挙げた「政府は一躍して国民の政府となつた。その掲げた看板はいかにもよかつたのですけれども、国民といふ中に婦人といふものをまだまるで見過して居たのでした。そこで婦人は他人の手をまたずに自分一人で立つて、歩んで、行くべき道を自分で拓かなければならない場合である事に気づきました。」との言葉は、柔らかいながらも鋭く突く視点に、竹中の朝日新聞社記者時代の呼び名である「おばちゃん」と、中国の雑誌にも掲載される国際人・竹中繁の気鋭ジャーナリストとしての面目躍如たる両輪が、彼女を動かしていたことが感じ取れるのではないだろうか。

＊

中国旅行から帰った翌年の一九二八年、竹中は東京朝日新聞社に働きかけて社の主催という形で、婦人運動家や記者などが集まって意見を発表し批評し合うなどの月一回の研究会・月曜クラブを設立した。この会は一九三七年まで続けられ、並行して中国女性のことを学ぶ会である一土会も開催した。これは一九三四年に終わった。会の主催者といえども彼女は表に立つこともなく、会の運営を黙々と進めていった。これらの会の運営を継続していった根底には、中国旅行で訪れた教育機関や、知り合った尊敬すべき人々、また踏み立った土地から湧き上がる中国の偉大さや懐の深さが彼女の体に染みつき、不均衡に傾いていた日中関係をわずかながらでも正しい方向に向かわせたいという願いがあったからであろう。しかし、彼女の想いとは逆行して、その十年後に日中戦争が勃発したのであった。

中国から学びたいと思い立った中国旅行、そしてそこで経験した中国女性との血の通った温かな交流、これらの経験が竹中を月曜クラブや一土会へと自らの責として心に忍ばせていったわけであろうから、どのようにしても戦争を回避できなかったことに対する竹中の忸怩たる思いは、忍んで余りある。上辺は醜く汚濁していったとしても、だからこそ底に流れる水は清く流れるように努めるべく、日中間の相互理解に向けて活動していた想いが無念に砕け散った後、竹中は沈黙する姿勢を取り続けた。沈黙を破ろうとしたのは三十数年の後である。親交のあった野上弥生子が一九五九年に上梓した『私の中国旅行』（岩波書店）を読み、長い間封印していた自らの中国旅行の緒が切れたのだ。「忘れがたい回顧がしきりに心を動かした。ただ懐かしいだけでは言い切れないものがある」と、以降、旅行記を書き始めようとしたメモ書きが残っている。筆致は相変わらず、感傷に溺れず出来事を正確に伝えようとするジャーナリストのものであるが、その内容のほとんどは共に旅をした服部升子の功績で占められている。日本に留学した中国人が、日本であらぬ嫌疑をかけられ処刑されたり、惨く不当な扱いを受け、抗日の精神を抱いて帰国する現状を打開すべく、服部は中国人留学生に献身的に尽くした。

竹中繁は朝日新聞社勤務時代が短く年金もわずかで、退職後は都心の住まいを処分して千葉県鶴舞で心細い生活を送っていた。そんな竹中を心配した友人・市川房枝は生活費の援助をし続けた。市川自身も決して豊かだったわけではない。そして、竹中が亡くなり、繁に一子があった事情を知った市川は、鳩山一郎の墓に繁の子息を連れて行ってもいる。この二人の友情の根底にあるのは、おそらく共にその仕事を通しての尊敬の念であろう。ほかにも竹中を慕い続ける人物は非常に多いことは、遺族のもとにある竹中繁宛書簡が物語っている。日中間だけではない。日本女性同士の交流も竹中繁は大切にしていたのだ。

二十一世紀の現在にいながら、九十年前の「大正の女弥次喜多」道中記から学び取ろうとしている私たちは、日中女性関係史という道中を歩む「平成の女弥次喜多」仲間なのだと思う。歴史は繰り返すといわれるが、誤った知識には誤った認識しか生まれない。本書を刊行することで、読者が竹中繁の歩んできた道のりから多くのことを学び取り、そして、いまの私たちが誤った認識に陥らないように本書を世に出したく思った。

日中女性関係史研究会代表　山崎　眞紀子

第一章　理解と融和を求めて——竹中繁について

須藤瑞代

本書の主人公、竹中繁が半年間にわたる中国旅行へ旅立ったのは、一九二六年九月のことであった。大正末期——この時期、日本人女性の関心が欧米に向くことはあっても、中国に向かうことは少なかった。そのような中、竹中はなぜ中国への旅行を思い立ったのだろうか。本章では、中国旅行の詳細を語る前に、竹中繁がどのような人生を歩んだ女性であったのかを見ておきたい。

一　女子学院と鳩山一郎と

竹中繁は一八七五年に、東京の神田で生まれた。竹中繁については、竹中とも直接親交のあった香川敦子による伝記がある。香川が竹中の伝記を書くことになったのは、市川房枝との会話が発端であったという。竹中繁がなくなったとき、市川が「竹中さんのこと、私は書いておかなければならないのだけれど……忙しくて」と香川に言い、香川が年表くらいはまとめましょうかと申し出たところ、「あなたはお母さんの関係［香川敦子の母・石川忍は竹中繁の女子学院時代の教え子だった］もあるのだから書いてみて」と市川に言われたのだという(1)。

竹中と市川とのつながりについては本書第七章「五　市川房枝との交流」を参照されたい。竹中の親友であった市川は、竹中の生涯が何らかの形で残されることを望んでいたのであろう。香川敦子は、その思いを受けて、竹中の残したノートなどを史料として、竹中の人生を丹念に掘り起こしている[2]。以下、竹中の半生についての記述は、香川の研究に依るところが大きい。

竹中繁の父・半蔵（後に「竹涯」と改名）は司法省官吏で、繁はその次女として生まれた。竹中家の先祖をたどると、羽柴（豊臣）秀吉の軍師竹中半兵衛に行き着くという[3]。実母は病弱で、繁が五、六歳の頃に亡くなった。その後、父が再婚したが、繁は継母とはうまくいかなかった。香川は「家庭的にあまりめぐまれず、少し頑なであった」と繁のことを評している[4]。

繁は、学ぶことについては熱心であった。小川小学校に通う一方、父の方針で英語に親しみ、ミス・ヴェッチというイギリス人女性の自宅で彼女の手伝いをしつつレッスンを受けた。これには、継母との折り合いの悪さから、なるべく家以外に居場所を見つけたい気持ちもあったようだ。しかし、しばらくしてミス・ヴェッチが帰国することになってしまった。繁はそこで、父に女学校に進みたいと申し出た。

繁は、知人のつてをたよって、一八八八年、十三歳の時に桜井女学院（のちの女子学院）に入学した。初めて校門をくぐったその日に出会った矢島楫子（一八三三～一九二五、のちの女子学院校長[8]）からは、とりわけ深く薫陶を受けることになる。女子学院は英語教育に力を入れており、ネイティブの教員によって英語で行われる授業もあった。繁は、ここで英語能力をよりいっそう伸ばした。また、時期ははっきりしないが、洗礼を受けている。

卒業後は、一時的に幼稚園などで働いたが、英語力を生かして、ブラックマーホーム（The Blackmer Girl's

Home）という私塾でアメリカ人女性宣教師アズバンの手伝いをして働くようになった。(5)

ここに英語を習いに来た学生達の中に、若き日の鳩山一郎（一八八三〜一九五九年、のち第五十二、五十三、五十四代首相）がいた。香川敦子によると、一郎の母・春子がもともとアズバンと親しく、一郎の大学入学を機会に依頼があったという。繁は、春子に一郎の指導者として適切と考えられたが、それは「繁の英語の実力に加えて落ちつきのある態度と、女性としての安全性、おかしないい方であるが、恋愛的な雰囲気におちいる危険を感じさせない、それでいて女性らしいやさしさのあること」が理由であったらしい。(6)鳩山一郎と竹中繁の間には八歳の年の差があったことも、春子が安心して指導を依頼できると考えた理由の一つであっただろう。

矢島楫子（中央）と竹中繁（後列右）

しかし、ことは春子の予想通りにはいかなかった。二人は結局、師弟関係を超えて恋愛関係になり、繁は一九〇七年に未婚のまま秘密裡に男子を出産した。名門の息子である一郎の結婚相手として、繁はふさわしい女性とは考えられなかったのであろう、結局、生まれた男の子はすぐに養子に出されることとなった。竹中は、出産について全く口を閉ざし、親しかった市川房枝にも生涯を通じて一切語らなかった。唯一、竹中の以下の文章は、おそらく出産のことを暗示していると考えられる。

私は嘗て再び浮び上らうかとも思へないほどな深い落ち目に陥つたことがある。そのとき私は意志と理智ばかりの冷たい人とのみ多くの人から解せられてゐた［女子学院］校長矢嶋先生の眼に昵懇者すら嘗て見たことのない温かい涙を見た。さうして先生は社会的に私を殺すまいとしてどれだけ力を尽して下すったか、今思ふだに先生のその時の優しいお心持ちに胸うたれる。(7)

あいまいな表現にとどめているので、読む人には何を指すのか見当がつかないが、実は妊娠が分かった繁に、矢嶋楫子は、隠れて出産できる病院を紹介し、産後に行き場を失った竹中繁が女子学院の寄宿舎で舎監として働けるようとりはからったのであった。(9) 矢嶋自身も若い頃に、妻子ある男性との間に子供を出産した経験があり、繁の困難を最もよく理解してくれたのであろう。繁のこの文章から、矢嶋に対して言葉で語りつくせない感謝を持ち続けていたことがわかる。

その後繁は、鳩山一郎とは関係を断ち、その後の子供の養育費も自分がすべて負担したという。(10) 鳩山一郎は、竹中の出産の翌一九〇八年、幼なじみの寺田薫と結婚している。

養子に出された男の子、小倉事一氏は長じてから竹中繁と再会することになるが、その経緯は本書に掲載した座談会（→八）で小倉氏の娘・稲葉幸子氏が語っているので参照されたい。

二　東京朝日新聞社初の女性記者として

繁はその後、出産を隠して活動を再開した。女子学院の寄宿舎の舎監としての仕事を熱心に行い、生徒たちからの人望も厚かった。また日本基督教婦人矯風会の活動にも携わっている。たとえば一九〇八年の第十六回大会から一九一〇年の第十八回大会までは会場書記をつとめ、また矯風会の青年部副部長もつとめている(11)。ただし、その後女子学院においての人間関係に問題が生じ、また秘密裏の出産が噂としてささやかれたらしい。一九一一年には女子学院を辞めざるを得なくなった(12)。女子学院を辞めると同時に、矯風会の活動からも身を引いたものと思われる。一九一一年の第十九回大会になると、会場書記にも青年部副部長にも竹中の名は見られない。

そして一九一一年に知人のつてで中村有楽を社主とする雑誌社東京パック社に入ったが、予定していた雑誌の刊行が頓挫してしまった。そこで、東京朝日新聞社の社会部長・渋川玄耳のあっせんがあって、東京朝日新聞社に入社することとなった(13)。当時の東京朝日新聞社の社員数を見てみると、一九一一年は百十六名となっている(14)。竹中はこの中でただ一人の、最初の女性記者として入社したのであった。竹中はのちに採用時のことを回想して、「実は朝日新聞では婦人を採用しないといふ不文律があつた」のだが、渋川玄耳が「女には女のする仕事がそこにある」と言って、自分を入社させてくれたのだと、渋川への感謝を述べている(15)。

竹中は、採用当初は、社会部の市内通報員という肩書きであったが、六ヶ月間の試用期間を経たあとに正式採用された。最初は主に外国人女性のインタビューなどを担当した(16)。窓に向かった机で仕事をしていたので、渋川が「窓の女（マドンナ）」というあだ名をつけたという(17)。のちに学芸部に移った。

当時の東京朝日新聞社の男性社員の中には、夕方出社してお酒を飲みながら朝刊の原稿を書くものさえあったといい(18)、独特の雰囲気の職場であった。一九二八年に入社した新延修三は、竹中はその中で一人いつもきちんと

竹中繁子
（社員写真帖より）

机に正座して原稿を書いており、皆からは「おばちゃん、おばちゃん」と慕われていたと記録している。(19)

竹中が「おばちゃん」と呼ばれるようになったきっかけをつくったのは、香川敦子とその兄であった。香川によると、自分が幼い頃、竹中は自分とその兄を東京朝日新聞社につれていくことがあり、そのとき二人が竹中を「おばちゃん」と呼んでいたのが、多くの人へ広まったのである。この「おばちゃん」という呼び名は、竹中への「親しみとある敬愛をこめて老年になるまでつかわれた」(20)という。

竹中は、同じく女性記者の大沢豊子（時事新報社）、戸川秀子（大正婦人社）などとも交流があった。その中で、女性に関する問題についても共同でニュースソースを得られるようにしなくてはならないと考えるようになっていた。一九一五年に矯風会事務所に婦人記者倶楽部をつくり、毎月五日に集まることにしたのも、こうした女性記者同士のつながりをもつ場の必要性を感じたためであった。(21)

記者時代に、竹中は女性運動にも関わるようになった。たとえば大阪朝日新聞社主催の全関西婦人連合会第一回大会（一九一九年）では「東京婦人界の現状」という題で報告し、また第六回大会（一九二四年）では司会をつとめている。(22)市川房枝と親交を結んだのもこの時期である。ただし竹中は、市川のように運動の先頭に立つのではなく、ジャーナリストとしての関わりに徹している。

そして、この時期に中国に関心を持ち始め、一九二六～二七年の半年間にわたる中国旅行にでることになる。竹中が服部升子とともに中国に旅立ったとき、竹中はまもなく五一歳になろうとしていた。東京朝日新聞社に入社してから、十五年がたっていた。この旅にいたる経緯と旅行の過程については、本書第二章でそのあらましを

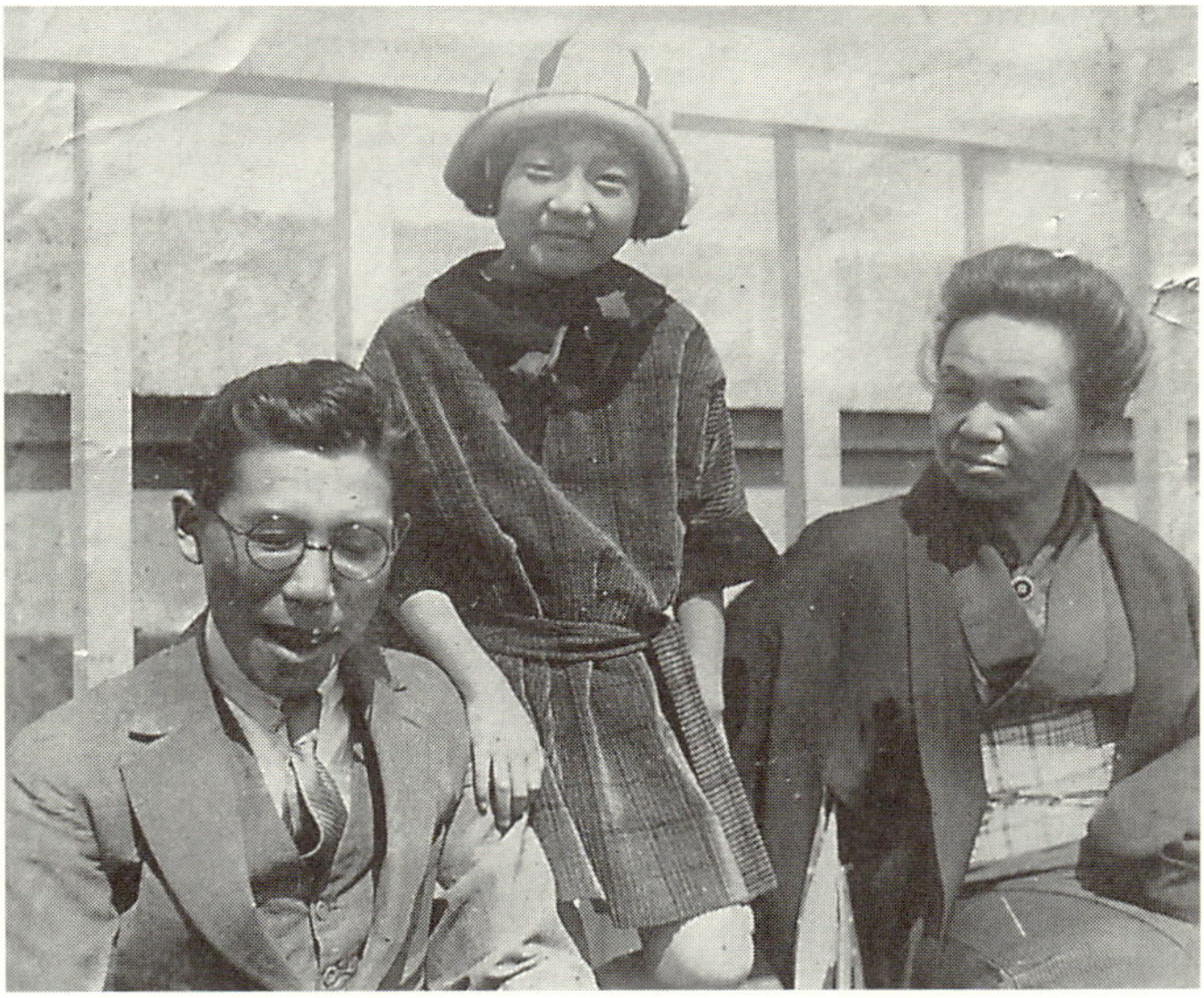

東京朝日新聞社で。中央は香川敦子氏

解説し、第三、四、五章に竹中自身の手による日記や記事をまとめているので、詳しい内容についてはそれらにゆずりたい。この半年の中国旅行は、竹中の一生を大きく変えるものとなった。のちに述べるとおり、竹中は中国で百校以上の学校を見学し、数多くの女性リーダーたちと交流を持っている。こうした経験が、帰国後の竹中の活動に大きく影響することになるのである。

三　中国旅行後の活動：（一）月曜クラブ・一土会

竹中繁は一九二七年二月に中国から帰国後、すぐに東京朝日新聞社の仕事に復帰した。ちょうどこの時期に学芸部に配属された尾崎秀実（→七－六）に仕事の手ほどきをしたのは、竹中であったという。(23) 尾崎は周知のとおり中国と深く関わりを持つことになるが、中国を実際に見聞きしてきた竹中により、その関心を一歩深めたであろうことが指摘されてい

る。(24)

竹中は、東京朝日新聞社に働きかけて、学芸部の主催という形で、一九二八年三月に「月曜クラブ」という女性の会を立ち上げている。(25)月曜クラブには、市川房枝や平塚明子（らいてう）ら、日本の女性運動に携わる人々が集まった。互いに運動方針や研究事項を発表したり批評しあったり、時には時事問題の専門家を招いて討論をするという会で、一九三七年まで続いた。毎回十数名程度が参加する地味な会合で、現在、日本女性史研究では月曜クラブのことが取り上げられることはほとんどない。しかし、写真を見ても分かるとおり、メンバーは錚々たる顔ぶれである。当時、朝日の町田梓楼は、「ここに集まった女性を一度に失ったと仮定したら、恐らく日本の文化史を変更させるのではないかと思われるほど、現代に大きな足跡を留めている女流」たちであったと評している。(26)

また竹中の同僚の記者・新延修三も、月曜クラブは「今日の日本の婦人運動が大同につく先駆を開いたもの」で、「当時としては、大英断の壮挙」だったと評価している。(27)新延はまた、月曜クラブに参加した「侃々諤々の猛者達」も、みな竹中を「おばちゃん」と呼んでいたとも記している。もともと、思想の相違からとかく論戦となりがちであった女性たちが、顔を合わせて茶菓子を食べながら議論をする場に集まってきたのも、竹中の人柄によるところが大きかったのであろう。

竹中は、東京朝日新聞を一九三〇年に定年退職した。当時の女性記者は短期間でやめるものが多く、定年まで約二十年間勤め上げた竹中は、「本格的な女性記者」と評価されている。(28)退職後、竹中は中国とのかかわりにいっそう本格的に力を入れていくことになる。

一九三一年には、月曜クラブから、もう一つ「一土会」という、中華民国を語ることに特化した会が派生して

月曜クラブのメンバー

いる。そのきっかけは、この年の九月十八日に満洲事変が勃発したことにあった。満洲事変直後の九月の月曜クラブの会合では、朝日の上海特派員、北京特派員、支那部長を歴任した大西斎を招いて満洲問題について議論した。竹中の記録ノートによると、五時までの時間が足りないほど質問が百出したという。そして散会後、上代たの子の発議、市川房枝、金子しげり、高良とみ（↓七‐四）らの熱心な賛成もあり、中華民国の婦人を知る道を拓こうという意見で一致した。そして服部升子を加えて、中華民国を語る会の最初の会が十月四日（土）に開かれたのだった。

基本的に毎月第一土曜日に集まるということで「一土会」と名付けられた会は、竹中の残したノートには一九三三年一月の会まで記録されており、臨時会も含めて二十八回行われたことが確認できる。幹事は竹中と服部升子が担当した。第一回目の参加者は、市川房枝、金子しげり、ガントレット恒子、久布白落実ら十二名であった。

会の活動には、大きく二種類あった。ひとつは、メンバー間の討論や招待者による講演、もう一つは中国人との交流である。

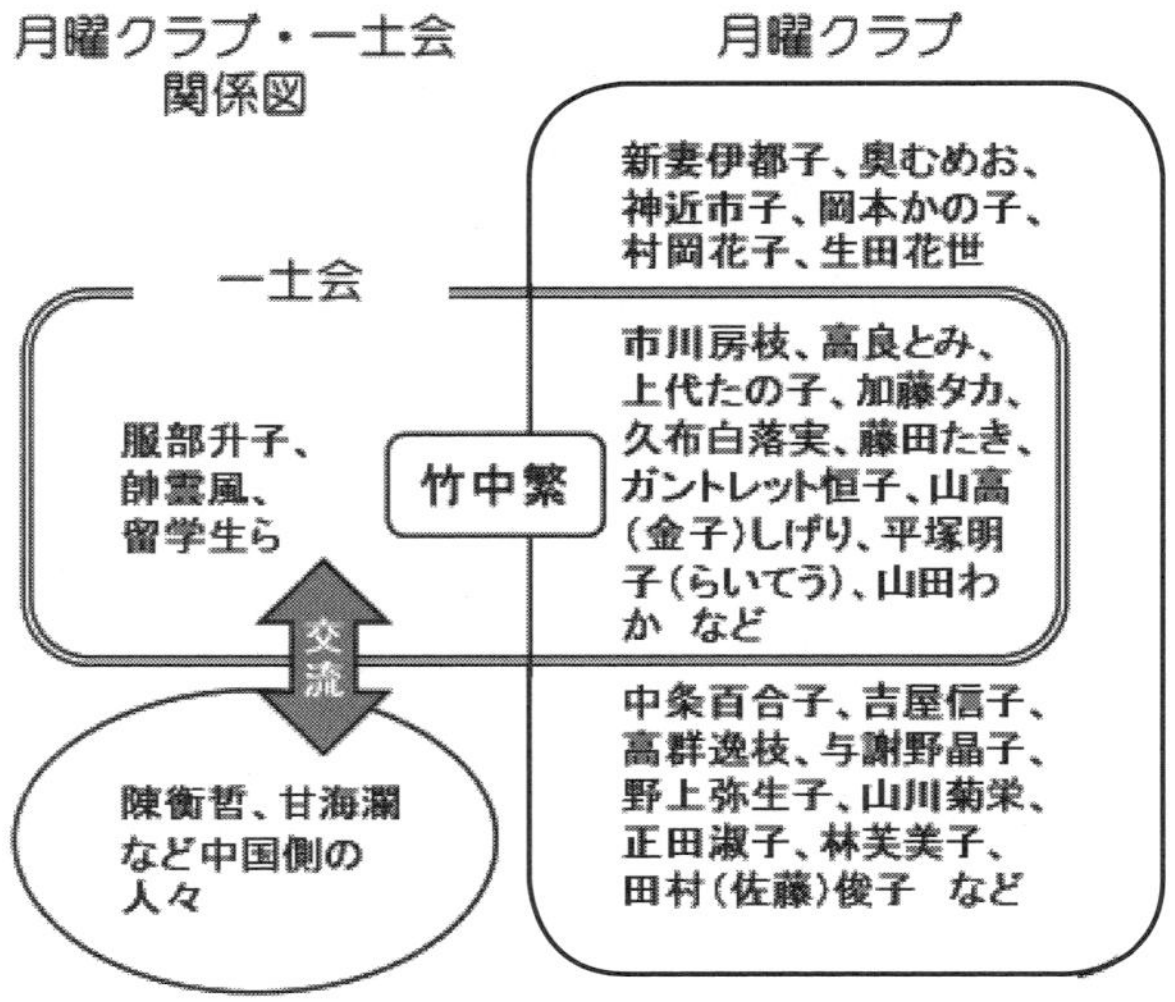

二十八回のうち、前者は十二回、後者は十六回であった。

前者に関しては、たとえば一九三二年の三月五日の会合では、日中関係について激論が交わされている。当日話をしたのは、一九三一年末から満洲を旅行して帰国した久布白落実[30]で、彼女が旅行中、上海の女性たちに「『満洲事変について』日本は条約の一点一画も間違った事をしていない」と言い切って帰ってきた事に対し、高良とみが国際条約の何たるかを一々挙げて強く再考を促した[31]。久布白の中国旅行の内容については、竹中を含め、会のメンバーは不満であったようだ[32]。

また、一九三二年三月二十日には、内山完造夫妻が上海事変後の様子について述べている。内山完造には、翌年、中華民国の将校・甘海瀾の弟の身柄安全を竹中から依頼することになり、関連して数通の手紙のやりとりがある（↓七－五）。

また、一九三三年一月十四日には、服部升子が一九三二年末に日本女子大学教授の正田淑子[33]の教育視察に同行を命じられ、約一ヶ月半の満洲視察旅行に出た際の見聞について報告している[34]。

一土会の活動は、しだいに中国人との交流を行う会が連続するようになった。日本に来ていた中国人留学生を

竹中の家で開かれた中国人留学生たちとの食事会

招いてのお茶会や食事会が多い。写真はそのときのものである。[35]

作家で北京大学初の女性教授となった陳衡哲がカナダの太平洋会議に出席する途中に横浜に立ち寄った際に、会のメンバーも横浜に駆けつけ、歓談したこともあった。陳衡哲ともその後手紙のやりとりがある（→七―三）。

また、一土会の活動とは別に、竹中繁は自宅に中国人（主として留学生）を入れ替わり立ち替わり下宿させていた。その中に、天津の『益世報』の特派員だった于立忱という女性がいた。彼女の紹介で北伐に従軍した女性として有名だった謝冰瑩とも知り合った謝冰瑩は、一九三五年に満洲国皇帝溥儀が日本を公式訪問した際、出迎えの行事参加を拒否して日本の警察に投獄されたのだが、出獄後の彼女の世話をしたのが竹中であった。竹中は、おそらく服部升子の手助けを得たものと考えられるが、謝を日華学会に住まわせるようにとりはからった。その後無事に上海に戻り、のちに台湾にうつった謝冰瑩は、日本時代の回想録の中で、竹中からうけた恩義に深い感謝を述べている。[36]この謝冰瑩と、悲劇的な最期をとげることになる于立忱との竹中のかかわりについては後述する（→六−四）。

四　中国旅行後の活動：(二)　日中双方向レポート

竹中繁のもうひとつの活動は、文筆によるものであった。東京朝日を定年退職した翌年、一九三一年から、中国の『婦女雑誌』(37)などに、日本の女性についての記事を寄稿しはじめた。この寄稿について、竹中は次のように語っている。

> 昨年臘月東朝社を退くことになつて後、改めて客員となつて以来、小閑を得られるやうになつたまゝに、かねてから志してゐた仕事に着手することとして、四月からポツポツと実行に取りかゝつた。他でもない。一言にして仕事の性質をいへば、中華民国の婦人と、わが国の婦人との間に、広く理解と融和の道を開かうといふにある。といへば実に烏滸がましくも大きな大きな仕事を目論だやうに聞えるが、さほど遠大なところに及び難い短い手を伸ばさうなどゝいふ、柄にもない野心では毛頭なく、たゞ自分の力相応のことを手近いところに志したゞけである。そして兎角欧米の婦人を語ることを知つて、一番親密でなければならない、隣合つてゐる親類を差措くといつた吾々お互ひの婦人の従来の態度を改めて、さうして期せずして広まり深まつて来た意思不疎通の溝を、幾らかでも浚渫したり、渡りよい日華の間の橋を架けたりするよう、率先して働く者がないならば、恐らくいつまで経つても両方から手を伸ばして握手し合ふ機会が来ないかも知れない、まづその橋架け人夫となつて自分は捨石を置く事を心懸けよう、といふのが私の趣旨である。(38)

竹中は自分は「自分の力相応のことを手近いところに志し」ただけだとしているが、この執筆活動は決して単に簡単にできることをしただけではなかった。日本語で書いて送り、中国の出版社側で翻訳してもらえば楽であっただろうが、竹中は日本語のまま送ると向こうで翻訳の手間をかけるために、あらかじめ竹中のほうで中国語に翻訳した原稿を準備し、送っていた。これらの記事のうち、数編の中国語下書き原稿が、竹中の遺品のなかに残されている。竹中は中国語を、おそらくは漢文訓読で読むことはできたが書くことはできなかったため、後述する中国人留学生たちが中国語訳を手伝った可能性が高い。

竹中の記事は、上海で刊行されていた『婦女雑誌』等に掲載されている。竹中の寄稿は、中国で「折柄「日本」の研究が目下の民国の各方面に盛んになつて来てゐたこととて、こちらの意志とともに記事は非常に歓迎され」、最初五、六社に寄稿していたのが二十数社に上ったという。(39) 調査によって確認できた記事のリストを本書巻末の資料に掲載した。

竹中の中国語記事の内容は大きく四つに分けられる。①現在の社会問題（日本の産児制限運動・廃娼問題など）、②女性の権利に関するもの（日本の民法・刑法、女性の公民権・婦選問題など）、③女子教育に関するもの（高等女学校の校長会議、女子中学校での教育など）、④女性の職業や労働に関するもの（鉱山労働婦人、農村婦人の副業、就職難、婦人職工など）である。日本の女性運動で活動する人物については、矢嶋楫子が二度登場する程度で、それほど扱われていない。全体に、日本の女性が置かれた状況をデータなども出しながら概説的に紹介するものとなっている。(40)

たとえば廃娼についての記事では、

……このたび国際連盟が婦女売買実地調査委員八名を中国と日本に派遣して調査を実施しました。無論この問題は国際連盟の注目を受けるに値することですが、やはり人々の自決によることを希望します。この文章は一つのくさびに過ぎませんが、材料を集めて具体的に書き出しまして、隣国の廃娼問題に関心を持つ同志たちに提供いたします。(41)

と述べた上で、日本の廃娼の動機から書き起こし、最初に廃娼を行った県は群馬県であったこと、そこから全国に廃娼運動が広まっていく経過を述べ、そして最近の廃娼運動の趨勢と国際連盟の影響を紹介し、結論として考慮すべき問題点を提起している。竹中には以前、東京朝日新聞社勤務時代にも日本の廃娼について連載記事を書いた経験がある。(42)他の記事も含めて、記者時代からの取材能力をフルに生かしたものといえるだろう。

竹中は、なぜこのように日本女性に関する詳細な記事を書いて、中国の新聞雑誌に投稿したのだろうか。その理由としては、中国旅行の過程で中国の女性リーダーたちと語り合う中で、彼女たちが日本の女性について非常に関心を寄せていることを知ったことが挙げられるだろう。そしておそらく竹中は、彼女たちが日本の女性について十分な情報を得られていないことにも気づいたであろう。

たとえば『婦女雑誌』では一九一五〜一九三一年の全発行期間において、日本女性についての紹介は頻繁になされてはいた。日本の女性が民法上は「無権者」に等しく、離婚や自殺があいついでいること、あるいは女性運動にとりくんでいるけれども欧米と比較すれば立ち後れていることなどについて紹介する記事もある。しかし、こうした記事は時にセンセーショナルな事件に偏り、時に事実誤認もあった。(43)したがって、より詳細で正確な情報を提供し、日中女性の相互理解に少しでも役立てようとしたのが竹中の意図であったものと推測される。ちなみに竹中繁以外に、日本人が自分で寄稿した例は『婦女雑誌』の十七年の発行期間中一例もない。

ただし、竹中の『婦女雑誌』への寄稿は一九三一年に集中して出されたのち、ストップしている。この背景には、日中関係の悪化があった。一九三一年九月には、満洲事変が勃発し、『婦女雑誌』は、出版社である上海商務印書館が、一九三二年一月の第一次上海事変の日本軍の空爆で被害をうけたため停刊してしまったのである。このあと、管見のかぎり竹中の寄稿は一九三三年の『現代父母』への投稿まで見られない。竹中の側には書きたい気持ちがあったが、書けなかったのだ。そのことを、竹中自身が一九三三年に「中国の友人たちへ」と題した手紙を寄せた中で明らかにしている。

（全文訳）文化を破壊するのろしの煙、人類を滅ぼす砲火が、世の人々の言うところの「敵」の身体を突き抜け、いわゆる「人類」の良心とやらを奮い起こしています。二十世紀の人々よ！　我々は互いに

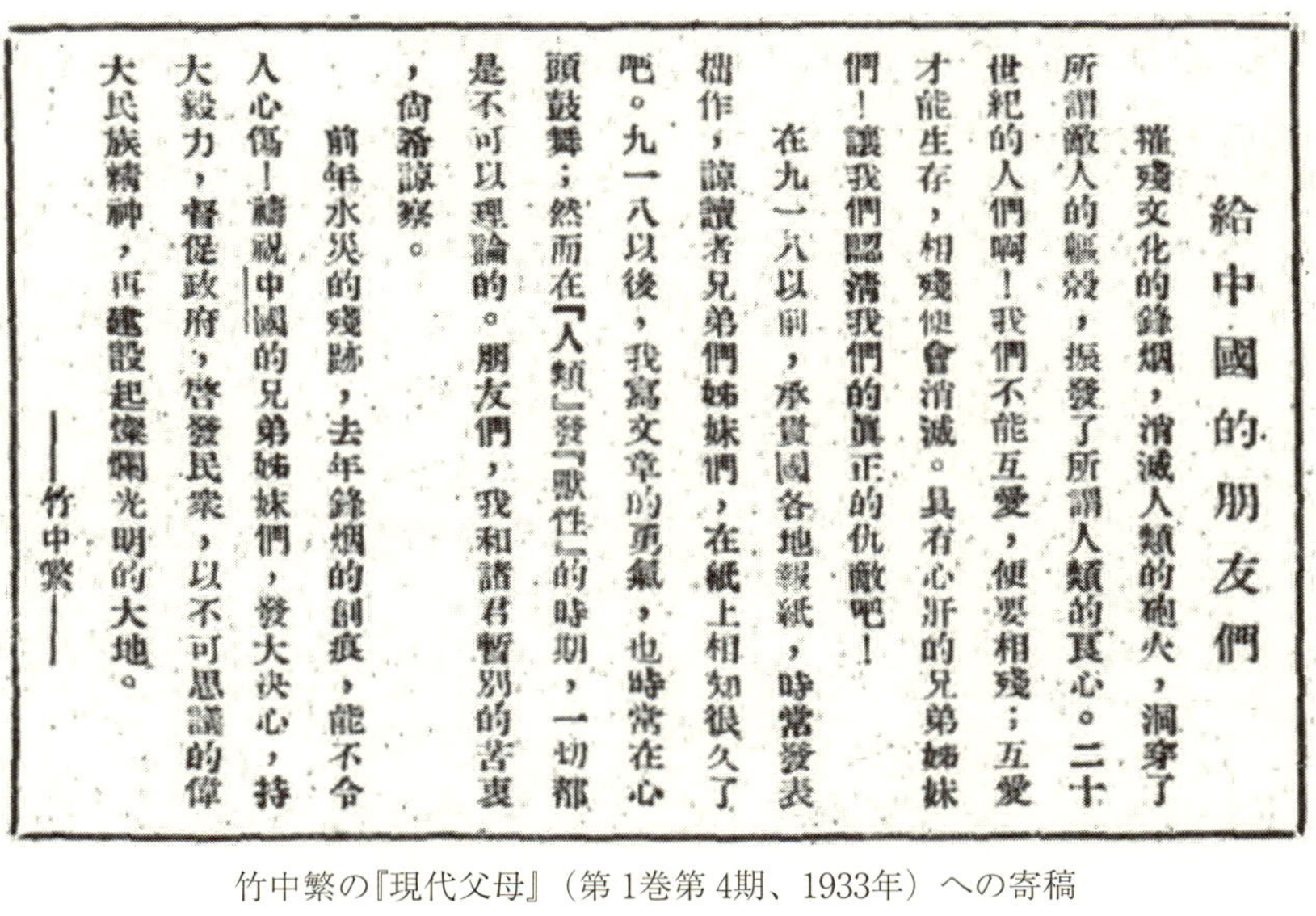

給中國的朋友們

摧殘文化的鋒烟，消滅人類的砲火，洞穿了所謂敵人的軀殼，振發了所謂人類的良心。二十世紀的人們啊！我們不能互愛，便要相殘；互愛才能生存，相殘便會消滅。具有心肝的兄弟姊妹們！讓我們認清我們的眞正的仇敵吧！

在九一八以前，承貴國各地報紙，時常發表拙作，諒讀者兄弟們姊妹們，在紙上相知很久了吧。九一八以後，我寫文章的勇氣，也時常在心頭鼓舞；然而在『人類』發『獸性』的時期，一切都是不可以理論的。朋友們，我和諸君暫別的苦衷，尙希諒察。

前年水災的殘跡，去年鋒烟的創痕，能不令人心傷！謹祝中國的兄弟姊妹們，發大决心，持大毅力，督促政府，啓發民衆，以不可思議的偉大民族精神，再建設起燦爛光明的大地。

——竹中繁——

竹中繁の『現代父母』（第1巻第4期、1933年）への寄稿

愛することができず、相手を滅ぼそうとしています。互いに愛さなくては生き延びられず、滅ぼしあえば消滅するしかないのです。真心のある兄弟姉妹達よ！　我々に真の仇敵が誰なのかを見極めさせてください！

満洲事変以前、私は貴国の各地の新聞に時折拙文を載せていただき、読者のみなさまと紙上で長くおつきあいさせていただいていました。満洲事変のあと、私の文章を書く勇気は、しばしば胸の内で高まりましたが、しかしこの「人類」が「獣性」を露わにしている時期においては、すべて、条理で論じることが出来ないものとなっていたのです。友人のみなさま、私とみなさんがしばらくの間お別れしなくてはならなかった苦衷を、どうぞお察し下さい。

おとなしの水害の痕跡、去年の戦火の傷跡は心を痛めるものです！　中国の兄弟姉妹のみなさまが、大いなる決心をなさり、強い気迫をもって政府を促し民衆を啓発し、想像もできないほど偉大な民族精神をもって、光にあふれた大地を再び作り上げますように祈ります。(44)

この手紙から、中国への寄稿ができなかった、その間の苦衷と、中国の友人たちへの尊敬と未来への期待をうかがい知ることが出来る。竹中はこのあとも複数の雑誌に寄稿をしているが、ながく続けることはできなかった。確認できる限りで最後の中国語の記事は、このメッセージを出した翌一九三四年の記事である。竹中の思いは強かったであろうが、寄稿はやはり難しくなったことが推測される。

一方、竹中は中国への寄稿と「逆」パターンの寄稿も行っている。日本の『婦選』(45)などの雑誌に、中国の女性を紹介する記事をいくつも寄稿しているのである。「中華民国の婦人と、わが国の婦人との間に、広く理解と融和の道を開かう」という竹中の強い意志は、これら日本語の記事にも表れている。

これら日本語の記事には、たとえば前述の宋慶齢など、中国の優れた女性リーダーなどについて具体的に紹介するものが多い。また、中国の女性運動のほうが日本の運動よりも先に進むのではないかという意見も繰り返しのべている。むろん竹中は、当時も色濃く残っている中国の旧習慣、たとえば纏足、束胸や夫家の虐待に耐えかねて自殺した女性の話をも見聞きし紹介しているのだが(46)、中国女性はそうした旧時代の残存物を引きずりながらも急速に変貌している点に注目し、以下のようにやや憧憬に近い感情を表現している。

旧時代の支那婦人が、一度び教育によつて自由の空気を味ひ、再び革命の潮に乗つて人間としての権利の回収を許された時……政治と言はず軍事と言はず、開かれた道を自由にとつて、出来るだけ英雄的に活躍して見たいと望んだ事は、物の道理から見ても、極めて有りさうな心の動きではありますまいか……大陸において放たれた翼は、日本のやうな社会組織の島国にせせこましく動くのとは違って、機会と共に思ひ切り暢びやかに健やかに成長するであろうことを誰が辞めませう(47)。

この記事は、一九三二年七月に発表されている。この時期の日本において、中国の女性の優れた点をはっきりと述べてそののびやかさを讃美し、逆に日本のせせこましさを指摘してみせる、こうした記事を書くことの裏には、強い意思があったことはまちがいない。

竹中はさらに踏み込んで、中国を侵略していく日本への批判も次々に発表している。例えば、一九三二年一月の記事には「戦争」ではなく「事変」と称することを「事変と称へるには余りにも重大である」と批判し、まかり間違えば「第二の世界戦争」になるのではないかという危惧を表明している(48)。また、日本人の中国観については、中国に詳しいはずの識者ですら「イヤ、あの国の国民は、自分達の生活の安定さへ得てゐたならどこの国の人が来て国を治めようと、そんな事は頓着しないのですよ」などというのに対し、そうした考えは時代錯誤で軽率で危険でさえあるとかなり強い口調で非難している。そして、「中華民国の到る処で出会はした、彼らの骨髄に徹した恨みの記念や、肺肝を衝いて出る、不平等待遇に対する怨嗟の声を、見聞きした経験が記憶に泛び出ます」と述べている。(49)

これはかなり痛烈な批判と言えるだろう。竹中はこのような日本の中国認識について、別の記事でも「地理的方面からいつても、歴史的方面からいつても、かなりにわが国とは縁故の深いこの隣邦〔中国〕に対して私達ともに手をとつて進むといふことを考へなかつたら、やがてはどこからも置きざりにされはしないかといふ感じがされました」と述べている。(50)そしてすぐに続けて「自分の接した婦人達が人格的にも立派な人達であつたので、ことにさう思はせられたのかもしれません」としている。つまり、日本人の中国観への批判は、竹中自身が実際に中国の女性に会った経験と、彼女たちへの敬意に裏打ちされたものだったのである。

竹中は、日中の国家間関係の悪化と反比例して、女性同士の「連帯」の希望をより強く打ち出すようになる。たとえば、「せめて〔日中の〕婦人同士の間に心からなる善隣の誼の結ばれる日の来ることを私は繰返して切望するものである」と訴え、(51)また「今度の事変で滅茶々々に男が破壊した中華民国人の感情の堤を、〔日本の〕女がせつせと修理して行かなければならない役割に自然まはらないとは限らない」(52)とも述べている。

ただし、竹中は楽観主義者ではなかった。むしろ逆で、満洲事変勃発直後から、日中関係の悪化がもはやままならない状況に至ることを冷静に予測してもいたのだった。ゆえに、「ジャン〔ヌ〕・ダークならぬ平和の天使が、何所からか現はれてくれまいかと、頼み難きことをも頼む心になる」(53)とも述べており、希望と絶望との間で相当の苦悩があったことがうかがえる。

五　三度目の中国旅行（一九四〇年）と晩年

竹中の願いとは裏腹に、日中の国家間関係は悪化の一途をたどり、一九三七年には日中全面戦争となった。しかし、竹中繁の中国への思いは持続していた。竹中は、一九四〇年には三度目となる中国旅行を計画し、市川房枝と上海、南京などを約二ヶ月回っている。この旅行の際の身分証明書（昭和十五年二月九日の日付）が竹中の手元に残されていた。その「渡支目的、理由」の欄には「婦人ヲ通ジテ日支親善ヲ計ル為メニ各地在留日本婦人団体及支那婦人団体ヲ訪問スル為メ北支及中支方面ニ渡支ス」とある。竹中の、女性を通じた日中親善という目標は、まだ保持されていたのである。

この旅全体についての記録を、竹中はほとんど残していない。しかし、同行者の市川房枝が自伝に詳細に記録している。[54]それをみると、今回の旅行には軍部がいくつかの点で関わっていることがわかる。前回、一九二六～二七年の旅行との大きな違いである。

そもそも竹中と市川の旅の発端は、一九四〇年二月はじめに東亜聯盟協会事務所を訪問したことであった。市川は、石原莞爾を中心とする東亜聯盟協会同志会の「軍による日本中心の東亜新秩序に反対し、日本と中国と同一の立場で東亜聯盟協会を結成し、事変を解決しよう」という立場に、市川も竹中も賛同していたため、事務所を訪問したのだと述べている。[55]その際、協会幹部たちから中国を見てくるようにとすすめられたこと、また、ちょうど南京で三月二十日に中国の統一新政府樹立のための中央政治会議が開かれることとなっていたこともあって、渡中することを急遽思い立ったのであった。

竹中の記者証

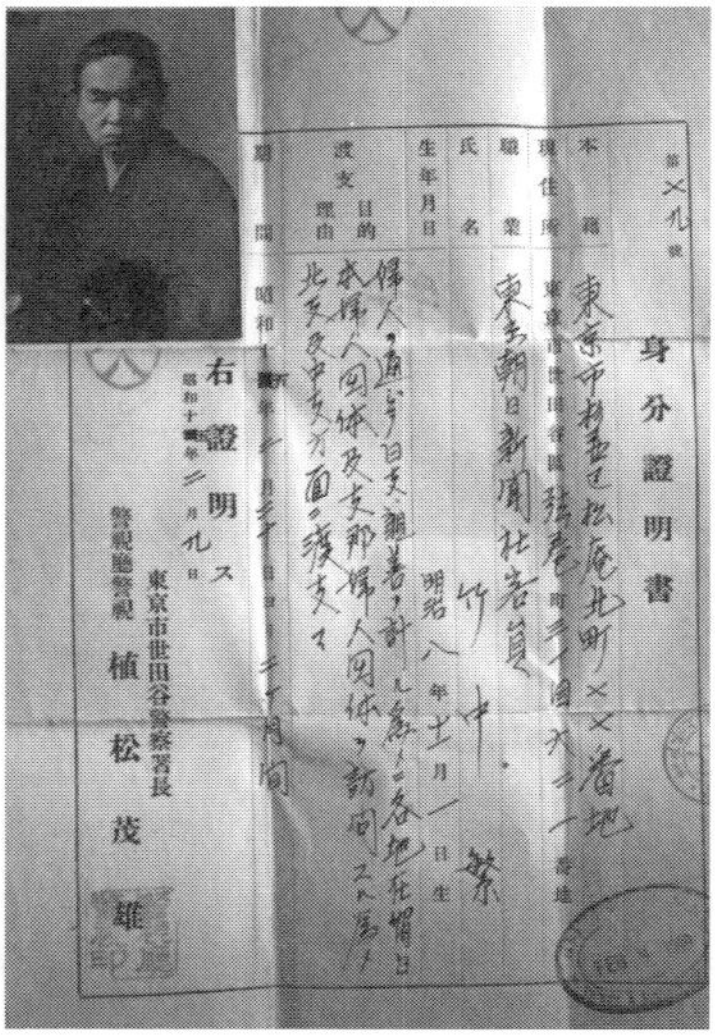

竹中の身分証明書

二人は民間の旅行者であるから旅費は自分たち持ちだったが、内閣情報部からの紹介状を携えていた。また二人は神戸から出航する前日の二月二一日に、当時左遷され京都の留守第十六師団長となっていた石原莞爾を訪問し、中国問題についての意見を聞いている。話の内容は記されていないが、市川はその印象を、「普通人と全く同じ態度で、好感が持てた」と記している。(56)

翌二十二日、神戸出帆の龍田丸に乗り、二十四日に上海に上陸した。上海では支那派遣軍総司令部付の影佐禎昭少将を首班とする梅機関(57)を通じて汪兆銘に面会を申し込み、上海の仮住居で面会して話したという。

また、竹中繁は、前回の中国旅行の際に交流した女性たちとの再会を試みている。しかし、うまくいかなかったようである。市川は次のように述べている。

竹中氏が以前訪中の際に会ったという三、四の婦人に面会するのはなかなか骨が折れた。彼らのうちにはフランス租界に住んでいる人が多く、面会場所の選定に困った。それは重慶政府側の人に見つからぬ用心のためと思われた。かろうじて一、二名の人に会ったが、日本の政府、軍に対してもちろん好感を持っていなかった。(58)

竹中が会った「一、二名」が誰かは分からないが、上海でのかつての熱い語らいや、互いを知りたいという希望は、もはや取り戻すことはできなかったのだろう。

前述の通り、竹中は「婦人ヲ通ジテ日支親善ヲ計ル」ことを旅の目標としていた。ところが、現地の特務機関もまた上海で女性を通じての日中友好を掲げ、日本人女性を特務機関で雇うなどして、占領地の中国女性への働きかけを行っていた。(59)竹中と市川もそうした会合に二、三回出席することになり、春野鶴子(60)らに会ったという。

その後杭州で三泊、また上海から蘇州へ渡り、三月十七日に汽車で南京へ行った。二十日の中央政治会議は、二人は新聞記者用の標示をもらっており、中に入って、中央政府は「中華民国国民政府」と称して汪兆銘を主席とし、三十日に南京に「還都」するとの決定を見守った。三十日までの間、市川と竹中は数日間別々の行動をとっている。市川は漢口へ、(61)竹中は、記事を執筆していたらしい。このとき書いたと思われる記事の一つが、三月二十九日の『東京朝日新聞』に寄せられている。「親善を語る三婦人：平和の道を拓くこの意気込み」と題された記事は、竹中が中国旅行中に面会した、中国人と結婚した日本女性たちが口をそろえて日中の平和親善に役立ちたいと語ったことを紹介するものである。(62)この記事での竹中の口調は、やや歯切れが悪く感じられる。日中の平和を願う日本人女性たちの気持ちに共感しながらも、戦火をかいくぐって日本海軍のために報道の任務を果たしたと語る日本人女性に対して、「頭が下がった」と述べるなど、日本軍への貢献に対して評価している箇所がいくつかみられるためである。ここでは、日中平和親善は日本国家への貢献と矛盾しない範囲に調整されており、同じ日の紙面で報道されている、汪兆銘政府との「平和親善」と同じ文脈に読み取れてしまう。竹中の以前のような日本への批判的発言はなく、その苦悩は推し量るしかない。

三月三十日には、汪兆銘が南京で中華民国国民政府を組織した。汪兆銘は、南京の維新政府、北平の臨時政府を統合し、中華民国政府連合委員会を解消し、日本政府はそれに支持を表明した。

市川と合流した竹中は、南京で作家の佐藤（田村）俊子と会い[63]、また孫文の墓である中山陵を参拝した。市川は南京占領の際、日本軍が中国婦人を暴行、虐殺した状況を聞き、そのことを書いた外国人宣教師のパンフレットの翻訳をもらったという。市川は「日本人としてまことに恥ずかしく、弁解の余地は全くない。これでは日中の友好の確立は容易ではないことを深く感じた」と述べている。その後二人は南京から再び上海に帰り、もともとは中国北部へも足をのばす計画であったが、「重い心を抱いて」四月十一日に帰国したのだった[64]。

この旅の経験は、むしろ竹中の希望を削いだ可能性の方が高かったのだろう。竹中はその後文筆活動もほとんどしなくなり、旅の翌年、一九四一年に世田谷の自宅を売って千葉県鶴舞町に隠居し、表だった活動からは身をひいた。

戦時中から戦後にかけては、経済的にも苦しい時期を、市川房枝らの助けを受けつつ過ごした（→六－五）。また、戦後にはかつて竹中のもとで留学生活を送った師雲風が家族を連れて再来日し、一九五三年から二年間は、竹中を母のように遇してともに生活した（→七－三）。実の息子、小倉事一やその子供たちとも会うようになった[65]。

竹中は亡くなる一年前の一九六七年、九十一歳の時に自伝的文章を『東京新聞』に連載している。そこでは中国の女性との交流を目指したことについては一切触れず、中国人留学生とのふれあいのみ少し紹介するにとどまり、最後に「私は劇場の黒衣《くろこ》の見習いぐらいの者ですから」として連載を締めくくっている。[66] 竹中の老後の生活は、周りの人々に恵まれた、温かいものであったのだが、竹中の胸中には、成し遂げたくてもなしえなかったことへの静かで深い悔恨、虚しさが去来していたことが感じ取れる。竹中は自分を「黒衣の見習い」という謙虚な言葉で表現しているが、しかしたとえ見習いであっても、黒衣がいなければ舞台は成り立たないのだ。

竹中繁はその翌年、九十三歳を目前にして千葉で亡くなった。直前まで普段通りに過ごしていたが、十月二十九日の夜に隣家につながれていた非常ベルがなり、隣人が急いでかけつけると、中から鍵をあけた繁はその場に倒れ、そのまま意識は戻らなかったという。

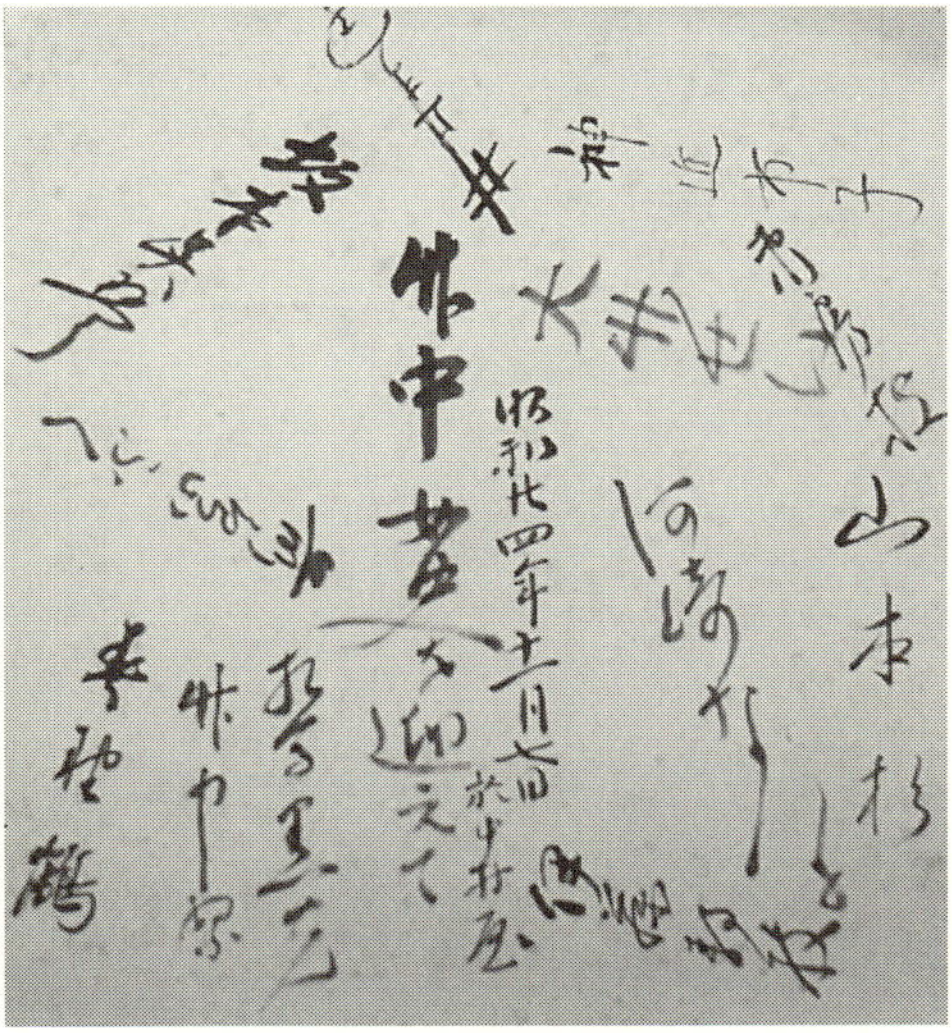

竹中に贈られた色紙。市川房枝、神近市子、河崎なつなどの名が見える。昭和二十四年十一月七日

千葉県鶴舞町の家で

鶴舞町の家

竹中繁八十歳の祝賀会にて。前列中央が竹中

注

（1）香川敦子『窓の女　竹中繁のこと――東京朝日新聞最初の婦人記者』（新宿書房、一九九九年）八頁。

（2）香川敦子前掲『窓の女　竹中繁のこと』。竹中は、竹中繁子と署名することもあるが、本稿では引用文献を除いて基本的に竹中繁に統一する。新聞記者としての竹中に関しては、江刺昭子『女のくせに――草分けの女性新聞記者たち』（インパクト出版会、一九九七年）参照。中国との関わりに関しては、次の二つがある。須藤瑞代「女性記者竹中繁の見た中国女性たち――一九二〇～三〇年代を中心に」（『中国女性史研究』第十七号、二〇〇八年二月）八九～一一一頁、須藤瑞代「女性と国際交流――竹中繁と日中女性の連帯」（平野健一郎・古田和子・土田哲夫・川村陶子編『国際文化関係史研究』東京大学出版会、二〇一三年）四〇八～四三〇頁。

（3）江刺昭子前掲『女のくせに』一七九頁。

（4）香川敦子前掲『窓の女　竹中繁のこと』二五頁。

（5）アズバンはここでの活動について、のちに一冊の本にまとめている。Catherine M. Osborn, *From Dream to Reality: a Record of the Development of the Blackmer Girls' Home*, (Boston: Women's National Missionary Association of the Universalist Church, 1918).

（6）香川敦子前掲『窓の女　竹中繁のこと』三九頁。

（7）竹中繁子「矢嶋楫子女史のことども」（『婦選』第二巻第七号、一九二五年）。なお、竹中の記事では「矢島」と表記しているが、ここでは「矢嶋」で統一する。

（8）矢嶋楫子は女子学院の院長をつとめた教育者で、矯風会（一八七〇年代にアメリカで設立されたキリスト教の婦人団体。日本では一八八六年に矢嶋らが組織、一八九三年に日本基督教婦人矯風会となる）の活動に尽力した。徳富蘇峰と蘆花は甥にあたる。

（9）香川敦子前掲『窓の女　竹中繁のこと』四三～四六頁。

（10）香川敦子前掲『窓の女　竹中繁のこと』四五頁。

(11)『婦人新報』第一三四号(一九〇八年六月二十五日)。青年部部長はガントレット恒子。
(12)香川敦子前掲『窓の女　竹中繁のこと』四六~四九頁。
(13)『朝日新聞』は、一八七九年一月二十五日、大阪で創刊された。発行元の朝日新聞社は一八八八年七月十日に東京へ進出し、『東京朝日新聞』を創刊した。大阪で発行される新聞の題号はその後もしばらく『朝日新聞』だったが、一八八九年一月三日に『大阪朝日新聞』となった。一九四〇年九月一日に大阪朝日新聞と東京朝日新聞の題号を『朝日新聞』に統一し、現在に至っている。
(14)朝日新聞社百年史編修委員会編『朝日新聞社史　大正・昭和戦前編』(朝日新聞社、一九九五年)七九頁。
(15)竹中繁子「男性から与へられた教へ・力」(『婦選』第九巻第一号、一九三五年一月)。
(16)朝日新聞社百年史編修委員会編前掲『朝日新聞社史』(朝日新聞社、一九九〇年)五七二~五七三頁。
(17)香川敦子前掲『窓の女　竹中繁のこと』五三頁。
(18)新延修三『われらヒラ記者』(波書房、一九七三年)四七~四九頁。
(19)新延修三前掲『われらヒラ記者』一五五頁。
(20)香川敦子前掲『窓の女　竹中繁のこと』一二~一三頁。
(21)香川敦子前掲『窓の女　竹中繁のこと』八一頁。
(22)鈴木裕子編『日本女性運動資料集成第一巻思想・政治Ⅰ　女性解放思想の展開と婦人参政権運動』(不二出版、一九九六年)五五七~五五八頁。
(23)風間道太郎『尾崎秀実伝』(法政大学出版局、一九六八年)八五頁。
(24)風間道太郎前掲『尾崎秀実伝』八八頁。
(25)「婦人室　新しく出来た月曜クラブ」(『東京朝日新聞』一九二八年四月二日)。香川敦子前掲『窓の女　竹中繁のこと』一二八~一三七頁。
(26)町田梓楼「週間話題」(香川敦子前掲『窓の女　竹中繁のこと』一二八頁)。

(27) 新延修三前掲『われらヒラ記者』一五六頁。

(28) 春原昭彦、米田佐代子、岩崎千恵子、池田恵美子、平野恭子編『女性記者——新聞に生きた女たち』（世界思想社、一九九四年）一七頁。

(30) 久布白落実（一八八二～一九七二）は、徳富蘇峰、徳冨蘆花の姪にあたる。一九〇三年に女子学院高等科を卒業後に渡米、日系移民女性の実情に接する。一九二三年に帰国し、廃娼運動に尽力、婦人参政権運動にも参画した。戦後は売春禁止法制定促進委員会委員長として、一九五六年の売春防止法の制定に尽力した。久布白落実『廃娼ひとすじ』（中央公論社、一九七三年）などがある。

(31) 竹中繁「一土会についてのノート」（一九三一年三月五日、竹中繁史料）

(32) 竹中繁子「総選挙後の言」（『婦人』第九巻第四号、一九三二年）。

(33) 正田淑子（一八七七～一九四二）は日本女子大学を卒業し、アメリカのコロンビア大学に留学。一九二四年に帰国し、母校の教授となった。服部との視察旅行の五年後、一九三七年から満洲帝国道徳総会顧問となる。

(34) 竹中繁子「申年を去らしめて酉年を迎へたる日本」（『婦人』第十巻第一号、一九三三年一月）。

(35) この時の会については「竹中女史の近況」（『婦選』第六巻第五号、一九三二年）に詳しい。竹中は中国語でもこのことを記事にしている。竹中繁「留宴中国青年記」（『現代父母』第一巻第四期、一九三三年）。

(36) 謝冰瑩『我在日本』（東大図書有限公司、一九八四年）二六～二八頁。

(37) 一九一五～一九三二年、上海の商務印書館より発行。内容については、村田雄二郎編『「婦女雑誌」からみる近代中国女性』（研文出版、二〇〇五年）参照。

(38) 竹中繁子「憂はしき満洲の空」（『婦人』第八巻第十号、一九三一年十月）。

(39) 竹中繁子前掲「憂はしき満洲の空」。

(40) 竹中の寄稿については、須藤瑞代前掲「女性記者竹中繁の見た中国女性たち」、須藤瑞代前掲「女性と国際交流」参照。

(41) 竹中繁「日本廃娼問題（日本通信）」（『婦女雑誌』第十七巻第九号、一九三一年九月）。
(42) ST女（竹中繁）「女の観た私娼問題」（一）～（五）（『東京朝日新聞』一九一六年八月六・七・九・十・十一日）。
(43) 詳しくは須藤瑞代「『婦女雑誌』と日本女性——近代東アジアにおける「同じ女」の意味とは」（村田雄二郎編『『婦女雑誌』からみる近代中国女性』研文出版、二〇〇五年）三〇七～三三三頁参照。
(44) 竹中繁「給中国的朋友們」（『現代父母』第一巻第四期、一九三三年）。
(45) 婦選獲得同盟の機関誌。一九二七～一九三五年発行。
(46) 竹中繁「民国教育の過程」（『婦選』第六巻第五号、一九三二年五月）。竹中繁「民国女性の苦闘の迹」（『婦選』第六巻第六号、一九三二年六月）。
(47) 竹中繁「支那婦人の進出」（『婦選』第六巻第七号、一九三二年七月）。
(48) 竹中繁子「魂を入れかへて各自の立場を認識し重大時機を感得せよ」（『婦人』第九巻第一号、一九三二年一月）。
(49) 竹中繁「認識不足を耻ぢよ」（『婦選』第六巻第四号、一九三二年四月）。
(50) 竹中繁子談・中野てい記「隣邦支那の婦人達」（『女子青年界』第二十四巻第四号、女子青年会日本同盟、一九二七年四月一日）。
(51) 竹中繁子前掲「憂はしき満洲の空」。
(52) 竹中繁子「魂を入れかへて各自の立場を認識し重大時機を感得せよ」（『婦人』第九巻第一号、一九三二年一月）。
(53) 竹中繁子前掲「憂はしき満洲の空」。
(54) 市川房枝『市川房枝自伝（戦前編）』（新宿書房、一九七四年）。
(55) 市川房枝前掲『市川房枝自伝（戦前編）』四九二頁。
(56) 市川房枝前掲『市川房枝自伝（戦前編）』四九三頁。
(57) 市川房枝は「桜機関」としているが、正しくは「梅機関」である。
(58) 市川房枝前掲『市川房枝自伝（戦前編）』四九四頁。

(59) 市川房枝前掲『市川房枝自伝（戦前編）』四九四頁。

(60) 春野鶴子の体験記は、『上海放浪記』（学風書院、一九六一年）にまとめられている。

(61) 市川は軍用機で南京から漢口まで赴き、そこで軍に対敵放送を頼まれた。市川は、「国民政府」のこと、そこでの婦人の地位、汪氏に面会したときのことだけなら話す、と承諾し、放送を行った（市川房枝前掲『市川房枝自伝（戦前編）』、四九五頁）。漢口では、漢口武漢青年協会婦女部長石敬一らのグループと懇談した。

(62) 竹中繁子「親善を語る三婦人：平和の道を拓くこの意気込み」（『東京朝日新聞』一九四〇年三月二十九日）。このほかに、汪精衛政権誕生直前の南京の様子をレポートした記事（竹中繁子「和平の都　南京を見る」『東京朝日新聞』一九四〇年三月二十五日）もある。

(63) 市川房枝前掲『市川房枝自伝（戦前編）』、四九六頁。佐藤（田村）俊子（一八八四～一九四五）日本女子大学校国文学部中退。一九一〇年代に『木乃伊の口紅』、等の小説を発表。北米移住をへて一九三六年に帰国、一九三八年十二月から中国に渡る。上海で雑誌『女聲』の編集に携わった（一九四二年五月創刊、一九四五年七月停刊）。中国での活動については、王紅「上海時代の田村俊子――中国語の雑誌『女聲』を中心に」（『中国女性史研究』第八号、一九九八年）、前山加奈子「関露と『女聲』」（渡邊澄子編『今という時代の田村俊子――俊子新論』（国文学解釈と鑑賞別冊）、二〇〇五年）、山﨑眞紀子「田村（佐藤）俊子から左俊芝へ、戦時下・上海『女声』における信箱」（堀井弘一郎・木田隆文編『戦時上海グレーゾーン』勉誠出版、二〇一七年）参照。

(64) 市川房枝前掲『市川房枝自伝（戦前編）』四六七～四六八頁。市川は帰国直後にさっそくインタビューを受けており、その記録が「新支那の女性　市川房枝女史に聴く会（一）～（五）」として『東京朝日新聞』一九四〇年四月十五日～十九日に連載されている。市川、竹中の二人に、金子しげり、平井恒、山本杉、藤田たきが集まって話を聞いたものだが、記事は市川が語るという体裁をとっている。内容は、南京で見聞きしたことをベースにした、中国の女性についての好意的記述にまとめられている。「重い心」については語らなかったか、記事になる段階で入れられなかったことが推測される。

(65) 香川敦子前掲『窓の女　竹中繁のこと』一九二〜一九四頁。
(66) 竹中繁「私の人生劇場（六）」（『東京新聞』一九六七年八月二十日）。

第二章　竹中繁の中国旅行——水先案内

須藤瑞代

本章では、竹中繁の一九二六年九月～一九二七年二月にかけての、約半年間にわたる中国旅行のあらましを概観する。本書第三章、第四章、第五章は、竹中自身が執筆した中国旅行に関する未発表原稿、旅行日記、新聞雑誌記事によって構成される。本章では、原稿、日記、記事のどの部分がどのように関連しているのかに目を配りながら中国旅行の概要を解説する。

一　中国旅行への旅立ち

竹中が中国を旅行するにいたった経緯については、竹中自身による「旅行」（第三章）に詳しい。「旅行」は、竹中繁史料に含まれていたばらばらになったノートに九頁にわたって書かれた未完成原稿である。[1]一九二六年に中国旅行に出た経緯を綴ったものだが、文中に「野上弥生子さんの旅行記」を読んだとあり、これが一九五九年発表の『私の中国旅行』を指すと考えられるから、「旅行」が書かれたのはそれよりあと、一九六〇年ごろと推定される。竹中が八十五歳ごろのこととなる。その文体から、いずれ中国旅行記を出版するつもりで書き始めたものと考えられるが、結局出版されることはなかった。

「旅行」によると、竹中が初めて中国を訪れたのは、この旅行に出る三年前、一九二三年のことだった。大阪朝日新聞社が主催した婦人支那視察団（一八名）に参加したのである。二週間程度の旅行で、あまり積極的な交流はできなかったのだが(2)、この経験が一つのきっかけとなって「中国のことが知りたい」という気持ちになったという。当時日本では欧米の女性の情報は比較的入ってきたが、中国女性のことはあまり知られていなかった。もともと若い時から英語圏の女性たちとは交流のあった竹中にとって、欧米とは全く異なる中国での二週間の経験は強烈だったのかもしれない。

　また、日清戦争以来、日中国家間関係は隔たりを深める一方で、さらにせっかく留学して来た中国人留学生とも、「反目のような形」さえあるという状況にも、じっとしてはいられなくなった、と竹中は述べている。さらに、「中国の婦人の動向を想い、願く《ママ》は相対して心情を交わして見度いとしきりに心が動いた」とも記している。

　当時、東京朝日新聞社の社員はある程度の勤務年数を経ると、海外で研修する機会が与えられた。他の男性社員はもっと早く研修に出たようだが、竹中は入社十五年目の一九二六年に研修をすすめられた。行き先には、竹中は、迷わず中国を選んだ。編集局長緒方竹虎にお金と時間とどちらが欲しいか尋ねられ、両方欲しかったが「時」を選んで、最低の費用で歩けるだけ歩こうということにした。「出かける時に懐中したのは、たったの二五〇〇円」で、六ヶ月の旅に「全部つかい果たしてあまさなかった」という。

　実際、余らせなかったどころか、竹中が記録した旅行日記には、二度ほど知人から借金をして宿代を支払った記述が見られ、実際に最低の費用でどうにかしのごうとしていることがわかる。この費用の状況は、竹中の旅が、東京朝日新聞社が情報収集などの目的で竹中を派遣したものではなかったことを裏付けている。そもそも竹中は、英語は得意でも中国語を話すことはできず、当時「支那部」を有して中国情報網には定評のあった東京朝日新聞社にとっては、中国に不案内の竹中をわざわざ派遣して仕事をさせる必要はなかった。ゆえに、この旅行は竹中の意思による、かなり自由度の高い旅行であったと言うことができるだろう。

さて、中国を旅するにあたって、中国語の話せない竹中は、旅の不便を思って途方にくれなかったのだろうか。ところが、幸運なことに、知人だった服部升子（一八七八～一九四七年）が同行を申し出てくれた。

服部升子

服部升子は、中国で女子教育に従事した経験を持つ、当時数少ない日本人女性の一人である。(3) 服部は一八七八年福島県に生まれ、福島女子師範学校を卒業した後、一九〇一年に日本女子大学校開校と同時に上京して入学し、一九〇四年に第一回国文学部生として卒業した。同郷の出身で当時北京大学堂に正教習として招かれていた服部宇之吉や公使館を通して話があり、同年十月から教師として北京に赴任し、豫教、淑範の二つの女子学校で教鞭を執ることとなった。その一方で、陶大鈞の家庭教師もつとめたという。(4) 一九〇六年に奉天の女子高等師範学堂に移ったが、一九一四年に父の病気のため賜暇帰国し、父の死後は母とともに故郷の福島に滞在した。一九二三年に東京小石川白山にあった中華学生寄宿舎に請われて入り、寄宿舎の経営が一九二四年に日華学会に移ったあともそのまま残留した。日華学会は、日中関係を改善することを掲げて一九一八年に設立された団体である。(5) 服部は、留学生に対して親身に世話をし、留学生達からも慕われていた。服部は、竹中の中国旅行の願望を知り、自分も中国からの留学生を世話する上で中国の教育事情を知る必要があったので、同行を申し出たのであった。

服部は、竹中との旅から帰国したのちも、日華学会での仕事を続け、一九二九年に舎監となった。一九三一年、竹中とともに中華民国について語る「一土会」の幹事をつとめたことは第二章でも触れた。一九三四年には、満洲国中央社会事業聯合会より社会事業功労表彰状が贈られている。

しかし服部は、一九三七年に高血圧のために日華学会の寄宿舎舎監の職を辞し、一九四七年七月に病気のため他界した。竹中は、「旅行」の中で、服部の他界があまりに早かったことを惜しんでいる。服部が、当時の日中関係に大きな役割を果たした女性であったことは間違いない。

また、竹中の中国への旅立ちについては、旅行中に執筆して発表した「支那の旅」（→五－①）にも記述がある。ここでは、「根強いものに本づいた新思想を持つ支那の婦人は、或るひは先進国の婦人を以て任じてゐる日本婦

中央が右が竹中、左が服部　（撮影年・場所不明）。

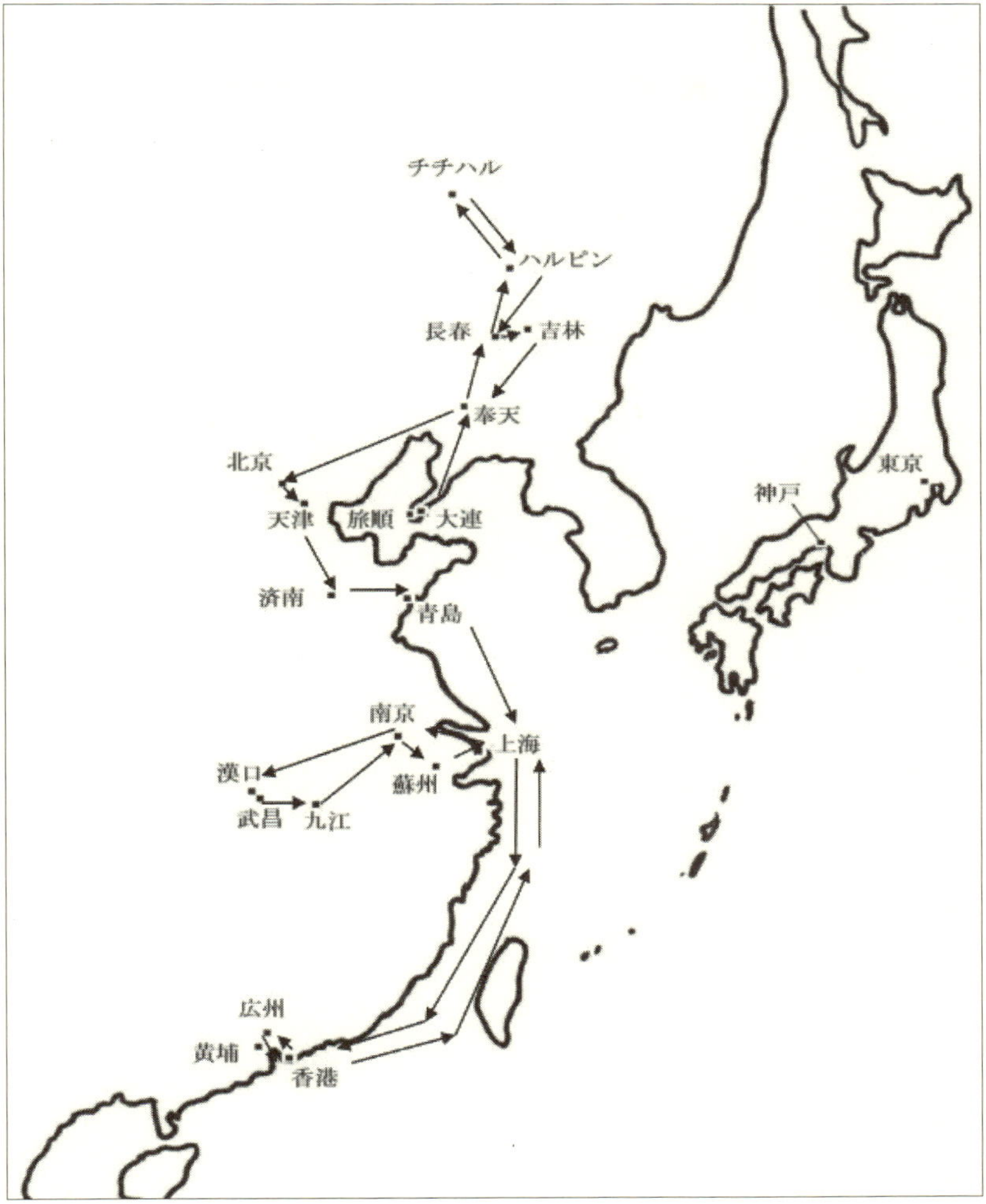

竹中繁旅行地図

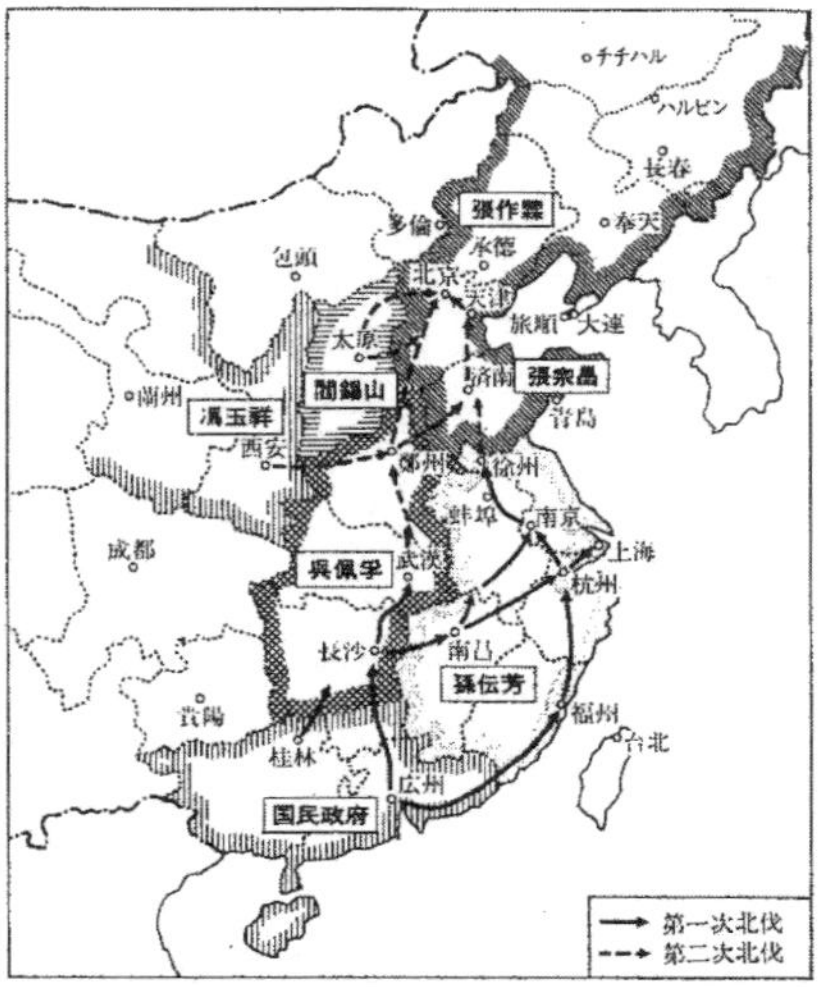

北伐の地図
（小島晋治・丸山松幸『中国近現代史』岩波書店、1986年より）

人に、一歩をさきんじるかも知れません」と、中国の女性たちへの関心を述べている。そして、「かうして色々考へると、どうしても友邦の婦人達のことが知り度くなりました」としている。

こうした中国、なかでも女性たちへの関心が、竹中を旅行へと駆り立てていったのだった。

二 「北伐」時期の中国

竹中と服部が中国を旅行したのは、一九二六年九月～一九二七年二月の約半年間である。

一九一一年の辛亥革命で一九一二年に清朝が崩壊し、アジア初の共和国・中華民国が誕生してから十四年が経過していた。しかし、その国内の政治情勢は極めて不安定であった。国内には軍閥が各地に勢力を持っていた。一九一九年には中国国民党が、一九二一年には中国共産党がそれぞれ結成され、両者は一九二四年に第一次国共合作で手を結んだ。

一九二六年七月、国民革命軍総司令蔣介石は、全軍（約十万）に動員令を発し、帝国主義と軍閥を打倒して人民の統一政府を建設するという北伐宣言を出し、根拠地であった広東から北上を開始した。これが、「北伐」である。一九二六年から二八年にかけて行われた北伐では、それぞれの軍が、複数のルートに分かれて進み、約九か月後の一九二七年三月までに、長江以南の湖南・湖北・江西・福建・浙江・安徽・江蘇の九省に進出した。

竹中と服部が中国旅行に出たのは、北伐が開始された約二ヶ月半後のことであった。南の根拠地から北へ向かった北伐とは逆に、竹中と服部は大連を起点として北から南へと、中国の各都市へ足をすすめた。その結果、彼女たちは南に行くにしたがって強まる北伐の影響をまざまざと見ることになるのだが、これが二人の旅の大きな特徴となっている。

もともと竹中が想定していた行程は、以下のようなものであった。

> 大連を振り出しに旅順、金州、奉天、撫順、長春、吉林、ハルピン、チヽハルの南北満洲の各地。それから天津、北京、保定、太原、張家口等の中京をめぐつて、山東に出ます。こゝでは済南、泰山、曲阜、青島と歩いて、武漢方面は長沙、九江、南昌。
>
> そして南支に下つて南京、上海、蘇州、杭州、南通州、福建、香港、広東、梧州、厦門と、折角ふみ出したからには、せめてこのくらい歩いて見度いと思ひますが、戦乱中の支那のことですから、どこで道が塞がるか判りません。実は一つところに長く留まつて支那の家庭で生活して見度い考へも持つてゐます

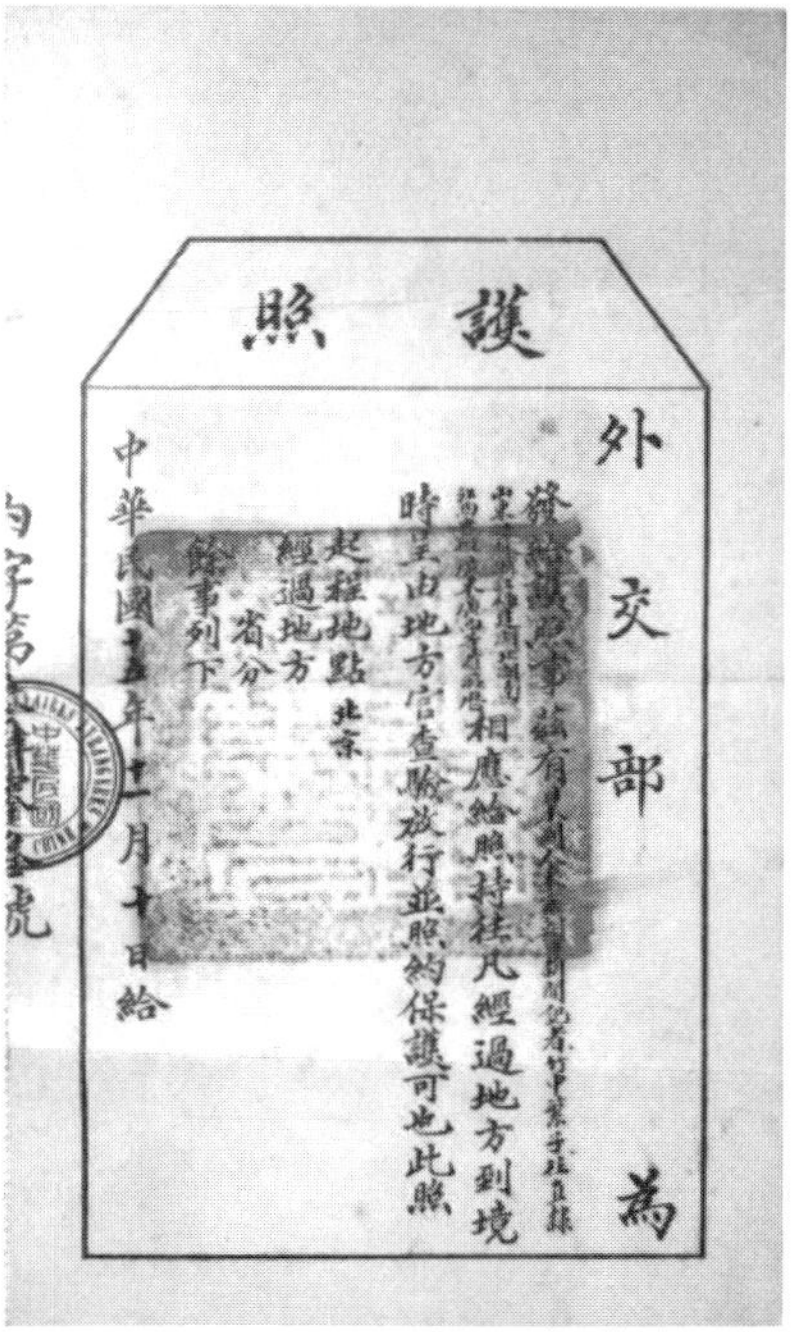

外交部から発行された竹中の護照

が、女子教育を見て歩いてゐるうちに、何かしらほかに婦人について得るものがありはすまいかとも思ひます。（↓五－①）

竹中も予測していたとおり、実際にはここに挙げたすべての都市をまわることは出来なかったのだが、それでもほぼ予定通り、北から南へと旅をしきったのは、実は奇跡的だったのかもしれない。

この約半年にわたる旅のほぼ毎日の記録を、竹中は小さな二冊の手帳に記していた。本書の第四章は、その手帳の文字を起こし、注を付したものである。本書の著者五名で手分けし、竹中の手帳には名字のみしか記されていなかった人物なども、できるかぎり調査して誰を指すのか特定した。学校名などは、正式名称が記されていない場合も多く、調査しても特定にいたらなかった場合は、原文のままとした。以下、その日記の記述と、第五章に掲載した、竹中が後に新聞・雑誌に発表した中国旅行についての記事とを照合しつつ、旅の様子を概観してみよう。

三　中国旅行

（一）満洲　九月三〇日～十月三十一日

竹中と服部は、東京駅を九月二十二日に出発した。竹中の中国旅行については、東京朝日新聞社内ではどうやら、応援しようじゃないかというムードだったらしい。出発の日、東京駅には、竹中「おばちゃん」の旅立ちを祝おうと、東京朝日新聞社の上司や同僚たちが、竹中には内緒で大勢で集まっていた。そっと旅立つつもりだった竹中は、予想外の見送りにすっかり照れてしまったという。こうしてにぎやかに見送られながら、竹中は九月二十二日午前十時に東京駅から神戸へ向かう列車に乗った。半年にわたる中国への旅のスタートとなったこの日のことを、竹中はのちに、「わたくしの生涯でたった一遍の光栄の朝」であったと振り返っている（第三章）。

竹中は、九月二十六日に神戸発の船にのり、大連に着いた。[6] 日記にはこの数日間の記録はないが、「支那の旅（2）旅順と大連」には、大連の埠頭に降り立ったときの竹中の沸き立つ気持ちと、とまどいが以下のように記されている。

その第一歩が大連の埠頭にかゝつた時、踏む足の勇み立つのを覚えました。私の望んだ支那の一端に着いたのです。支那といつてもこゝは満洲、しかもこゝにゐる日本人は、故国を指して内地といつてゐる位の処ですから、支那に来た、といふ気分になるのには余りに日本らしい町の名があり、そして日本人が多いのです。しかし始め《ママ》て来た旅人には、自分の下り度いと思ふ停車場の名前を、電車の車掌にたづねても、それが果して通じたのか通じないのかわからず、よつぽど耳を引つ立てゝゐないと呼び声のはつきりきゝとれない支那人口調なのだ、成程支那に一ト《ママ》足入つたと感じられるのです。（→五－②）

しかし竹中は、とまどってばかりいたわけではなかった。「私達がはるばる出かけて来た目的は、決して遊山気分の見物ではない」ので、着いた翌朝には早速満鉄本社に出かけ、すぐその日から学校巡りを始めている。竹中の旅行日記は、最初はメモ的に始めたものらしく、冒頭には日付も何もなく、唐突に旅順師範学堂についての説明から始まっている。翌二日には金州の南金書院を訪れ、「院長岩間徳也氏の今日に至るまでの苦心は聞く者をしておのづから襟を正させます。全霊全身をそこに全く投げ出してかゝつてゐる尊さが、昔の未開の国に行つた宣教師の俤《おもかげ》もかくやと思はせました」と、感銘を受けている（岩間については→五－③）。

二日は強行軍で、二人は午後九時半に大連駅から奉天に向かっている。このとき大連駅で竹中と服部を見送った「石川夫妻」は、石川忍（竹中の伝記を書いた香川敦子の母）と鉄雄夫妻と推定される。石川鉄雄は満鉄に勤めており、当時は一家で大連に住んでいたのである。

三日の朝、竹中と服部は奉天に到着した。東京朝日新聞社の奉天特派員・国松文雄が出迎え、大阪朝日新聞社の支局に入る。疲れを癒すためか、「支那湯」に入っている。四日には、褚玉璞によって女教員・女子学生の断髪禁止が布告されたことを記録している。北方へ行くことを決め、鎌田満鉄公所長、張作霖顧問・町野武馬を訪問、続いて領事館や青年会にも足を運んでいる。夜十時十分、奉天発長春行きの列車に乗った。

五日に長春駅に到着、ヤマトホテルに入って休憩ののち、満鉄経営の長春公学堂や、女子小学校、女子職業学校などを見学している。また慌ただしく、夜九時の汽車でハルピンに向かい、六日午前七時にハルピンに到着、六、七、八日と女学校や小学校を見学している。

九日昼の汽車でハルピンを発ち、夕方七時にチチハルに到着。十日はチチハルの清水領事に会い、十一日は呉俊陞将軍の第二夫人・李佑陞に会った。

この李佑陞については、「自然に備はる謙遜なふるまひが、初めて会つた我々に大変奥ゆかしく印象される」と述べており、非常に良い印象を受けている。また、李佑陞がチチハルの平民教育のために寄附をしていること、夫の軍資金が欠乏した際には自らの装身具を売り払ってお金を整えて送ったことなども記事で紹介している（↓五-④、⑦）。

また竹中と服部は李佑陞に「支那服」をあつらえてもらっており、服を受け取るために十二日に発つ予定を一日伸ばしている。十三日に仕立てあがった服を着て督軍公署に行った。竹中の遺品の中には、竹中が中国服を着用した写真があるが、これがこのときのものであったかもしれない。李佑陞と竹中には、与謝野晶子も含めた後日譚がある（→六―二、七―六）。

竹中は日付が変わって翌十四日深夜二時の列車に乗る予定であったのだが、なんと乗り損ねてしまい、一夜「惨めな家」に泊まる羽目に陥った。

竹中は結局、十四日午後一時にチチハルを発ち、午後七時半にハルピンに到着した。十五日朝は基督教青年会の仕事を見に行き、夜十一時に汽車で長春に向かう。十六日朝七時、長春に到着。領事と面会して、小憩後、あわただしく長春発の列車に乗っている。吉林には六時四十五分に到着し、名古屋旅館に入った。

十七日は吉林の満鉄公所を訪問。中国の女性について「財産権なくしても生存権の固執性強き事」などの記述があり、興味を引く。十七、十八日は風邪気味で十八日には発熱しているが、それをおして連日学校見学を続けている。十九日教育庁長と面会して、吉林の女子教育について聞く。午後には日本人経営の学校（日中合同教育）も訪問している。日記には面会の記述はないのだが、吉林省の交渉署署長・鐘氏の夫人・韓予衡女士のことを「吉林の先覚者」として紹介する記事がある（→五―④）。この日は風邪の影響か記録が短かい。

二十日は吉林を出発、十一時に長春に到着、続いて十二時の列車で奉天へ。午後八時二十分に奉天に到着した。奉天に到着した翌二十一日からさっそく学校見学を始め、二十二、二十三日と連続して各学校をまわっている。

二十四日には、奉天同善堂を見学した[7]。竹中はこの施設に非常に関心を持ち、詳しい記事を書いて『東京朝日新聞』に掲載している（→五―⑧）。奉天同善堂は、貧民部（貧困者などを収容）、孤苦部（行き場のない女性や子供を収容）、医務部（医院・医学校など）、工芸部（教養工廠・貧民習芸所・教養学校）に分かれ、さらに付属施設や臨時施設からなる複合施設であった。竹中は「これはまた世界のどこにも見られないまた聞いたことのないものに出くわしたと思いました」と驚きを持って述べている。同善堂の済良所（孤苦部の施設の一つ）は妓女となることを強いられた女性などの、いわばシェルターであった。収容されている適齢の女性の写真を施設の外にかけておいて、男性から希望があればそこへ嫁がせたという。[8] また、「子捨《マ》て場《マ》所」、つまり外から小さい戸を開けて乳幼児をいれると、その瞬間に署長や保母などのところの電鈴がなってそれと知らせる、いわゆる「赤ちゃんポスト」もあった。[9] 竹中は救産所と呼ばれる、女性がせまい木戸口からそっと入って、名前も素性も知られないまま出産ができる施設も見学している。竹中は、自らの経歴と照らしてある感慨をもったのであろう。同善堂で育てられている孤児たちがのびのびとしているのを見て「涙が流されました」と述べている。

二十五日にはイギリスのミッションスクールなどを訪問、二十六日も公学堂などを参観している。二十七日には日帰りで撫順を訪れ、満鉄職員の案内で鉱山学校や撫順公学堂を見学している。大山坑の坑内も見学し、夕方帰宿した。二十八日には、張作霖夫人と面会しようという計画があったが、結局断念したと短い記述がある。

二十九日には、醒時報社を訪れ、その女性記者である張王維祺と面会している。イスラム教徒の張王維祺は『醒時報』（イスラム教徒の読者が多い日刊新聞）の主筆であった。初対面の時には、通訳なしには言葉が通じないのだが「国を異にするとはいへ互ひに同業の情の浅からぬ感慨に、何といふわけなしに双方の瞼が赤くなつた」という（→五－④）。

十月三十日は満鉄などで用事をすませ、三十一日には午前八時四十五分奉天駅を出立した。北京に向かうのである。

(二) 北京　十一月一日〜十一月二十七日

竹中と服部は、十一月一日午前十時、「飲まず食わず出さず眠らず」の状態で北京に到着し、扶桑館に入った。二日は芳沢謙吉公使や朝日支局の太田宇之助らと面会し、三日も知人や『新支那』の記者らと面会、四日は「延英社（日本人公寓）、北京公寓、五族公寓（高等）、元興公寓（下等）」を見学している。夜は市場にでかけ、あらゆるものが安くて驚く。五日は北京師範大学、女子師範大学などを見学、六日はミッションスクールの貝満女子中学校、北京大学などを見学、七日は「一五一公司（女ばかりの店）、泥棒市場、城壁」に行った。

また、六日午後には熊希齢夫人（朱其慧）と面会した。彼女については、「恐らく私の北満の極から支那の南端香港までの旅で会つた数多い民国の知識階級の婦人の中で、この夫人の右に立ち得る人物は無かつたと思ひます」とのちに述べているほど、好印象を受けた[10]。さらに八日には、朱其慧の招きで彼女が夫・熊希齢とともに経営していた慈善教育機関「北京香山慈幼院」を見学に訪れている。「幼稚舎はじめ凡て寄宿生であり、衣食住全部ここにて給せらる」とし、男子八〇〇人、女子二五〇人全てが集められて、竹中らに挨拶をしたという（香山慈幼院については→五－⑰）。

九日は燕京大学、清華学校（現在の清華大学の前身）を見学、十日は国立芸術専門学校を見学している。この日に会った人から、中国には女性記者が少ないこと、国民党に二千人の女党員がおり、中には兵士となるものもいること、広東には教員や官吏になっている女子が多いことも聞いている。これらの情報は、のちに竹中自身が広州を訪れた際の予備知識として記憶されたことと思われる。

十一日は北京協和医学校および病院を訪問し、平民学校も見学、十二日は堀代理公使宅での北京婦人会に招待され、十三日には植物園に菊を見に行き、日本人の知人にも何人か会っている。十四日は、故宮を拝観し、「さすが古美術の粋を集め得たもの、日本の美術足もとにも及ばず」との感想を述べている。その帰途、京師警察庁済良所（妓女を収容する慈善機構）を見学、夕方は北京ホテル音楽会で音楽を楽しんだ。盛りだくさんの一日だった。

十五日には国立女子師範大学附属中学校を参観した。ここでは教科書は国文を除いて全て英語で、「髪のゆひ方まで画一」だったという。夕方にはお茶に招かれ、黄国巽らと三時間ほど歓談した。十六日は珍しくほとんどの時間を家で過ごし、十七日は公使館訪問、十八日は一日原稿を書いている。太田夫人が訪れ、北京婦人会（十二日）の一、二名の女性が、竹中の会席上の談話に不満を抱いているという話を聞かされ、「意外な事である」としているが、どのような点が不満だったのかは記されていない。

十九日は、服地を買ったり靴をあつらえたりしている。午後には、東京女子医専を卒業して女医となった胡育英の家族に夕飯を招待された。帰宅してみると、留守中に七人も来訪者があったという。夜は王夫人との世間話の中で、中国の内乱状態のこと、一夫多妻の弊害のことなどについて語った。二十日の記述はなく、二十一日は天壇や故宮博物院を見物している。二十二日には前門外にでかけ、群衆の多さに驚いたが、それは強盗が四人死刑にされるということで、彼らを楽隊つきで荷車に乗せて曳いていくのを見ている群衆だった。感想は記されていないが、相当衝撃的だったであろう。

二十三日には、服部と粛王府に岩田氏を訪ね、「天津に廃后拝謁の事を申入れた」という。廃后とは、宣統帝溥儀の皇后・婉容を指すと考えられ、二人が彼女に拝謁を計画していたことが分かる。この日は、『清史稿』編纂の主幹を担った趙爾巽にも会っており、「同氏は目下貧民救済に熱心なりとか」と記している。

二十四日は夜七時から古仁所方に熊氏夫人（朱其慧か）とその他七名の女性たちとの夕食に招かれ、十一時まで歓談している。二十五日は公使館の橋爪と服部とともに東安市場で買物をし、食事をとった。夜は八時に招待会に行き、公使ら日本人と熊夫妻らと会食している。二十六日には「服部女史の太原行き中止」となったとある。そのため、二人は「遽に南下する事にした」という。急に南下を決めたので、朝からいそがしくさまざまな人に暇乞いをすることになった。二十七日もあちこちに出立の挨拶に廻っている。夜は太田宇之助に招かれて、日本人の婦人たちと東興楼（高級山東料理店）で会食し、「支那婦人との話合」について語ったという。

二十八日にはいよいよ北京を離れることとなった。前日竹中の留守中に訪れた王梅先から電話があり、この日ようやく面会できた。王梅先や、『婦女雑誌』主編をつとめたこともある朱胡彬夏らと食事をともにしている。この王梅先とは、旅行中に会えたのはたった一日であったが、帰国後も交流がつづくこととなる（→七―一）。

竹中と服部は、王梅先や太田宇之助夫人らに見送られ、四時の汽車で金井夫人と天津に向った。車中三人して色々と話し合い、お寿司を食べた。七時半頃に天津に到着し、常磐ホテルに入った。

（三）天津　十一月二十八日～十二月五日

天津には二十八日に到着し、約一週間滞在している。二十九日にはさっそく領事館に有田八郎天津総領事を訪問し、学校参観その他についての便宜を頼んだ。午後には中日学院の江藤栄吉が来訪した。日記には、馬大夫病院、中西女学校、北洋大学などの学校名と特色が挙げられているが、この日に参観したのではなく、おそらくは江藤から聞いた学校の情報をメモしたのであろう。

三十日には、白木というお店で和菓子を購入している。和菓子好きの竹中はおそらく非常に嬉しかったのであろう。またこの日も新学書院や馬太夫病院を参観し、『大公報』の編集者・張季鸞にも面会している。このときの張季鸞との出会いは、のちに『大公報』の女性記者だった于立忱が、日本留学をした際に竹中のもとで下宿することにつながっていく（→六－四）。

十二月一日は、一昨日来訪した江藤栄吉の中日学院と、南開大中学校を参観している。南開女学校では、女性教師が英語で英文法を教授するのを中国に来て以来はじめて見て、「英語の時代が支那にいま来ているのを見る」と記している。また午後は黄郛を訪問し、お茶の御馳走になりながら「黄氏の気焔」を聞き、夫人の写真を貰っている。

二日は江藤の案内で中西女学校を見学し、「細心の注意敬服にあたいする」と称賛している。直隷第一女子師範学校も見学したが、こちらは昨年直魯聯合軍に占領されて破壊されたのをなんとか修繕して使っていた。午後は北洋大学に行き、「学生四百人の割合に建物大きく立派ではあるが目下戦争による教育難を訴えてゐる」と記している。

三日は、午前十一時に「宣統廃帝〔溥儀〕に謁見すべく領事館にゆく」。紫禁城を追われた溥儀は、一九二五年二月から天津の張彪の私邸「張園」で暮らしており、竹中と服部もここを訪ねたのだった。竹中は「うらぶれた御住居、昨年春からここをかりて住まれるとか、おいたはしく思われる」と記している。溥儀とは二十分ほど通訳を介して話をしたとされているが、その内容については何も記録していない。

四日には正金銀行に行って百円を受けとり、午後には町に買物に出かけている。北伐について、「広東軍赤化運動（＝北伐を指す）は日本にとり、旅大回収、満鉄回収、その他様々の事件を生むであろう」と聞いている。やはり北伐の動向には、竹中も強い関心をもっていたことがうかがえる。

五日は、一日手紙と原稿を書いて過ごした。奉天同善堂の記事を東京朝日新聞社の美土路昌一に送り、これは社に届いてすぐに掲載決定となったものとみえ、十二月十五日付けの『東京朝日新聞』に載せられている（↓五―⑧）。

（四）済南・青島　十二月六日〜十二月十二日

六日は済南に向けて出発するのだが、その前に問題が生じた。宿泊費が二百円八十銭となっており、竹中と服部の所持金をかき集めても十二円程足りなかったのだ。あわてた二人だが、服部の知人から十五円借りることができ、なんとか間に合わすことができた。のこりの三円で食事をとったが、日記には「懐ろの寒さで、雪の中一層寒い」と、切実な一言が記されている。九時半に済南について鶴屋ホテルに入った。

翌七日は、領事館に行ってからさっそく学校巡りを開始している。東魯学校に馬場春吉を訪ね、山東済南斉魯大学、山東大学などを見学して、帰りに琴をきいたという。演奏会にいったのだろうか。この日の済南は「寒さ凛烈」で身にこたえたという。また、山東省の情勢について、「目下戦相険悪で、学生は安んじて勉強することもできず」などと記録している。

八日は、馬場春吉と共に教育庁長を訪ね、山東省立女子中学校、同医科大学、競進女子小中学校、女子職業学校などを参観した。「この寒空にストーブもなく、寄宿舎にも火の気なし」と記録している。また城内の町は「狭隘で古風に汚な」かったとしているが「ただ斉魯の昔を十八史略に思ひ出す」と記している。竹中は幼い頃に父から『十八史略』の手ほどきを受けており、その記憶がよみがえったのであろう。夜十一時に膠済鉄道に乗り、青島に向かった。

九日朝九時に青島に到着。道中、「膠州湾の空はながめ極めて美くし、雪に覆われた畑地は目路の限り朝日に映えて美くしとも美くし」と印象を記している。「耳に親しみある青島につく。心おどる」と、珍しく高揚した記述がある。大和ホテルに入り、午後領事（総《ママ》）館に行く。長旅で疲れたようで、早く床に入って疲れを休めたという。また、青島の印象について、「ここは支那らしくなく全く外国風である」と記している。

十日は、「青島還付の記念祭とかで支那側は全部学校を休むとある（接収記念日）」と記している。青島は一八九八年にドイツが租借し、第一次大戦中は日本が占領していた。しかし第一次世界大戦の結果、一九二二年に中国に返還することが決定された。「青島還付」とは、このことを指す。竹中は、青島の土地柄に心惹かれ、日本の痕跡を見る一方で、現在の混乱した状況をみると、なにやら「惜しい」気持ちにさせられている。その日はまた、「常ならぬ不快に一夜苦しむ」とある。夕食後であるから、食あたりだったのだろうか。

十一日は、領事館の岩永氏などのつきそいで、文徳女子中学校（長老教会系）、青嶋大学を見学した。「青嶋大学は三分の二兵士に占領され、学校の主要品は持ち出されまことにあわれな有様であつた」という。午後は、二時からグランドホテルでの婦人会に招かれるなどしている。青嶋神社も訪れ、「夜の青嶋の市街を一望の下にながむる事しばし、さながら京都の八坂神社あたりにある心地す」と感想を記している。

十二日には、十二時出帆の大連丸で、上海へと向かった。「久しぶりにて海の旅心地よし。陽は暖かくおだやかである」と印象を記している。

(五)上海・南京　十二月十三日～十二月二十三日

上海埠頭には、十三日三時半に到着した。青島と比較して、上海は全く異なる印象だった。「上海の町の雑沓。青嶋の静かな美くしい天地とは全く異る埠頭の汚なさ混雑さ、それに曇よりとしぐれた日だけに印象わるし」と記している。宿は、上海を訪れた日本人が多く利用していた万歳館であった。翌十四日には領事館を訪れているが、「ここでは領事甚だ冷淡」だったという。

十五日には、内外綿株式会社を見学した。「十四才以上といふ女工が一万五千も働いてゐる。支那に来て初めて労働する婦人を見たのである」と記している。ただ、「宿舎（住宅）は不潔な事夥しい」と指摘している。帰りに、同文書院に清水氏、久保田（正三）氏を訪ね、学校に関するプログラムを頼んでいる。

十六日は、体調不良だったのか、日中は宿にこもっており、夕方から知人の中村氏という人物に招かれて出かけた。十七日は、服部は外出したが竹中は残って原稿を書き、午後は同文書院を訪れ、四時半からはドイツ人のローレンス夫人方で在上海国際婦人代表の会に参加した。「独米英日支スカンディナヴィアの婦人十四五人の集会」であった。

十八日は、細々とした用事をすませてから鐘紡を参観している。また、知人から、漢口がますます「赤く」なっていることなどを聞いている。竹中らも、漢口を見たい気持ちがあったらしい。二十二日に南京から船で漢口に向かうときめたと記している。

十九日は雨であったが八時五十分の汽車で南京に向かった。「居つくものにはそれ程でない雨も旅人には別けてもわびしい」と、感慨を記している。十一時に蘇州を過ぎ三時四十五分に南京に到着した。寒空の中、すぐその足で領事館にゆき、森岡正平領事に会った。領事は、今の中国では英・米・仏・独に留学することが時勢で、また実際日本に留学したものより重用されるので、日本へ赴く留学生がいなくなるかもしれないとし、「留学生は少数をよく仕立てる方針をとるがよし」と述べたという。この森岡領事は、竹中の帰国後のことになるが、一九二七年三月二十四日、北伐途上の国民革命軍が南京を占領した際に起きた、日本を含む外国領事館と居留民に対する襲撃事件、いわゆる「南京事件」の被害者の一人となる人物である。

竹中が訪れたとき、南京にはまだ北伐軍は到達していなかったが、戒厳令が敷かれており、一種ものものしい雰囲気であった。「南京には今北軍の孫伝芳将軍がゐます。丁度私達の南京入りの前日張宗昌将軍が孫氏と会見のため来南された際で、南京の街は何とはなしに緊張してゐました」（↓五－⑤）とのちに記事に記している。二人も南京に到着早々、女税官吏に呼び止められ、服部が鞄を調べられるという経験をしている（↓五－⑤、㉒）。広東軍から密偵が入り込んでいる、女の密偵もいるという噂があり、それを調べるものだった。「一体支那では男は一切女の身体に触れることが出来ないために、女が女を検べる」ことになり、結果、女税官吏が登場していたのである。

それでも竹中は南京が好きだった。「私は南京が大好きです。昔ながらの由緒ある大きな自然の背景の中に、静かに好学の徒を育んで来た古典的な南京は、或意味では私の歩いた何処よりも私の心を捉へました。かつて一寸名所見物のために足を踏み入れた時、漠然と好きであつた南京に、今後もつと深く入つて見て、警衛の兵士や巡査の波でザワついてゐる巷を他所に、音もなく底を流れてゐる水の力を感じたのです」（↓五－⑤）と述べている。

「静かに好学の徒を育んで来た」と竹中の言う南京にはたしかに学校が多く、竹中もそのいくつかを訪問している。二十二日は、王伯秋のいる法政大学に行き、李瑪理女史など去年日本を見学に訪れた女性四名、学生四名に会っている。続いて第一女子師範でお昼をよばれ、続いて金陵女子大学も見学している。

二十一日は、昨日訪れた第一女子師範学校に劉令鑑女史を訪ね、東南大学を訪れている。この日の日記には、「北軍が密偵をしらべるのは、南軍の宣伝のよく行きわたり、立どころに三千の学生起つて相呼応しうるといふ南京の状態をおそれてゐるので、彼等はピストルを携へたり。または様々の巧みな方法で宣伝するといふのである。南京は一番学生多し。学校多く湖南以南の学生は殆どみな南京に集まつてゐるといふのである」と述べている。また、のちに書いた記事では、「私が或る大学の教授をしてゐる某女史に、「南軍（北伐軍を指す）は随分一般の若い人々に迎へられてゐるやうですね」といつた時、女史は、「エヽ、大方好意を持つてゐるやうですが、いへば身が危いので皆口をつぐんでゐるのです」と言葉少なに答へました」と記されているが、この「某女史」は、劉令鑑だったのだろう（↓五－⑤）。南京で、北伐軍への期待感が高まりつつも、口に出せば身の危険が生じる緊迫した状況があったのだ。

この日は夜、李瑪理らと歓談し、広東政府になったらどうなるかという話や、独身論やら自由恋愛論やら、さまざまに語り合った。話に夢中で時間を忘れていたのか、「身にしむ夜寒の風を切つて城門についた時は、もう定刻を一時間もすぎて門を守る巡査の気のゆるむころでした。万一の時の用にと宝来館で貸してくれた門鑑がやつぱり役に立つて、私達のために厳めしい巡査は重たい城門をギーと開けて通してくれました」という（↓五－⑤）。

二十二日は、いよいよ漢口に向かう日である。鳳陽丸に乗るため六時に起こされ、七時前には宿を出て乗船した。長江（揚子江）の船旅は、「天気晴朗、江上のながめよし」だった。二十三日は一日船上で「南京印象記」を書き終えたと記しているが、これは一九二七年三月の『婦人』に掲載された「好学の都　南京」（↓五－⑤）を指すものであろう。

(六) 漢口・武昌・九江　十二月二十四日～一九二七年一月一日

漢口には二十四日九時半頃到着した。松廼家に入り、太田宇之助に会っている。太田は十一月に北京でも会っており、竹中とは別行動で、漢口に先に到着していたと考えられる。十一時には総領事高尾亨を訪問した。彼は、「漢口尽く赤化したように言ふ人あるの非を諄々と」説いたという。また、たまたま同宿者に、孫文の協力者であった山田純三郎がおり、太田宇之助から紹介された。

二十五日には、「大正天皇崩御」の号外を受け取っている。「胸ふさがりて重し」と記し、さらに年末年始を喪に服すことになる東京のありさまを想像している。また、このような事態をうけて、外国にいる自分がどのようにふるまうべきかという問題に思い至り、領事館に高尾総領事を訪ねて聞いてみたところ、「職業がら遠慮なく視察するがよい」という返事だった。竹中の真面目な性格をうかがわせるが、竹中は総領事の返事におそらく安堵したであろう。午後はちょうどクリスマスの町の様子を見、帝国主義に反対する張り紙に目を留めている。その後山田純三郎と会い、「蒋介石必ずしも赤からず、孫文の意を体して革命を成就さす人として日支の提携をさすがに理解し、かつ念頭においてゐる」などの話を聞いた。山田は中国とソ連との関係にも詳しく、竹中は聞き取った話を二十五日の日記に比較的詳しくメモしている。

二十六日は、皇太子が天皇位につく践祚の儀式があり、総領事からは今日十時から十一時までの遙拝式に来るよう連絡があったのだが、竹中はそれを後回しにしている。太田宇之助から連絡があり、宋慶齢を訪問できることになっていたのだ。竹中は太田とともに革命軍総司令部にゆき、宋慶齢と対面した。竹中の旅行日記には、「三階の一室に導かれ、五分程たつた時小柄な孫文夫人が出てきて初対面の挨拶を成した……孫氏の遺志を奉じて革命婦女を指揮し、蒋介石と気脈を通じつつある」とある。また、「目下国民党に属する婦人は一万を数へる位とか。戦線には立つても赤十字の役を努めるだけでアクチヴの仕事はしてゐない」という話も聞いている。宋慶齢と「写真をうつし、いつか日本に来ることを約束した」という。竹中の「三つの圧迫」（→五－⑯）には、宋慶齢の写真が掲載されているが、このときに撮影したものかもしれない。また、宋慶齢には広東への紹介状を頼んでおり、これは一月二十八日に竹中のもとに届けられることになる（→六－一）。またこの日の午後は、馬伯援と太田宇之助と共産主義や蔣介石のこれからの計画について語り合った。

二十七日は、武昌に行くことになった。同文書院の松尾という教員が案内を申し出てくれたのである。途中、「漢口で目下南軍に認められて開いてゐる二学校の一つ」輔徳中学を見学した。ちなみにもう一つは江漢高級中学（同文書院）である。参観後、揚子江を渡って武昌の船つき場についてみると、漢口と同様雑然としたありさまで、「下りた人と車夫と乞食の子供とで一ぱい」だったという。車を五台傭って漢陽門をくぐり、武昌の街に入った。「軒から軒へ美帝国主義の砲艦主義を打倒とか、基督教を打倒せとかのビラが看板のやうに吊してある。過激なことは漢口どころの話ではない」とし、「あらゆる物にあらゆる所に革命思想と打倒思想とが赤々と掲げられてある」のに目を奪われている。華中大学などを見学し、武昌の町は船着き場のあたり、一歩奥にはいったあたり、さらに山の手ともいうべきあたりで、町の雰囲気ががらりと変わると印象を述べている。夜に漢口に戻り、案内してくれた松尾氏ともう一人の先生に夕食をごちそうしている。

二十八日は、山田純三郎に宋慶齢に頼んだ紹介状を催促することを問い合わせ、またちょうど南京駐在武官の根本博少佐にあい、中国事情を聞いている。宋慶齢には使いをだし、夕方紹介状が届いている。

二十九日は、青年会に馬伯援氏を訪ね、馬の案内で徐謙夫人（沈彬儀）を済生三馬路の中央執行委員本部（南洋煙草商会）に訪ね、女子教育のことなどを聞いている。徐謙夫人は、これまで中国の女性は法律上何の権利も認められておらず、女性が法律を知る必要性を感じ、上海に法政大学（徐謙が校長）を建てたことなどを聞き、さらに今後は「広東の政府の範囲において女子の権利・地位は昔日の如くでなくなる」と述べたという。

三十日は、九江までの船に乗った。本当は昨日乗る予定だったが、乗り損なったのだ。そのため時間ができたのか、夜の出発まで『婦人公論』を読みふけっている。久しぶりの日本の雑誌だったのだろう。夜八時に南陽丸に乗った。お金の節約のためか、「支那一等」を選んだ。しかし、「船室に入つて見ると悪臭と薄ぎたなさに胸がつまつた」といい、でも「服部女史の手前強いて我まんする」と悲壮な言葉が続く。寝具はなく、スチームも洗面具もなかった。竹中と服部は、一枚の毛布にくるまって一夜を明かすことになる。「心のうちでこのみじめさをどれ程かこつたか！」と、服部には言えない心情を日記に吐露している。

しかし、二人の苦難はこれでは終わらなかった。漢口のストライキが九江へ波及しているという噂で、船が九江にたどり着くかどうかがそもそも不安だった。三十一日の朝十一時過ぎに九江に到着することができ、艀に乗り移ってほっとしたまでは良かったが、女二人だけが下船したのを見た糾察隊の一人が、なんと突然その艀に飛び乗ってきて、竹中と服部をゆすり出した。大きいお金は胴巻きの中に入れていたので無事だったが、それ以外のお金はすべて取られてしまい、しかも沼地のようなところに下ろされた。二人はほうほうの体で領事館にたどり着いて、保護された（↓五－㉑）。さんざんな目に遭った二人を大和久領事夫妻は温かく迎えてくれ、ようやく二人はほっとしたのだった。

一九二七年一月一日の朝は、こうして九江の領事館で明けた。領事夫人はお雑煮など心づくしの料理でもてなしてくれたという。竹中と服部が危険を承知で九江で船を下りたのは、そこから南昌に行って「革命主将蔣介石氏に会見したい一心」であった（↓五－㉑）。しかし、二人の話を聞いた領事から、安全を保障しかねるから思いとどまってほしいと諭され、やむなく断念することとなった。そもそも九江から船に乗るだけでも危険だったようで、警察署長ともう一人の護衛に付き添われて、ようやく南京行きの大福丸に乗船できたほどだった。門までみおくってくれた領事や、警察署長らの配慮に、「人の親切に泣き易い私はとうとうサンパンで帰つて行かれる二人〔警察署長ともう一人の護衛〕を見送りながら涙をこぼして終つた」と記している。

（七）蘇州・上海　一月二日〜一月二十五日

二日は、十二時前に南京に到着、まず九江で世話になった大和久領事に感謝状を書いている。南京はストライキも九江に比べれば静かであった。翌三日の朝九時十分に南京を立ち、二時半ごろ蘇州に到着した。日記には、「曾遊の蘇州、好きな印象のある蘇州はやつぱり気持がよい。何となく豊かなゆつたりとした町の風情は支那町としても他よりよい。戦争の声もない」と、ほっとした文章が綴られている。旅館で少し休み、すぐに領事館で岩崎栄蔵領事に面会した。彼の印象は非常によかったようで、「人間愛をもつて支那人を見てゐる」と記している。岩崎は蘇州のマッチなどの産業状態に詳しく、このごろは中国で日本よりも良いマッチが出来てしかも安いことなどを話した。

四日はさっそく学校巡りである。美術学校や女子師範学校などを見学し、蘇州第一と言われる久華亭という店で昼食、省立医科大学をみてから留園・西園、生糸工場を見学している。

五日は、滸墅関の蚕業学校の参観に出かけた。日本人教師白澤幹と、鄭紫卿校長の妹で教員の鄭蓉鏡、同じく教員の費達生らに会っている。鄭蓉鏡と費達生はともに日本の東京高等蚕糸学校（現在の東京農工大）に留学した経験がある。彼らに学校について細かくききとり、日記に記している。

六日は、まず女工二千名が働く紡績工場を見学、続いて男子師範校にゆくが、「時局のためにすつかり休みとなつて蘇州でない生地の学生は皆帰宅した」という。日記によると、この学校で「蔣介石の軍の友達と信書の往復が発覚して、本人と本人の親友及校長まで南京に引かれて銃殺された」という事件が発生したとされているが、この事件については詳細不明である。武陵女塾で刺繡を学ぶ女子学生の様子を見て、昼に宿に帰り、午後は領事館にお礼に向かった。翌日、上海へ発つのである。

七日、九時すぎの汽車にのり、予定より遅れて一時に上海に到着した。二十日ぶりの万歳館に入り、留守中に来ていた手紙類を受け取る。八日には、商務印書館の工場に周頌九を訪ね、工場を見学している。つづいて四時半からは、以前に徐謙夫人（沈儀彬）から紹介されていた中国婦女協会を訪ね、総務科長の談社英から会の説明を受けている。それによると、この会は全国的なもので、一昨年創立され、熊希齢夫人（朱其慧）が会長、徐謙夫人が副委員長、会員は総数四百名程とされている。九日は数名で永安公司・先施公司・新新公司を見、夕食を御馳走になってからタウンホールで音楽をきいて帰る。十日はまた学校巡りで、聖ヨハネ大学（セント・ジョンズ大学）などを見学し、夜は王瑞竹・蔣英の二人の女性の訪問を受けた。

十一日は、白澤幹に紹介された陳宣昭を訪問している。彼女は東京高等蚕糸学校に留学した経験があった。その夫は呉覚農で、彼は静岡に留学して茶の栽培を学び、帰国後は農学会幹事などをつとめ、また『新女性』雑誌などには女性問題に関する文章を多く寄稿していた。竹中はこの日、呉にも会って、『新女性』雑誌をもらっている。翌十二日、竹中はふたたび呉覚農と陳宣昭を訪れた。呉が、『新女性』編集者の章錫琛らと歓談する機会をセッティングしてくれたのだ。一時間あまり歓談し、お昼を御馳走になった。このときの歓談の様子は、のちに『新女性』雑誌に詳しい記事として掲載されることになる（→五－⑭）。

それによると、会のはじめは言葉の問題もあり、「[章]錫琛氏と竹中繁子氏は黙って座っていて、ちょうど旧式の新婚夫婦のように、話を切り出すすべがなかった」ようだが、その後は通訳を介しつつさまざまなトピックについて話し合ったという。このとき竹中は、中国と日本の女性には共通点があるが、日本の女性は思想面で発展しており、中国の女性は実際面で発展していると述べ、中国の女性は「今大きな圧迫を受けていたとしても、あるいは将来の発展は比較的いっそうめざましいものになるかもしれません」と述べたとされている。章錫琛とはさらに、女性の教育、経済権、職業問題などについて意見を交換した。

続いて十三日には、残疾院、孤児院、監獄などを見学している。いずれも身にしみる光景であったことが日記に詳しい。一旦宿に戻って着替え、午後三時には婦人会に招かれている。ここでは服部は日華学会の宗旨と会務について、竹中は日本女子の文化事業における地位について講演する予定と報じられている。[11] この会には、女子青年会、中華婦女節制協会と女子参政協会などの人々が集まった（↓五－⑳）。この会について竹中は以下のように記録している。

二人の為に設けられた日支四五十人の会合である。うれしともうれし、日本婦人の運動の現状について語つて日支両側の婦人から望外の喜びをうけた。もし両者を結ぶ事ともならば私の望みに助けが加わったのである。解散しようとして散せず別れを惜んで再会を約するもの数多……今夜は昨晩に比べて心甚だ楽しい。

淡々と書かれている旅行日記の中で、このように喜びを表現している部分は珍しい。

そして十四日には、前日の竹中の話に感銘を受けた勤業女子師範学校の校長朱剣霞が竹中のもとを訪れ、二人で女性運動について四時間も語り合った。朱剣霞の最初の質問は「[日本の]今年の議会で参政権はどうなりましたか、私は一日も早くお国の御婦人方が参政権を獲得される事を切望する者です。貴国の御婦人の参政権獲得はわが国の婦人の喜ぶ処です」というものであった。そして朱は竹中に「剣霞提唱和平主義及主張男女平等十余年来如一日。迄今愧未償素願亟望東隣姉妹起而携手促進也［私は平和主義を提唱し男女平等を主張し続けて十数年がたちました。未だにそれがかなわないことを悔やみます。東の隣の姉妹達が立ち上がり手をとりあって促進していくことを切に願います］」と書いて手渡した[12]。竹中は日記に「ここにも彼女のような熱心な婦人がある事に大に力を得、自分の目的の半ばはやがて達成する曙光を見るの喜びを得た」と書いている（朱剣霞については↓五－⑱）。

十四日の午後おそくと十五日は、学校巡りである。十五日は務本女子中学に出向いたが、休みで帰る女学生の出る日にあたっていて参観がゆるされなかった。ほかに中華職業学校、大同大学などをみている。新新酒楼で昼食をとったが、ちょうどここに居合わせていた黄炎培から男女共学のことなどを聞き、「今の女子がやや急進に女らしさを失つて突飛な行動があるのは、つまり乱又乱の支那において女が家庭を無視し、いきなり社会に出て外に働く方が国家に対しても有利だと心得た為めにさうなつたといふヒントをこの人の口から得た。要するに此人に従へば、国家化した良妻賢母と社会化した家庭が支那に欲しいといふのである」と書き留めている。その後、二時半頃からタウンホールに古楽投壷会にでかけ、「琵琶（汪氏）に至つてはまさに絶妙の極」と絶賛し、「投壷の遊びはいかにも三千年前の命の長い日を思わせた」と述べている。

十六日は、静安寺とその他の寺院を見物、昼食後は申報及び新聞報社を参観している。ちょうどこの日の『新聞報』には、新聞学会が二人を招待することが報じられている[13]。十七日は上海日日の細谷記者がラジオ放送を頼みにきており、翌十八日の夜の放送に出演した。話の内容は書かれていないので不明だが、ラジオ放送に出たのは生まれて初めてのことで、「どうであろう」とできばえを気にしている。この日は電車のストライキが始まった日でもあった。

十九日は中西女塾、商務印書館、中華書局に行き、二十日は王瑞竹に中日婦人提携の事について意見をきくなどしている。この日に書いた記事が、「上海から」（→五－⑨）である。書いてすぐ書き送ったものと思われ、一月三十日に『東京朝日新聞』に掲載されている。その中で竹中は、「私共の参りましたのを機会に、是非日支の婦人会を作つて欲しいと支那婦人側からの要求も御座いましたので、いろいろ研究もいたしてをります。それが出来上れば大阪の婦人会などとも連絡がとれやうかと楽しみにいたしてかれこれ考へてゐる所で御座います」と、これからの期待を述べている。

二十一日は、先日見学できなかった中西女塾を見学し、そのあと新聞学会の催しに参加した。戈公振ら二十人程の会であった。会のあと、すき焼を御馳走してもらっている。翌二十二日は、この会で会った女性がきて、小学校を見学。旧暦の新年が近いのでもう休みになっていた生徒たちがわざわざ集められ、竹中と服部は彼らに話をすることとなった。寒さ厳しい中、生徒たちは立ったままで、手あぶりをかかえているものもあったという。

二十三日は、北河南路十号に王瑞竹を訪ね、日支婦人会の事を協議している。二十四日は日本人の女性たちと「日本の婦人運動、支那の婦人と提携する必要」を語りあっている。

竹中はのちに、旅全体の印象をかいつまんで話した際、「支那ではやはり上海が今一番興味ある所のやうに感じました」と述べている（→五－⑮）。さまざまな人との出会いが濃密であったゆえに、このように感じたのであろう。

このあと二人は、上海から香港へ船で移動することにした。このルートを選択した理由について、竹中は次のように述べている。

中支から南下して広東（広州）に行かうとするには漢口の対岸武昌から粤漢鉄道によるのと、海路上海から香港を経由して行くのと二つありますが、粤漢鉄道は全線を通じて民国の所有ではなく、英仏米合同投資の所があり、英国単独投資の箇所があり、途切れ途切れで所有者を異にしてゐるだけ、土地不案内の外国人には困難の点もあるでせうし、第一南下する程言語が変つて行くのですから、私達の南下を企てた直前に、孫文氏未亡人宋慶齢女史がボローディン氏と共に陸路この粤漢線によつて漢口に北上されたとは聞いてゐても、何しろ不気味でもあり、コースも異ふので、海路をとつたのでした。同じ海路をとるにしても、その当時は日清汽船の船で厦門汕頭に寄港しながら香港を素通りするのと、真直ぐ香港に着いて更に小蒸気船をとつて珠江を溯上するのでありますが、私達二人の旅人はその後者を選びました（↓五－㉓）。

二人はこのように比較的安全と思われる海路を選択した。もともとの旅行プランにあった南昌（一九二六年十一月八日に蒋介石指揮の中路軍により占領）や杭州（一九二七年二月十八日に何応欽指揮の東路軍により占領）など、北伐により混乱が予想される都市は訪問しておらず、安全面を重視してルートを組んだことが分かる。

（八）香港・広州・黄埔　一月二十五日〜二月十六日

二十五日は、上海から香港に向けて出発する日である。ところが、宿泊していた万歳館から、「勘定四六六円某の書付け」が来た。旧正月の時期だったため、予想外に高かったのだ。またしても持ち合わせが足りなくなった竹中と服部は、ひとまず知人から百円借りることができたが、船に乗らねばならないために時間がなくなり、ちょうど来合わせた菊地夫人に頼んで三百円を万歳館に出してもらっている。お金も時間も間に合わなくなりそうで、慌てたことであろう。

なんとか伏見丸にのることができた二人は、穏やかな船旅を楽しみ、二十八日に香港に到着した。船上では、海賊の話などを聞いてずいぶん脅かされたらしいが（→五－㉓）、到着した香港の印象はとてもよく、さらに天気にまで恵まれていた。「何といふなごやかなうららかな春日和であらう！　五六層にも建て連ねられた海ぞひの建物、たたかれた道路、さすがに早くから英国が早く《マ》から《マ》手をつけた處だけあつて場所のいい上に街路もよく整つてゐる」と日記に記している。東京ホテルに入って小憩後、総領事館にゆき、村上義温総領事にあった。領事に広州（竹中は「広東」と表記している）を先に訪問する事を勧められ、明朝立つこととして、さっそく広州行の切符を購入した。

二十九日は、朝七時半に宿を出て、広州行きの船に乗った。海も穏やかで景色を楽しみつつ、午後二時半に到着した。広東日本人小学校長の栢森氏が出迎えてくれ、領事館に行き、森田寛蔵総領事らに広州の状況を聞いている。帰りがけに栢森氏らに沙面を案内してもらっているが、その時に聞いた話が（→五－㉓）にある。それによると、租界に住んでいる日本人の家は、土地の人に言わせると「麻雀の音のする家」なのだという。麻雀は国民新政府により禁止されたのだが、「日本人の家庭では、妻君達は子女の寝起まで全部をアマに托して、朝から晩まで麻雀に耽つてゐる」のである。そう聞いた竹中は暗澹たる気持ちになった。「日支相互の今日の疎隔は少くとも彼らその土地に住んだ者が、心と心の交渉に努めなかつたどころか、認識さへしようとしなかつた結果なのだ」と記している。

三十日は、十時前に森田総領事らに案内され、自動車で黄花崗に行き、革命七十二烈士の墓に行った。「見上げれば高く七十二の姓名を刻んだ大理石の墓標が、一々の功績を、そして後の世に伝へる革命の精神を、厳かに物語る気であるし、南国に名も知らない真紅の花が、墓前を飾つて吹き乱れてゐるのも、可憐にも心あり顔に見える。無量の感慨に襟を正して佇むこと暫し」と、感銘を受けている（↓五－㉓）。

三十一日は、教育庁を訪れ、督学の張資模に会い、彼が同行して執信大学、培道中学校、医科大学などを見学した。広州では、「省立女子師範学校を除いては省立に一つも男女共学制でないところはない」としている。また「執信大学の曾醒校長などは、女子の成績が男子よりは好いのを誇りとしてゐるとか」と記している。続いて中央執行委員会に行き、婦女部秘書の鄧顯超には会えなかったが、代理秘書・李慕貞に会い、さまざまな情報を得ている（↓五－㉔）。

二月一日は、旧暦の大晦日であった。竹中の泊まった宿の四階からは、「家鴨のひものを五枚十枚と下げてゆく人、沙基の岸につけてある小船から町に持出す水仙の香が高いのを、籠に青々と盛つて陸に上げてゐる人や、梅桃などの立木そのままを切つて束ねたのを陸に運ぶ人、鉢植を上げる人」など、忙し気に動き回る人々の様子が見えた。竹中と服部も休みなく動いており、この日は中山大学など複数の学校を訪れている。「日がすつかり暮れてからは河ぞいの沙基の店はいづれも掃除をして、大提灯をかどにあかあかとともして、入口から正面のところにいろいろ飾り物や祭壇やしつらへて元日からの祝こころを見せてゐる。本当に除夜らしい。やがて十一時も過ぎる頃には盛んに爆竹の轟き、それは大地もさけんほどの響きが一時に彼処にもここにも起る」と記している。この日記を記したあとも爆竹は続いたようで、結局眠れなくなった竹中は、記事を書くことにしたらしい。「広東の除夜」は、このとき書かれた記事で、二月二十三日に『東京朝日新聞』に掲載されている（↓五－⑩）。

竹中にとって広州は印象深い土地であった。広州には革命の機運が満ちており、「国民党の精神によつて訓練された国民軍の兵士ばかりになつたので、町に略奪が行はれないだけに安心してゐられる」と市民が喜んでいること、「広東の紙幣にも商品のレツテルにも孫氏の像があるし、広東大学が中山大学と改称されたし、孫中山氏出生地の香山県が中山県と変るし軍艦に中山があるし、広東は孫氏の顔と主義促進に関する文字で満ちてゐる」とする記事を書いている（↓五－⑪、広州については五－㉓、㉔）。

二日は旧暦の元旦である。宿からは、元旦でも忙しく動く人々が見えた。この日は張佩瑄の家に招かれて過ごし、夜は映画を見た。ある男の妻が自分に子供ができないために夫に妾を迎えさせる話で、「支那の宿弊であつた一夫多妻の習慣と、相続者を得たい為に施す手段の誤りと無理とを指摘して無知の人々の蒙を啓かうとする」映画だとしている（↓五－⑬）。

三日は、日本留学経験のある女医の蘇儀貞・蘇淑貞姉妹に会い、広東政府になってから道路が整理され、衛生上の取り締まりなども行われるようになったことを聞いているが、買い物などにも時間制限ができて困ることがあるという話も聞いている。蘇淑貞のところには難産の人が入院しており、ちょうど竹中らが訪問している間に生まれたという。午後は嶺南大学を見学した。

二月四日は、中央執行委員会婦女部の招待を受けた。廖冰筠や李慕貞らに竹中と服部を加えて二十一名の会であった。竹中と服部は日本の婦人運動の模様を聞かれ、また温かい歓待を受けて、「本当に胸と胸とで触れ合ふやうな寛ろぎと真実を感じ合ふ事が出来た」という（↓五－㉔）。また、このとき出会った廖冰筠について、竹中は「白髪の混つた髪はプツリと断髪にして、キリツとした身なりに活動婦人の見るから雄々しい姿をした人」と評し、「会場にゆく前には定めて思ひ昂つてゐる婦人達の群れであらうと予測したのが恥入る程裏切られて、彼ら婦人達はなんといふ美くしい、謙遜な心持で私達を迎へてくれたであらう」と述べている（↓五－⑳）。廖冰筠のほうも、言葉が通じないのをなげいて「アア残念だ、言葉が通じ合つたなら、もつともつと心ゆくまでお互に話し合ふものを、何しろ私も日本から帰つて十四年、お国の言葉を忘れてしまつては！」と涙をためていたという（↓五－㉔）。

五日は、総領事に軍事政治学校参観の事を依頼している。その後は来客が相次いでいる。六日は珍しく約束もなく、午前中は「三民主義の研究に時を移した」という。その後、やはり来客があり、太平南路の茶楼・陸羽居に赴いた。

七日は、黄埔に日帰りしている。目的は、中央軍事政治学校である。同校の政治部主任・熊雄（↓五－⑫）から、学校の沿革、成立などを聞き、現在二百余人の女性がここで訓練をうけており、髪を切って軍服を着て、男子とすべて同じであることなどを記している。熊雄は「体質の為に第一線に立つ事が出来ないとすれば、経理なり副官なり参謀なり男子以上の女子の知識を必要とする位置におかれる」のだといい、「日本婦人も志望者あらばいつでも歓迎する」と述べたという。そこで同行者の松本という人物が、「日本人もこの学校に入つて訓練されるといい」と言うと、熊雄は「入りますまい？」といい、しかし婦人は歓迎すると言ったという。日記にはそのあとに一言、「日本の婦女を弱小民族と見なしたか」とある。この時竹中は、「〔以前〕徐謙氏の奥さんが、女子にも軍事教育が必要だと云はれたことを、中央軍事政治学校でお尋ね致したいと思ひ、私から婦人に軍事教育を施して役に立つだらうかといふ様なことで切り出し」てみた。すると、「最初はどうかと思つてゐたけれども、婦人が体質上男子に及ばぬ時は、経理参謀副官等の方面で男子以上に能力を発揮することが出来る」との答えを得たという（↓五－⑰）。また、この時の写真は、「古い旅嚢から」（↓五－⑲）に掲載されており、また中央軍事政治学校についても詳しく印象が記されている。

八日、九、十日は来訪者があったり買い物に出たりしてすごし、十一日は翌日午後に出立することなどを領事館に頼みにいっている。十二日は、朝、広東に関する原稿を書いたと記しているが、これは「革命の策源地（上）（下）」（→五－⑪、⑫）をさすものと考えられる。二時に出帆して八時に香港に到着した。十三日は村上総領事を訪問するも会えず、のちほど電話で香港大学参観の手つづきをしてくれたことなどを聞いている。十四日にその村上総領事と面会し、その後コートウォール博士を訪ねる。夜は領事官邸に招かれて夕食をごちそうになる。十五日は香港大学を見学、十六日には宿の精算をしたが、今度は少しあまるくらいで、一安心している。領事館にお礼を言伝て、十一時に「ロシア号」という船に乗った。上海には十八日に到着した。

（九）上海から帰国　二月十八日～二十四日

船上では、竹中は船酔いの上に下痢気味で、気分も晴れなかったが、予定よりはやく上海に到着して喜んでいる。翌十九日は雨で、「けふから不穏な気、全市を覆ふ」とある。電車も午後からストライキにはいり、デパートも店をしめ、郵便局もストライキだとの話を聞いている。「明日軍艦四隻更に入港するときいた。そして糾察隊は郵便局長を樫の棒でなぐり、遂に罷業させた」との噂を耳にして不安を感じている。ストライキは続き、竹中の日記の記述はここ一、二行のみの日が続き、二十四日を最後に日記は途切れている。このあと帰国の途についたと考えられる。

帰国してから竹中は、この旅について、最初は正直に言えば「『突飛』と『軽佻』の一言でわりきられてゐた支那の現代婦人を想像して［旅行に］行つた」と述べている[14]。しかしながらそうした想像は旅行の過程で覆されていった。旅からの帰国直後には、［中国の女性の］その自信のある悪びれない態度に、真面目な努力と奮闘と質実な歩みをつゞけて行くところに、私は少なからぬ畏敬をさへ感じたのでした」と述べるまでに変化している（→五－⑥）。このような変化が、帰国後に日中女性の相互理解、連帯をめざし、実現させようとする行動につながっていくことになるのである。

注

（1）段ボール数箱分におよぶ竹中の遺品で、竹中の手によるノート、日記や、友人たちからの多数の手紙などが含まれている。本書では、これらを総称して「竹中繁史料」とする。

（2）大阪朝日新聞社『五十年の回顧：大阪朝日新聞創刊五十周年記念』（大阪朝日新聞社、一九二九年）五四頁。

（3）以下、服部升子については、以下の資料を参照した。青鉛筆の記者「支那留学生の母　服部升子女史」（『婦選』第六巻第一号、一九三二年）。竹中繁「民国教育の過程」（『婦選』第六巻第五号、一九三二年五月）、竹中繁「旅行」（本書第三章）。

（4）陶大鈞　浙江省会稽の人。当時は京師同文館の学生であった。のちに江西按察使となる。

（5）大里浩秋「『日華学報』目次」（神奈川大学人文学研究所『人文学研究所報』第三八号、二〇〇五年）参照。

（6）香川敦子『窓の女　竹中繁のこと――東京朝日新聞最初の婦人記者』（新宿書房、一九九九年）一一一頁。

（7）奉天同善堂について、詳しくは本書第四章の一九二六年十月二十四日のコラムを参照。

（8）ただし、妾にしたり売り飛ばしたりされる可能性もあったため、結婚願書を取り交わし、不正行為をしないと保証書を書いた上で四〇元支払った男性にしか引き渡さなかった。古家誠一『奉天同善堂調査報告（社会課報告資料第一号）』（出版社不明（南満洲鉄道株式会社）、一九二七年）五七～五九頁。

（9）これは、同善堂の付属施設達生学校（産婆養成を目的とした学校）につけられた装置であった。夫馬進『中国善会善堂史研究』（同朋舎出版、一九九七年）九二一～九三一頁。

（10）竹中繁「今は亡き熊希齢夫人を惜しむ」（『婦選』第六巻第一号、一九三二年一月）。
（11）「女界団体今日宴日記者」（『時報』一九二七年一月一二日）。
（12）竹中繁「民国女性の苦闘の迹」（『婦選』第六巻第六号、一九三二年六月）。このとき朱が竹中に渡したメモは、竹中が泊まっていた上海万歳館の便箋に書かれていた（本書第四章一九二七年一月十四日参照）。
（13）「新聞学会招待日女記者」（『新聞報』一九二七年一月一六日）。この記事では、竹中繁は「東京朝日新聞社会部主任」、服部升子は「日華学会総幹事」と、二人とも実際より地位の高い人物にされている。
（14）竹中繁「支那婦人の進出」（『婦選』第六巻第七号、一九三二年七月）。

第三章　中国旅行（一）書きかけの旅行記

竹中繁は、一九二六年九月から二七年二月にかけての半年間、服部升子とともに、北伐の最中の中国を旅した。竹中の中国旅行の理由、そしてきっかけは何だったのだろうか。竹中自身が一九六〇年頃に書いたと思われる「旅行」というタイトルの手書き原稿（九枚のみで未完）を見てみよう。

＊＊＊＊＊＊＊＊＊＊＊＊＊＊＊＊＊＊＊＊＊＊＊＊＊＊

流れ去った年月は早くも三十有余年、思い出すふしぶしといってもまったく春の山々を見渡すよりももっと朧ろげになってしまう。今ごろ何を考えてその昔を書きならべようというのか。我ながらおろかしいともおこがましいとも思わないわけではない。書きのこすほど有益なことではもちろんないけれどもさりとて忘れ去るには印象が余りにも深く、捨て去れない惜しさが未練らしく胸にこびりついている。とまれこの閑寂界に老いを□し、身のせめてものすさびの一つは懐古慾を満たし、二つにはその時の思い立ちのやみ難かったことを書きつらねることにしよう。その三十何年かのむかしにわたくし達は中国を北から南まで、女弥次喜多道中双六よろしくの体で旅をした。しかもそれが三十数年後のいま、はしなくもわたくしの生活に綿々とつながってる《ママ》縁となった。それを、今頃になってこんな気分をかり建てたもう一つの動機は、他ではない。先般招かれて新中国を旅して、つぶさに驚きの眼を開いて学んだり考えたり、数々の愉しみを味われた《ママ》野上弥生子さんの旅行記[1]を読んで、嘗てのわたくしの同地の旅にはわたくしなりの忘れがたい回顧がしきりに心を動かした。ただ懐かしいだけでは言い切れないものがある。

招かれて国賓として迎えられた野上さんには、少し位無理な注文を出しても、却ってそれが先方に歓迎されるような場合もあったろうし、行く客として通らざるところなき熱意こもる歓待をうけられたことも当然過ぎることである。書かれる旅行記の文字、その行間にまで溢れ出ている愉快な旅のありさまには読んでいる者に温まる思いをさせずには置らない《ママ》ほどである。

それに比べるとわたくし達は行きあたりばったり。もっとも目的は決して無いではないが、それはやうやう記すとして、脛にむちうつとまでは行かないにしろ、何しろふだんから身なりには一こうに無頓着な弥次と妙ちきりんな格好（見る人が見たなら）で、何キロ歩いたのかは覚えないが、帰りがけに最後の港の上海に帰り着いた時には、上海在住の日本婦人方が迎えて下すったのはありがたいながら、実は「何がおもしろくってあの人たちはあの姿で旅行をしたのだろうか」と笑いの種になったと伝え聞いた程、恐らくその辺のパリッとした生活で、中国人のアマさんやコックさんを奴隷として使って暮していたゆたかな婦人方には、さだめて判じもの丶ように見えたに違いない。それでもわたくし達の旅嚢には相当の土産物と感謝がつめられていた。出かけた時に懐中したのは、たった二千五百円、ただし、六ヶ月の旅にそれだけは全部つかい果たしてあまさなかった。

大正十一年の春のこと、大阪朝日の企てで、婦人の中国観光団（？）《ママ》が作られたのにわたくしも誘われて参加し、上海から蘇州杭州南京と、ホンの大陸のトバッチ〔とばくち〕だけではあったが、観光も中国までとなるとだいぶ心ひかれて、阪神の婦人十八人ばかり、筥崎丸に乗り込んだ瞬間、すっかり解放感に満足するかのようにはしゃいだものだった。そうしてそれぞれが別々の感興を懐いて帰って来た。これは何でもないことのようだったが、足を海外に伸したというだけでも、その昔時の婦人にとっては眼の開き方が進んだといってもいいに違いない。惜しいかな其時分は中国の婦人達との間の交歓までには及ばなかったことであった。

その観光旅行の企てがどの程度一団を裨益したか、或は中国という隣国に対する関心を掻き立てさせたか、又はどういう種類の興味を懐いたか、それはそれぞれによつて異なつて居たに違いないが、その□は知らない。たゞわたくしにとってはそれが一歩海の外に出た最初の機会であり経験であったという愉しい印象だけではなく、思いの外に深い感銘となってのこった。

中国のことが知りたい。わたくしの胸中はそれが巣喰ったみたように引っかかってしまった。古い国、長い歴史の国、心がけるなら実はそこから出発すべきであろうが、わたくしの願はあるがまゝの現在のことが知りたかった。日清戦争このかた、近い隣りの国家の間の感情はとかくその距りを遠くしているようであり、というよりは折角留学して来た学生とも、かういう反目のような形さえあるという、それこれをきく程何かジッとしては居られなくなった。それに伴って中国の婦人の動向を想い、願くは相対して心情を交わして見度いとしきりに心が動いたのだった。

そうしてにわかに思いついたのが中国行脚だった。ただし横着者のわたくしは相棒が要った。

服部升子（→二章）さん、と言つても、恐らく地味な存在だった女史の事を世間では知らないかもしれない。しかし、その頃の婦人の中国通ではその第一人者として挙げられる筈の人とわたくしは信じている。そして若し今日在世ならば、新中国から真っ先きに招かれ厚く迎えらる可き人であったろうにと、内山完造氏の例に照らしてもわたくしは今更のように女史の早逝が惜しまれてならないのだが、その服部女史を初めて訪ねたのは小石川指ヶ谷町にあった中国留学生の女子寄宿舎で、たしか関東大震災の少し前であったか、女史はこの寄宿舎の監督をして居られた。もう少し詳しく女史を紹介すれば、日本女子大学の第一回生として卒業と共に満洲に聘されてそこの女子教育に従事することになつた。時あたかも日露戦争が終わって、まだ将校兵士がそこゝに屯ろして居た頃だったとか。何しろ学校を巣立ったばかりの女性が初めて他国に行って味わうであろう心細さも、勝ちいくさに酔いしれて随分と派手に景気のいゝ日本の軍人の闊歩に出会わすかぎり其ほどでもなかった様だが、それだけに例の戦勝の□□□にのこる軍人の忌わしい振舞、行状、にはしたゝかに目を瞠らせたものがあったらしく、聞かされていただけに、旅中女史と奉天の町を歩いた時など、わたくしまでがその当時の人となってでも居るかのような錯覚にとらわれたりしたものだった。

そうして五年間女史は奉天の学校に教鞭をとった。会津っ子の負けじ魂をそのまゝに、相当な苦難と闘いながらも職責を尽したのが西太后に知られて北京に据られて三年、女子教育に従事したという。恰うど同じ頃に河原操女史(2)、のちの一宮夫人が何でも軍からの重い任務を帯びて、表向きは喀喇沁王家の教育顧問として蒙古に赴いた事があったが、その後任に服部女史が擬せられたとか、それを辞して帰って来た、というはなしも聞いた。とにかくすっかり中国通になって、帰来珍らしい存在とはなった。そうしてのちに日華学会に属し、ひたすら留学生の面倒を見ることになった。学校の世話、生活上の手引き、住居のいざこざ、学資の相談、かつぎ込まれるあらゆる問題を親身になって処理してむしろそれをたのしみとして居られた。ただ、あの当時はまだまだ日清戦争以来のしこりが、こり固ったまゝのこっていたゝめに、こちらは下目に見る、あちらは僻目で見流すといった有様だったから学生達には心外なことだらけ。その間に立って女史は、一にも二にも学生達の、せめて居心地のいゝように□□計らう心くばりは決して生易しいものではなかった。

殊に大震災の時には、あちらの家族こちらの学生とそれこそ文字通りの東奔西走に、小石川の寄宿舎は無事であったとはいえ、眠る間もなく見舞い歩いた。わたくしが女史を訪れた時には、幸い寸暇を得てホッと一ト休みのところであって、様々な苦労ばなしを聞くことが出来た。その中で吐息と共に語られた一つの実話はひどくわたくしの胸を突いた。

「王其天〔※正しくは王希天。以下「王希天」とする〕(3)はとうとう捕まっていまどこでどうなっているかわからないで案じている。王がわたし達の上を心配してここに尋ねて来た時に、かねがねわたしは王の平常の苦衷苦闘を知っているので此ドサクサをよい機会に、かれの身辺がねらわれる危険のあろうことをおそれて、一生懸命かれの外出を引き止めて置いたのです。それをわたしが一寸外出の要があってこゝを空けた間に労働者達の身を案じるばかりにかれは出かけて行ってしまって、それきり帰って来ないのです。果して生きているかどうか。王希天という人は実に□しい、珍らしいほど立派な青年でしてね、大島町で出稼ぎをしている大勢の中国人労働者が働らいて受ける賃金の中から故国の親に送る分と言って、親方（元締めというか、日本人の親方）は預かりながら、それを送ってくれない事実を聞いて、すっかり同情し、それ以来王がその□□全体を引きうけて労働者達の力となつて居た事が親方の気にいらなかった事は言うまでもありません。何かにつけて陥穽が仕掛けられていたようなものだから、これをいゝ機会とばかり、切に労働者達の安否を気づかってその町に入っていった王も左翼的分子か何かの□に引っ捕らえられて、それからはたらいまわし、どこにどうして置かれているか可哀相でならないのです。あるいは？……という懸念もあって……」という一条の此時機らしい挿話を息をのんできいたのだった。

　それから暫くして、更に附け加えられた王氏の消息として、「王は処刑されたようです。伝えきく所によると、どこだかの警察署で監禁されていた時に、フトその前を通った中国の友人を認めて、言葉少なくいまの自分の有様を故国に伝えてくれと頼んだとか。勿論見張りの役人には言葉のわかろう筈もなく、その言葉は其まま中国に飛んで問題となったそうです。それからもう一つ、大島町の労働者六百人は、地震が近く東京を襲うらしいからという脅威の説得の下にさる建物の中に閉じ込められ、前の日に受けとつた労賃は、預かっておく、といふ名目で取り上げられ、その揚句に建物には石油をかけて焼いた、つまりそれだけの人は蒸し焼きにされたのです。それが本国に知れて王正廷が二度も調査に来たけれど、とうとう御馳走政策で揉み消して還してしまった。」女史は顔を硬ばらせてこう語った。

　あろう事かあるまい事か、耳を掩いたい程のこんな残虐なことがほんとうにわが日本人によってなされたのであろうか。真偽のほどはわたくしは知らない。しかし、とにかくわが国在住の清国の人たちは□□人と学生とを問わず、やるかたない不満と憤りの心を懐いて帰国するのが殆ど全部であった。互の間の言葉の不通から、どうせ通わない意志なのだと軽く見過す冷たさと、かか〔わ〕り合っては面倒とばかりのいなしかた、それは西も東もわからない遠来の人をいかに国柄が違えばとて、遇する道ではない。その上に当時の特高警察の冷厳な取り扱いが堪えられないほど酷かった。ますますもって感情は抗日の精神を培うばかりとなった。

　そのような中に立っての服部女史の使命は重い。起き臥しを共にした女子学生は素よりのことなにがしかの世話をかけ《マ》い《マ》る男学生たちは、みな女史を慈母のように思っていた。「日本の女学生よりもわたしには中国の学生の方が可愛い。」と女史に言はせたのも当然と思われる。それと共に中国にはむしろ彼女の故国以上に親しい友達は到る処に散っていた。

　旅は道づれという。わたくしにとっては服部女史は実に願ってもない道連れになった。かつてホンの爪さきを大陸にかけたゞけだったわたくしはやがて中国大陸を空かけりたい程の思いに胸をふくらました。

「あなたが若し行くというならわたしは一しよに行く。近ごろわたしはその必要を感じているので……」

と女史は事もなげに言った。だけどわたくしには勤めがある。今が今抜け出すという手[4]がない。と、ある日突然、時の外報部長の町田梓楼氏に

「あなたはもう何年になる？」

ときかれた。

「ちようど十五年になりました」

「十五年も働いたら少し旅行にでも出たらいゝじゃないかな。男の人達なら大抵出ている」

偶然とはいゝながらその時のわたくしにはそれこそこれが天来の啓示のようだった。

恐る恐る願い出た。かれこれ三月ばかり至ってから「金が欲しいか時が欲しいか」と時の編集局長だった緒方〔竹虎〕さんにきかれた。両方の欲しくないわけは無論ないが、何しろ矢のごとき帰心ではなく旅心矢のごときわたくし、気持ちはむしろ「時」を選んだ。

「二人で旅行をするとなったら最低の費用で歩けるだけ歩いて見ましょう。とかく大名旅行をする人たちの面も剝いでもやりましょう」

と何物か期するところでもあるかのように中国通の服部女史がいう言葉を大船に乗る心持で受けとったゞけに、すさまじくも殆ど無計画に、多くもない有り金を握って王侯貴族の旅もかくやとばかりに胸ふくらませて東京駅をたったのが大正十五年九月二十二日午前十時。ソッと発って行くつもりで東京駅に行って見たら、アーラ面はゆい限り！　土岐前部長、石川現部長その他大勢の方が晴れがましくもこの三等旅客を見送りに来て居てくだすった。身がすくむ程恐縮したり、赦くなったりしても間に合わない。だがこれはわたくしの生涯でたった一遍の光栄の朝だったことをいまだに思い出す。嚢中は決してふくらんでは居ないでも、胸は希望に満ちて、放たれた鳥のように心軽く出かけた。

服部女史の今度の旅行の目的が、中国留学生を扱うための参考となる材料をかれこれ集めることにあったので、恐らくわたくしの願うところとは幾らか相容れないものがあるかも知れないが、よしさらばとばかり、預けてある脚を駆って、どこまでも尾いて行く覚悟をしたのである。

先ず航路を北にとって大連に上陸した。言うまでもない話で、そこ満洲は

＊＊＊＊＊＊＊＊＊＊＊＊＊＊＊＊＊＊＊＊＊＊

竹中繁の手書きノートは、ここで切れてしまっている。この続きは、次章に収録した、竹中が旅行中毎日記録していた日記につながる。

注

（1）野上弥生子『私の中国旅行』（岩波新書、一九五九年）を指すと考えられる。

（2）河原操（操子）（一八七五〜一九四五）長野県松本市に生まれ、一八九六年東京女子高等師範学校入学（病気退学）。一八九九年長野県立高等女学校教諭となったが、翌年出会った下田歌子の推薦により、横浜の大同学校教師として赴任した。この時期に北京官話を学び、一九〇二年から上海の務本女学堂教師として赴任した。翌一九〇三年、内蒙古カラチン王府の教師として北京よりカラチンに出発、十二月二十八日に王妃と共に毓生女学堂を設け開堂式を行った。内蒙古で教育活動を行う一方、カラチン王府の日本援助のための裏面工作も行っていた。一九〇六年にカラチン毓生女学堂の三人の女子留学生を伴い、北京を出発して帰国。その年に一宮鈴太郎（横浜正金銀行ニューヨーク副支店長）と結婚し、夫とともに渡米して、一九二一年までニューヨークに暮らす。一九四五年に熱海にて死去。著書に一宮操子『カラチン王妃と私――モンゴル民族の心に生きた女性教師』（芙蓉書房、一九六九年）がある。山崎朋子『アジア女性交流史――明治・大正期篇』（筑摩書房、一九九五年）六三〜八九頁。

（3）王希天殺害の経緯については、仁木ふみ子『震災下の中国人虐殺――中国人労働者と王希天はなぜ殺されたか』（青木書店、一九九三年）に詳しい。

（4）原文「手」の右に「術」と書き込みがある。

第四章　中国旅行（二）日々の記録（一九二六年～一九二七年）

一九二六年九月二十二日、竹中繁は東京駅を出発し、二十七日に神戸発の船にのり、大連に到着した。以下、竹中繁が旅行中に二冊の小さな手帳に記録した日記の全文である。

一　満洲　九月三十日～十月三十一日

大連・旅順・金州

〔日付無し〕

旅順師範学堂(1)、女子の為に門戸を開いたのは大正九年、時の民政長官宮尾舜治氏。当時入学生十八名内四名退学。寄宿生として収容。**師範教育**(2)と共に中等教育を施しつつあり。

（1）旅順師範学堂　大連市旅順新市列寧街二四号（陸軍第二一五医院内）に一九一六年五月、旅順公学堂速成師範科と金州南金書院速成師範科とが合併して、旅順高等学堂師範科が成立。中国人普通学堂のための教師を養成した教育機関。日本語で授業が行われていた。一九一八年、師範科が独立、旅順師範学堂に、男性のみ募集。一九二〇年女子部を増設。〔山崎〕

（2）師範教育　一九一六年に創設された旅順高等学堂に師範科が設けられ、一九一八年旅順師範学堂になるが、一九二〇年二年制の女子部が開設され、二四年に三年制に改める。それが関東州における最初の中国人のための女子中等教育機関となる。

関東州における教育は日本人向けと中国人向けに分けられるが、施設や教員の資質などに大きな差がある。日本人女子児童の就学率がほぼ百パーセントである。それに対して、満

大正二、三年白仁《しらに》〔武《たけし》〕(3)長官当時、服部〔升子〕女史が支那においての女子教育を鼓吹した。現在の堂長及今の拓殖長官今井氏と英断的に門を開いた。寄宿生は最初風俗習慣の異ひから、可なり困難があつた。今は風呂も、毎日要求する。

大正九年、十二円づつ給して、無条件無条件〔原文ママ〕で入学させた。

教育の力により入るとすぐから纏足《てんそく》(4)を自ら解いた。体操にも困る。奉天も一年後、期せずして足をといた。

日本政府の国費で、十五年十四万千五百三十九円の予算。

年齢は、其後二十三、四位で未婚者で許婚、今年の春卒業した時二十六といふ。日本に留学するのも三十位まである。極く若いので二十歳。

奉天では創立当時、好奇心と退屈しのぎに奥さん達が来た。三十九年に創立。

卒業生七十六名、其うち秀なものは、満鉄から

鉄附属地では、中国人女子全体の就学率は二割前後で推移していた。また女子の中等教育在籍者はごく少数で、一九三〇年時点でも全体の五・七パーセントにとどまっている。しかし関東州の日本人女子の中等教育への進学率は一九一九年ですでに五五パーセントに達している。竹中は東北滞在の一ヶ月余りの間で、旅順師範学堂、南金書院をはじめ、多くの教育施設を見学した。

満洲の女子教育について、多くの先行研究は、実業教育と日本国体イデオロギー教育を重視して、植民地教育と日本と中国の女子教育を混合した独特な女子教育を展開していた、と指摘している。これは同時期の北京、上海、天津などで行われていた、社会進出を目指す女子教育とは大分異なる。竹中の記録は、日本、中国、満洲の女子教育研究に資すると期待できる。〔姚毅〕

(3) 白仁武（一八六三〜一九四一）帝国大学法科大学政治学科卒後、一八九〇年七月内務省入省。北海道参事官時代は、「北海道小学読本」編纂、北海道旧土人保護法の実質的な起案に携わる。栃木県知事（一九〇四〜一九〇六）、関東都督府第三代民政長官（一九〇八〜一九一七）など歴任、一九二四年十一月退官。その後、日本郵船社長に一九二九年五月まで就任した。〔山﨑〕

(4) 纏足と天足　纏足とは、幼児期より女児の両足を包帯でき

奈良女子高師、**王秀英**(5)、これは日本人と同じ組に編入して成績もいい。今年本科に編入。
※行の横に「王潤」とある。

十月二日　金州

南金書院**岩間**〔**徳也**〕(6)氏　四十一年以来女子を育成されてゐる。最近女子の方も向学心が高まつて来て其数も多くなつた。□事として女子教育を提唱した当時とは隔世の感がある。旅順攻撃の当時三十八年十二月男子教育をはじめ、三十九年になつて女子教育を。女子の学問のないのが徳であると言はれて、生□□学問をしないのがいいとされてゐたが、金州は遼東の南端における政治及文化の中心で即《すなわち》清廷以来、南金書院といつたのだし、南金社といふ部落〔集落〕であつた。教育が盛んに行はれたに不拘《かかわらず》、文字を解する婦人が殆ど無いと言つてもよかつた。城内一万位の人口のうちたつた一人だけ《ママ》文字を解するものがなかつ

つく縛り、むりやり小さく変形させる中国独特の習俗である。その起源と理由については、確かなことはわからない。十二世紀の宋代から、小足は美女の要件とされ、宮廷や上流階層から次第に民間に浸透していたとされる。これまで纏足の廃止を主張した有識者もいたが、本格的な反纏足運動は十九世紀末から始まる。宣教師及び維新知識人は生まれつきの自然な足を提唱する「天足会」や「戒纏足会」などの組織を立ち上げ、それと同時に女子教育の振興をも提唱した。纏足の完全な廃止は、一九五〇年代まで待たなければならなかった。女性は纏足の苦しみから解放されるまでにはなぜそれほども長い時間が必要だったのだろうか。その要因の一つは、纏足は所属階層の優位性と伝統的な女性性の証として、「美と文化」によって維持されてきたからである。多くの場合、纏足を施したのは纏足される娘の母か祖母など親戚の女性であった。〔姚毅〕

(5)　王秀英（一九〇六年～没年不明）旅順師範学堂女子部本科を卒業したのち、一年間、旅順師範学堂の教員勤務を経て、奈良女子高等師範学校（奈良女子高師、一九〇九年五月に開校）に一九二四年四月に仮入学、未履修科目の補習を受け一年後に正式入学し、理科を専攻した。奈良女子高師を選んだ理由は、奈良中学校長の弟が旅順師範学堂に奉職していた縁によるらしい。当時の旅順は日本の租借ゆえ初等教育の段階

た。

　紳士といふもの学問あり名望ある金州の紳士と自らいふ二十名ばかりの紳士を招いて女子教育の必要をといた。それも最初一名乃至といふ事であつたが、四十名を得た。さてやるとなると父兄から注文がでた。男教員小使か？　といふのが注文。それで皆婦人を雇つた。足の小さい為に、学校から車で送迎を望んだり。併し歩けない足ではない。朝夕の通学に、途中の男の取しまりを願つたり。朝夕女学生の通る時には巡査を立たせ警察からやかましく云つて、店舗先までを取りしまつた。

　家庭の不規律から規律的生活に入るには、最初遊び半分から、追々に、進めやうとした。

　此の辺の婦人にあふ遊戯運動をさせた。

　家庭の仕事は、支那裁縫、ミシンのけいこ。また家庭から抗議が出た。本を教へろと。かくして凡ての予想に反した。

　支那人になつてみて、理想に進むより仕方がな

から日本語が教えられ、旅順師範学堂の授業も日本語で行われていたため、王は言語的には困らなかった。一九二九年三月卒業、二年間研究科で研鑽を積み、広島文理大学（化学専攻）に一九三一年進学、一九三四年に学士試験に合格して卒業、同年に同学の植物学研究科に進学し一九三九年まで在籍した。理学士の学位取得後は「満洲国」立吉林高等師範学校（「満洲国」唯一の高等師範学校）の教授に就く。結婚し一女をもうけるが「満洲国」消滅後の彼女の消息は不明である。

　奈良女子高師は親日的な人材を育成するとの教育方針から東アジアからの留学生を多く受け入れ、彼女たちのキャリアを支えた重要な教育機関でもあった。王秀英は日本語に堪能で日本の事情にも明るく、中国人留学生、学校側ともに王秀英に対する信頼が厚かった。この時期の奈良女高師の留学生受け入れ政策を陰で支えていた人物であった。

　また、周一川『中国人女性の日本留学史研究』（国書刊行会、二〇〇〇年二月）の留学生一覧に、「関東州　旅順師範学堂　一九〇六年十二月生まれ　一九二五年四月入学　理科　一九二九年三月二十四日卒業」とある。〔山﨑〕

（6）岩間徳也（一八九二～一九四三）一九〇一年四月東亜同文書院商務科に入学、卒業後は一年間外務省の嘱託をした。一九〇五年関東州公学堂南京書院の総教習となる。満期修了後、王永江ら地元民の熱望により再度総教習として、二五年

いと、その方針をとつた。
目下は二百四五十名
狭い古い支那の家屋、設備も不完全、関東州沿線を通じてきたないところ。生活の考へも追々変わつて来た。

無学な老夫人しかも家庭の有力者である老夫人を動かすのが大変だ。曲（師範学校の教師）先生は金州の出身。

最初は外国人の立てた学校といふので生徒は肩身を狭くした。

現在は未婚者の婦人が殆ど全部。

若い婦人の（学問する婦人の）結婚難があり、男子も留学した者などは□学の為めとい□い、□□行先きで結婚するので、早婚の弊も少くなりつつあるやうだ。てん足の問題は、まだこういふ田舎は多いが、近来天足〔天然の足のこと、纏足とは異なる〕会が作られて来た。何分長年のけいけん、

に渡り南京書院の教育に尽力する。一九一七年、王永江の奉天省長就任に伴い、同省の政治・教育顧問に就任。満鉄嘱託として教科書編纂にも携わり、満洲国建国初期の二年間文教部編審官に、三八年からは建国大学教授に就任した。〔山﨑〕

周囲の風俗等で許婚でも女の親が許しても男の親が許さない等。男子十七八歳ごろ結婚するが女子とは年が三四歳〔原文ここで切れている〕

文明結婚乃自由結婚をするなど、東京あたりの学生が仲介者を頼んで、留学地先きで結婚して、仲介者から親に知らせるものがある。

金州あたり許婚者があつて、男性が在学中死んで、その娘は自殺したとい〔ふ〕話もある。恐らくは顔も見なかつたろう男女。許婚のうちはなるべく顔を見せないやうにする風習。従つて、男女共学がここでは出来ない。

金州**南金書院女子部**(7)
数学　**楡井ヨシ子**(8)
補習科　**斎藤イシ子**(9)
体操　**小山内タカ子**(10)

奉天・長春

十月二日午後九時半、**大連駅**(11)を**石川夫妻**(12)におく

(7) 南金書院女子部　一九〇四年五月に日本は金州を占領、金州軍政署を設置。当地の郷紳（学問や名望ある人）である劉心田、王永江らの要請により、南金書院民立小学を設立した。満洲での教育事業関与の嚆矢となる。岩間徳也が総教習を担当。当時、女子教育は不要とされていたが、岩間の考えによって女子部を設置、生活に必要な技術（手工）を授けつつ、学問も習得させようという計画に基づき、実践された。一九二五年当時の学生状況は、本科一三五名、女子部四七名計一八二名。（「十二　自明治四十一年一月至同三月諸般政務施行ノ成績／一五　金州民政署」一九〇九年四月十九日、JACAR（アジア歴史資料センター Ref.B 〇三〇四一五二六五〇〇外務省））〔山﨑〕

(8) 楡井ヨシ子　東洋婦人会の清国派遣女教員養成所卒業生。〔藤井〕

(9) 斎藤イシ子　淑徳女学校の清韓語学講習所卒業生。〔藤井〕

(10) 小山内タカ子　淑徳女学校の清韓語学講習所卒業生。〔藤井〕

(11) 大連駅　満鉄が旧東清鉄道から引き継いだ駅は、一九〇七年～一九一〇年の間に十二駅のうち七駅は駅舎を新築したが、大連駅は仮駅舎で開業し、一九二四年に改めて設計競技で新たな駅舎を広く公募した。満鉄本社の小林良治が当選を果たしたが、財政難のために新駅舎は実現しなかった。一九〇七

られて出発、奉天に向ふ。車中人品気高き支那の君者にあふ。翌朝**奉天駅**(13)に**国松**〔**文雄**〕(14)氏に迎へられて六時四十五分着、栄町の大阪朝日社支局に入る。王長春氏夫妻〔詳細不明〕迎への為ここに来られ浪花町通りにて喫茶後城内をへて大東門焳　□□二二五の同氏宅に入る。歓待おかず昼飯後馬車にて金蘭亭浴場の支那湯に来る。この日風強けれど佳き日に相当嫁娶多く馬車少なしと。入浴賃六十銭、人によつては幾時間をここに費やすとか。「女盆〔女湯〕」とある。

西夫人新市街の日本湯恋しくて入浴に行けば、外国人に許され支那人に拒まれ、夫人は不快を感じ以後行かずと。

周氏訪問夫人にあふ。


年には一日平均七五五人、一九三七年には約六倍近くなったため、一九三七年に新駅舎竣工、満鉄の太田宗太郎により上野駅に似た駅舎が設計され二階が出発ホーム、一階が到着ホームとなっている。〔山﨑〕

(12)　石川夫妻　この「石川夫妻」とは、竹中繁と親交の深かった石川忍と石川鉄雄夫妻の可能性が高い。石川忍は、女子学院高等科の卒業生で、竹中の教え子であった。最初、笠間杲《あき》雄《お》（一八八五～一九四五、日本の外交官。戦前日本の数少ないイスラーム圏に関する専門家の一人）と結婚し、長男と長女をもうけたが、のち離婚し石川鉄雄と再婚した。石川鉄雄（一八八六～一九三四）は、東京帝国大学法科大学を出て、第四高等学校で教鞭を執ったのち、一九一九年満鉄に入り、東亜経済調査局、調査課長、東京支社参事、審査役、臨時経済調査委員会委員長などをつとめた（一九二九年出版の『満蒙日本人紳士録　満蒙銀行会社要覧』によると、石川夫妻の住所は「大連市月見ヶ丘」であった）。石川鉄雄はその後も満鉄で要職を歴任したが、一九三三年に病気のため静養、翌年死去した。石川忍の長女敦子は、のちに竹中繁の伝記『窓の女　竹中繁のこと』を書いた香川敦子（一九一六～二〇一六）である。〔須藤〕

(13)　奉天駅　満鉄の太田毅が設計、一九一〇年に竣工。外壁は

竹中繁（左）と石川忍

大連駅

赤レンガ、窓まわりや柱などに白色系の石材が使われ、同時期の日本国内の辰野金吾（東京駅設計）が多用したことから辰野式とも言われた。駅舎にホテル（奉天ヤマトホテル）が併設され、駅前に満鉄地方事務所が置かれ、駅前広場を形成した。大連から三九六・六キロ、特急あじあ号で四時間五二分。清朝発祥の地である奉天（現・瀋陽）は、鉄、石炭など鉱物資源の宝庫であった。〔山﨑〕

⒁　国松文雄　（一八九八〜没年不明）愛媛県岩松町に生まれた。一九二四年東京商大卒業後に直に東京朝日新聞社支那部に入社。次いで東朝大朝奉天特派員となった。一九二七年第一回済南出兵に従軍五年、香港広東特派員六年。大連特派員に転じ満洲事変に活躍する。昭和九年、満鉄大阪出張所兼経済調査会嘱託となり、十一年、興中公司に入り大阪事務所長就任。著書に『わが満支二五年の回顧』（新紀元社、一九六一）がある。〔山﨑〕

十月四日　町野〔武馬〕[15]氏方にて

北京発二日、直隷省の督軍**褚玉璞氏**[16]は令を発して女教員女学生の**断髪**[17]を厳禁した。学校に教授も亦入学も許さない、とある。

ともかく特別の防寒具の要らないうちにと、北方行きを決行する事となり、朝**鎌田〔弥助〕**[18]満鉄公所長を訪問。町野氏（張作霖顧問）訪問。おひるの御馳走になつて、次に領事館から青年会へと赴く。夕食は王氏方にて。夜十時十分奉天発長春行にて王氏夫妻□□□に送られ出発。

十月五日

奉天出立の夜は雨もよひであつたが、長春近く夜の開け放れたときは茫漠たる平野の□霜のもたげる満洲日和の朗かな日であつた。大連からは四百五十余哩ともおぼゆ、長春の駅に立つて見まわしつつやうやく**ヤマトホテル**[19]のポーターを見出し、鎌田氏からの紹介状を見せホテルに入る。浴

(15) 町野武馬（まちの たけま）（一八七五年～一九六八）陸軍軍人。陸軍士官学校卒後に北京駐屯歩兵、日露戦争に出征し旅順戦で負傷。一九〇六年清国応聘将校として北京警務学堂の教官に就任し、中国人警察幹部を養成。一九一四年参謀本部付で奉天将軍顧問を、一九一六年には奉天督軍となった張作霖の顧問を務め、張が爆殺されるまで十二年間継続して日本人顧問として支えた。一九二八年六月の張作霖の死去により帰国。近衛文麿など有力政治家に、対中政策について進言する「支那通」の一人。（山﨑）

(16) 褚玉璞（一八八七～一九三二）山東省出身。安徽都督柏文蔚の軍に加えられ、一九一三年、張宗昌支配下での営長となる。一九二二年奉天派に加わり、一九二六年馮玉祥の国民軍を撃破、この功績により、直隷軍務督弁兼直隷省長に任命された。一九二八年に奉天派が中国国民党の北伐軍に敗北すると、張と褚は下野した。一九三二年、生き埋めの刑に処された。（山﨑）

(17) 断髪　男女ともに長い髪を有する風俗が、二十世紀に入って衛生面や時間の節約、因習打破から断髪を求め始められるようになった。一九一二年には上海で女子理髪店が開業し、一九一九年の五四運動から断髪女子が目につくようになり、一九二六年に褚玉璞は「婦人の断髪禁止」を布告。違反者の家長または本人に処罰を下し、断髪した教員

後不眠のつかれをいやし、食事をとつて支配人藤井氏に面会。来意をのべ、満鉄経営の長春学堂に行き小林堂長の指導により韓□校（この人は旅順師範学堂出身）に導かれて、城内の長春□立女子小学校及□□設女子職業学校参観。その後直ちに長春第一の模範学校といふ王氏設立の自□学校にゆく。初等四、高等三、中学科四年の課程を設ける。楊校長甚だ親切丁寧。昨春来朝見学した人であるとのこと。

　支那の中学生一人前の学資食費は一ヶ月十五円乃至二十円、食費は三円五十銭より四円。旅順師範学堂では女子部の食費六円五十銭位と。

　長春附属職業学校を卒業して大抵教師となる。長春小学校は設立十五年なれど、学校の形となつたのは六年前。

　師範を出て女教員となれば大抵二十五円乃至三十円位の月給。尤も日本側設立の学校を出たものは三十五円位。

は継続雇用しないとした。一九二八年になると、解放の表れと若い女性のファッションの一つとして流行した。〔山﨑〕

(18) 鎌田弥助（一八七四〜一九五五）鹿児島県出身。警視庁巡査を務めながら東京外語別科清語科で学ぶ。一八八九年同校卒業後、参謀本部支那語通訳嘱託となり、一九〇一年北京警務学堂教官となる。一九〇四年十二月、陸軍省通訳官、満洲軍総司令部員として日露戦争に従軍。幾度か死線を超える。一九〇七年満鉄に入社、一九一八年九月に満鉄奉天公所長就任。東三省を支配する張作霖に対する全権公使の役目を負う。一九二九年満鉄を定年退職し、大連の星ケ浦に移る。〔山﨑〕

(19) コラム①参照

コラム① ヤマトホテル

一九〇六年に設立された南満洲鉄道（満鉄）は、日露戦争によって獲得した長春〜大連間の鉄道施設、物資輸送、および軽便鉄道安奉線（安東〈丹東〉〜奉天〈瀋陽〉）の経営を目的に設立された。初代総裁・後藤新平は「文装的武備」、つまり、植民地は単に武力に頼るだけでなく、教育、衛生、学術といった広い意味での文装的施設を駆使する必要があり、植民地の人々の間に日本に対する畏敬の念が生じれば、有事に他国からの侵略を防ぐことができるとの方針に従って、文装的な施設の経営も積極的に行った。また、本国からの往来が増加し、賓客の宿泊施設が必要となったこともあり、大連にロシア統治時代のダルニーホテルを改修した大連ヤマトホテルを一九〇七年八月に客室十三室の他に球戯室やバーを備えて開業した。その後、大連市の中央広場に一九一四年三月、ルネッサンス式の四階建て、客室十五室、屋上庭園、大小のバンケットホール、理髪店、エレベーターを備えた近代的なホテルが誕生した。一九〇八年三月には旅順ヤマトホテルを、一九〇九年十月には大連郊外の星ケ浦に最新のリゾート風ホテルを開業。一九一〇年奉天駅の竣工に伴い、その駅舎の中に併設された奉天ヤマトホテルは、一九二九年四月に客室七一室を備えた新規ホテルとして竣工された。長春ヤマトホテルは一九〇八年十月、東清鉄道長春倶楽部の建物を改修し、本館工事を終えた一九一〇年二月に正式に開業した（満洲国時は新京ヤマトホテルと改称）。〔山﨑〕

ヤマトホテルの藤井十四三氏の親切にて一とまづホテルに落つきたるは大いによし。夜九時の汽車にてハルピンに向ふ。

哈爾濱への紹介

中華基督教青年会(20)総幹事　童星門

ハルピン総領事　**天羽《あもう》**〔**英二**〕(21)

満鉄事務所長　**古澤幸吉**(22)

ハルピン中東鉄路督弁　**于仲漢**(23)

チチハル満鉄公所長　**早川正雄**(24)

黒竜江省交渉署　玉春

黒竜江省督弁軍務　善後事宜　**呉俊陞**(25)

吉林　**川越**〔**茂**〕(26)総領事

吉林満鉄公所長　吉原大蔵

(20)　中華基督教青年会　中国YMCA（Young Men's Christian Association of China）。清朝末期に誕生し、現在もその活動は続いている。一八九五年に福建省福州と北京郊外の通州の教会学校の中に中国学生基督教青年会と、最初の都市YMCAである天津基督教青年会が設立された。国際主義を掲げ、キリスト教信仰にもとづく社会活動を展開したYMCAは、中国でも有数の歴史をもつ社会団体の一つである。一八九六年には中華基督教青年会全国協会が成立し、二五の都市YMCAが上海に結集して第一回全国大会が開催された。その後上海、北京、広州、漢口、西安、南京、重慶等に都市YMCAが誕生し、学校YMCAと共に順調に発展していった。当初のYMCAの活動の中心はアメリカをはじめとする外国人幹事たちだったが、やがて中国人幹事が運営の中核を担うようになり、宋嘉樹、王正廷、孔祥熙、陶行知、晏陽初等YMCAに関係した著名人は少なくない。〔石川〕

(21)　天羽英二（一八八七～一九六八）外交官。一九一二年外交官試験に合格し、英、露に在勤、一九二五年ハルピン総領事。一九三三年広田外相のもとで外務省情報部長となり、翌年四月外務省記者クラブで日本は単独で東アジアの秩序維持に当たり、列国の影響力を排除するとの「天野声明」を発言。一九三七年まで情報局部長を務め、白鳥敏夫の後任としてイタリア大使、一九四一年には日米交渉打開のために奔走、一九四

ハルピン

（十月六日？）

長春についた日はにはかに寒い日となつたとか。ゆふべ一夜の霜でポプラの葉は黒くポサポサになつた。此辺は紅葉して落るのでなく、霜の痛さに葉は黒くなつて落るとか。

この晩九時半の汽車で（東支鉄道）ハルピンに向つた。**乗車後時計二十六分進める。**[27] この夜の感想はとにかく。

ハルピン　東省特別区行政長官

張煥相氏（陸軍中将）

□立第一中学校及小学校

ハルピンに着いたのが午前七時、勝手のちがふ列車で顔も洗はすに、ロシヤ、支那人の錯綜する停車場を出て北満ホテルに向ふ。

ハルピンの市街さすがに規模大きく立派。朝飯後ハガキ数葉書いて満鉄公所長を訪ふ。古澤幸吉氏□いとあい、行政長官張氏にあふ様取計い午飯

三年東条内閣の情報局総裁を務め「大東亜新政策」の一翼を担った。資料集刊行会『天羽英二日記・資料集』全五巻（天羽英二日記・資料集刊行会、一九八九年五月）のうち、一巻、二巻（中国時代）には、竹中繁との面会の記事はない。〔山﨑〕

(22) 古澤幸吉（一八七二～一九五二）新潟県出身。一九〇〇年東京外語露語科卒、北京、ペテルスブルグ、モスクワ留学。日露戦争に際し陸軍通訳を務め、ウラジオストック、ハルピン、ペテルスブルクなどの総領事館、大使館勤務を経て、一九二〇年七月から一九二六年まで南満洲鉄道のハルピン公所長を務める。ハルピン交響楽協会顧問、ハルピン美術協会長、日刊露字紙ハルビンスコエ・ウレーミヤ社長歴任。編著に『哈調資料』第二号（一九二三年）、『露西亜文典』（一九〇五年）がある。〔山﨑〕

(23) 于仲漢（一八七一～一九三二）遼寧省遼陽の人。東京外国語学校中国語講師をつとめた経験があり、中華民国建国後は北京政府外交部特派奉天交渉員、奉天巡按使署外交顧問、第二十七師総文案兼張作霖外交顧問などを歴任した。一九二六年には中東鉄路督弁を任じられたが翌年辞職している。一九三二年に満洲国監察院院長となるが、同年十一月大連で病死。〔須藤〕

(24) 早川正雄（一八八五～一九四二）大連で満鉄が経営する

を食堂にとつて佐々木参事附そい張氏方に赴く。教育長及許氏あり学務長あり。金氏を通訳としハルピン県〔?〕立中学校・小学校をみる。校長王錫間氏よく案内したり、寄宿舎（寝室）校舎、小学校図書室よく整ふ。生徒またよし、第六、七小学校にゆく、四時すぎ帰る。

　久々ぶりにて寝たる、よく休むべく入浴し食事し、町を歩く。

十月七日

　九時半満鉄に行く。けふは実に天気晴朗濃藍色の空いよいよ蒼く気澄む。陽あたたかし。行政長官公所に関根氏と行き、昨日の金氏案内にて市内の女学校小学校中等工芸学校特別区の市立第一小学校をみる。

　従徳女中学校は初級三年高級三年。校舎よく整頓す。校長は天津師範学校家事科出身、三年前設立、外国語と国文（白話古典を含む）各六時間位

南満洲工業学校の教諭として中国語を担当。一九一七年二月、鄭家屯の満鉄公所（私設領事館のようなもの）へ転勤命令が下る。一九二二年に満鉄が公所をチチハルに新設した公所長を命ぜられて赴任。著書に鄭家屯時代から親交の深かった呉俊陞の伝記ともいえる『呉俊陞将軍の面影』（大阪屋号書店、一九三〇年二月、出版地・大連）がある。〔山崎〕

(25) 呉俊陞（一八六三〜一九二八）山東省歴城の人。貧農出身で奉天派の軍人。一八八〇年に清軍に加わり匪賊討伐で軍功を上げる。

　貧しく育ち識字能力はないながらも人心掌握に長け、忠実な張作霖の盟友として奉天派の発展に貢献。一九一二年にモンゴル軍進攻を撃退。一九一四年、陸軍中将および洮遼鎮守使を兼任し、李佑陞を第二夫人にする。一九二一年黒竜江督軍兼省長に就任。黒竜江省に膨大な財産を築く。一九二八年国民党の北伐軍に敗北して逃走する張作霖に同行し、皇姑屯で関東軍に列車を爆破され死亡。〔山崎〕

呉俊陞将軍
（早川正雄『呉俊陞の面影』より）

（一二三年級とも）

現代の中国語に英語と同じパンクチュエーションを用ふるを見る。何となく欧化の風をここに見た。

張長官は東京〔陸軍〕士官学校の出、旅順の人。この人ここに長官として来つて専心支那人（男女とも）の教育に腐心し、この従徳女学校の如きは学業奨励のため無月謝として生徒を収容している。現在生百十三人、教師十二人。

十月八日

九時ホテルを出て徒歩満鉄に行く。けふは中像工科大学をみる。ここは男女共学で工科に一人支那の女子あり。電気科にて吉林女子中学校出身、法科予科に五人中国女子ありき。商業学校にゆく、同じく露西亜人の経営するところ。一年昼食費二十円におどろく。牛乳、肉、パン、これは学校の□□である。前の学校は六年前、後者は昨年の

(26)　川越茂（一八八一年～一九六九）一九〇八年東京帝国大学法科大学卒後、翌年外交官及領事官試験合格、十一月に領事館補としてハルピン、漢口に在勤、シベリア、スイス、ドイツ勤務を経て、一九二五年に吉林総領事、一九二九年青島総領事に就任。一九三二年「日満議定書」の調印に列したが、関東軍との方向性が埋めがたく帰国。一九三三年広東総領事、翌年天津総領事に就任するも軍部に対し毅然とした態度で在留日本人、中国人の間に人望を得ていた。〔山﨑〕

(27)　乗車後時計二十六分進める　陸軍省の文書に従来の二十六分の時差を、一九三三年に統一したとある。「哈爾賓（当省）特別区及東支鉄道ノ標準時間ハ従来新京ノ標準時ト二十六分ノ時差ヲ以テ実行シ来リシガトウセウ特別区ハ先般四月一日国務院連第四号ニヨリ時刻ヲ新京ニ一致セシメ続イテ東支鉄道ニ交渉中ノ処理事会ノ決議ヲ経テ昨十六日夜十二時ヨリ全線一斉ニ新京時間ニ変更スル如ク正式通牒アリタリ之ニ依リテ目下全満洲国ハ同一ノ標準時ヲ以テ統一セラルルニ至リ」（『満洲国標準時間の件』「JACAR（アジア歴史資料センター）Ref.C〇四〇一一四八九二〇〇、昭和八．一．二〇～八．一．三〇「満受大日記（普）其二」（防衛省防衛研究所）」）〔山﨑〕

創立、いづれも規模甚だ大。

チチハル

十月九日

午前八時半ホテルを出てステーションに向ふ。チチハルに行くのである。関根氏その他の言葉に従つて昼の汽車をとる。夕七時まで乗りつづけてチチハル駅につき、日本人に教へられて軽便鉄道の切符を買ひのり込み、九時龍沙旅館につく。

十月十日

朝宿の主人の案内にて領事館に行き清水領事に面会、丁度当日は革命記念の国慶日に相当するので支那側は全部休みとの事。十二時に〔呉俊陞〕督軍邸にて祝賀ある由、学校も休業故翌日に凡ての行動をとることとする。水澤呉督軍顧問、満鉄公所を訪問、野口梅原両氏にあふ。午後、水澤氏の訪問をうけ、夜は玉春**交渉署**(28)の科長の訪問あり。

(28) 交渉署　中華民国政府により地方レベルでの外交交渉を担当することを前提に開設された行政機関。一九〇七年清朝政府は交渉署の前身となる交渉司を、全国に先駆けて奉天と吉林に試行的に開設。同機関は東三省総督管轄下で地方外交案

竹中（前列右）と服部（撮影日時、場所不明）

十月十一日は玉氏邸に牟田氏と行き、玉、牟田両氏附そひ農業校中学校をみる。午後は玉夫人、牟田、野口両夫人と呉督軍邸を訪ひ夫人にあふ。第二夫人〔**李佑陞**[29]〕なり。〔呉俊陞の〕第一夫人は奉天にあるとのこと。居ること半時ばかり

女子師範学校参観、ここにも英語の時間多し、文学の組に誠に美文多く、これは北京の学校に行く準備とか。生徒は体格よく、校舎宿舎ともに清潔。教室には公約が各級に定めらる。食堂にも、一粥一飯当に来る事の易からざるを思ふ可し〔「一粥一飯 当思来之不易」であろう〕とある。規律よし。

黒竜江省に来て快いのは、天足である事である。北満はすべて纏足をせぬとか。黒竜江は日本の全面積よりも約四千方里大きいのだが人口はたつた三百三十万位実に稀薄。併し冬寒いといつても夏期は暑い日が長いので農産物に天恵が多い。

件交渉を担当。一九一〇年に正式制度化、外交司への改称を経て一三年に特派交渉署（奉天、吉林、チチハル）と交渉署（営口、ハルビン、安東、長春、愛琿）へと改組・改称された。一九三〇年に国民政府の新制度導入により廃止。〔山﨑〕

(29) 李佑陞については、本書（六-二）参照。

李佑陞（竹中に贈られた写真）

十月十二日

牟田氏に附そはれて法政専門学校（以前玉氏が校長であった）省立師範学校、工業学校を見る。ここは学校が大抵十一時に始まる。法政専門学校は現在生徒五十余名、一年の学費二十円、内□□費八円位、食費（一月）六円位、授業料十円（半年？）

農業学校と同じく一ヶ月住費六百円、師範三千円、工業学校一千八百円、等々。

昼飯は領事館にて日本婦人方と。夕食は督軍公署にて。

督軍夫人〔李佑陞〕支那服をこしらへて下さる由にて今夜たつところを明日にのばす。

十月十三日は朝より山口女医の来訪をうけ十二時過ぎころ出て、支那町にくつ、した着等をかひ、大急ぎで龍沙旅館に帰る。まだ使いは督〔軍〕夫人より来らず、ひる頃玉氏来訪して督軍夫人にお

旗袍を着用した竹中。
李佑陞が仕立ててくれたものか

礼に行く事を打合す。午後五時山本医院方に夕飯に招かれ、終ると旅館主人来る。急ぎ帰り仕立上りの支那服を着て督軍公署に行く。のち領事館に行き挨拶、九時の軽便にて張交渉使一行のお仕立列車にてチチハル駅に向ふ。
　夜半二時の列車にのり損じて一夜惨めな家に泊る。満洲の星月夜美くし。

ハルピン・長春・吉林

十月十四日

　朝食後停車場付近を歩く。一時の汽車にやうやくのる。午後七時半ハルピン着、北満ホテルに入る。

十月十五日

　朝基督教青年会の仕事を見にゆく。帰途徒歩、午後満鉄公所に挨拶にゆき買物をする。夜十一時汽車にのり長春に向ふ。寝台車心地よし。

十月十六日

朝七時長春につきヤマトホテルに入り領事栗原氏に面会にゆき、小憩後午后三時二十分長春発にて車中□下農学士と共に吉林に六時四十五分着。名古屋旅館に入る。

十月十七日

朝九時半満鉄公所に行く。日曜日にて出所なき模様、まづ支那人教育に経験あるといふ**峯旗**〔**良充**〕(30)氏を問ふ。夜来長春にあつて不在、夫人にあひ、帰館後、満鉄公所長吉原大蔵氏の訪問あつたとかにてすぐ引返して公所に所長を訪ふ。

本社三浦参事来林□紹介をうく。婦人の家庭生活中正夫人の勢力は□いて同様の嫁〔＝第二夫人以下を指すか〕虐待に及ぶ。婦人の歴史的に圧迫をうけ来りたるため可。意地強き事、財産権なくしても生存権の固執性強き事、貧民の人身売買等参考となる。

(30) 峯旗良充（生没年不明）『吉林省産業の現状』（南満洲鉄道株式会社庶務部調査課、一九二九年）の著者と推測される。〔須藤〕

吉林には英国の宣教師ドクター・グレーといふ人が三十五年滞在して先々月帰英したとか。この人は医学校をたてて病院を作り、労働者、貧民等に施療して支那人に徳を施したと。

夜、峯旗夫人来訪、風邪快からず早々床につく。

十月十八日

朝、峯旗氏来訪。領事館員の案内により女子中学校（七百余）、女子師範を参観。日支商業学校により北山に行き帰る。風〔邪〕心地わるく夜、熱出る。気づかひながら早く床につく。

十月十九日

朝九時峯旗氏の案内にて教育庁長を訪ひ女子教育（吉林）の方針をきく。環境により女子の教育は日本と異る。吉林に必要なのは本来ゼロである家庭の人としての無教養をさまし、家庭の本当の良妻賢母である様第一に教育する事、第二に外に

竹中繁の中国旅行日記（小さい手帳2冊に記されている）

出ては小学生の児童教育にあたり、第三には女医の養成をし度い。家庭に入るために、男子よりも女子の医者のほうがよいから。ここには参政権を望み、北京などに出してやかましい女を作り度くない」と。精立模範学校を見る。

午後日本人の学校にゆき校長倉井氏と面会。ここには日支合同教育を施し成績良く奉天の女学校に行くもの奉天日本人中学校に行くもの等あり、日支人の交りうるはしく唱歌も可愛し。吉林の女子中学校には約七百名、女子師範六年制度、初級三年高級三年、師範に女教員四名、中学に全七名あり。

吉林も冬期休業長く、一月一日より二月一杯、夏休みは二十日、一般冬期を活動期とす。

教育庁長は専門学校的の教育を女子の為めに廃し、職業教育も専ら家庭的の物を撰び女医を作る、と。

吉林省は二万方里、北海道と本土とを併せた位

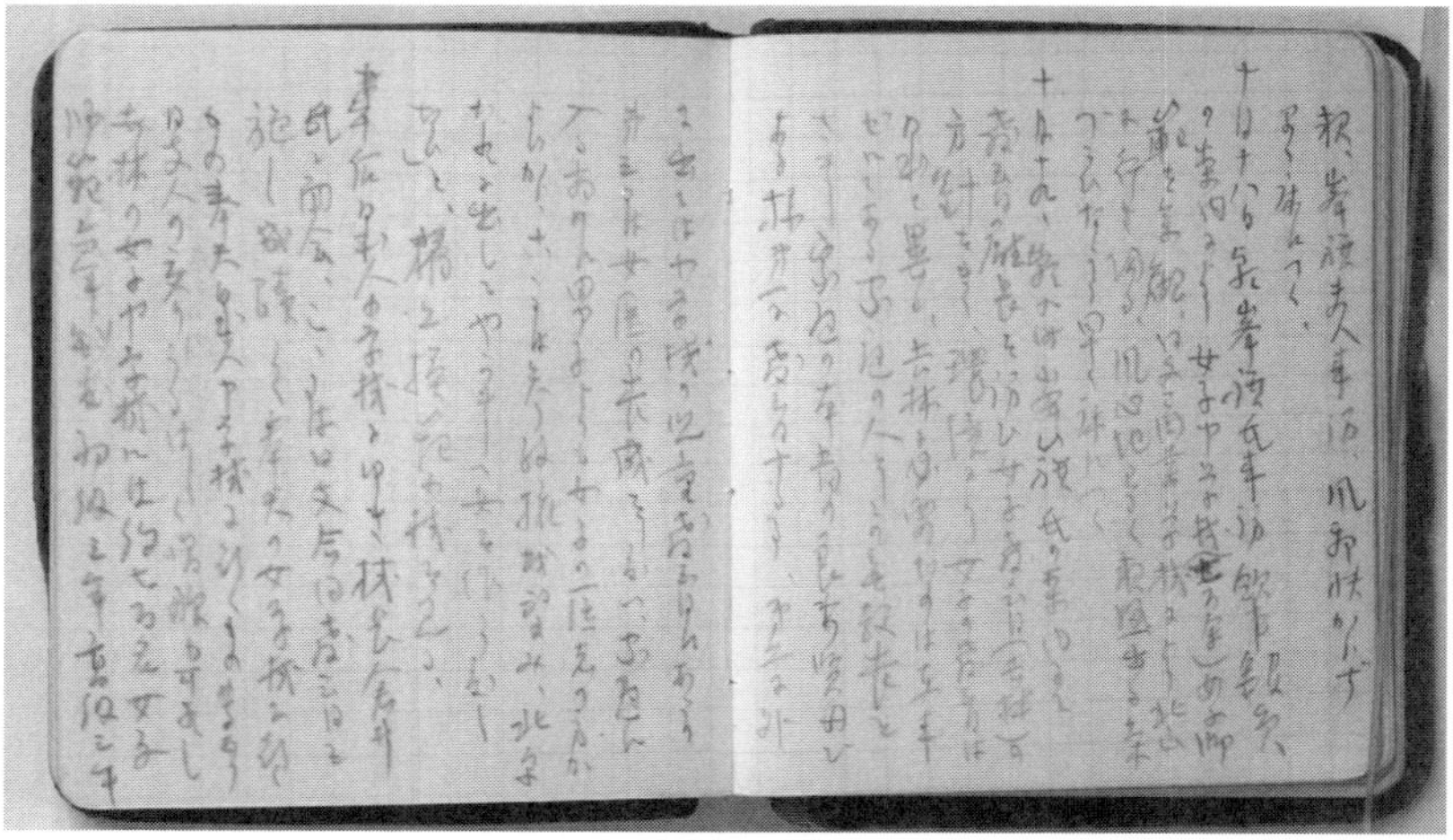

竹中の中国旅行日記

の大きに人口六百万余

奉天・撫順

十月二十日

朝七時、又霜をふんで宿を出て七時半の汽車にのり、美くしき吉林を出立つ。山あり川ある吉林は、満洲の中でも美くし。

十一時長春につき橋本氏に礼をのべ、十二時の列車にて奉天に向ふ。午後八時二十分着、玉氏宅に入る。

十月二十一日

朝、満鉄公所に鎌田〔弥助〕氏をとひ、即日女子師範を参観す。日本に留学（師範）したといふ韓氏案内す。小・中・師範あり。日本に遊学者を送りたし、又見学生を出し度しと。

十月二十二日

女子職業学校を見る。女師の校長兼任す。見るべきものなし。午後岡山氏を訪ひ、国松〔文雄〕氏にもあふ。

十月二十三日

鎌田氏不在、代理森脇氏の紹介にて、高師及附属中学を参観す。正午岡山氏に招かれ三時頃より張氏法律顧問趙欣伯氏をとひ帰る。

十月二十四日

同善堂□□〔**奉天同善堂**〕(31)

三科四部に分れてゐる。年々の経費三十余万円。孤児院あり。私生児を生ませるところあり。娼婦の自由廃業者あり。施療処あり（中《ママ》、西《ママ》）貧民救済所あり。女工男工等あり。

現在自由廃業して来てゐる者二十名計り。毎月七八名位引きとられて結婚する。

(31) 奉天同善堂　善会・善堂は、中国の民間慈善団体で、育嬰、孤老の収容、貧者への生活費補助、衣食や医療を与える等の事業を行った（一五九〇年に楊東明が河南ではじめた同善会が最初とされる）。奉天同善堂は、一八八一年、将軍左忠荘が社会救済施設の一端として牛痘局、育嬰堂などを作ったのがその前身で、竹中も記録しているとおり、一九二六年に四〇周年となる施設である。わずかな官憲の補助と篤志家の寄付を唯一の財源としていたが、のちに組織を改めて財団法人とし、民間の管理に移し、事業そのものからも多少の利益を得て発展した。貧民部、孤苦部、医務部、工芸部に分かれ、さらに付属施設や臨時施設からなっていた。日本人の関心も高く、竹中が訪れた翌年には、古家誠一『奉天同善堂調査報告（社会課報告資料第一号）』（出版社不明（南満洲鉄道株式会社）、一九二七年）が刊行されており、竹中の記述は古家の記述とほぼ一致している。また、奉天同善堂を写した日本人向けの絵はがきも発行されている。〔須藤〕

当才〔数えで一歳〕の赤児十余名、皆乳母がついている。

十月二十五日

少河園の英国人ミッションの女子中学校及師範学校附属小学校幼稚園参観。蘇国〔蘇格蘭?〕長老教会ミス・フレミング愛蘭〔アイルランド〕長老教会ミス・クロフォードに逢ふ。共に同一の派に属する宗教なので、大いに喜ばれた。久しぶりで文化の人にあつた事が何となしに親しみふかく、うれし。職員生徒〔支那の〕等は何ともいへずキビキビとして清潔かつ活潑、寄宿舎もこれまでの中で一番ニートなよく整理されたもの。幼稚園で用ひてゐた楽器ダルシトーン〔スチール音叉で音を出す鍵盤楽器〕大いに興味をひく。午後附属地の南満中学堂、公学堂を見て岡山氏宅で夕飯をよばる。午後九時過帰宿。

奉天同善堂済良所
〔『奉天同善堂要覧　康徳６年』奉天：奉天同善堂、1939年〕

十月二十六日

公学堂、満洲医科大学参観。岡山宅により、張氏夫人〔二十八日の記述から、張作霖夫人を指すと考えられる〕に接見の事につき話す。

午前六時五十分にて撫順に行く筈にて大星ホテルにとまる。

十月二十七日

朝六時五十分奉天発。一時間半にて撫順につく。満鉄波越氏の案内にて鉱山学校及撫順公学堂を見て大山坑内千二百三十四尺の坑内に下る。昼飯ヤマトホテルにて満鉄の接待を受く。夕五時半大星ホテルに帰宿。

十月二十八日

大星ホテルを出て支局による。張作霖夫人不例〔貴人の病気〕との事にて、断念す。正金〔**横浜正金銀行**(32)〕より両替のことにつきき帰る。

(32) 横浜正金銀行　一八八〇年に開設された国立銀行条例準拠の銀行。外国為替システムが未確立だった当時、日本の不利益を軽減するよう現金（正金）で貿易決済を行なうことを主な業務としていた。東京銀行（現在の三菱東京ＵＦＪ銀行）の前身とされる。中国には、上海、大連、北京、ハルビンなどに支店があった。〔姚毅〕

十月二十九日

午前醒時報社に張女士〔**張王維祺**(33)〕を訪ふ。感無量。言語不通の歎甚だし。正午帰りと□内地に帰る事に決し、病を以て夜八時四十分大連行の列車に雪の中を見送る。万感。九時すぎ帰る。

十月三十日

朝、満鉄に田中氏訪問、とく帰国の打電を頼む。午後玉氏の隣丁夫人訪問、新築の同家に案内さる。

帰つて、女子青年会に張女史をとひ帰る。

十月三十一日

午前八時四十五分玉氏家族に送られて奉天駅〔中国の〕を立つ。張氏見送りに来らる。玉氏の□らぬ隅なき親切に惜別の情とどめがたくも去る。

京奉線の二等混雑甚だし。

(33) 張王維祺（生没年不明）日刊新聞『醒時報』の編集者で、竹中が満洲で出会った唯一の女性記者である。また回民（イスラム教徒）でもあった。『醒時報』は、一九〇九年『醒時白話報』として創刊された新聞で、張王維祺の舅にあたる張兆麟が編集長を務めていた。回民の読者が多く、日本側の記録では、一九二二年の発行部数は三千部だった。竹中と張との間には、同業者同士の強い友情が生まれた（→五—④）。竹中のもとには一九二八年に張王維祺から届いた手紙が残されている。その中で張は、「私はあなたがご健康で、私たち中日女界のために一切の進取の事業、自立の精神を発展させ、真の平等自由、徹底的な女性解放を提唱してくださることを願っています〔原文中国語〕」と、強い思いを伝えている。『醒時報』はその後、日本の言論統制下で張兆麟の息子たちによって発行が続けられたが、一九四四年九月に停刊した。張王維祺のその後の消息は不明である。〔須藤〕

二　北京　十一月一日〜十一月二十八日

十一月一日

午前十時北京安着。飲まず食わず出さず眠らず**扶桑館**(34)に入る。午后三時**金井**(35)さんの家族来訪。久しぶりにて会ふ。夜また菊子さん**芳沢**〔**謙吉**〕公使(36)への紹介状を持つて来て下さる。

十一月二日

朝**西田**(37)氏を公使館と羊尾巴胡同のお宅に尋ねる。夫人は来客、お目にかからず。午后三時より金井夫人と芳沢〔謙吉〕公使訪問、長話し瀬川氏及朝日支局に**太田**〔**宇之助**〕(38)氏を訪ね、夜太田氏来訪。この日**堀**《ほり》〔**義貴**《よしあつ》〕(39)代理公使にもあふ。

きくところによると、中央政府は教育費の支出をなさず経費不足にて七八ヶ月教師には俸給不払にて、大学師範は同盟罷課をなしつつあり、石炭もなく教室暖をとることも出来ないとか。

(34)　扶桑館　日本人経営の北京随一の旅館。満鉄直営ホテルの一つ。『南満洲鉄道三〇年史』に、「当館は明治三九年個人の創業で大正十四年十一月当時経営難であった関係上建物その他を社において買収貸付をなし助成経営にあたらしめたが、好転せず昭和四年九月旅館会社に買収せしめ、六年四月同社の直営とした」とある。〔姚毅〕

張王維祺から竹中に贈られた写真。右に「向つて右、黒い上着を着た方が張維祺女士」と竹中の書き込みがある

十一月三日

瀬川氏より電話。今朝九時半に行く筈を、十二時に変更。**古仁所夫人**[40]より電話をうく。**北京新聞**[41]、**新支那**[42]に私達の事掲載さる。瀬川氏宅に午飯に招かれてゆく。鄧革英夫妻と、中野氏と同席。鄧氏処々に紹介状を書いて下さる。帰宿すると、新支那記者北沢氏接見を求めに来る。夜金井家に来て夕飯の御馳走にあづかる。十時帰宿。

十一月四日

服部氏西田氏に面会のため九時に出かけられた。のち古仁所夫人来訪。其のうち服部さん帰り、十二時頃扶桑館を出て、服部さんは古仁所氏かたに、自分は金井氏方に引上げる。朝金井氏から送られた自動車で、さきに荷物を送る。午后古仁所夫人と三谷氏附そひ迎英社（日本人公寓）、北京公寓、五族公寓（高等）、元興公寓（下等）をみる。のち**喇嘛廟**[43]、**孔子廟**[44]をみて帰る。夜は八時から市

（35）金井〔清〕（一八八四～一九六六）長野県出身の官僚、政治家。一九二五年に鉄道省の書記官を務めた後、朝鮮総督府鉄道局参事を兼任し、六年にわたって北京・上海に駐在した。著書に、劉景山（注52参照）らとの共著『支那鉄路の現状及其の改革案』（北京、鉄道省北京辦公処、一九二八）がある。竹中の北京滞在中、金井の妻・菊は、毎日のように竹中と行動を共にした。菊は、手紙で竹中のことを「おばちゃん」と親しみを込めて呼び、自分も竹中と同様に「できるだけ中国の人々と交わりを結ぶよう努めたい」と書いている。〔藤井〕

（36）芳沢謙吉（一八七四～一九六五）外交官、政治家。犬養毅の娘婿。外務省亜細亜局長兼対支文化事務局局長を務めた後、一九二三から一九二九年まで中華民国公使に就任。一九二五年北京でソ連大使カラハンと交渉し、日ソ基本条約を締結。一九三二年一月犬養内閣の外務大臣に就任。孫に国際協力機構理事長や国際連合難民高等弁務官事務所弁務官等を歴任した国際政治学者の緒方貞子がいる。〔姚毅〕

（37）西田〔畊一〕（一八八四～一九四八）北京公使館員で、北京居留民団長、大日本支那語同学会（後の北京興亜学院）校長も務めた。〔藤井〕

（38）太田宇之助（一八九一～一九八六）朝日新聞記者で、後に南京政府経済顧問となる、当時の中国通の一人である。太田と中国との関係は、学生時代にさかのぼる。のちに自身が

場に行く。あらゆる物の安く買はれるに驚く。

十一月五日

朝十時公使館にて服部氏と出会い、西田氏の御厚意と注意を得て、公使館の添書を持て橋爪留学生附そひ、**国立女子学院**(45)〔**校**〕、師範大学校、**女子職業学校**（**許夫人経営**）**を参観**、許校長に面接を求めたけれど、会えず。次に**北京師範大学**(46)に行き、公使館に立より、西田氏に明日の指図をうけ紹介状をもらつて帰る。

昼食に女子師範大学の講師、王、陳両氏の饗応をうく。福建料理といふ飯店の茶碗に愛国同胞の忘国同胞勿忘国恥勧用国貨挽回利権とあり。

女子師範大学には、哲学科理科文科とあり生徒四百名、文学には、第二国語にて英語を主とし、第二外国語に日文、徳文、法文を随意科とす。哲学科、理科の教科書には、英語を用ゆ。教員若くて、**ヤングチャイナ**(47)の感少なからず。教授となつ

執筆した「孫文と私——一老記者の回想」によると、早稲田大学政治経済学部の学生だったときに、知人の王統一の頼みにより、第三革命（一九一五年に起きた、袁世凱の帝政復活に反対する武装蜂起）に加わった。一九一六年に上海に入り、東京にいる孫文への電報の翻訳などを行った。しかし革命は、結局、準備不足のまま孫文が実行を急がせたために失敗した。王統一は再度の日本亡命をせざるをえず、太田も帰国することとなった。

帰国後は学窓に戻り、翌一九一七年に大学を卒業し、大阪朝日新聞社に入社した。はじめから中国との交流関係があることを買われての採用で、入社三ヶ月で北京通信部勤務を命じられ、一九一九年には上海特派員となった。上海では孫文邸に通い、かつての「部下」であったこともあり、孫文から特に好意を受けたという。その後も、一九二三年東京朝日新聞社支那部次長、一九二五年北京特派員と、社内で中国専門の職を歴任した。竹中繁が中国旅行中、太田は北京特派員として滞在中で、北京、漢口でさまざまな援助をしている。漢口では山田純三郎を竹中に紹介し、宋慶齢との面会の際には竹中に同行するなど、竹中の今回の旅において重要な役割を果たした。

一九二八年三月に東京本社に転勤となり、英・米・ソ連に留学したのち、一九二九年九月には上海支局長として再び中

ては男女待遇に差別なし。十二〔時〕間教授して二百円の月給といふ。上流婦人の職業は、教師及銀行会社諸官省の書記タイピストなどなり。夜、パヴィリオンに金井さんご夫妻と行く。

十一月六日

朝十時服部女士、**橋爪**〔**友五郎**〕[48]氏来らる。満鉄の自動車をかりてミッションスクール**貝満女子中学校**[49]を見、北京大学□第二院にゆく。

貝満女子中学校は米国組合派の学校、支那人校長、副校長米婦人ミス・ラムの案内をうく。

一千八百七十二年の創業。三百名程の卒業生を出し、約半数は教師、看護婦、青年会の働き者及極く少数医者となつてゐる。宣教師〔女〕七名、女子教員六名、男子教員四名なりと。月謝食費とも一ヶ月十二円位。

北京大学は夏休以后閉鎖して教室さびしく、生物学実験室の瓶中にはそれぞれ微生物の育つにま

国に渡った。一九三二年八月、東京本社に転勤となり編集局に勤務するが、一九四〇年七月に支那派遣軍総司令部の嘱託となり、一九四一年七月には朝日本社中支特派員となる。一九四三年四月、南京国民政府経済顧問となり、さらに江蘇省政府経済顧問を兼務した。その後蘇州駐在を経て、朝日新聞を退社した。戦後は中国問題の評論家として活躍し、一九八六年に九五歳で死去した。ジャーナリストでNHKで女性初の解説委員をつとめた縫田曄子は、太田宇之助の娘である。〔須藤〕

(39)　堀義貴（一八八五～没年不明）鹿児島県出身。東京高等商業学校（現在の一橋大学）を卒業。一九二五年に、駐華公使館参事官になり、一九二八～一九二九年まで駐華臨時代理公使をつとめた。その後、駐メキシコ公使兼初代駐エルサルバドル公使、初代駐グアテマラ公使、初代駐ホンジュラス公使、初代駐ニカラグア公使、初代駐コスタリカ公使を歴任。一九三六年に退官した後は、同盟通信社常務理事を務めた。〔姚毅〕

(40)　古仁所夫人　日記には「小仁荘、古仁荘、古仁所」などと書かれているが、おそらく同一人物で、北京、奉天など満鉄公所長を務めた古仁所豊の夫人と思われる。〔姚毅〕

(41)　北京新聞　北京の日本語新聞である。波多野《はたの》乾一《けんいち》（一八九〇～一九六三）が主幹の一人である。波多野は大分県出身、

かせてある。秋いよいよさびしい。

午后三時二十分公使館に橋爪氏とあひ**熊希齢夫人〔朱其慧〕**[50]にあふ。

十一月七日　日曜日

菊子さんに伴はれて、北海から一五一公司（女ばかりの店）、泥棒市場、城壁にゆく。陳氏訪問を見合せ。途中遠く危険といふので。

十一月八日

此日は熊希齢氏夫人の招きにより、北京西北郊外香山に**氏等の事業**[51]を見に、西田夫人、三谷氏、橋爪氏と共に一時間自動車を駆つて午前十時に香山の入口につく。熊氏□、孔二氏と出むかへて四方山の話のうち学校に向ふからと□るとあり。ここには幼稚園から師範科まであり。凡て貧児にてまた幼稚舎はじめ凡て寄宿生であり、衣食住全部ここにて給せらる。養蚕、糸とり、染織、刺繡は

一九一二年に上海の東亜同文書院政治科を卒業。翌一九一三年大阪朝日新聞社入社以降、大阪毎日新聞北京特派員、北京新聞主幹、時事新報の北京特派員などを歴任した。とくに、一九二八年ごろからは、本格的に中共研究に取り組み、中共アナリストとして知られ、中国問題専門の新聞記者として活躍した。一九六三年、七三歳の誕生日の直後に死去。〔姚毅〕

(42) 新支那　一九一二年、松本君平（一八七〇～一九四四）が北京で創刊した日本語新聞。中国語では『京津週報』。松本は静岡県出身のジャーナリスト、政治家、教育者、思想家である。一九〇八年に清に渡り、翌一九〇九年、天津で英字新聞『チャイナ・タイムス』、週刊『チャイナ・トリビューン』を発行。一九一二年『新支那』日刊を創刊。一時、広東の孫文政権の顧問として招聘されたという。〔姚毅〕

(43) 溂嘛廟　雍和宮のこと。北京で最大のチベット仏教寺院。一六九四年、皇子時代の雍正帝の居館として建築され、「雍王府」と呼ばれていた。雍正帝の即位後、寄進されて寺院となった。芥川龍之介も訪ね、今でも人気の観光スポットの一つ。〔姚毅〕

(44) 孔子廟　北京最大の孔子を祀る廟。現在は首都博物館となっている。一三〇二年に創建され、その後、元・明・清の三代に渡って幾度も改修されている。元・明・清の時代、孔子を祭る場所だった。隣接する、教育を管理する最高行政機

女子の家庭職業として、木土鉄工陶器は男子の職業として、それぞれこの山上に設備しあり。別に蜜蜂を飼育して、年に千円以上の実収あり。幼稚舎の前の方は動物植物あり、凡て皇居の跡をうけて民国九年からここに熊氏の私財と寄附とによつてこの事業をおこす。別に北京の平民学校は夫人により三年前創始せられるとか。自給自足の小天地なれど、とにかく一貫した立派な社会事業である。甘露旅館のボーイ給仕人もみなこの学校の出とか。男生八百、女生二百五十人を全部集めて挨拶をしたのち辞したのは午后六時少し前。

同夜金井氏の御親切により**劉景山**[52]夫妻と吾々両人を夕飯に招かれた。雨の香山又なく美くし。

（欄外：施療病院、普通病院あり、此学校を出た看護婦長にあふ）

十一月九日　火曜日

きのふの雨名残なく晴れてあたたかき晩秋の風

関である国子監とともに中国文化の根幹を成してきた。境内には、古代の著書十三経の碑林があり、また科挙の試験に合格した歴代の進士の名が刻まれた一九八方の碑がある。〔姚毅〕

(45) 国立女子学校　「女子師範大学」のことと思われる。一九〇九年、清朝学部が石駙馬大街闘公府旧跡に設立した京師女子師範学堂が前身。民国成立後、北京女子高等師範学校に改称、一九二五年北京女子師範大学になる。一九二八年北京が北平と改称されたため、北平女子師範大学に改称。一九三一年北平師範大学と合併して、北平師範大学になる。今の北京師範大学。一九二三年許広平は北京女子高等師範学校の国文学部に在学。〔姚毅〕

(46) 北京師範大学　現在の北京師範大学の前身。一九〇二年京師大学堂師範館として創立され、一九一二年北京高等師範学校と改称、一九二三年正式に国立北京師範大学となった。一九二八年北京が北平と改称されたため、国立北平師範大学と改称し、一九三一年北平女子師範大学と合併。一九三七年日中戦争勃発により、陝西省西安に移転、さらに昆明の西南連合大学に参加し、一九四六年北平に復帰した。一九五〇年に北京師範大学となる。〔姚毅〕

(47) ヤングチャイナ　中国では、女子教育は裕福な家庭以外は行われておらず、女子は学校とは無縁の存在であった。中国もなく埃もなく実に美くしい北京日和であつた。
朝金井夫人を誘つて**燕京大学**(53)（米の対文化事業）**清華学校**(54)を見る（後者は団匪事件〔義和団の乱〕の賠償金にて十年前設立）前者は各宗教伝道会社のユニオンカレツヂにて、男女共学制度。十月二十三日に開校して六百名の生徒あり設備とのひたり。後者は男生のみで四百名、敷地百五十エーカー等、実に広々とした設備よき学校。前者は七十エーカー（六万余坪）

帰途万寿山にゆく。西太后のここに政をとりし昔をしのぶ。

夕方、和田、山中両氏を服部女史に引合すため、七時より金井氏かたに会食。

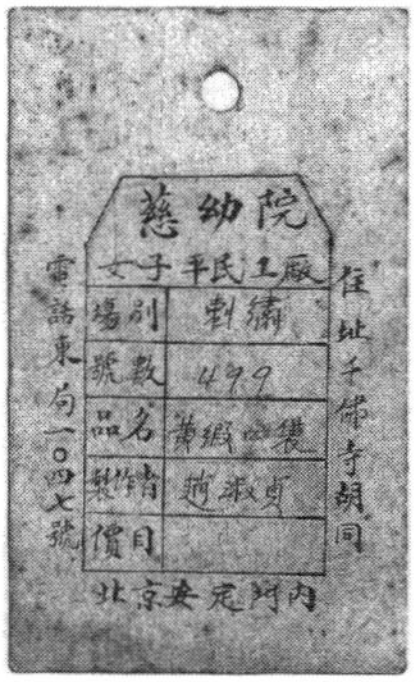

竹中が保管していた
慈幼院の製品の札

の女子教育は十九世紀末からキリスト教宣教師及び中国の知識人によって始められる。

中国の女子教育制度が正式に認められたのは一九〇七年に制定された「女子師範学堂章程」である。それは良妻賢母の養成を目的とするものであった。辛亥革命や五四運動を経て、女学生が男女共学や自由恋愛、独立した人格の養成などを求め、様々な活動を行ったが、北京は特に活発であった。例えば、一九一九年鄧春蘭が北京大学への入学を求めて、当時の校長蔡元培に書簡を送り、中国の大学に男女共学が広まるきっかけをつくった。一九二四年の国立北京女子師範学校の「学潮」もその活動の一つであった。学生の要求に応じない学校側が学生リーダーを除名したことで対立はさらに深くなり、ついに教育部は学校を解散し閉校する命令を下す結果となった。軍閥打倒、反帝愛国デモ、特に教育権回収運動も女子学生が先頭に立っていた。

竹中は北京女子師範大学や貝満女子中学などを見学し、北京独特の女子学校の雰囲気を感じ取り、ヤングチャイナと表現したのだろう。〔姚毅〕

(48) 橋爪友五郎（生没年不明）当時、北京日本公使館に勤務しており一九二六年末に橋爪友五郎が中国旅行中の竹中繁に宛てた葉書が残されている（宛先は「上海西華徳路萬歳館気付　竹中繁子様」、差出人は、「北京日本公使館　橋爪友五

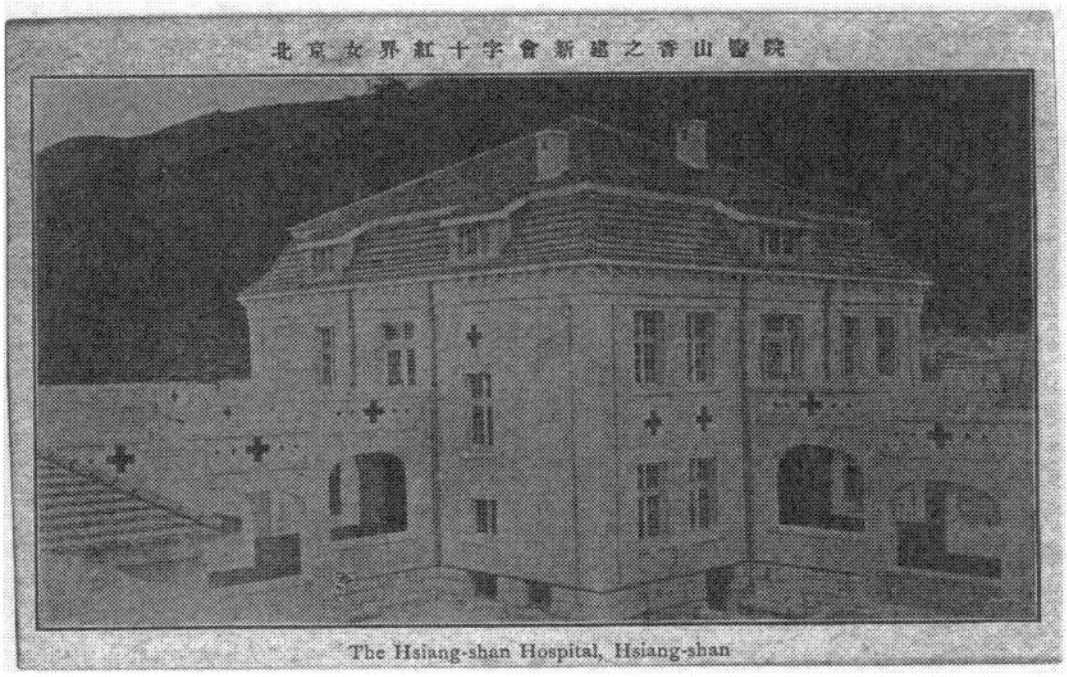

「北京女界紅十字会新建之香山医院」

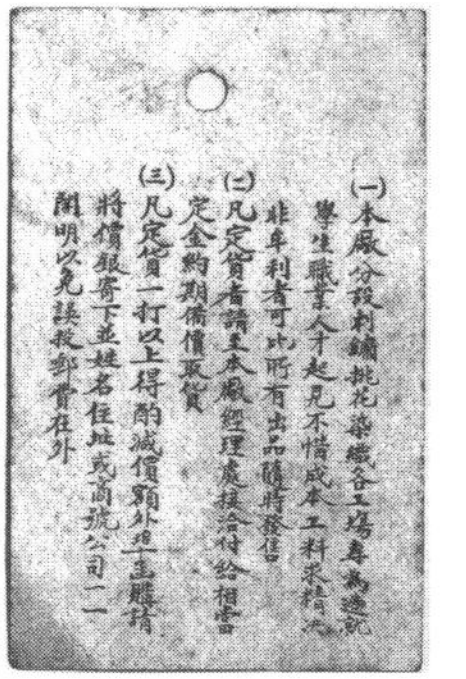

裏面

郎」）。内容は、『列女伝』を手に入れたので竹中の帰国の日程が決まったらお送りするというものだった。〔須藤〕

（49）貝満女子中学校　「貝満女中」と呼ばれ、北京最初の女子学校であり、最初の西洋式学校でもある。一八六四年アメリカのプロテスタントが北京東城灯市口で設立した教会学校「女蒙館」（男子学校は「男蒙館」）が前身。創始者は女性である Eliza Jane Bridgman である。多くの先駆的な女性を送り出した名門学校である。一九五一年「五一女中」、一九五二年「北京市第一二女子中学校」と改称、現在は「第一六六中学校」である。〔姚毅〕

（50）熊希齢夫人〔朱其慧〕（一八七六?～一九三〇〔一九三一とも〕）江蘇省宝山の人。香山慈幼院の経営など夫の教育事業を支えた。自らも婦女紅十字会を創設する一方、一九二三年には陶行知らと中華教育促進会を組織し、平民教育を提唱した。朱其慧が亡くなったとき竹中は、「恐らく私の北満の極から支那の南端香港までの旅で会つた数多い民国の知識階

朱其慧（竹中に贈られた写真）

十一月十日　水曜日

国立芸術専門学校(55)に行くため、十一時過ぎ古仁所氏宅を出る。図工科は絵画、彫刻、劇、音楽に分れて居るが、教師俸給不払にて休校、殆ど森閑として冷たい感あり。次に東西牌路の**燕京華文学校**(56)にゆく。ここは米人が特に支那の国語風俗習慣等を習ひ度い外人の為めに設けた頗る立派な学校であつた。凡て教授には支那語を以て支那の教師が教授する由。けふは折あしく一週に一日午后は外人が支那歴史を講義する日に相当してゐた。

三時半頃より南□街□子圏胡同に徐瑋氏を問ふ。蒋介石生存の事、張学良の作霖の子でないことなどや支那に婦人記者少なく、北京には一人もなく、女医も亦少ない事や、国民党に二千の女党員があつて、支那全体にあるが、これらは平和の運動よりも自ら戦線に立ちピストルを懐ろにし農婦の姿となつて敵の前駆を潰すやうな事や、兵士となつて一線に立つ事や、五百の婦人は救□となつて戦

級の婦人の中で、この夫人の右に立ち得る人物は無かつたと思ひます」と朱其慧を称賛し、その死を惜しんだ。（竹中繁「今は亡き熊希齢夫人を惜む」（『婦選』第六巻第一号、一九三二年一月）〔須藤〕

(51) 氏等の事業　熊希齢およびその夫人朱其慧が経営していた北京香山慈幼院を指す。一九二〇年に創設され、一九四九年の中華人民共和国の成立後に接収されるまでの約三十年間存続した。その間に卒業生は約六千人にのぼったという。創設者の熊希齢は、一九一二年に財政総長、一九一三年には国務総理を務めた政治家である。熊希齢が慈善活動に専念するきっかけとなったのは、一九一七年九月、京畿地方で発生した大規模水害であった。このとき熊は水災河工善後事宜督辦に任じられたのだが、水害がおさまっても引き取り手のない孤児が多数残された。そのために設立されたのが、北京香山慈幼院だった。竹中も記録しているとおり、受け入れられた子供は、卒業するまで衣食住の面倒および教育も受けることができた、当時としては画期的な施設であった。竹中の手元には、慈幼院の「第六学年度第一学期学級編制一覧（民国十四年九月）」が残されている。〔須藤〕

(52) 劉景山（一八八五〜一九七六）竹中は十一月八日、十二日にも劉景山夫妻に会っている。劉景山、字は竹君、河北省滄県の人。一九〇三年に北洋大学に入学、その後アメリカの

地に集まるとか。その時々の働をしてゐる。□□政府の中央執行委員として女子が教員官吏となつてゐるのが広東に多いとか。けふは吉日とみえる。お嫁さんとお葬式に逢ふ事！

十一月十一日　木曜日

朝九時半古仁所氏方に服部氏、橋爪氏とであひ、**北京協和医学校及病院**(57)にゆく。一旦帰つて二時卓氏宅を約束により訪ふて、慈幼院平民学校に女子の工場と男子の敷物工場印刷工場を見る。貧児院平民学校女子部にて、ハンケチ、タオル等を買ふ。けふは平和光復記念日とかで各所に諸々の催あり。ワゴンリーダ仮装会にさそはれたが行かなかつた。

十一月十二日　金曜日

雨並に雪。午后二時半より堀代理公使宅にて、堀、江藤両夫人の幹事で北京婦人会が催ふされそこに、招待された。五時半帰つて入浴後、劉景山

ペンシルバニア大学に留学して交通を学び、経済学修士号を得る。一九一三年から交通部で路政司長等を歴任、一九三〇年に国民政府鉄道部顧問となるなど、鉄道事業に尽力した。その他道路、銀行、工業、教育にも携わる。一九七六年台北で死去。〔須藤〕

(53)　燕京大学　一九一六年に米国のメソジスト教会等いくつかのミッションによって、北京に設立されたキリスト教系大学。北京匯文大学、通州華北協和大学、華北協和神学院が合同して誕生した大学であったが、一九一九年にジョン・スチュアート（南京・金陵神学院司教）が校長に就任すると、一九二〇年に華北協和女子大学も合併した。一九二六年に現在の北京大学の校地への移転に伴い、男女共学となった。竹中繁はその直後に同校を訪問したと思われる。後に教育権回収運動が活発化すると、一九二九年にスチュワートに代わって呉雷川が校長に就任し、私立燕京大学となった。呉は中国におけるキリスト教本色化（土着化）運動の先駆者とされる。神学院、文学院、法学院、理学院、医学院等が設置され、研究、教育共に高い水準を誇っていた。アジア太平洋戦争が勃発すると、校舎は日本軍により封鎖され、四川省成都に臨時学校が設立された。戦後北京に復帰し、人民共和国成立後は接収の後に、一九五二年に北京大学と清華大学に分割、継承された。〔石川〕

夫妻の招待にて夕飯をいただく。十一時過ぎ帰る。

十一月十三日　土曜

さすがに肌寒し。植物園に菊を見に金井御夫妻、子達とゆく。帰途、□□夫人を訪ふ。持原夫人、森田夫人にお目にかかる。

十一月十四日

朝十時より宮城〔＝故宮〕拝観にゆく。文華殿、武英殿、その他の古物絵画を見る。さすが古美術の粋を集め得たもの、日本の美術足もとにも及ばず。帰途金井橋爪氏ら四人して**京師警察庁済良所**(58)に参観、現在の在所人十六名、抱主の虐待に堪へかねてここに救ひを求めにきて、巡査が一応取調べた上収容を定められた者は、表に写真を掲げて雇い手なり貰ひ者なりをまつ。ここは五十年の歴史をもつが、全体で三千人位出入した。大抵一年に六十名位来るが、居る事三ヶ月〜六ヶ月とい

(54)　清華学校　一九一一年にアメリカ政府より返還された義和団事件の賠償金を基に設立・運営された「清華学堂」が前身で、一九一二年「清華学校」に改名、アメリカ留学予備校となった。一九二八年に「国立清華大学」と改名。一九四九年の新中国成立後、「清華大学」と改名される。北京大学とともに中国の高等学府の双璧とされる。〔姚毅〕

(55)　国立芸術専門学校　中国芸術最高学府である国立北京芸術専門学校のことと思われる。一九一八年蔡元培が創設した国立北京美術学校が前身。一九二三年国立北京美術専門学校に、一九二五年国立北京芸術専門学校に改名。一九二五年には画家・林風眠（一九〇〇〜一九九一）が校長兼教授となる。作曲家・蕭友梅（一八八四〜一九四〇）は一九二三年に同校の音楽科の主任となった。一九二八年北平大学芸術学院と改称、徐悲鴻が院長となる。〔姚毅〕

(56)　燕京華文学校　一九二五年、燕京大学と華北協和華語学校（一九一三北京で設立）と合併して成立した研究教育機構であり、燕京大学の学部の一つである。チャールズ・マーティン・ホールらの出資を受け、ハーバード大学と燕京大学が共同で研究所を設立することとなった。その設立に向けての交渉に当たって、設立主旨に近い、充実した図書と教員陣を持つ華北協和華語学校が候補として選ばれた。そこで燕京大学は、一九二五年に華北協和華語学校と合併して、燕京華文学

ふ。その間に手仕事を教へる。目下は経費少ないと。

帰つてから、午后五時金井氏にさそはれて、北京ホテル音楽会にゆく。久しぶりにて音楽をきく。

十一月十五日　月曜日

菊子さんは忍さんを迎へにゆく。自分は十二時に服部さんと会して**国立女子師範大学附属中学校**(59)参観にゆく。ここには日本留学の女先生もあり、珍らしく割烹、園芸を科目におく。教科書は全部国文を除いては英語である。髪のゆひ方まで画一にしたのは面白い。

午后四時より西城□□の張佩芬女史方にお茶に招かれる。熊夫人〔朱其慧か？〕、朱浩女史、**黄国巽**(60)、林女史、玫女史みなあり歓談三時間、写真をとりお茶をのみ別れを告ぐ。

校を設立し、交渉を有利に運んだ。〔姚毅〕

北京協和医学院

(57) 北京協和医学校及病院　北京協和医学院の前身は、一九〇七年に開設された北京協和医学堂である。一九一五年、ロックフェラー財団が協和医学堂の全ての財産を買収し、一九一七年から新校舎の建設に着手、北京協和医学院と命名した。附属病院は、北京協和医院である。協和医学院はアメリカのジョンズ・ホプキンス医科大学をモデルとし、当時の中国においては勿論、世界においても最先端の医療を行っていた。

十一月十六日　火曜日

朝十一時忍さん天津より着京、この日一日家にゐる。蘇州胡同に太田さんを訪ねる。留守。

十一月十七日　水曜日

午后二時公使館に西田氏をとひ橋爪氏をとひ、北京公寓により帰宅。

十一月十八日　木曜日

一日原稿を書く。午后太田夫人来訪。北京婦人会の婦人一、二、先般の会席上の談話に不満を抱くと。意外な事である。

十一月十九日　金曜日

朝金井さん出勤の時、きく子さんに誘はれて服地を買ひにゆく。途中靴をあつらへる。午后二時、古仁所氏に服部さんをたづね西単牌路臥仏寺に**胡育英**(61)女史家族の御招待にゆく。女史は女子医専

一九五一年中国協和医学院に、一九八五年中国協和医科大学に改名した。〔姚毅〕

(58)　京師警察庁済良所　済良所は妓女を収容する慈善機構である。民国以前は主として教会組織や中国人民間団体によって担われている。清末から政府＝警察が次第に介入するようになった。例えば、一九〇六年京師外城巡警総庁は紳士商人と一緒に、官督商弁の済良所を創設した。一九一三年一月、済良所は京師警察庁の管轄に移り、警察庁の附属機構になる。竹中が視察したのは五〇年の歴史を持つ済良所であるが、具体的にどこの済良所かは不明。〔姚毅〕

(59)　国立女子師範大学附属中学校　一九〇一年に設立され、前身は陳壁が総督弁となる五城学堂。一九一二年、北京高等師範学校附属中学校になる。一九二一年女子部を増設し、中学での男女同学の始まりとなる。一九二三年進歩的作家石評梅が、女子部主任を務め、国文、体育を教える。有名人を輩出し、中国で最も有名な中学校の一つである。〔姚毅〕

(60)　黄国巽　（生没年不明）湖南省出身。陳三立の息子・陳衡恪の妻。一九〇五年に官費留学生として派遣され実践女学校の師範科に在籍。〔姚毅〕

(61)　胡育英　（生没年不明）張季鸞の姪。陝西省楡林の人。一九一七年、東京女子医専に入学、一九二三年卒業。帰国後北京の同仁会病院産婦人科の女医になった。〔姚毅〕

の出とか、兄君夫妻その他前陝西省督軍夫人と同席、夕飯の御馳走をうけ帰る。

留守中古仁所氏に、熊夫人その他七人訪問せられたとか。夜王夫人をとひ、二十二日招待の約束変更について相談す。

月をふんで史家胡同鉄道公館にかへる。王夫人と色々の世間話の中に、支那の日々の内乱状態がどういふ風に政治的に向ひつつあるかといふ事や、一夫多妻の弊などがのぼる。

十一月二十日　土曜日　〔日付のみで数行空白〕

十一月二十一日　日曜日

夜、前門外に三人してゆく。途中金井夫人車より落つ。

けふは満鉄**大蔵**《おおくら》〔**公望**《きんもち》〕(62)氏夫人、忍さんの一行に加わつて、天壇見物、宮城〔＝故宮〕文華殿から故宮博物館を見物し、廃帝の幽閉された宮殿

(62)　大蔵公望（一八八二～一九六八）一九〇四年、東京帝大工科大学卒業後に渡米。一九〇七年に鉄道院に入り新橋運輸事務所長、運輸局貨物課長。一九二〇年南満洲鉄道に転じ、一九二一年理事となり一九三一年退任。一九三二年から貴族院議員、東亜研究所理事長、満洲移住協会理事長を兼任。その後東亜交通公社総裁に就任。戦後日本交通公社会長、国鉄幹線調査会長を務めた。〔姚毅〕

に。

十一月二十二日　月曜日

菊子夫人病気のため買物に出られず。朝金井氏出勤の時自動車で出て忍さんの靴をあつらへモリソン街に出て買物をし、午后二時から前門外に毛革をひやかす。四時過ぎ前門外の群衆におどろいて□すみて強盗四人死刑にあふので其人を楽隊つきで荷車にのせて曳いて行くのであつた。

夜、**坂西《ばんざい》〔利八郎〕**(63)氏方に招かれて金井氏夫人も行かれた。

十一月二十三日　火曜日

朝早く服部女史来訪、直ちに**粛王府**(64)に岩田氏をとひ、天津に廃后拝謁の事を申入れた。日支□□部の設立をきき、昔の粛親王の盛威をしのぶ学舎を見てかへる。**趙爾巽《ちょうじそん》**(65)氏訪問。同氏は目下貧民救済に熱心なりとか。

(63)　坂西利八郎（一八七一～一九五〇）日本陸軍きっての「支那通」で中国語に堪能、一九二四年から北京政府顧問。北京に通称「坂西公館」を構え、日本の中国政策の裏面で活躍したとされる。〔藤井〕

(64)　粛王府　粛親王愛新覚羅善耆《あいしんかくらぜんき》（一八六六～一九二二）の邸宅。天安門広場の東側、東城区東交民巷にあり、川島芳子（粛親王善耆の第十四王女。本名は愛新覚羅顕玗）の実家でもある。愛新覚羅善耆は、一九一一年の辛亥革命後、日本を頼って旅順に亡命。一九一二年以降旅順にある元関東都督府民政長官邸を粛親王府として使っていた。第七子の金壁東は新京市長、満映の理事長などを務めた。十二月三日の日記によると、溥儀には会ったが、婉容には会ってない。〔姚毅〕

(65)　趙爾巽（一八四四～一九二七）清末民初の政治家。養子に入って漢軍正藍旗人となったが、祖先は盛京（現在の長春）の人。字は公鑲、号は次珊。清末に地方官を歴任し、一九一一年東三省総督に就任、欽差大臣を兼務する。一九一二年、張作霖の部隊を動員して、奉天で武力革命を企図していた反清運動家を一斉弾圧した。辛亥革命後は袁世凱・段祺瑞政権下で『清史稿』編纂の主幹を担った。弟に清朝末期の回民暴動を鎮圧したことで有名な趙爾豊がいる。一九二七年に北京で死去。〔姚毅〕

十一月二十四日　水曜日

この日は夜七時から古仁所方に熊氏夫人並に他七人の夫人女史と夕食に招かれ歓談十一時に及ぶ。夜寒し。

十一月二十五日　木曜日

公使館招待日。忍さんは急にけふ立つ筈であつたのがコンパートメントがとれないので一日のばす。自分は橋爪氏と服部女史と一緒に鉄道公館から出て**東安市場**[66]に買物及食事す。金井夫人に万年筆を買ふ。八円。

夕方別れて夜の招待会に八時にゆく。公使熊夫妻、金井、**満鉄医院飯嶋夫妻**[67]、副院長、古仁所夫妻、西田夫妻等。この席に**旭さゆり**[68]〔**小百合**〕夫人来会。

太原ゆき駄目ときまる。

（66）東安市場　清末から北京城内で最も有名な市場の一つである。一九〇三年から、東安門大通りの両側に混雑する多くの露店や売店を整理整頓して大型な貿易市場を建設し始める。東安門に近いため東安市場と命名。その繁盛の理由の一つは、近くに吉祥劇院があるからと言われている。観賞客に食事や買い物の場を提供するため、夜遅くまで営業したという。一九九〇年代に撤去され、その跡地で今の新東安市場と東安市場が建設された。〔姚毅〕

（67）満鉄医院飯嶋夫妻　飯島庸徳夫妻か。二十八日には「飯嶋夫人（同仁病院長夫人）」という記述がある。〔姚毅〕

（68）旭小百合（生没年不明）日満婦人大同会常任理事。編著に『日満婦人の心と心』（日満婦人大同会、一九三四）がある。〔藤井〕

十一月二十六日　金曜日

服部女史の太原行き中止となつたので、遽かに南下する事にした。よつて朝から自動車を傭つて公使館堀、阪西の諸氏、**熊、張、卓、王、胡女史**(69)らにあつて暇乞いをいふ。午後八時忍さんを見送る。菊さんと十一時過ぎまで話す。

十一月二十七日　土曜日

金井さん不在につき自動車をかりて劉景山、徐壎氏に暇乞いにまわり服部女史と金井夫人と食事后、卓夫人来訪。金井夫人に紹介す。王朝佑氏来訪、日支婦人団体の提携の主意を喜ぶ。買物に出かけた留守中**王梅先**(70)女史来訪。夜は太田〔宇之助〕氏に招かれて**東興楼**(71)に会食、金井、飯嶋、□水、持原、西田、井上の各夫人と十一時頃まで支那夫人との話合につき語らふ。

(69) 熊、張、卓、王、胡女史　旅行日記の最後のページのメモによると、「熊」は十一月六日、八、十九、二十四日に登場する熊希齢夫人、「張」は十一月十五日の張佩芬女史、「卓」は十一月十一日に訪問した卓聶其純（二十七日にも登場）、「王」は、王梅先女史、「胡」は十九日の胡育英女史（十一月三十日の記述から、大公報の張季鸞の姪）と思われる。〔姚毅〕

(70) 王梅先　王梅先と竹中は、のちに日本で再会することになる（→七一一）

(71) 東興楼　一九〇二年創業の高級山東料理店。周りは高級官僚の住宅や繁華街に囲まれ、官僚商人や文人たちに愛され、繁盛を極め、北京の老舗「八大楼」の第一に挙げられる。当初は東華門大街にあったが、日本占領期に閉店し、一九八三年になって東直門大街で営業再開し、現在に至っている。〔姚毅〕

十一月二十八日　日曜日

いよいよ北京を離れるの日、朝岩田氏より電話来る。写真を戴いて来られた事、一両日中に東京にゆく事、天津に訪問の事など、打合わす。王梅先夫人から電話かかる。折よく飯嶋夫人（同仁病院長夫人）の前夜の会の席上に話する□あつた相。早朝飯嶋夫人来訪、三人して王夫人をとふ。金、飯嶋夫人も当日の招待に列なる事となつた。それから前門外に石を買ひに行く。帰途西東站食堂に招かれて行き、そこに前山東巡撫**孫宝琦**(72)氏の嫁即王夫人の叔母君なる人と朱夫妻と食事を共にす。夫人は朱**胡彬夏**(73)といふ。王夫人の別れを惜む事甚だし。四時の汽車にて金井夫人と天津に向ふ。王夫人、朱女史、王朝佑夫妻、徐壎氏、橋爪、三谷、太田夫人等に送られて北京を出た。車中三人して色々と話し合ふ。おすしをたべる。七時半頃天津着。**常磐ホテル**(74)に入る。

(72)　孫宝琦　（一八六七～一九三一）浙江省杭県の人。一九一一年に山東巡撫に任じられ、一九一三年に北京政府外交総長となり、一九一四年からは国務院総理もつとめた。その後も要職を歴任し、一九二六年には中法大学董事長となった。〔須藤〕

(73)　胡彬夏　（一八八八～一九三一）江蘇省無錫の人。一九〇二年六月に実践女子学校に学ぶ。一九〇三年四月八日、林宗素、曹汝錦等と「共愛会」を設立し、責任者となる。毎月会合を開いて婦女教育と婦女権益問題について討論する。また、江蘇留日同郷会の『江蘇』編集も担当し、自らも女性解放に関する記事を書いた。一九〇七年、試験を受けてアメリカ留学の資格を得、中国の官費でアメリカ留学した初の女性の一人となる（同時に資格を得た女性は胡以外に三人おり、そのうち一人は宋慶齢）。七年間アメリカで学び、一九一四年卒業して帰国し、多くの大学で教鞭を執る。一九一六年、商務印書館に招聘され、一年間、『婦女雑誌』（第二巻第一号～十二号まで）の主編を担当し、自らも女性の教育や家庭改良に関する記事を執筆した。一九一七年、夫の朱庭祺と黄炎培らが発起した中華職業教育社に参加。一九二〇年、上海婦女会を創立、翌年中華基督教女青年会主任会長となり、しばらくして上海女権運動同盟会の発起に加わる。一九三一年、四三歳で死去。〔姚毅〕

三　天津　十一月二十九日～十二月五日

十一月二十九日　月曜日

朝十一時、領事館に**有田**〔**八郎**〕領事(75)を訪問。学校参観その他について頼む。午后**中日学院**(76)監督江藤栄吉氏来訪。**馬大夫病院**(77)（李鴻章の時代、マッケンジー氏の創立にかかる）、新学大書院（袁世凱代に出来た英国人のたてた学校）、**中西女学校**(78)（ミスマンの小さく起した学校である。それに付随した病院婦嬰病院もある）、商工大学、**北洋大学**(79)（法工科で官立）、高等工業学校（省立）男女子師範学校、南開大中女学校、**厳修**(80)という人の自費設立。

十一月三十日

朝□く、朝十時過ホテルを出て金井夫妻をインペリアルホテルに向ふ。帰途、寿曙町白木にて和菓子を買ひ、金井夫人と別れる。帰宿して、午后ロンドンミッション設立三十年といふ**新学書院**(81)及び馬太夫病院参観。ここは極めて古く英人マッ

(74)　常磐ホテル　日本人経営の天津随一の旅館。満鉄直営ホテルの一つ。〔姚毅〕

(75)　有田八郎（一八八四～一九六五）外交官、外務大臣。新潟県佐渡出身。東京帝大法科大学卒業後、外務省入省。奉天、ホノルルなど在勤後、一九二五年吉田茂のあとを継いで天津総領事、二七年に田中義一首相兼外相のもとでアジア局長となり、省内アジア派の中核を担う。一九三〇年四月以降、四〇年七月まで断続的に外相を務め、いくつかの重大な懸案に対処した。〔姚毅〕

(76)　中日学院　中国人に対する教育のために一九二一年に東亜同文会によって設立された中等教育機関である。広島県出身、東京高師・東京帝大英文科卒業の江藤栄吉が初代監督になる。成績優秀な卒業生を公費留学生として日本に派遣し、創立から一九四五年に廃校されるまで二四年間、五〇〇名以上の卒業生を輩出した。一九三〇年代から一九四〇年代にかけて、外務省から派遣された日本少年留学生を受け入れ、補給生の教育に携わっていた。〔姚毅〕

(77)　馬大夫病院　宣教医のマッケンジー（John Kenneth Mackenzie　馬根済）が一八八〇年に創設。天津フランス租界海大道（今大沽北路）にあった。馬大夫紀念医院の前身は、一八六一年天津にあるイギリス駐屯軍のための診療所である。一八六八年、主権をロンドン伝道教会（London

ケンジー氏設立にかかるとか。帰途、**大公報**(82)に**張季鸞**《ちょうきらん》(83)氏を訪ふ。胡育英女史の叔父君である。

十二月一日　水曜日

九時江藤栄吉氏の中日学院に行き南開大中女学校参観。南開大学は八里台にあり、かねて厳修氏が三十九年北清事変に際し日本のとつた行動に深く感服し四人の男子を中学或は高等学校から大学を日本にふませて、みな立派に教育したのが、大正四年、二十一ヶ条の条約から全く日本をすてて一年米国にゆき米での教育法をとつて南開学校に施して今日に及んだのである。ちょうど日本の慶應義塾のやうなもので厳修氏が経営で**張伯苓**(84)氏が実務をとつてゐた。大学は二百八十名のうち女三十、大学は四年で男女共学、四科に分る。理文商、その他千六百名（中学）女学校は去年新築。生徒二百三十名。江藤氏のお心入にておひる飯をいただき中日学院を見る。二時帰宿。

Missionary Society）に移し、「基督教倫敦会医院」に改称。一八七九年、マッケンジーが漢口より院長として赴任。李鴻章の支援で、一八八〇年業務拡大し開業。一九二四年、「馬大夫記念病院」に改名。中華人民共和国成立後「天津市人民医院」と名称を変更。〔姚毅〕

(78) 中西女学校　一九〇九年、アメリカのメソジスト教会によって設立された女学校。校舎はフランス租界海大道にあったが、一九一五年に現在の南門外大街の新校舎に移転。一九四二年に究真中学と合併して天津市女二中となる。英文名マクタイアはメソジスト教会リーダーのマクタイアを記念するために付けた。上海の中西女中は一八九二年に創設。天津中西女子中学は、有名な貴族学校で、張学良夫人になった趙四小姉や愈大維の従妹愈大傑など、多くの上流階層の女子がここで学んでいた。〔姚毅〕

(79) 北洋大学　現在の天津大学の前身。一八九五年、盛宣懐が天津に北洋西学学堂を創設。中国初の近代的な総合大学とされる。一八九六年、北洋大学堂に、一九一三年、国立北洋大学に改称。一九五一年、河北工学院を合併した国立大学として、天津大学に改称。〔姚毅〕

(80) コラム②参照

コラム② 厳修および天津の女子教育

厳修（一八六〇～一九二九）、字は範孫、清末民初の教育家。天津における近代教育の創始者である。天津の塩商の家庭に生まれ、翰林院編修、学部侍郎、貴州省学政を歴任した。戊戌の変法が失敗した後、辞職して故郷天津に戻り、教育事業を始めた。一九〇二年と一九〇四年二度日本に赴き教育を視察し、日本の教育経験を学んだ。

厳修の教育活動は、一八九八年の厳氏家塾から始まる。その後数多くの近代的学校の設立を手掛けた。一九〇四年張伯苓とともに日本で教育を視察、帰国後厳氏家塾を拡張して、張伯苓を校長とする南開中学を創設した。南開中学は一九一九年に南開大学になる。周恩来は南開中学の厳范孫奨学金を受けて日本に留学した。また一九〇二年の日本視察から帰国後、直隷省学校司督弁に任命され、任期中に教育方針の制定に携わり、天津第一民立小学堂や数多くの官立小学堂を設立した。

厳修は天津で最も早く女子教育を提唱した中国人でもある。日本から戻った一九〇二年末厳氏女塾を設け、日本人教習を招聘し、日本の女子教育をモデルにした。一九〇五年厳氏女塾を厳氏女学に改め、正規の女子小学校とした。厳氏女学高小班（初等クラス）卒業生の要求に応えて、一九一九年秋中学班（中等クラス）を開設し、学校名も厳氏女子中学と改められた。これが一九二三年に南開女子中学となった。

天津の女子教育は厳修の提唱によって次第に発展した。一九〇四年天津公立女学校、一九〇五年高等女学堂、一九〇六年普育女学堂及び北洋女師範学堂が相次ぐ設立され、一九一一年までに設立された各種の官立、民立、私立女子学校は二十余校に達した。中で最も有名なのは北洋女師範学堂である。北洋女師範学堂の前身は一九〇四年に溥増湘が創設、呂碧城が監督とする北洋女子公学である。一九一二年以降、北洋女師範学校、直隷省立女子師範学校、河北師範学院、直隷第一女子師範学校、河北師範学院など幾度改名される。一九一九年五四革命期、天津の革命団体の女性メンバーの多くはこの学校の卒業生或いは在校生で、中には劉清揚、郭隆真、許広平、鄧頴超などはいずれも中国女性運動のリーダー格的人物である。〔姚毅〕

三時～四時　**黄郛《ふ》氏**(85)（民国十三年総理となり目下馮玉章（祥）氏と行動を共にしてゐるため天津滞在中。張作霖の前にもすべての人をさけて伊太利租界四馬路二十一号の別宅に徐かに居住してゐられる）をとい、お茶の御馳走になつて黄氏の気焔をきき夫人の写真をもらつて別れ帰る。

　南開女学校において女教師が英語で英文法を教授するのを、支那に来て以来はじめて見た。こうして英語の時代が支那にいま来ているのを見る、教科書にも北京あたりから皆つかつている。

十二月二日　木曜日

　江藤氏の案内で九時からメソヂスト派の二十年前ミスマンの手で創めた中西女学校を見る。同時に中西病院を見る。細心の注意敬服にあたいする。**直隷第一女子師範学校**(86)を見る。同校は昨年直魯聯合軍に占領され、いたましく破壊されたのを、不足がちな経費から修繕してやや旧態に復したのだ

(81)　新学書院　新学大書院また天津新学書院とも呼ばれる。一九〇二年、ロンドン伝道教会が義和団事件賠償金の返還金の一部を利用して創設。清政府特に袁世凱の支持を得た。天津フランス租界海大道にあり、外国人教会が天津で創設した初めての学院である。一九五三年天津市市立第十七中学校に改名。顧維鈞、林語堂、張伯苓等が理事に務めたことがある。また卒業生には、物理学者袁家騮、芸術家黄佐臨、医学者劉瑞恒等がいる。〔姚毅〕

(82)　大公報　一九〇二年、満洲族の正紅旗人であった英華（斂之）が天津のフランス租界で創刊。一九〇五年に天津日本租界内に移転。政治問題への直言で知られ、清朝から発禁処分を受けることもあったが、治外法権下の租界には清朝の手は及ばなかった。一九一二年に英華が「大公報」の経営から手を引く。一九二五年に一旦休刊。翌一九二六年に元「大公報」記者であった胡霖（政之　一八八九～一九四九）らが「大公報」の名前を買収して発行を再開。胡が経理兼副総編輯、総編輯は張季鸞。その後日中戦争によりたびたび拠点が移動、上海版なども発刊されたが、すべて停刊。現在は香港版のみ残っており、最も発行期間の長い中国語新聞となっている。〔姚毅〕

(83)　張季鸞　（一八八八～一九四一）陝西省楡林の人。又の名を熾章。日本に留学し、一九一一年春に帰国、上海で『民立

相であるけれど、戦争のために北京と同じく教育方面が顧りみられないため教師など殆んど辛うじて生活してる位にとどまる月給を給されているそうな。併し斉校長の誠意によって、学校の三百五十の生徒は学んでいる。舎費一円　食費四円　月謝二円　規模大。

御飯を江藤先生に宿であげて午後は北洋大学にゆく。支那の天津における唯一の大学である。位置非常によいが、行くに渡しをまつて川をわたる。この大学は創立三十一年、四五年前までは西洋の教師と中国の教師と相半ばしたが、今では外国教師漸くその数を減してゆく。学生四百人の割合に建物大きく立派ではあるが目下戦争による教育難を訴へてゐる。夜、大公報張季鸞氏の訪問をうく。

十二月三日　金曜日

午前十一時を以て宣統廃帝〔**溥儀**〕(87)に謁見すべく領事館にゆく。通訳白井氏につれられて領事館

報』記者となる。翌年一月、孫文により総統府の秘書に起用された。その後北京に移り、『民立報』と協力して民立図書公司を設立。一九一三年、『民立報』編集長となり、袁世凱の第二革命に反対して『大共和日報』を創刊、一九一五年、『民信日報』編集長となる。一九一六年に上海『新聞報』駐北京特派員となる。その後、北京『中華新報』編集長に転身したが、段祺瑞を批判したため逮捕され、半年間入獄する。一九一九年、上海『中華新報』主筆。一九二六年に胡政之、呉鼎昌から天津『大公報』を引き継いで編集長となり、日本の『朝日新聞』等を参考に、新聞の編集方法に関する改革を行った。竹中繁は、張の姪で、東京女子医専を卒業し北京の同仁会病院産婦人科の医師をしていた胡育英の紹介により、天津で張季鸞と面会している。日中戦争開始後、張は相次いで『大公報』漢口、香港、重慶、桂林版を発行し蒋介石を積極的に支持したが、一九四一年、重慶にて病没した。〔藤井〕

(84) 張伯苓（一八七六～一九五一）天津府天津の人。中国の著名な教育家・政治家。一八九二年、北洋水師学堂に入学して操舵術を習得し、五年後に卒業して海軍士官となった。その後は教育界に転じ、厳修の下で新学を学ぶ。一九〇四年、教育事業の視察のために厳修とともに日本へ向かう。帰国後は南開中学堂などの創設に参加、校長に就任。一九一七年、アメリカのコロンビア大学でジョン・デューイやエドワード・

から程遠からぬ旧**張豹**（＝**彪**）[88]氏邸にゆく。うらぶれた御住居、昨年春からここをかりて住まれるとか、おいたはしく思われる。二十分ばかりお話をして領事館にお礼に行き帰る。午後**陸宗輿**[89]氏の令嬢及び陸氏の弟君にあひにゆく。帰りに同文書院に江藤氏をたづねる。

十二月四日　土曜日

朝、正金銀行に行き百円受とる。時価百十三円（ただし正金の価）。午後町に買物にゆく。夜、岩田氏東京に向け出発する旨暇乞いに来られた。翌朝六時出帆のため、十一時に宿を出て船にのり込まれる。支那の時局から□□は一月頃には兵力がこの方面に及ぶであろう、広東軍赤化運動は日本にとり、旅大回収、満鉄回収、その他様々の事件を生むであろうと、結局、王道による統一をよしとする説である。グラフと社会部に三女史の原稿を送る。

ソーンダイクのもと教育学の研究を行った。帰国後は、南開大学の創設準備に奔走し、一九一九年の正式開校にこぎつけた。一九二三年には、南開女子中学を開校し校長を兼任した。〔姚毅〕

(85) 黄郛（一八八〇～一九三六）浙江省嘉興の人。清末民初の政治家。北京政府、国民政府の要人。一九〇四年浙江武備学堂に入学。翌年官費により日本に留学し、東京の振武学校に入学する。一九〇五年中国同盟会に加入。一九二四年十月、馮玉祥による北京政変に参画して直隷派を失脚させる。馮の支持により国務総理代理に就任したが、奉天派の反発を受け更迭される。一九二七年一月蔣介石に、上海における国民党長老と連絡して北伐軍と呼応するとの密命を受け、さらに日本との外交折衝も依頼される。済南事件後、国民の批判を浴び、引責して辞任し、以後隠居する。〔姚毅〕

(86) 直隷第一女子師範学校　一九〇四年に設立した北洋女子公学が前身。一九〇六年に北洋女子師範学堂、一九一三年に直隷女子師範学校、一九一六年に直隷第一女子師範学校、一九二八年に河北省立第一女子師範学校と改称。卒業生には婦女解放運動の先駆者劉清揚、郭隆真、許広平、鄧穎超などがいる。〔姚毅〕

(87) 溥儀　清朝最後の皇帝愛新覚羅溥儀（一九〇六～一九六七（在位一九〇八～一九一二））辛亥革命がおこり一九一二年に

十二月五日　日曜日

一日手紙と原稿をかく。同善堂の記事を美土路《みどろ》〔昌一《ますいち》〕(90)氏あてに送る。

四　済南・青島　十二月六日〜十二月十二日

十二月六日　月曜日

けふこそ済南に向け出発すべく朝から心がまへしてゐた。雪は夜来よりつづいて寒い。宿の計算を見た時に二百円八十銭也。これでは二人のをかき集めても十二円程足りない。信用状はもう荷物と行つてしまつた。仕方なく主人をよんで後から送る旨を話した後に服部さんの知人実相寺が同じ汽車で済南にゆくというので、同じ宿にとまり合せてゐるのを幸で十五円かりるとして間に合す。京津間八十哩、津済間百四十哩、済青間二百六十哩、津済線の汽車は中々いい。二等でも乗り方によつて楽に行ける。四人一室、それでも宿の人は

退位したが、清室優待条件により紫禁城で暮らすことが許されていた。しかし、一九二四年に馮玉祥がクーデターを起こして北京を占領、一方的に清室優待条件を無効にした。溥儀らは紫禁城を退去せざるを得なくなり、日本の保護を受けて一九二五年に天津の日本租界内にあった張園（張彪の邸宅）に移った。竹中はちょうどこの時期に溥儀と面会できたわけである。このときの二十分ほどの面会の内容について、竹中は何も書き残しておらず、どのような会話が交わされたのかは分からない。溥儀はその後、同じく天津にある静園に居を移した。満洲事変（一九三一年）後、日本軍の手引きで天津を脱出し、一九三二年の満洲国建国にともない満洲国執政に就任、一九三四年には満洲国皇帝（康徳帝）に即位する。第二次世界大戦後は戦犯としてソビエト連邦および中国に抑留されたが釈放され、のちに北京で没した。〔須藤〕

(88)　張彪（一八六〇〜一九二七）山西省楡次の人。張之洞の心腹。辛亥革命時、湖北提督兼清朝陸軍第八鎮統制。宣統帝退位後、日本へ。一九一二年帰国、天津の日本租界宮島街（今の鞍山道五九号）に寓居し、商業に従事する。一九二七年天津で病死。私邸として一九一五年完成した張園は、赤レンガの高い塔がシンボルの洋館。一九二四年孫文夫婦が北京で開催する国民会議に参加するためにここで泊まった。一九二五年二月から紫禁城を追われた溥儀が天津に移ってから最

あとになつて席をとつてくれた為め窮屈な思ひをする。のこつた三円でおつかなびつくり食事をする。懐ろの寒さで、雪の中一層寒い。九時半済南につく。鶴屋ホテルに入る。夜中に服部さんの夢でおこされる。

十二月七日　火曜日

午前十時領事館にゆく。東魯学校（日本人にたてられた学校だが青島還付後は支那人の手に渡して、三分の二は支那、その一は日本が相互で維持してゐる。）に**馬場春吉**[91]氏を訪ひ引つづいて五つのミッションが合同して開いてゐる**山東済南斉魯大学**[92]から同大学附属（社会教育科）の広智院（ここはホワイトライト氏の創立にかかるものを学校に編入した）を見、女道徳社に道院といひ基仏儒道回の五教を併合したものを見、**山東大学**[93]（工鉱医法商農総合大学）で工業専門学校（昨年昇格したもの、山東省立女子師範同男子の師範）を見た帰りに琴をきく。此

初にここで暮らした。〔姚毅〕

(89)　陸宗輿（一八七六〜一九四一）浙江省海寧の人。清末民初の政治家・外交官。北京政府・安徽派の要人で、曹汝霖とともに「新交通系」の指導者と目される。一八九六年、南京文正書院に入学し、張謇に師事した。一八九九年、自費により日本に留学し、早稲田大学高等師範部法制経済科で学んだ。一九一三年十二月、駐日全権公使として日本に赴任。五四運動の際には、その親日的な施策・姿勢から、学生や世論の批判の対象となった。一九一九年六月、政府の職務を罷免された。その後臨時参政院参政などを歴任し、北京政府崩壊後は天津や北平に寓居。一九四一年六月一日、北平にて病没。私邸の静園は溥儀が張園を出てからの住所になる。〔姚毅〕

(90)　美土路昌一（一八八六〜一九七三）一九〇七年、早稲田大学英文科中退。一九〇八年に東京朝日新聞社に入社し、一九二五年から編集局主幹を務めていた。一九三四年から編集局長などを務める。戦後は全日空の初代社長、会長となるが、一九六四年に朝日新聞社に戻り、一九六七年まで社長を務めた。〔須藤〕

(91)　馬場春吉（生没年不明）東洋大学卒業。一九二六年山東省に渡り、済南に長く住み、丹念に孔子関係の遺蹟を調査。「孔教会及び明徳学校の現況」（『斯文』第十二編第九号、一九三〇年九月）、『孔子聖蹟曲阜大観』（日本名所図絵社、一

日の寒さ凜烈身にこたえた。馬場氏の親切はこの寒さの中もいとわず為に全身に冷えを覚え気分わるし。

山東省は目下戦相険悪で、学生は安んじて勉強することもできず東魯学校など、理事長、高等審判長は済南軍が山の向うまで襲げきして来たのを、それい外の人が内通して敵をおびきよせたものと誤られ直ちに首きられたという。その他学生を一々取しらべ一人の学生は引かれたし、生命危険に瀕するので生徒は帰るままに返し校長は難を日本にさけ目下不在中とのこと。斉魯大学も学生を調べに行つたが、校長は外国人の事とて責任なしと答へた為めそのままになつてゐる。

民国八年**山東還付**(94)の頃から学生自治会はさきに教師が学生をおだてて日本に対抗運動などさせたのが今度は先生達に禍ひが返つて来て、生徒は自治の名において校長の排斥運動などなし、女子師範生も此挙があつて直接行動に出たりして学生は

九三九年)、『和漢二十四孝図説』(山東文化研究会、一九四一年)など多くの書作を書き遺した。〔姚毅〕

(92) 山東済南斉魯大学　一八六〇年代から、アメリカ長老会、英国バプテストが断続的に創設にかかわった複数の教会学校が合併して成立した大学。一九一五年、斉魯地区の大学という意味で「斉魯大学」が大学の非正式名称として採用される。一九三〇年正式に中国の教育システムに編入され、全盛期を迎える。一九五二年解体される。「広智院」は斉魯大学の前身の一つである聖経学堂(J.S.Whitewright などが一八八一年青州で創設)が一八八七年に開設した博物館である。後に済南に移され、規模が拡大され、済南最大の博物館になる。〔姚毅〕

(93) 山東大学　前身は一九〇一年に済南で設立された官立山東大学堂及び一九〇六年に設立された法制学堂である。一九二六年、奉系軍閥張宗昌の治下で、六つの公立専門学校が合併され、成立したのが山東大学である。文、法、工、農、医の五つの学院からなる。〔姚毅〕

(94) 山東還付　第一次世界大戦の際、ドイツ権益であった膠州湾租借地・膠済鉄道を日本が占領し(一九一四年十一月)、山東省におけるドイツの権益を継承しようとして、還付を要求する中国との間に紛争が生じた。一九一九年にヴェルサイユ条約で日独間山東権益引き渡しが規定されたが、これに反

ますますこわくなつたと。

十二月八日　水曜日

馬場氏と共に教育庁長を訪ひ山東省立女子中学校から同医科大学に行き競進女子小中学校にゆく。つづいて女子職業学校にゆき参観す。北京天津から見れば田舎であるだけにこの寒空にストーブもなく、寄宿舎にも火の気なし。城内の町は狭隘で古風に汚なく、小路などは石をしきつめその上を馬車で行くこと誠に困難、ただ斉魯の昔を**十八史略**(95)に思ひ出す。今夜十一時**膠済鉄道**(96)にのつて青島にゆく。馬場氏に見送らる。

十二月九日　木曜日

汽車中の眠りも不足がちに明けてゆく膠州湾の空はながめ極めて美くし、雪に覆われた畑地は目際の限り朝日に映えて美くしとも美くし。車中の暖かさに水蒸気は硝子に凍つてゐる。汀は凍つて

発した中国では、五月四日に北京大学で起きた学生デモを皮切りとして、反日運動が全国的に展開していった。竹中の「日本に対抗の運動」という記述は、このときの学生たちの運動を指している。〔姚毅〕

(95)『十八史略』　元の曾先之によってまとめられた中国の子供向けの歴史読本。三皇五帝の伝説時代から南宋までの十八の正史を要約し、編年体で綴っている。竹中は幼い頃父から『十八史略』の手ほどきをうけていた。〔姚毅〕

(96)膠済鉄道　膠州湾の青島と山東省の省都済南を結ぶ鉄道（山東鉄道、膠済線とも）。一八九九年九月二十三日建設に着工し、一九〇四年六月一日に全線開通した。一九一四年、第一次世界大戦での勝利により、日本が占領していた。しかし、一九二二年二月四日「山東懸案解決に関する条約」および同付属書が調印され、日本が軍事占領していたドイツ租借地および膠済線の中国への返還が定められ、一九二三年一月一日に返還された。〔姚毅〕

ゐる。済南以来の寒さのあとと覚ゆ。九時耳に親しみある青島につく。心おどる。済南よりは時計十分おくれてゐる。大和ホテルに入つて午後領事(総)館にゆき岩永氏が心得て日程をつくる事になつた。夜大阪朝日通信員小嶋秀八氏の来訪をうく。早く床に入つて疲れを休める。

ここは支那らしくなく全く外国風である。

十二月十日　金曜日

けふは青島の空よく晴れてゐる。青島還付の記念祭とかで支那側は全部学校を休むとある(接収記念日)。かうして青島に来て見れば、還付した事の惜しさを、日本の戦跡にまた土地そのものに対してつくづく感じさせられる。午前九時半頃、茅場、鈴木、石橋の各夫人来訪、私達を婦人会に招いて一席の感話を聴かうとある。再考の余地を残して別れ、小嶋氏に導かれて青島における日独の戦跡を見、市中を見マーケツトを見て帰る。六時頃、鈴木青島病院長のお宅に招かる。招待から帰つて常ならぬ不快に一夜苦しむ。

　断つた婦人会の茶話会が明午後二時よりと繰上げられた。

十二月十一日

　九時ころ屠牛場への案内を棄権して、けふは学校を領事館の岩永氏教育局長陳氏翻訳□氏附きそひて文徳女子中学校（長老教会系）、青嶋大学を見る事となつてゐる。

　朝九時前青嶋学院長**吉利**《よしとし》〔**平次郎**《へいじろう》〕(97)氏の訪問にあひ以前孝が勤めてゐた学校である事を知つた。

　種々参考になる事を伺ひ、時間が来たのでお別れする。それより領事館にゆき、岩永氏を訪ふた。右二校のうち青嶋大学は三分の二兵士に占領され、学校の主要品は持ち出されまことにあわれな有様であつた。十二時過宿に帰る。気分も悪くなく本日の仕事を終つた。パン少しをとる。午後二時よ

(97)　吉利平次郎（生没年不明）鹿児島県出身。青嶋学院の創始者。青嶋（島）学院は、高松宮殿下や昭和天皇からの御下賜金を受けるなど皇室や政府、陸軍からの支援を受けながら、中国人と日本人あわせて一万人を超える卒業生を出した。〔姚毅〕

り婦人会に招かる〔グランドホテル〕。青嶋新報社(98)馬場譲氏〔詳細不明〕より、緒方、大西、中里氏の知己といふ□から懇談して午後四時半小嶋氏の迎ひをうけて、青嶋神社の遠山氏にあひにゆく。七日の位の月中天にかかつてさすがに神々しい。神社の石段の頂きに立つて、夜の青嶋の市街を一望の下にながむる事しばし、さながら京都の八坂神社あたりにある心地す。小嶋氏を夕飯に招く。

十二月十二日　日曜日

けふは大連丸にて十二時に青嶋を立つといふ、朝吉利氏を武定路二十六のお宅に訪い談話しばし。ホテルに帰つて仕度ととのへ埠頭にゆく。銭夫妻、蛯?子夫人、石橋夫人萱場夫人、ホテルの内儀、小嶋氏等に見送らる。美しい青嶋に思わぬ歓待をうけて旅情も慰められて船にのる。船長平尾氏に蛯?子夫人より紹介され、大連汽船会社の松本氏にも、小嶋氏より紹介さる。十二時出帆。二等室

(98)　青嶋新報社　『青嶋新報』は、一九一五年一月十五日に、青島で初めて創刊された日本語新聞。二ヶ月後、青島守備軍の機関紙に指定された。〔姚毅〕

万歳館本店と南京路（竹中の所有していた絵はがき）

二十七号二人の室に落つく。久しぶりにて海の旅心地よし。日は暖かくおだやかである。

五　上海・南京　十二月十三日〜十二月二十三日

十二月十三日　月曜日

夜半波やや高く時々眠りを妨げられた。朝食をぬいて、猶ほ横になる。三時半上海埠頭につく。**万歳館**(99)よりの迎えにより四時半旅館に入る。上海の町の雑沓。青嶋の静かな美くしい天地とは全く異る埠頭の汚なさ混雑さ、それに曇よりとしぐれた日だけに印象わるし。万歳館にて手紙一本受とる。夜は礼状書き。

十二月十四日　火曜日

領事館に行き、図らず**吉田梅次郎**(100)氏に邂逅。ここでは領事甚だ冷淡である。赫司克而路に中村氏をとい、新聞及び東京よりの書留郵便を受とる。

(99) 万歳館　上海の日本人が経営していた旅館の一つで、虹口地区の西華徳路と閔行路の交差点にあった。店主は相川清九郎で、一九〇四年に創業された。建物は西洋式ながら、内装は完全な日本式だった。中・上流の日本人の上海での宿泊地で、大阪貿易同盟会や海員協会の指定宿でもあった。なお、日本旅館は日本人旅行客に「邦人の家」と呼ばれて親しまれていた。〔石川〕

(100) 吉田梅次郎（生没年不明）上海領事館の文化事業部員。国立公文書館アジア歴史資料センター所蔵史料に、「在貴地〔黒竜江省〕中華学会舎監服部升子女史ハ当地ニ於テ当省教育庁長ト会見ノ節日本見学団組織方ヲ勧設シ居リシカ同女史ハ最近上海ニ於テ文化事業部員吉田梅次郎氏ニ邂逅シタル」とある。〔山﨑〕

左傾派の鮑といふ人に紹介さる。昼食にかへり吉田氏を訪い旅の物語りをする。四時中村氏来訪。しばらく話し明日内外棉花と鐘紡との工場を見る事を約束す。

十二月十五日　水曜日

朝十時半宿に中村氏来訪。直ぐに自動車を駆つて上海の工場地帯に**内外綿株式会社**(101)訪ふ。ここは工場中にて最も古い代りに一番非理想的だといふ工場にて岡田氏、南日田氏に紹介され昼飯をご馳走になつて工場、病院、学校、住宅に案内された。十四才以上といふ**女工が一万五千**も働いてゐる(102)。支那に来て初めて労働する婦人を見たのである。経済の逼迫と婦人も働くといふ観念に導かれて、ますます婦人は外に駆り出される事になつたといふ。それに外国人経営の会社は工賃が安いといふのだ相である。工女はみな□□である。宿舎（住宅）は不潔な事夥しい。

(101)　内外綿株式会社　内外綿株式会社は紡績企業として初めて中国へ投資した会社で、一九一一年に上海に工場を建設した。その後の在華紡の経営のモデルとなった工場を直接管理する日本式経営によって、急速に成長していった。一九三〇年代には中国における紡績機械が合計四三万九八一二錘に達して、紡績機械基準で中国最大の紡績企業となった。なお一九二五年の五・三〇運動は、同社の上海工場における労働争議中に中国人労働者が射殺された事件をきっかけに、反帝国主義運動として全国に波及していった。注（153）参照。〔石川〕

(102)　女工が一万五千　富澤芳亜・久保亨・萩原充『近代中国を生きた日系企業』（大阪大学出版会、二〇一一年、十六～十七頁）によると、内外綿上海支店の中国人労働者数は、一九二六年は一五四〇〇人となっており、竹中の記述とほぼ一致する。その後、生産工程の合理化によって減少をたどり、一九三〇年には一〇三五〇人となる。〔須藤〕

帰りに同文書院に清水氏**久保田**〔**正三**〕(103)氏を訪ひ、学校に関するプログラムをたのむ。談論風発夜九時に至る。

十二月十六日　木曜日

終日□にて宿にこもる。五時半から中村氏のお宅に招かる。聖上御いたつき〔病〕参らせられるときく。帰りかけにまたしても青嶋の二の舞を演じてお風呂もあびずねて終ふ。我ながら困つたものだ。

十二月十七日　金曜日

朝服部氏外出。自分だけのこつてイヴァンス夫人に原稿をかく。二時少し前から、同文書院に久保田氏をたづねる約束があつて行く。そして坂本夫人に紹介さる。四時半から独逸人ローレンス夫人方に在上海国際婦人代表の会があるとかで行つた。独米英日支スカンディナヴィアの婦人十四五

(103) 久保田正三（生没年不明）東亜同文書院の一六期生で、自治会委員長を務めた。後に同文書院教授となる。〔石川〕

人の集会である。**パンパシフィック会**(104)が明明年ここに開かれるので婦人の代表に相当準備のできるやうにフォード幹事を招いて今年東京に開かれた会合（今年から婦人部も出来たとかで）についてきくといふのである。梅夫人といふ人に紹介された。

月も満ちたとおぼし、石田静子夫人に送らる。京都河合母御より手紙来る。

十二月十八日　土曜日

久々にて青空を見た。けさ吉田梅次郎氏**上海丸**(105)にて出発帰朝とあり。八時半埠頭に見送る。珍らしい小嶋女史を上甲板に見た。一旦帰つて中村氏をとひ漢口行きの相談をし正金に行つて服部女史のお金をとる。そして支局にかへり森山氏の案内にて公大紗廠（**鐘紡**(106)）を参観する。倉地氏の言葉に、漢口から帰つた人の談に漢口ますます赤く、日本から帰つたばかりの若手が思わぬ出奔して（国民党に入つたため）横暴をきはめてゐるといふ。

(104)　パンパシフィック会　「汎太平洋会議」ではないかと思われる。しかし第二回は一九二七年にホノルルで、第三回は一九二九年に京都で開かれている。また「汎太平洋婦人会議」の可能性もあるが、それも第一回会議は一九二八年にホノルルで開催されている。いずれも日記との記述と合わない。〔姚毅〕

(105)　上海丸　日本郵船が長崎―上海航路開設の為にイギリスに発注した高速船二艘（もう一艘は長崎丸）の一つで、一九二三年に完成した。五二五九トン、二〇・一七ノットの上海丸は、当時の最新式の高速豪華船で、収容人数は一等客室一五五名、三等客室二三一名であった。上海航路の運行時間は二十五～二十七時間、わずか一昼夜で、家族を伴う数万の日本人を上海に運ぶこととなった。〔石川〕

(106)　鐘紡　鐘淵紡績株式会社は、一九二二年に二万錘規模の上海工場を完成させ、鐘淵紡績の子会社・上海製造絹糸に移管した。この上海工場の現地名が「公大紗廠」である。〔須藤〕

事態ますます日本の財界に不利であるといふ。工場病院□□部学校等を見て宿に。森山氏は船会社に問合せに行くとて行かれた。二十二日南京にて乗船、漢口に向ふ事ときめ、お正月□□よりこの書信を出した。明朝八時五十分、南京にゆく□た買物にゆく。

南京

十二月十九日　日曜日

雨の中を八時五十分の汽車にて南京に立つ。居つくものにはそれ程でない雨も旅人には別けてもわびしい。**曾遊の蘇州**(107)には十一時につく。汽車中変つた事もなく三時四十五分南京につく。迎ひの者見えず車にて**宝来館**(108)にゆく。ここは城内の宝来館の支店とか。先年の家とは似てもつかず、とにかく二十二日の漢口行きの事もあるのでここに落つく事とし、すぐその足で領事館にゆく。泥濘の南京に馬車をかつて三十分、寒さに手もこごえた。

(107)　曾遊の蘇州　「大正十一年（一九二二年）の春のこと、大阪朝日の企てで、婦人の中国観光団《ママ》が作られたのにわたくしも誘われて参加し、上海から蘇州杭州南京と、ホンの大陸のトバッチ〔とばくち〕だけではあったが……」と竹中のメモにある。竹中は、この短期間の観光旅行をきっかけに、中国のあるがままの現状や中国女性の動向を更に知り、相対して心情を交わしたいと願うようになったと述べている。〔「旅行」（竹中繁によるメモ）、一九六〇年頃〕〔藤井〕

(108)　宝来館　一九二四年の南京市街の記述として、「石板橋の宝来館につく。館の附近は極めて淋しい田舎町で、鍛冶屋が一軒目に入る位の程度であるが、日本人の観光客は皆ここに来る。ボーイも日本語が分かる。」（藤田元春『西湖より包頭まで――支那研究』博多成象堂、一九二六、六一〜六二頁）とある。また、一九一〇年の地図『南京全図』に掲載された宝来館の広告によれば、南京城内に本店が、城外の下関に支店があり、経営者は日本人の鈴木萬太郎であった。〔藤井〕

からだは無論雨の底びえに冷え渡つた。**森岡〔正平〕**領事(109)にあふ。目下戒厳令が布かれて夜は八時には城内が閉まるよし。領事いふ、いづれ英米仏独に留学する事が時勢でもあり、また実際日本に留学したものよりは重く用ひられるので自然日本留学生の根絶する日も来るであらう。さうして諸外国によつて利巧になつた支那はやがて独り立ちして物資の多いところでどんどん働くだらう。農科も綿を作る為に米国の方法をとつてゐるし、政治科は全部行けずただ医科が日本が権威がある。留学生は少数をよく仕立てる方針をとるがよし。やがて広東政府とでもなれば露西亜を範とするであらうと。

南京ステーションに入つて服部女史は**女税関吏**(110)に手提をしらべられた。女税関吏は近頃の事であり、きのふ**張宗昌**(111)が新聞に伝へられた通り**孫伝芳**(112)に会見に南京へついたりした相で、漢口から女の探偵がここに入り込んでゐるといふから十分調

(109) 森岡正平（生没年不明）中支被難者聯合会編『南京漢口事件真相——揚子江流域邦人遭難実記』（岡田日栄堂、一九二七、十七頁）に「領事　森岡正平」との記載があり、南京事件（一九二七年三月二十四日、北伐途上の蔣介石の国民革命軍が南京を占領した際に起きた、日本を含む外国領事館と居留民に対する襲撃事件）の際、日本領事館にいた森岡領事は、夫人や警察署長らとともに暴行・略奪を受けたとされる。〔藤井〕

(110) 女税関吏　竹中繁子「支那の旅通信六　好学の都南京」（→五—⑤）に「一体支那では男は一切女の身体に触れることが出来ないために、女が女を検べるのです。それで最近女税官吏が出来たわけなのです。」とある。南京に入ったと噂される国民革命軍（広東軍）の女密偵を捕まえるため、女検査所がつくられ女性の税関吏が置かれた。〔藤井〕

(111) 張宗昌（一八八一〜一九三二）山東省掖県の人。軍人。北京政府、奉天派の有力者で、山東省の支配者として知られる。北伐軍が長江下流に迫った一九二六年十二月一日、張宗昌は安国軍副総司令兼直魯連軍総司令に就任し、翌二七年一月、孫伝芳軍への援軍として北伐軍と戦った。同年三月、上海の労働者の第三次武装蜂起によって、直魯連軍は上海から撤退し山東省に戻った。蔣介石の上海クーデター以後、張宗昌と孫伝芳は南京政府と武漢政府の対立に乗じて、再度反攻

らべたのだろうと。

戦争はここにはないが、孫・張らの所在によつてとにかく町は物々しい。

近頃は広東軍の女密偵が入り込んで居るので、城内外にも埠頭にもステーションにも女検査所といふのがある。

十二月二十日　月曜日

朝領事館からの電話によつて十一時までに**王伯秋**(113)氏の居る法政大学に行く。李マリー〔**李瑪理**〕女史(114)始め去年日本に見学をしたといふ女史ら四名、学生四名にあふ。この学校が共学制になつてから三年、陳女史は来年法学士となる人である。来年は二名の女士をここから出すとか。六年制で予科二、本科二、卒業後は広東側ならば行政官にもなれるし弁護士にもなれる。現在二百名のうち女子は八名、多くは経済を学ぶよし。**南京平民教育促進会**(115)を見る。熊夫人の奨励によるとか。会を

を試みたが敗れた。〔藤井〕

(112)　孫伝芳（一八八五〜一九三五）山東省歴城の人。北洋軍閥指導者。日本に留学し、一九〇八年、陸軍士官学校を卒業後、中国同盟会に加入。帰国した後、辛亥革命時には直隷派の有力な軍人としての地位を確立した。一九二五年、浙江・福建・江蘇・安徽・江西の五省連軍を率い、北洋軍閥中の最有力者となった。一九二六年の北伐開始の後、江西省で大敗を喫し、形勢挽回のため北上して奉天派の張作霖と和解し「安国軍」を組織したが、一九二七年、国民革命軍の攻勢を前に敗北した。〔藤井〕

(113)　王伯秋（一八八三〜一九三九）江蘇省江甯の人。日本の早稲田大学に留学中、中国同盟会に参加し、孫文の知遇を得る。一九一四年に米国ハーバード大学に留学、米国滞在中に孫文の娘、孫婉と結婚し一男一女を設けるも、その後離婚した。帰国後は一貫して教育事業に従事し、国立東南大学政治経済系主任、江蘇法政大学教授、江蘇省平民教育促進会長等を歴任した。〔藤井〕

(114)　李マリー〔瑪理〕（生没年不明）竹中繁子「支那の旅通信六　好学の都南京」（→五―⑤）に「一座には、一昨年東京朝日社を見学された時に会つた国立東南大学教授兼江蘇法政大学教授の李瑪理女史を始め東南大学の文学士で第一女子師範の教員曹美恩女史、同じく東南大学教授の高君珊女史、平

はじめて四年、教育を実施するようになつてから十ヶ月、東西南北区と中下郷関の七ヶ所に分つて少きは十、数多きは百名を数へ一時間づつ千字を四ヶ月で教授し一般知識は壁に描いた。国文は表によつて教へるようになつてゐる。領海喪失区域は渤海湾、日本海、台湾海峡あり。地図に日本なし。喪失地に琉球、台湾あり。**第一女子師範**(116)でお昼飯をよばれ**金陵女子大学**(117)にゆく。南京東瓜市の極めて閑静なるところにあり、米国人経営のユニオンカレージであつて何の宗派を問わない。これは北京燕京大学と双璧とも見るが燕京の女子部もこれには及ばず。五時前かへる。弓削氏から電話ありたるよし。

十二月二十一日　火曜日

朝九時前、自動車をかつて省立第一女子師範学校に**劉女史**(118)をとふ。女史すでに支度ととのへて出て来る。**東南大学**(119)は最初に女子寄宿舎をとひ、今

民教育総会編輯主任・省立第一女子師範国文教授といふ長い肩書きの劉令鑑女史等で、いはゞ南京婦人中の錚々たる選り抜きの新らしい婦人方でした」とあることから、李、曹、高、劉の四名と再会したようである。〔藤井〕

(115) 南京平民教育促進会　中華平民教育促進会は成人教育の分野で大規模な活動を展開した重要な民間組織である。五四運動の後、米国から帰国した留学生らは教育の機会均等を目指し、成人を対象に識字教育を行う平民学校が全国各地で創設された。一九二三年、国共合作という民族統一戦線成立の熱気の中で、前国務総理・熊希齢夫人で社会事業家の朱其慧や、陶行知を中心に連携の動きが活発化し、平民教育促進会総会が発足、上海ＹＭＣＡ平民教育主任の晏陽初が総幹事となった。竹中繁子「支那婦人の社会運動」『海外』記事も参照。〔藤井〕

(116) 第一女子師範　清朝末期に寧垣属女子師範学堂として創設され、辛亥革命時期に一時閉校となったが、一九一二年に江蘇省立第一女子師範学校と改称し再開された。一九二七年に江蘇省立南京女子中学となる。〔藤井〕

(117) 金陵女子大学　一九一五年、米国のバプテスト教会、キリスト友会、メソジスト教会及び長老会によって創設された。中国文学、英文学、宗教学、美術、哲学、化学、数学等の授業があり、中国古典文学以外は英語で講義が行われた。一九

年目白女子大学〔日本女子大学のこと〕を卒業（師範科）したといふ翁佩女史が指導するといふ寄宿舎を見て校舎全部を見てまはる。男学生中学とも千名ばかり中に女子七、八十名（大学部予科本科）農科教育科に最も多く就学してゐる。大学の建築一部三年前に消失したので目下しかる標本をあつめ仮りの研究室において研究調査をしてゐる。科学教室目下建築中略《ほ》ぼ完成に近い。大学でも師範学校でも私達の為に色々備へられたといふ中食の準備を辞して宝来館にかへる。午後二時弓削氏来訪歓談す。

南京には人口四十万。

日本人百三、四十人。

北軍が密偵をしらべるのは南軍の宣伝のよく行きわたり立どころに三千の学生起つて相呼応しうるといふ南京の状態をおそれてゐるので彼等はピストルを携へたり。または様々の巧みな方法で宣伝するといふのである。南京は一番学生多し。学校

二七年に国民政府が南京を首都とすると、教育権の剝奪を余儀なくされ、学校経営が米国人から中国人へと移る。一九二八年には呉貽芳が第二代校長に就任した。〔藤井〕

(118) 劉女史　平民教育総会編輯主任・省立第一女子師範大学国文教授の劉令鑑のこと。（李マリーの注参照）〔藤井〕

(119) 東南大学　一九〇三年に官立学校として設立された三江師範学堂は、辛亥革命の戦禍のため閉鎖を余儀なくされ、さらに一九一三年の第二革命においても破壊・略奪を受けたが、一九一五年九月に南京高等師範学校として復興、その後一九二〇年に大学に昇格し東南大学となる。一九二七年、国民革命軍の江南占領と南京国民政府の成立を迎え、国民政府下での大学再編により、東南大学を核とする第四中山大学が生まれ、曲折を経た後、中央大学となった。〔藤井〕

多く湖南以南の学生は殆どみな南京に集まつてゐるといふのである。馬車を雇つて午後四時宿を出て招かれた金陵春に行く。弓削氏同乗、金陵春には李メリー《ママ》〔李マリーか〕、両劉女史、**高**(120)、翁、陳維、其他二名、王伯秋氏あり。南軍の政府とならばの問題や□□問題、反基督教主義運動等の話も出た。

夜寒をついて月明に紫金山を仰ぎつつ帰る。印象ふかし。閉ざされた城門を開かせて宿に帰る。九時すぎ。宝来館待遇気持よし。

十二月二十二日　水曜日

鳳陽丸(121)に乗るとて六時に起さる。行李旬々七時前宿を出て船にのる。支那一等（十三円）をとる心組であつたが混雑満員であるため二等（二十六円）をとる。揚子江上の人となる。〔**河合**〕**好人**(122)に手紙かく（小原叔子さんに要求して）。天気晴朗江上のながめよし。

(120) 高〔君珊〕　東南大学教授。注(114)参照。〔藤井〕

(121) 鳳陽丸　芥川龍之介の「長江游記　二　遡江」に、「私は遡江の汽船へ三艘乗った。上海から蕪湖までは鳳陽丸、蕪湖から九江までは南陽丸、九江から漢口までは大安丸である。」とある。鳳陽丸は一九一五年に建造され、当時の日本で最大の浅吃水船であった。総トン数三九七七・一三トン。一九三九年八月、東亜海運会社に出資された。〔藤井〕

(122) 河合好人（一九〇〇～一九五六）京都府與謝郡宮津町出身。鉄道官僚。河合恒蔵・なつの長男として生まれる。四高を経て、東京帝国大学法学部を卒業し、鉄道省に入省。名古屋鉄道局長や東京鉄道局長等を歴任した。退官後は、東京急行電鉄株式会社専務取締役、箱根登山鉄道株式会社取締役社長（後に会長）、日本海陸運輸株式会社社長等に就任した。竹中は、中国旅行中も何度か「好人」と手紙のやりとりをしており、河合芳子・好人連名の書簡も十通近く残されている。〔藤井〕

十二月二十三日　木曜日

船中にて一日南京印象記を終る。**石川六郎**(123)氏にあてて書く。天晴れ心地よし。

六　漢口・武昌・九江　十二月二十四日〜一九二七年一月一日

十二月二十四日　金曜日

予定よりも早く**漢口**(124)に九時半頃つく。またしても天気曇る。**松廼家**《まつのや》(125)に入つて太田氏にあふ。漢口にも南軍の配下になつてから罷業行はれて人気少なく不快なりとか。船中にて南軍の密偵？何《ママ》澄(126)氏にあひ九江から漢口まで一緒であつたが、この人は南軍所属とはいへ左傾派でない赤くはないといつてゐる。対支文化事業が下級者教育、病院等に及ぶ事を達見として頻りにといてゐる。（例を米国の仕方にとつて）日支の感情も下級者を救ふ事によつて融和点を多く見るであらう。決して高級者に眼をつけるのみでは日支の感情の成功

(123)　石川六郎（一八八〇〜没年不明）明治〜昭和時代のジャーナリスト。早大卒業後、一九〇七年に国民新聞に入社し、政治記者、編集部長、副編集局長となる。その後、一九二六年に東京朝日新聞に学芸部長として入社する。石川は、部下の竹中繁が同年九月に中国旅行へ旅立った際、東京駅まで見送りに出向いている。〔藤井〕

(124)　漢口　湖北省武漢市の一地区。もと独立の都市で、武昌・漢陽とともに武漢三鎮と称された。漢口は漢水と長江との合流点の北にあり、長江をへだてて東に武昌、漢水をへだてて南に漢陽がある。一八五八年の天津条約に基づいて開港、租界がおかれて発展した。一九二六年十月、蔣介石率いる国民革命軍が武漢を占領し、一九二七年二月、武漢を首都とする武漢国民政府が成立した。〔藤井〕

(125)　松廼家　漢口の旅館。中山優「同文書院大旅行記（六）」（一九一七年）に「七日（八月七日）午前十時右に黄鶴楼を見つつ漢口日清碼頭着。松廼家旅館に入る。」との記載がある。中山優は東亜同文書院の出身で、朝日新聞北京支局の記者であった。〔藤井〕

(126)　何澄（何亜農）（一八八〇〜一九四六）山西省霊石の人。日本に留学し、一九〇五年に中国同盟会に参加、辛亥革命の成功後、実業家に転身した。北伐の時期には、国家統一のため、蔣介石、閻錫山、張作霖らに遊説を行った。その後、教

は達せられないと。要は日本が目立つ事を望まずに困つてゐるところに助けの手を与へる。即教育事業とか平民救済の方に。

　九時過予定より早く漢口着。松廼家に入る〔原文ママ。この日の日記の一行目と重複している〕。午前十一時頃総領事**高尾**〔**亨**〕(127)氏訪問。漢口尽く赤化したように言ふ人あるの非を諄々と説く。勿論中には露国の**ボローディン**(128)一派の共産主義をとるものもあるが、左傾右傾穏健派入りまじりあり。今は去就に迷ふ彼等を導く事が必要でみだりに彼等支那人を脅やかし兵力を動かす事は慎まなければならない。南軍といへども日本との提携を必要と考へるもの多く、**鄧遠達**《ママ》〔**演達**〕(129)などは露国を道具に使つてゐるので赤化してゐるのでも何でもないから安心してくれといふと、北の軍閥のやうにみだりに票を下落させたり租税を課したり人を苦しめたりは南軍はしない。古い支那と違つて三十歳を少し出た位の若い人が朝は七時頃から夜

育事業に尽力し、蘇州の振華女子校の校長を務めた。自身の八人の子女達もみな科学界で活躍し、娘で原子物理学者の何沢慧は「中国のキュリー夫人」として知られる。〔藤井〕

(127) 高尾亨（一八七六～一九三一）外交官。東京出身。神田共立学校、国民英学校で学んだ後、北京・天津で中国語を学ぶ。一八九九年に天津で外務省通訳生に、一九〇四年には書記生に任ぜられ、一九〇六年からは通訳官として北京在勤、日露戦争後から辛亥革命を経て第一次世界大戦期までの中国側との各種折衝・情報収集に活躍した。一九二五年七月、駐漢口総領事となり、漢口英国租界の国民革命軍による回収運動への対応、排日運動を契機とした日中衝突事件等に遭遇し、解決に向け苦慮した。〔藤井〕

(128) ボローディン（ミハイル・ボロディン）（一八八四～一九五一）ロシア生まれのユダヤ人。コミンテルン駐中国代表。一九二三年初め、孫文に招かれて訪中し、国民党の綱領や規約の起草にあたった。孫文死後は、国民党左派を支援、汪精衛（兆銘）の国民政府成立と共に同政府高等顧問となる。蒋介石の反共・反左派クーデター（二六年三月）、国民革命軍北伐開始（同年七月）の後、左派と反蒋の武漢国民政府を樹立したが、蒋の上海クーデターと南京国民政府の樹立（二七年四月）の結果、顧問職を解雇され帰国した。〔藤井〕

(129) 鄧演達（一八九五～一九三一）広東省恵陽の人。国民党

十二時位まで会議をし努力をしてゐる様は潑剌たるものがある。今黙つて見てゐるにしかず。外務の方針に従へば日本はいま居留地を廃するも不平等条約を撤廃する事もワシントン会議より以来つとめてゐる。その趣旨を体して支那に対して冷静に考へ、その去就を善導するに限ると。

同宿内の**山田純三郎**[130]氏に太田氏より紹介さる。

十二月二十五日　土曜日

空は名残なく晴れた。目さめると号外があつた。二十五日午前一時二十五分に葉山において陛下遂に崩御あらせられた、と。悼み奉る。胸ふさがりて重し。**秩父宮を待たるる東宮**[131]のお心持もおしはかり申し上げる。**諒闇**《りょうあん》[132]の東京も想像される。年の暮、新年にかけて諒闇は日本の臣民を顧みさせての教訓か。政党党派の争ひもやめたがよい。中外に侮りをうける様な事はせぬようこの場合よく自から顧みるべきである。領事館に総領事をおた

左派の指導者、軍人、政治家。一九二〇年に孫文が組織した広東軍に加入、一九二四年に国共合作が成立すると、黄埔軍官学校の教練部副主任、教育長に就任し、革命軍の育成に尽力した。一九二六年の北伐開始後、武漢攻撃の際に活躍し、占領後は革命軍総政治部主任となった。鄧演達は徐謙らとともに蔣介石に対抗し、一九二七年一月、武漢に国民政府が成立したが、蔣介石による上海クーデターが勃発するとモスクワへ逃亡した。〔藤井〕

(130)　コラム③参照。

(131)　秩父宮を待たるる東宮　秩父宮は、大正天皇の第二皇子雍仁（やすひと）親王のこと。東宮は、第一皇子の裕仁親王で、一九二一年に摂政となり、二六年に即位した。〔藤井〕

(132)　諒闇　天皇がその父母の死に対し服する喪の期間。〔藤井〕

コラム③　山田純三郎（一八七六～一九六〇）

　孫文の協力者。青森県出身。一九〇〇年六月、東亜同文会が経営する南京同文書院に在学中、実兄・山田良政の紹介により、上海で孫文に出会う。良政は、同年に孫文が広東省で起こした「恵州起義」に参戦し、清軍に捕えられ処刑されたが、純三郎は、翌一九〇一年上海に誕生した東亜同文書院で事務員兼助教授を務めたのち、日露戦争に出征した。一九〇七年に南満洲鉄道株式会社に入社、撫順炭販売路拡張のために一九〇九年五月上海に赴任し、三井物産上海支店内に満鉄駐在員事務所を開設した。一九一一年十二月、辛亥革命の報を聞いて欧米から帰国した孫文を、宮崎滔天らと共に出迎えた際、孫文から革命資金の調達を依頼され、すぐに藤瀬政次郎三井物産上海支店長に面会すると共に孫文に引き合わせている。第二次広東軍政府時代の一九二二年六月、陳炯明によるクーデターが発生した際には、藤田栄介広東総領事と連絡を取って孫文を上海まで避難させた。一九二四年十一月、孫文が張作霖との会見のため広東から北上の途次立ち寄った神戸で合流し、天津まで同行、会見前に張の軍事顧問であった町野武馬に面会し、張が孫文を拉致しないよう身の安全を求めた。竹中繁とは、一九二六年十二月、漢口の宿で大阪朝日新聞北京特派員の太田宇之助の紹介により出会う。純三郎は孫文亡き後もその夫人の宋慶齢の側に控え、竹中との面会についても口添えした。漢口では、南京駐在武官根本博少佐の訪問を受け、竹中も交えて時局について語り合っている。その後、一九二八年に誕生した蔣介石率いる南京国民政府に対し、一九三一年六月、汪兆銘らが「反蔣政府」として広東国民政府を樹立すると、同政府に顧問として招聘された。一九三三年に日本に一時帰国した際には、竹中が主催する一土会に招かれ、満洲国建国や上海事件等について話をするとともに旧交を温めている。〔藤井〕

づねしてこの場合旅人の外国人に対してとる可き心得をきいた。職業がら遠慮なく視察するがよいとの事。

午後クリスマスの町の景気を見に出る。ひとりフラフラと歩く道すがら目に入るのは英帝国主義を打倒するだの、基督教是文化的侵略臭士、その他中国学生を擁護し排外思想を鼓吹する貼紙を随所に見た。いかに帝国主義に反対した気勢を揚げてゐるかが窺はれる。

山田純三郎氏を二号室におたづねする。蒋介石必ずしも赤からず、孫文の意を体して革命を成就さす人として日支の提携をさすがに理解し、かつ念頭においてゐる。併しおそる可きは軍艦《ママ》〔官〕学校に養成されてゐる子弟が実に密かにボローディン一派に共鳴しかつその精神に養はれてゐるか、月に六万八千円と一箇師団に軍器を供給するだけと、三十万円を軍資として出資しただけでロシアはいま非常に支那を動かす力となつてゐる。そしてロシアは湖北湖南両省の苦学生に一人前二十円を与へて勉強させてゐる。その外軍艦《ママ》〔官〕学校に養成された人には警察に五名その他五名づつ各部に入つて事をしてゐる。**総工会**[133]は（上海）蒋介石の命によつて解散し、労働者の組合網の巨魁**高語罕**[134]は遁げたといふ。これは蒋氏が漢口に二十二日づけをもつて解散を命じたのであるとか。孫文は日支の提携を必然としたが二十一ヶ条問題は他にかならずつまづきが起るから満蒙についても旅大についても他に条約を新たに結ぶことを考へてゐたと。

四時頃から青年会に行つて**馬伯援**[135]氏にあひ司法部長**徐謙**[136]氏と**その夫人**[137]〔**沈儀彬**〕に紹介された。夕方漢口日報の号外あり。大正十五年十二月二十五日以後を昭和元年と改むる由。

十二月二十六日　日曜日

風もなくうららかに晴れた漢口の空。けふ東京においては践祚《せんそ》〔皇太子が天子の位につくこと〕の御儀式ある由。摂政宮はいよいよ天皇とならせられた。総領事からは前日よりけふ十時から十一

(133) 総工会　中華全国総工会の略。中国における労働組合の最高指導機関。一九二五年に広州で開催された第二回全国労働大会で成立。中国の革命運動史に名高い五・三〇運動での上海ゼネスト、香港ゼネストや北伐戦争に呼応した上海武装蜂起などはいずれも総工会の指導によるものであった。一九二七年、蒋介石の上海クーデターにより解散を余儀なくされ、一九二九年以後、非合法下で活動が行われた後、一九四八年に復活した。〔藤井〕

(134) 高語罕　（一八八七～一九四八）安徽省寿県の人。中国共産党の指導者、宣伝工作の専門家。日本の早稲田大学に留学、帰国した後、辛亥革命に参加し、陳独秀と知り合う。一九二〇年に中国社会主義青年団に加入、一九二三年に蕪湖労工会を結成し、中共に入党。上海で上海総工会宣伝科主任を務めた後、一九二五年に広州で黄埔軍官学校政治総教官に就任、二七年まで統一戦線政策に従い国民党組織内で活動する。国共合作崩壊後、一九二七年の南昌蜂起に加わるが失敗し、香港に脱出した。〔藤井〕

(135) 馬伯援　（一八八五～一九三九）湖北省棗陽の人。一九〇九年、早稲田大学卒業。一九一〇年、武昌起義に参加する。一九一一年、孫文が南京に召集した各省代表大会に湖北省代表として出席。一九一二年、米国に留学、一九一九年、日本中華基督教青年会幹事として渡日。一九二三年、同青年会総

時までの間の**遙拝式**(138)に来るようとの事であつたが、太田氏に誘はれた時は孫夫人〔宋慶齢〕訪問の意味であつたので領事館はあと廻しとして模範区の革命軍総司令部にゆく。歓迎革命軍領袖の布を横に張り革命軍の兵の三四が警衛してゐる処に自動車をとどめて太田氏は写真をとり山田氏の紹介と刺を通じた。待つ事暫くして三階の一室に導かれ五分程たつた時、小柄な孫夫人は出て来て初対面の挨拶を成された。夫人はこの十二、三日頃、広東から十九日を費やして漢口に到着。きのふホテルからこの総司令部に移つたといふ。孫氏の遺志を奉じて革命婦女を指導し、軍兵を観、支那に革命政府をつくらうとして蔣介石と気脈を通じつつある。**呉佩孚**(139)を漢口から追つて南軍がここに移つて来てから僅かにしてここに革命運動が起こつた。曰く、反基反奉《ママ》〔封?〕反帝国主義と、で孫夫人は広東をかためここに来たものであるが、六十七十の人数の団体を短期に教育し政治経済の一

幹事となり日中両国の融和協調に努めると共に社会事業に尽力し、関東大震災後には中国各地で寄付を募り罹災者救済を計った。竹中は漢口の青年会で馬と会い、徐謙とその夫人の沈儀彬を紹介された際には馬が通訳を務めた。〔藤井〕

(136)　徐謙（一八七一～一九四〇）字は季龍。江西省南昌の人。清末の法官、中国国民党左派の指導者。辛亥革命の後、一九一二年に天津で国民共進会を組織し立法・司法の中央集権と行政の地方分権を主張した。同年八月、共進会は同盟会と糾合し国民党を結成した。一九二六年十二月、武漢で国民党左派中心の党中央執行委員・国民政府委員臨時連席会議が開かれ、徐はこの会議の主席となった。そして一九二七年一月、武漢国民政府が成立したのである。〔藤井〕

(137)　その夫人〔沈儀彬〕（生没年不明）『上海婦女志』（上海社会科学院出版、二〇〇〇年、二三頁）に「一九二五年六月五日、上海各界婦女連合会が勤業女子師範学校にて正式に成立し、楊之華が主任となる。成立大会には婦女運動委員会、女子参政会等二十以上の団体及び学校の代表八〇名余が参加し、孫文夫人宋慶齢、徐謙夫人沈儀彬らが会議に出席した。」とある。同年に宋慶齢らと五三十事件失業工人救済会も組織しており、宋慶齢の側で積極的な社会活動を行っていたことがわかる。〔藤井〕

(138)　遥拝式　新天皇即位に際し行われたと思われる。〔藤井〕

端を教へて婦人で国民党につくものを政府において要求さるとすぐに書記として使はれるよう養成したり、文字なき婦人労働者も教へようといふのである。目下国民党に属する婦人は一万を数へる位とか。戦線には立つても赤十字の役を努めるだけでアクチヴの仕事はしてゐないと。写真をうつし写真をもらつて分れる。いつか日本に来る事を約束した。目下ボローディン自身共産主義者を指揮しつつ漢口済生三馬路の中央執行本部に陣取つてゐる。蒋は共産主義を喜ばす徐謙氏の如きもボローディンと親しくしてゐても之を道具につかふだけでその主義者の行為について賛成してゐるものではないといふ。

孫夫人方より出て、けふ示威運動の中心地である済生三馬路で多くの宣伝隊を見た。本屋で過激派に属するパンフレットなどを買つて帰る。

午後馬伯援氏来訪。一緒に総領事館に行く。帰つてまた八号室で馬氏と太田氏と大いに共産主義

(139) 呉佩孚（一八七四～一九三九）山東省蓬莱の人。北洋軍閥の代表的人物で、直隷派の軍人として活躍した。一九一九年、五四運動が始まると、学生や労働者たちの運動を支持し、「愛国軍人」「開明的な軍人」として世論の強い支持を得た。一九二六年に北伐が始まると、当時湖北を地盤としていた呉は第一の攻撃目標となり、同年九月から十月にかけて国民革命軍は順次漢陽、漢口、武昌を攻略し、呉佩孚軍は退却した。〔藤井〕

宋慶齢と孫文

〔編者注〕中国旅行日記一冊目のノートの余白には、以下の文章が書かれている。内容から、十二月二十六日に太田宇之助、山田純三郎と共に宋慶齢を訪問したときに聞いた、宋

について話し、蔣氏のこれからのプログラムについて語り、結局南北軍相対峙しつつ妥協は出来ないと。

十二月二十七日　月曜日

よく晴れた日が明けた。電話によつて同文書院の松尾という一人の先生が早昼で来て武昌に案内する由を申入れた。一時、途中で輔徳中学に寄る。これは漢口で目下南軍に認められて開いてゐる二学校の一つである。一つは同文書院即**江漢高級中学**(140)である。輔徳も高級中学であるが、学校は学生も少なく学校もまだ整理されてゐない。ただ例の宣伝のはり紙が一ぱいしてある中に「廃除納前制度」をはじめてここで見た。ここの参観を終つて小蒸気の船つき場にゆく。例によつて支那人の集まつてゐる処の雑然とした様形容しがたい。うつかりすると持つてゐるものをさらはれますと言はれた。活馬の目を抜くてあひか。十五分ばかりし

慶齢の話の要旨と思われるので、ここに掲載する。

孫夫人曰く、私どもも実際これ程早く革命が成就の途につくとは思わなかつた。しかも目に一丁字もない労働者のやうなものまでがよく革命の意義を理解してくれて途中すぐからも私達をよく迎へてくれた。婦人国民党員の中には政府の方面に職業を求めて来るものも沢山あるので行々は彼らを書記とか宣伝部員とかに採用する事にするであらうが、それにしても婦人は政治及経済方面の知識を持たなければならないからこれらの教育機関を作りもしよう。また六、七十人を一団として地方的に教育する事と労働階級の婦人に教育を施す事を目下の必要事業と認めるので、その方にも取かかる積りである。政治と宗教とは別々に考ふ可きものである事これは亡夫孫氏のかねがね言つて居た事である。

(140)　江漢高級中学　天津の中日学院（一九二一年に東亜同文会が設立した天津同文書院が前身。二六年に改称）の姉妹校として、一九二二年に漢口の日本租界に設立された学校。天津同様同文書院として開校されたが、二六年に運営母体が日中共同の東方学会に移行したのに伴い、江漢高等学校と改称された。東亜同文書院はアジア主義者の団体であり、日中の〝共存共栄〟を建学精神として上海に設立した、高等専門学校の東亜同文書院（一九三九年に大学に昇格）はよく知られ

て揚子江を渡り、右に漢陽の**大別山**(141)を仰ぎながら船つき場にゆく。またしても雑然、下りた人と車夫と乞食の子供とで一ぱいである。車を五台傭つて漢陽門をくぐつて武昌の街に入る。船のつくところから一丁程手前は戦争にやかれた家がまだそのままのこつてゐるが、町にはやかれたところはない。ただ漢口よりも一層家々の塀に激しい言葉の貼紙が満ちてゐる。

　向ひ合ひの軒から軒へ美〔＝米〕帝国の砲艦主義を打倒とか、基督教を打倒せとかのビラが看板のやうに吊してある。過激な事は漢口どころの話ではない。国民革命軍第何分署とか、あらゆる物にあらゆる所に革命思想と打倒思想とが赤々と掲げられてある。孫文氏も瞑しうるであらう。三民主義、民族、民権、民生、是国を救ひ民を救ふの主義と、学校にも掲げてある。学校は此日休から《ママ》、戦争の為の兵士の占領するところとなつてまだ整理がしていない。新学期からはじめるといふので

ている。同校の卒業生は中国エキスパートとして、各分野で活躍した。江漢高級中学と天津中日学院は、共に日本語教育を重視して、それぞれのカリキュラムに日本語教育を取り入れていた。日本留学を志す中国人学生たちにとって、訪日前に日本語を学び一定の日本語能力を身につけていることは有利であった。両校は実質的に日本留学予備教育機関としての役割を果たしていたのであった。〔石川〕

(141)　大別山　中国の中部を東西に走る山脈の一部。淮河と長江（揚子江）の分水嶺をなす。〔藤井〕

□□のはがれてゐるところもあるが、教場は荒れたままである。ただ天津の女子師範のやうに北軍のやうな器物を破壊したり焼いたりしたあとはない。英人が二十年前に創立したといふ**華中大学**(142)を第一に見る。さすがに大きく凡てが贅沢な位によく整つてゐる。丁度クリスマス休日であつたが中をすつかり見る事が出来た。華中大学も反英運動に影響されて生徒も少しはへつたと。図書館はなかなか立派なもの。女子も六人ゐた。武昌は学校地であるだけに**武昌大学**(143)を始め女子師範大学、国立師範大学及それらに附属する学校女子中学校等も沢山ある。船つき場から支那町は三間足らずの狭い道路に露店、乞食家、ひげそりのらりくらりと立つ人、店前にひまさうに立つ人をしりめにかけて往来する車には兵士学士その他いろいろの稼業の人がゐる。揚子江でとれた鯉鮒その他生々しい魚の血だらけなのや、羊の臓腑、実に支那町は腸を引ずり出したやうな観がある。併し一歩奥に

(142)　華中大学　一八七一年に文華書院として湖北省武昌城に創設される。一九〇三年に文華書院大学部が開設され、一九〇九年に文華大学となる。一九二四年に文華大学、漢口博学書院、武昌博文書院、長沙中国雅礼大学等が合併して私立華中大学と改称された。一九三八年、日中戦争の影響を受けて湖南、広西北部などに移転するが、一九四六年、戦争終結により元の地に戻る。一九五一年、新制の公立華中大学となり、一九八五年、華中師範大学と改称された。〔藤井〕

(143)　武昌大学　一九一三年十一月、国立武昌高等師範学校が開校、予科生一二四名で予科一年、本科は三年であった。一九二四年に国立武昌師範大学に改名、同年九月、教育部の命により国立武昌大学と改名された。一九二六年冬、武漢国民政府は国立武昌大学・湖北省立医科大学等を合併し、国立武昌中山大学を設立した。一九二七年二月、国立武昌中山大学が正式に開校、同年十一月二十八日に国立第二中山大学に改名し、一九二八年七月、国立武漢大学に改組された。〔藤井〕

入ると老舗らしい店やの大通りをすぎて山の手ともいふ方に出ると学校が多い。そして何となく高尚な感じがする。来年一月一日から民国政府が武昌に中央政府を広東から移すといふだけさすがに赤い。そして道で見た物に、司令部か何かであらう、歓迎孫夫人俄顧問（これはボローディンをさす）の横額が掲げられてゐた。帰つたのは夜、船つきが支那町のまん中であつた。松尾氏ともう一人の先生に夕飯さし上げる。

十二月二十八日　火曜日

空よく晴れて暮れの寒さらしい。寒さもここでは感ぜず漢口の日租界は至つてのどかである。静かな事もまた極めて静か。けふは別に為す術もなく終つたが朝十時過山田氏を二号室に訪ね孫夫人へ紹介状催促の事につき問合せた。丁度南京駐在武官**根本**〔**博**〕(144)少佐があつて色々支那について語る。孫夫人が亡夫に対して良妻であつた事やら

(144)　根本博（一八九一～一九六六）福島県出身。一九一一年陸軍士官学校卒業、一九二二年陸軍大学校卒業。一九二七年、南京領事館付駐在武官であった際、南京事件に遭遇し負傷。一九二九年には参謀本部支那班長に任命される。一九三二年八月に参謀本部付上海武官に就任、その後の中国側との交渉では、蔣介石との妥協を考え満洲と華北との国境に非武装地帯を設定することを提案し、これが塘沽停戦協定として結実する。一九四九から一九五二年まで、林保源の仮名で台湾政府の対中共作戦に協力した。〔藤井〕

いまの支那婦人が極端から極端に走つてゐる事やら、家庭は祖先を崇拝する、その例として湖南が最もよく祖先をまつる。そしてある代において出世した人があれば、祖先のまつりをしてその人の位牌は格が上る。それにならつて近所近辺の人が励んでえらい人がでる。山東あたりでもかういふ事があるが、いま戦争は殆ど強い湖南が五割からの人数を出してゐる。北は山東が五割方出して、つまり湖南と山東の兵が多く戦つてゐる。それ程兵としては強い、いろいろな話があつた。

孫夫人に使ひを出す。返詞が夕方とどいて広東への紹介状を下さつた。村上、**恩田〔和子〕**[145]、上野さんに手紙かく。あしたは馬氏を青年会に訪問する事。

十二月二十九日　水曜日

けふも風ない。漢口の空は一般に拭ふ様によく晴れてうららかな年の暮である。午前九時半、前

（145）恩田和子（一八九三〜一九七三）東京出身。大正・昭和期の婦人運動家、全関西婦人連合会理事長。朝日新聞記者。日本女子大卒業後、読売新聞記者を経て、一九一七年、大阪朝日新聞社社会部記者。一九一九年、大阪朝日の呼びかけで全関西婦人連合会が結成され、その中心として活躍した。竹中繁は、毎年東京からその大会に参加して恩田と親交を深めた。一九二三年春には、大阪朝日の企画で恩田が中心となり組織された女性だけの中国観光団にも誘われ訪中したが、その経験が今回の旅の契機となったという。〔藤井〕

夜の約束によつて青年会に馬伯援氏を訪ねる。徐謙夫人〔沈儀彬〕を何処に訪ふかと思ふと済生三馬路の中央執行委員本部（南洋煙草商会）である。附け剣の兵士が入口の両側に五、六名、出入口にもそこここの兵士物々しく、エレベーターによつて三階の店□へ、更に二階徐部長室へと導かれた。

黒の長い袍子を着た品のいい徐夫人はもう四十を二つ三つも出た位。馬伯援の通訳で話はすすむ。

女子が平等である為には法政経済及軍事の知識がなければならない。軍事に対して婦人の身体が弱いといふ点もあるが、女子の軍事に従事する方面は色々あるし他日また身体が□□直接軍事方面にも適するようになるかも知れないが、それは別としてこれまで支那の婦人は法律上何らの権利をも許されない程認められなかつた。全くゼロであつた。平等の権利を回復するのには婦人が法律を知らなければならないと思ふので四年前私は上海に**法政大学**(146)を女子の為に建てたが、男子が入学を

(146) 法政大学　上海法政大学のこと。一九二四年九月、徐謙、黄石安、沈銘昌らにより女子法政学校として創立され、徐謙が校長となる。一九二九年に上海法政学院に改名した。第一期生に、初の女性弁護士で、後に中華人民共和国初代司法部長（法務大臣にあたる）を務めた史良がいる。〔藤井〕

望んで来たので男子のために別に作つたが後に共学にした。そして一方通信教授を入学を出来ない者のためにしたのが目下八百名位。内女子二三十人現在生徒がある。北京は知らないが幸に広東政府は婦人に対する凡ての不平等待遇を除去することに意を用ひてくれるので近く家の婦人は過去の宿弊から免れて一切平等の地位に立つ事が出来るのである。先般も広東で法律研究会が出来てその後の法律改良会といふのに自分も臨んだが、ここでは凡て婦人に対する不平等の法律をも研究する事になつて居るが、この法律改良会には司法部の部員、弁護士、それから一般民衆の参加とあるが、色々な方面からこの不平等法律の撤廃の運動をしなければならないので、婦人としてはこの民衆的運動の方に加はるのである。即ち婦人には二重の意味の革命がある。男子のする革命の上に更に婦人はこの宿弊を除くために二重の努力が要るわけである。これは決して支那だけではない。また日本だけの問題ではない。世界の問題であつて、国際的に提携しなければならない。私達は英帝国主義に反対もするだろう。日本に対しても反対する事があるかもしれない。併し箇人として何の反感をも挿んでゐないのではない。日本としても早く不平等の二十一箇条約は取去つて欲しいのである。広東政府は金がないので自分の力で学校を支へてゐる。そして通信教授の道も進めてゐる。とにかく北京の政府は知らないが、広東の政府の範囲においては女子の権利・地位は昔日の如くでなくなる。

九江

十二月三十日　木曜日

きのふ船にのり損なつていよいよけふは下りの船にのるのであるが、一日婦人公論によみふける。夜山田、太田氏らに宿でわかれて八時頃**南陽丸**(147)にのる。支那一等を選んだ。三円五十銭（九江まで）といふ。特等からは五倍六倍といふのにこれ

(147) 南陽丸　芥川龍之介「長江游記」に、「蕪湖から乗つた南陽丸では、竹内栖鳳氏の一行と一しよだつた」とある。日清汽船創業当初（一九〇七年）の保有船舶三四隻のなかに、この南陽丸があった。旧保有会社は日本郵船会社、総トン数は三、五八八・三三トン。一九三七年八月十五日、日中戦争の為、浦東水道に沈没、救助不能となった。〔藤井〕

はまた余りにやすい。船室に入つて見ると悪臭と薄ぎたなさに胸がつまつたが、服部女史の手前強いて我まんする。日本の一等とは設備比べものにならない。寝具はないし、温く着てゐる支那人のためにはスティームもない。洗面具もない。何もない。一つの寝台に毛布にくるまつて一ト晩二人で明した。眠れない私はうつぶしてまことにあらぬねむりの一夜を明かした。心のうちでこのみじめさをどれ程かこつたか！

十二月三十一日　金曜日

旅の身には大晦日もない。朝十一時過九江に入つた。ゆふべ乗船する時、不停と貼紙があつたのでさてはストライキの為めに船が停らないのであらうとは合点したが（それに九江までも電報不通と松硒家は言つた）九江にはともかくも着くといふので心決しかねた二人は九江につくとすぐ船長にたづねた。サンパン〔港内の交通船の俗称。通い船〕も備つてはくれたが**糾察隊**(148)の乗込みにあつてしたたか脅やかされた。やつと領事館を教へてもらつて行つてつぶさに其由を訴へたところ、〔**大和久義郎**〕領事(149)も驚いて同情し、親切になぐさめ宿をあたへて下さつた。ストライキは今火の手が盛んで**廬山の外国人**(150)はみな下山して租界内に居るが、英国に対するボイコットは日本もまきぞへにあつて、日本がすべて調停の任に当らなければならなくなつた。しかも日本人に対してもストライキをして、船にのせないとか何とか全く不安不穏、其上租界に支那町から買つたものを持ち出させず、食糧責めにしようとしてゐるとの事、従つて食糧の欠乏が何よりの困難であるとか。このストライキには漢口から教唆者が入り込んでゐて尻押しをしてゐるから事態決して安易でない。しかも**日清汽船**(151)を苦しめようとしてゐる。外国では只□日清に準じて解決しようとしてゐる相な。

私達が南昌ゆきの野心があつたのでこのストラ

(148) 糾察隊　糾察は、罪状を取り調べて明らかにすることで、糾察隊は、労働者の武装組織を指すこともあつた。元は、労働争議の際、労働組合員が事業所・工場の入り口などを固めて、スト破りを見張ることをいった。〔藤井〕

(149) 大和久義郎　(生没年不明)この時期の九江領事は大和久義郎で、『日本外交文書』(大正一五年第二冊上巻、文書番号三五一)には、「江西省の九江・南昌を目指していた蔣介石率いる江右軍は、悪戦苦闘の末、孫伝芳軍を打ち負かして、〔一九二六年〕十一月五日に九江を、続いて九日には南昌を攻略した。十一日、九江に入った蔣に対する全市民挙げての歓迎は、大和久義郎九江領事が「宛然救主ヲ迎フル盛況ナリキ」と表現するほど盛大、熱烈であった」とある。〔藤井〕

(150) 廬山の外国人　廬山は江西省北部の九江の南にある山。北に長江、南に鄱陽湖を望む景勝地。清末から民国にかけて租界地の九江や武漢に居留していた欧米の宣教師らが、廬山の山頂に避暑のための別荘を建てたのが始まりで、その後蔣介石をはじめとする国民党の幹部や裕福な商人達も競って別荘を建て、一九二七年八月に武漢・南京両政府の合同を協議した会議など、国民党の重要会議もしばしば開かれた。一九五九年の廬山会議で知られる。〔藤井〕

(151) 日清汽船　一九〇七年四月、日本郵船株式会社、大阪商船株式会社、大東汽船株式会社、湖南汽船株式会社の四社が統

イキのただ中にまで飛び込んだが領事の心痛を思つて思ひとどまつた。革命軍の領袖この乱脈を知るや知らずや。

　十二月三十一日終る。

〔編者注：以下からノート二冊目〕

昭和二年一月一日　土曜日

　九江の領事館に昭和元年の除夜はふけて二年元旦は領事館の二階に明けた。きのふ支那苦力ストライキの真つただ中に糾察員の乗り込んだサンパンに揚子江の上でゆすられて一人前二ドルを要求された揚句、靴も泥ぶかくもぐるやうな岸に船をつけられた。様子を知らない悲しさには、もう一度船にのつて領事館のある岸につかなければならない。うしろを見ればもう南陽丸は風を切つて走り出してゐる。帰るには帰られず身体窮《ママ》まつてゐるところに親切らしく船を出してくれるといふ船

合され、中国航路の充実をはかるため新たに日清汽船株式会社が設立された。その後三〇余年にわたり中国の内河航路に定期運行し、一九三九年、政府の指導のもとに設立された東亜海運会社に資産と社員のすべてを出資して特殊会社となった。〔藤井〕

九江躉船と日清汽船社船

頭が二人前銅貨五十といふので向ふ岸につけてくれる筈だつたが、支那人の心の底のはかりかねる不安さでとも角船にのつた。果して一弗ばかりの銅貨凡てを渡して終わなければならない。つまり有金を洗ひ浚ひ出す外なくなつて日の丸の旗を目がけて飛び込んだのは日清汽船会社である。そこでボーイに案内されて領事館に行つたのであつた。領事の親切はいためる心を温めて一ト晩領事館に保護される事となつて昭和二年の元旦は思出ふかく人の親切と九江の印象とを刻んだのである。昨夜から警察署長石井氏に托してけさは船の様子を見てゐたが十一時前に**大福丸**(152)は入つて来たのを見て石井署長と岡村氏と二人附き添つて船まで送つて下すつた。領事（大和久）夫妻は門まで送つて物騒な旅をねぎらつて下すつた。人の親切に泣き易い私はとうとうサンパンで帰つて行かれる二人を見送りながら涙をこぼして終つた。大福丸の特等（四円）で今度は無事に南京にあしたつく。

(152) 大福丸　日清汽船株式会社の保有船。総トン数二八三六トン。大阪商船会社が建造した。元の名は大亨丸。一九〇四年一月、長江の鎮江上流を航行中に焼失、残骸を上海ボイド会社にて購入、一九〇五年五月に改造され、大阪商船会社が再び購入し大福丸と命名。一九三三年五月に売却（解体）された。〔藤井〕

七　南京・蘇州・上海　一月二日〜一月二十五日

一月二日　日曜日

晴朗の朝、大福丸の甲板上に桜餅のような下弦の月と星とを仰ぐ。実は寝床の痛さに眠り快からず早く起きたのである。七時頃メッスルーム〔船内の食堂〕に入つて一等機関士と上海の内外綿から起つた**五三十事件**(153)の模様などをきく。

十二時前南京のハルク〔西洋型帆船。宿泊船〕から南京市内の人となつてまづ九江の大和久領事に感謝状を書いた。南京は**軍艦平戸**(154)が居るが今はストライキの九江に比べれば静かである。晴れた南京はさうでなくとも気持がよい。

一月三日　月曜日

朝九時十分きのふに変り曇よりした朝の風を切つて宝来館の主人二人に送られて南京を立つた。蘇州についたのは二時半頃、曾遊の蘇州、好きな

(153)　五三十〔三〇〕事件　上海の日系紡績工場・内外綿の労働者のストライキを発端とし、一九二五年五月三十日、労働者・学生のデモに対しイギリス官憲が発砲、多数の死傷者・検挙者を出した事件。これを契機に上海の労働者はゼネストを決行、共産党は上海総工会を結成して彼らを組織化し、賠償や謝罪の他、租界内の言論・集会・出版の自由、租界参政権などの要求を掲げ、この反帝国主義的民族運動は全国的に拡大していった。注（101）参照。〔藤井〕

(154)　軍艦平戸　川崎造船所の建造による。総トン数は五〇〇〇トン。一九一二年六月十七日に竣工、二等巡洋艦に類別される。一九一四〜一八年は、第一次大戦において南洋群島占領作戦、南シナ海・南太平洋方面に作戦、一九二五〜三七年は中国水域警備に従事し、一九三二年の上海事変では熱河作戦支援を行った。一九四〇年に除籍、兵学校で練習船として使用され、一九四三年十二月、兵学校岩国分校に回航、終戦を迎える。一九四七年、東京サルベージにより解体され、船体は岩国港の防波堤となった。〔藤井〕

印象のある蘇州はやつぱり気持がよい。何となく豊かなゆつたりとした町の風情は支那町としても他よりよい。戦争の声もない。ただ途中馬車をとめて広東人かときいたが緊迫。家のポーターを見てアア東洋人かとの事。旅館に入つて小憩の後領事館にゆく。**岩崎〔栄蔵〕**(155) 領事は篤実な支那の領事だ。人間愛をもつて支那人を見てゐる。そして蘇州の産業状態なども話した。マッチは工賃の高い品質のわるい日本のマッチよりも此頃は支那によるよいマッチが出来てしかも安い。従つて支那・印度を顧客としてゐた日本のマッチは輸出額も少なくなつて今では支那のマッチが印度にも出る。蘇州にも大きいマッチ工場が一つあるが旨く行つてゐるし、日本で藁紙をつくるに藁が他の縄とかかますとかの原料にとられるので誠に少ない。そこに行くと原料の多い支那では藁紙や原紙の材料が豊富なだけに、今では日本に輸入さへする。生糸も今にさうなるのであろう。ここは家庭の刺

(155) 岩崎〔栄蔵〕(生没年不明) 山口建治「蘇州日本租界と片倉製糸――『蘇州市第一絲廠廠志』抄訳」(『人文研究』神奈川大学、二〇〇三年、二十頁)に「一九二四年、日本領事岩崎栄蔵は、租界の市況を繁栄させるために、租界に工場を建設することを提唱し、片倉株式会社は蘇州の租界地区はすでに明清以来繭の市場に発展していること、蘇州は上海に近く交通の便がよいこと、日本領事館付近は日本事業家の活動の場所であることに気づいた。」との記載がある。〔藤井〕

繡も盛んで、マッチの箱はり刺繡、むしろあみ等相当に沢山ある、との事である。

一月四日　火曜日

蘇州独特の朝霧ふかし。やがてよく晴れて日も暖かく風もなく**姑蘇**(156)城外山もかすみのように美くしい。九時少過松村書記生迎ひに来らる。俥〔人力車〕を列ねて途すがらの風景をめでつつ**滄浪閣**(157)〔**亭**〕前の**美術学校**(158)にゆく。学校は休みなれどここはまた共学制なりとか。隣りの**師範**〔**学**〕**校**(159)に入る。設備殆どなし。生徒百七十余、中学もあり、ここを出て**景海女子師範校**(160)にゆく。美以教会〔美以美会＝メソジスト教会〕の創業であつて女子師範・小学校・幼稚園・病院等一ヶ処に塊まつてゐる。例によつてミッションスクールの設備のよいのに感心する。小学校もまたよし。寄宿舎、校舎建築はさして立派なものではないが親切に行きとどいて出来てゐて塵一つとどめぬ清潔さ、小

(156) 姑蘇　蘇州の呼称。もとは山の名。江蘇省蘇州市の西南にあり、景勝の地。山上にある姑蘇台は、呉の闔閭がつくり、その子夫差が美人の西施と遊んだ宮殿という。唐の張継の詩「楓橋夜泊」の「月落ち烏啼いて霜天に満つ　江楓漁火愁眠に対す　姑蘇城外寒山寺　夜半の鐘声客船に到る」で知られる。〔藤井〕

(157) 滄浪閣　滄浪亭の誤り。中国江蘇省蘇州市にある名勝。広陵王銭元璙の別園に北宋の蘇舜欽が築いた住居の名で、蘇州四大名園の一つ。一九九七年に世界遺産登録された蘇州古典園林の一つでもある。〔藤井〕

(158) 美術学校　私立蘇州美術専科学校を指すと思われる。一九二二年に創立され、蘇州市の滄浪亭前に位置していた。〔藤井〕

(159) 師範〔学〕校　江蘇師範学堂が一九一二年に江蘇省立第一師範学校と改称、一九二二年に第二女子師範学校と合併し江蘇省立蘇州中学と改称された。〔藤井〕

(160) 景海女子師範校　上海の中西女塾の初代校長であった米国人宣教師のローラ・ヘイグッド（海淑徳）が、蘇州にも同等の女子教育機関の建設を希望して一九〇二年に完成したが、完成前にヘイグッドが亡くなったため、彼女を記念して景海（海淑徳女史を景仰する）女塾と名付けられた。一九一七年に景海女子師範学校と名を改め、現在は蘇州大学の中に旧跡

学校の四年から英文があつて、社会、公民、自然、常識などと耳新らしい課目がある。そこを出て蘇州第一の久華亭といふ料理店に昼食をとり、**省立医科大学**(161)に行く。孫氏を迎ひに行つて案内してくれる。女子は皆戦争の為めに家に帰り生徒も少ないので目下休みといふ。設備何もなし。**留園・西園**(162)に行き帰る。小憩して**瑞風（瑞豊）洋行**(163)（**信州片倉氏**(164)の昨年七月設立生糸工場）参観する。二百四十名の女工が八名の教婦に教へられて四十日位ですつかりおぼえて毎日十二時間の労働をして成績によつて賃金が分かれる。支那には此制度は初めてであるとか。そして最低二十五銭から年齢の如何に拘らず、優秀なものの最高が七十五銭、これは支那における労銀のレコードを破つてゐる。凡て支那女子は最初は早く熟練するが、ある点まで行くと技術がとまるとか。これは文字も知らない無智識の故に頭脳がまだ鍛錬されてゐないのであらうと。

として残されている。〔藤井〕

(161)　省立医科大学　江蘇医科大学を指すと思われる。江蘇公立医学専門学校が一九一二年に創立され、一九二五年に江蘇医科大学に改称、一九二七年に第四中山大学に併合された。〔藤井〕

(162)　留園・西園　留園は明代に創られた庭園で、中国四大庭園の一つ。現在、留園・西園ともに蘇州古典園林に含まれており、楓橋夜泊の古詩で有名な寒山寺にも近く、竹中が訪れた当時から日本人に人気が高く観光客が多かった。〔藤井〕

(163)　瑞風洋行　正しくは「瑞豊洋行」。一九二五年、蘇州の日本租界に二百四十釜の製糸工場である瑞豊絲廠が設立された。この瑞豊絲廠は、日本の片倉製糸が一九二〇年に上海で設立した日華蚕糸株式会社瑞豊洋行が管理する工場で、日本人の婦人教官が糸繰り技術の指導を行った。〔藤井〕

(164)　信州片倉氏　二代目の片倉兼太郎（一八六三～一九三四）を指すと思われる。信濃（長野県）出身。名は宗広。明治、大正、昭和時代前期の実業家。片倉兼太郎（初代）の弟。兄の順養子となり、一九一七年、兼太郎を襲名して片倉組組長をつぐ。一九二〇年、片倉製糸紡績に改称して社長に就任した。〔藤井〕

一月五日　水曜日

けさも亦朝霧ふかけれど風和かに天気晴れてよし。予定によつて蚕業学校参観にとて岩田警察署長案内をして附そひ九時十分の汽車にて一つ先きの駅まで乗車、下車すると停車場には日本から招聘された蚕業学校教師**白澤〔幹〕**[165]氏出迎へらる。徒歩十町許りにして滸墅関の蚕業学校に着く。学校は川に面して閑静な場所である。**校長鄭氏出迎へられて妹御鄭女史費女史**[166]いづれも此道における日本留学生であつて専ら白澤と共に蚕業を教へて居られる。産業としての生糸の将来において支那は日本の及びがたい敵となるであらうとは誰も考へるところで、此学校の卒業生は自家経営と社会に出て指導するの二方面に採用され、民国一年に芽生えてすでに四百余名の卒業生を出してゐるが、蘇州近在の農家で指導者を希望する事近年ますます多く、需要は供給を充たしかねてゐる有様、従

(165)　白澤幹（生没年不明）　林貞三『調査　支那蚕糸業』（上田蠶絲専門學校同窓會報、一九二六年）に、「江蘇省立女子蚕業学校、校長鄭紫卿氏は我国に留学した事あり手腕家である。教授白澤幹君は、本校養蚕科出身にして南京東南大学の講師も兼ね嘗て永らく長野県蚕業試験場技手として居り有数の技術者である。尚当校の講師である鄭女史も王女史も何れも長野県蚕業試験場に留学したことがある。」とある。〔藤井〕

(166)　校長鄭氏出迎へられて妹御鄭女史費女史　江蘇省立女子蚕業学校校長の鄭紫卿（辟疆）と、その妹・鄭蓉鏡、そして鄭蓉鏡とともに日本の東京高等蚕糸学校（現在の東京農工大）に留学した費達生（社会学者・費孝通の姉）のこと。鄭蓉鏡と費達生は、共に女子蚕業学校で学んだが、校長鄭氏の勧めにより、日本の養蚕と製糸とを学ぶため、一九二一年に東京高等蚕糸学校に入学、鄭蓉鏡は更に養蚕を学ぶために途中から上田蚕糸専門学校に転校した。一九二三年に帰国後、二人は母校に戻り教員となった。費達生は教員の傍ら農村に赴いて養蚕技術の推進及び養蚕農家の生活改善にも力を注いだ。中国の蚕業発展のために長年尽力し、苦楽を共にした費達生と校長鄭氏は後に夫婦となった。〔藤井〕

つて養蚕期には指導者が方々自由にまはり歩いて六、七十円の月給を得る事が出来、蚕期を過ぎると学校に来て相当の給料で母嫁《ママ》の試験等に従事する。かうして一昨年は民間から学校に向つて優良の種紙〔蚕卵紙〕を申込み、これに応じたのが四万枚、昨年は六万枚、今年は十四万を予想し、来年は二十余万枚を予想してゐる。それ程この界隈は年々養蚕が盛んになつて農家と学校と工場と聯絡がとれ〔て〕ゐる。それだけ民家に養蚕が奨励されるわけである。因みに種紙一枚は日本で二円五十銭から四円といふのがここでは四十銭から八十銭、昨年は四十銭のが五十銭に上つたのである。質はまだまだ改良されつつある。帰りは白澤氏に送られて三等列車に乗つて蘇州に三時過ぎの汽車で帰つた。

一月六日　木曜日

朝からはつきりと晴れない空は出かけてから

少々ながら雨をふらした。けふは朝九時に宿を出て領事館の巡補一人附きそひ、領事の名刺をもつて紡績工場に行つた。女工二千名、ここには可なり老年の女も使われてゐて、作業時間十二時間、昼夜並行である。一日の工賃最低二十五銭から最高八十銭といふ。糸は大抵内地用として支那各地に送らる。

男子師範校にゆく。時局のためにすつかり休みとなつて蘇州でない生地の学生は皆帰省した。多分体育の事件が恐かうを来したものであらう。その事件とは蔣介石の軍の友達と信書の往復が発覚して、本人と本人の親友及校長まで南京に引かれて銃殺されたとある。平常は生徒五百名あるとの事。

武陵女塾に刺繍女学生の仕事を見る。ここは私立であつて蘇州に唯だ一つの刺繍学校である。十二才から二年間習つて学□での内職ともなり学校の教師ともなる。内職の場合は一日で四十銭位はかせぐ。技術の上手な人はのこされて教師となる。

おひるに宿に帰る。午後領事館にお礼にゆく。

上海

一月七日　金曜日

珍らしく風吹く。朝八時蘇州の繁廻家を出て馬車で駅に来て九時何分かの汽車にのる。此汽車は無錫発で上海着は十一時半といふ。丁度白沢氏がこの汽車で蘇州に来られたのに会ふ。上海着はおくれて一時であつた。二十日ぶりに万歳館に帰る。中村氏を訪へば日本に帰られたといふ。森山氏生憎不在であつた。留守中書信は城山女史（北京より廻送）、静子、好人、河合恒蔵、武ちやん等より来てゐた。後に桜井孝、十河氏らよりポツポツ来る。

曇天の上海は相変わらずうつとうしい。

一月八日　土曜日

同文書院学生永野氏約束の時間よりおくれて午後二時に来らる。丁度出かけるところであつたので、**商務印書館**[167]の工場に編訳部の周頌九氏を訪ねた。この人から**鄭貞文**[168]氏及婦人記者（婦女雑誌）を紹介された。周は天津張氏の紹介して下さつた人である。工場をすつかり案内されて四時半に徐謙夫人紹介の**中国婦女協会**[169]を西門…に訪ふ。中国婦女協会総務科長**談社英**[170]女史出でて会の事について語る。この会は中国において全国的のものであつて一昨年五月の創始。熊希齢夫人が会長であつて、徐謙夫人（沈儀彬）が副委員長である。会員は総数四百名程であつて、上海には現在三百名、教師、中国女子儲蓄銀行員、その他職業婦人、家庭婦人も含んでゐる。扱つてゐる婦人問題は、男女子教育均等、相続法の改正、結婚問題等であつて、さして過激の運動をするでもなく、やや微温

商務印書館について書かれた『アサヒグラフ』（1937年10月）の記事

(167) 商務印書館　清末の一八九七年に創業された、中国で最も長い歴史のある出版社。夏瑞芳、鮑咸恩、鮑咸昌、高鳳池らによって、上海で主に商業書類の印刷から始められたが、後に張元済によって出版事業へと重点を移した。一九〇五年に

的であり、国民党の婦人部とは何ら関係がない。**国際婦人協会**(171)と連絡がある。大して仕事もしてゐないらしい。

一月九日　日曜日

危ふい曇天である。朝十時頃、沈氏夫妻来訪。市中案内のため来らるといふ。同文書院永野氏も来る約束であつたので十二時半過ぎまで待つ。五人つれ立つて南京路に行つて**永安・先施・新新**(172)との三公司を見て夕食を御馳走になる。タウンホールで音楽をきいて帰る。好人へ詰問状を書く。

一月十日　月曜日

久しぶりに晴れの空を仰ぐ。正午永野氏清水氏に代つて案内される筈で来られたので馬車を傭つて**大夏大学**(173)に行く。沈氏方に立寄り案内されて大夏大学中学女子寄宿舎を見、**聖ヨハネ大学**(174)に行きデビソン氏の案内にて隈なく校舎寄宿舎を見、お

は日本の出版社と合弁の公司を設立して、『辞源』等の辞書や『東方雑誌』等、精力的に出版活動に取り組んだ。一九三二年の第一次上海事変の際には、社屋と付属の東方図書館が日本軍の爆撃に遭い、多数の貴重な蔵書が消失した。〔石川〕

(168)　鄭貞文　（一八九一〜一九六九）福建省長楽の人。編訳者、教育者。近代科学知識と教育事業の発展に貢献した。編集出版事業にも尽力し、『学芸』『百科』『少年自然科学』『自然界と生物』等を編集した。〔石川〕

(169)　中国婦女協会　一九二五年五月一日に上海で成立大会を開いた、全国から十団体が参加する全国的婦女運動の組織である。成立大会で朱其慧を委員長、張默君、沈儀彬を副委員長に選出した。同年五月、ワシントンで世界婦人協会の第七回大会が開催され、中国婦女協会は正式加入してその分会となった。〔姚毅〕

(170)　談社英　（生没年不明）女性運動家。一九一二年、張默君、湯国梨と共に、神州女界協済社、女子北伐隊を組織。『婦女共鳴』等の雑誌を主編。著書に『中国婦女運動通史』（一九三六年）がある。〔姚毅〕

(171)　国際婦人協会　注(169)「中国婦女協会」項目の「世界婦人協会」を指す。〔姚毅〕

(172)　永安・先施・新新　大新も含めて旧上海四大デパートと称されていた。永安は、一九二〇年代から四〇年代における、

茶を御馳走になつて沈氏かたに行き夕飯の御馳走をうけて帰る。夜**王瑞竹**[175]・蒋英女史来訪。木曜日を約す。

一月十一日　火曜日

よく晴れたり。東京程寒くない。朝白沢氏遽かに帰朝のよし、昨日来訪されたので八時半上海丸にて出帆の氏を送る。久保田氏夫妻も父君の病気、危篤とかにて同船で帰国のよし。一旦帰つて朝食後、宝山路三徳里A十九号に**陳宣昭**[176]女史を訪ふ。白沢氏の紹介による。女史は蚕業学校に関係あるとか。陳氏方にて中夏〔華〕農学会幹事**呉学農**〔**覚農**〕[177]氏に会ふ。静岡で茶の栽培を研究した人とか。「**新女性**」**といふ雑誌**[178]をもらふ。右雑誌編輯に与かる婦人を紹介して下さるといふ。明日正午を約してかへる。清水氏を待てど暮せど来らず。朝日の森山氏に電話して学校案内の事を頼む。明日陳女史方の帰りに森山氏へ寄る約束をした。徒

①

②

③

④

（①永安公司、②先施公司、③新新公司、④大新公司。すべて上海の店舗）

上海を代表するデパートである。オーストラリア華僑の郭楽、郭泉兄弟が一九〇七年に香港に創業したのに続いて、一九一八年に上海でも開店した。上海では永安紗廠（綿紡績工場）を創設して、繊維業にも進出した。先施は、一九一七年に広東省出身のオーストラリア華僑の黄煥南らにより、上海初の民族資本による百貨店として創業された。新新は一九二六年に創業された。注（206）参照。〔石川〕

（173）大夏大学　一九二四年に王伯群を董事長として上海に開学

然さに永安公司に買物にゆく。

一月十二日　水曜日

空晴れて心楽し。朝九時半頃正金にゆき、帰りがけ西洋生がしを買い帰る。宿のおかみさん室にあり。黄〔熙文〕（→五―⑭）女史来る。けふは支那町の宝山路三徳里A十九号に呉氏及陳女史を訪ふ。「新女性」編輯主任章〔**錫琛**〕[179]氏その他二氏来り会ふ。章氏は種々婦人問題について質問するところあり。歓談一時間余、新女性にのるものらしい。お昼飯を御馳走になつて赫司克而路についたのは二時。**上海毎日**[180]小嶋、日森二氏あう。上海毎日に支那の婦人運動について書けといふ。黒根氏にあひ、馮氏貢氏にひき合わされていろいろ質問応答し、出来るだけ私共のために便宜を計らうといふ約束をして分れ、清水氏も加つて夕飯を

された私立大学。開学当初の文学、理学、教育学、商学、予科に、後に高等師範専修科と法科が増設された。苦教、苦学、苦幹の〝三苦精神〟と〝師学合作〟、〝読書救国〟を提唱し、〝自強不息〟を校訓とした。一九五二年に光華大学等を合併して、華東師範大学と改められた。〔石川〕

（174）聖ヨハネ大学　セント・ジョンズ大学（Saint John's University、聖約翰大学）。一八五九年にアメリカ聖公会によって上海に設立された。文学院、理学院、工学院、医学院、神学院を抱え、卒業後アメリカに留学した学生も多く、著名な卒業生を輩出して大きな影響力のある大学となった。現在の華東政法大学の校地に位置していた。〔石川〕

（175）王瑞竹　竹中繁宛ての書簡に「毛王瑞竹」の署名のものがあり、同一人物の可能性がある。〔須藤〕

（176）陳宣昭（生没年不明）呉覚農（注（177）参照）の妻。日本に留学し、当時難関であった東京高等蚕糸学校に入学して、製糸教婦養成科で一九二三年から二五年の二年間在籍し卒業（二年制）した。なお陳は、服部升子の知己でもあった。〔石川〕

（177）呉覚農（一八九七〜一九八九）浙江省上虞の人。もとの名は栄堂。後に「覚農」に改名。杭州の浙江省甲種農業専科学校で学び、母校で助手を勤めた後、公費で一九一九年に日本へ留学した。帰国後、中華農学会総幹事、復旦大学農学院

上海で刊行されていた雑誌『新女性』

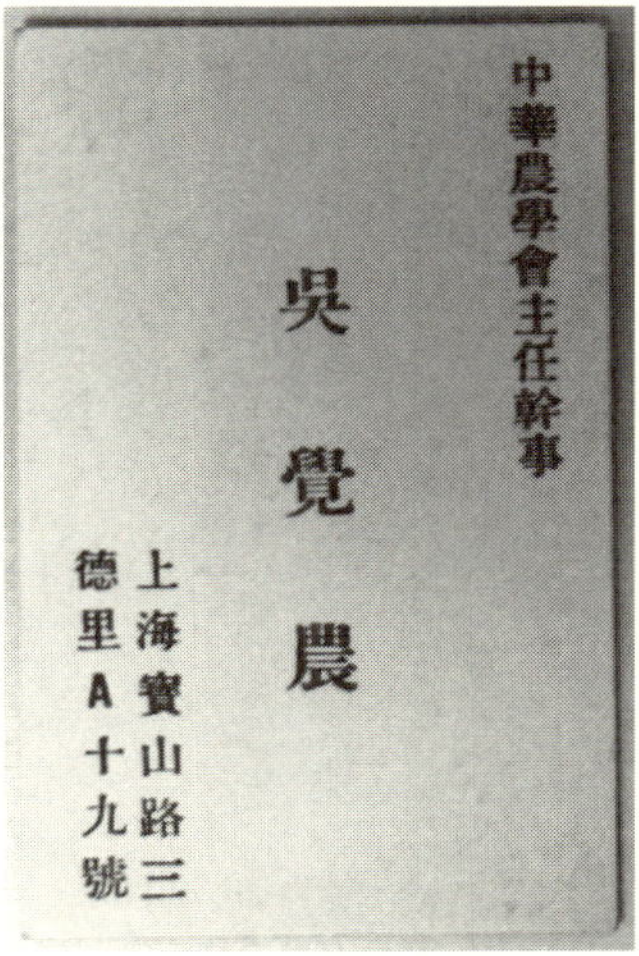

呉覚農名刺

茶葉系主任等を歴任する一方で、一九一九年から一九二九年の十年間に、上海の革新的な女性刊行物に多くの文章を載せている。本名以外に、「Y．D．」や詠唐等のペンネームを用いて『婦女雑誌』や『婦女評論』、『婦女声』、『新女性』等に寄稿していたことから、女性問題への強い関心・問題意識が読み取れる。妻の陳宣昭については本書注(176)参照。竹中は、江蘇省立女子蚕業学校教師の白澤幹の紹介により陳宅を訪問し、陳の夫である呉覚農に会った際に雑誌『新女性』をもらい、その翌日『新女性』編集主任・章錫琛らのインタビューを受けている。呉は一九四九年以降、農業部副部長、中国茶葉公司総経理、中国茶葉学会名誉理事長等を歴任し、「茶聖」と称された。〔藤井〕

(178)　『新女性』　一九二六年一月上海で創刊した雑誌である。主編の章錫琛（一八八九～一九六九）は浙江省紹興の出身、一九一二年一月から一九二五年十二月まで、上海商務印書館の『東方雑誌』『婦女雑誌』の編集、また上海『時事新報』副刊『現代婦女』、上海『民国日報』副刊『婦女週報』などの編集を担当する。一九二五年『婦女雑誌』における新性道徳論争で、恋愛至上や離婚の自由などを提唱して、保守派の批判と抵抗にあい、それをきっかけに、一九二六年一月に商務印書館を辞職して、開明書店を創設、『新女性』を創刊した。章は『新女性』一九二九年十二月第四巻第四期まで停刊の間、朝日で食べておそく帰る。王瑞竹女史の訪問あり。十時半門に送つて入浴。たのまれた支那の婦人「問題」運動について執筆しようとしたが気に入らないので四時筆を□つた。

一月十三日　木曜日

朝よく晴れた。一時間ねむつてもう眠れず朝別に執筆しようとしたが、ゆふべ清水氏につれられて頼みに行つた坊さんと劉といふ仏教帰依者と共に案内される事となり、沈女史を待つて六人して**王震（一亭）**[181]氏の住宅から残疾院、孤児院、**江蘇省第二監獄**[182]に行つた。上海の市内から遠い事甚だし。残疾院は廃疾無辜の人百六十人を収容してゐる。無惨な光景である。盲目が盲目の手引する様、盲目二人が蛇皮線と胡弓を合わせて孟母三遷の物語をひく様、酸鼻の極みである。春秋二回に衣鞋は供給されるが経費は千円程かかるといふ。寄附は凡て王震氏に渡して、月額が足りても不足でも

周建人の「二重道徳」、章錫琛の「新女性と性の研究」などの文章を掲載した。そして「現代女子の苦悩問題」など特集を組み、『婦女雑誌』で展開されてきた恋愛、婚姻、女性解放に関するリベラルな議論を継続した。論客には周作人、周建人、孫伏園、沈雁氷、陳望道、蔡元培などがいる。章錫琛は、女性問題のもつ特殊性に注目し新しい性道徳の提唱を通じて女性解放の道を模索した。恋愛の持つ霊と肉の両側面に光を当てて両性問題の本質を迫ろうとし、女性の「性」の問題に大胆に踏み込んだ。一月十二日、竹中は章錫琛、呉覚農などに会い、女性解放などの問題について意見を交換した。その詳細は『新女性』に掲載されている（→五－⑭）。〔姚毅〕

(179) 章錫琛→注（178）「新女性」の項目参照。

(180) 上海毎日　一九一八年に上海で深町作次郎によって創刊された日本語新聞。経済関連の記事が充実していた。一九二四年に前身の上海経済日報から上海毎日新聞に改称され、一九三八年に大陸新報に統合される。〔石川〕

(181) 王震（一亭）（一八六七～一九三八）清末民初の実業家・銀行家・政治家。上海商務総会議董等を務めた他、中国同盟会にも参加した。辛亥革命後は上海商団公会副会長、国民党上海分会部長等を歴任。北伐後は国民政府義賑委員、導准委員等を担っていた。書画家としても才能を発揮し、著名な画

王氏から定まつたものを渡される。箱はり其他の仕事をした賃銀は一円になると二十銭は堂に、八十銭は皆なで分けて分配を平等にする。孤児院も王震氏の関係。父なき子、母なき子、二親をうしなつた子供二百八十人、院長のやさしい手もとにひねくれもせず育つてゐる。監獄はまた監獄らしくなくきれいで何となく係の人にお役人顔がなくやさしい。最初の鉄門を排すと左女面会所右に男面会所がある。過つて人を死に至らしめた娘にあひに来て待つてゐる母、許されて母にあひに出て来た娘、何といふいたいたしい光景であつたか。お互ひの眼に涙があつた。第二の重い扉を開いて中から入れといふ声に入つて中を見る。木工、マつチ、箱細工、印刷、本とぢ等の工場があつてそれぞれ働いてゐる。印象何となく学校めいてゐる。建物は放射線路甲より庚までの長い途の両側は独房、二、三人から七人組の檻房となつている。女囚の檻房も見た。家に帰ると三時。大いそぎで着

家である呉昌碩とも交流があった。〔石川〕

(182)　江蘇省第二監獄　辛亥革命後に上海に設立された司法署のもと、漕河涇に作られた監獄で、一九一九年五月に江蘇第二監獄と改称された。最多で三〇〇〇人を収容したが、その大部分は軍事犯と政治犯であったという。〔石川〕

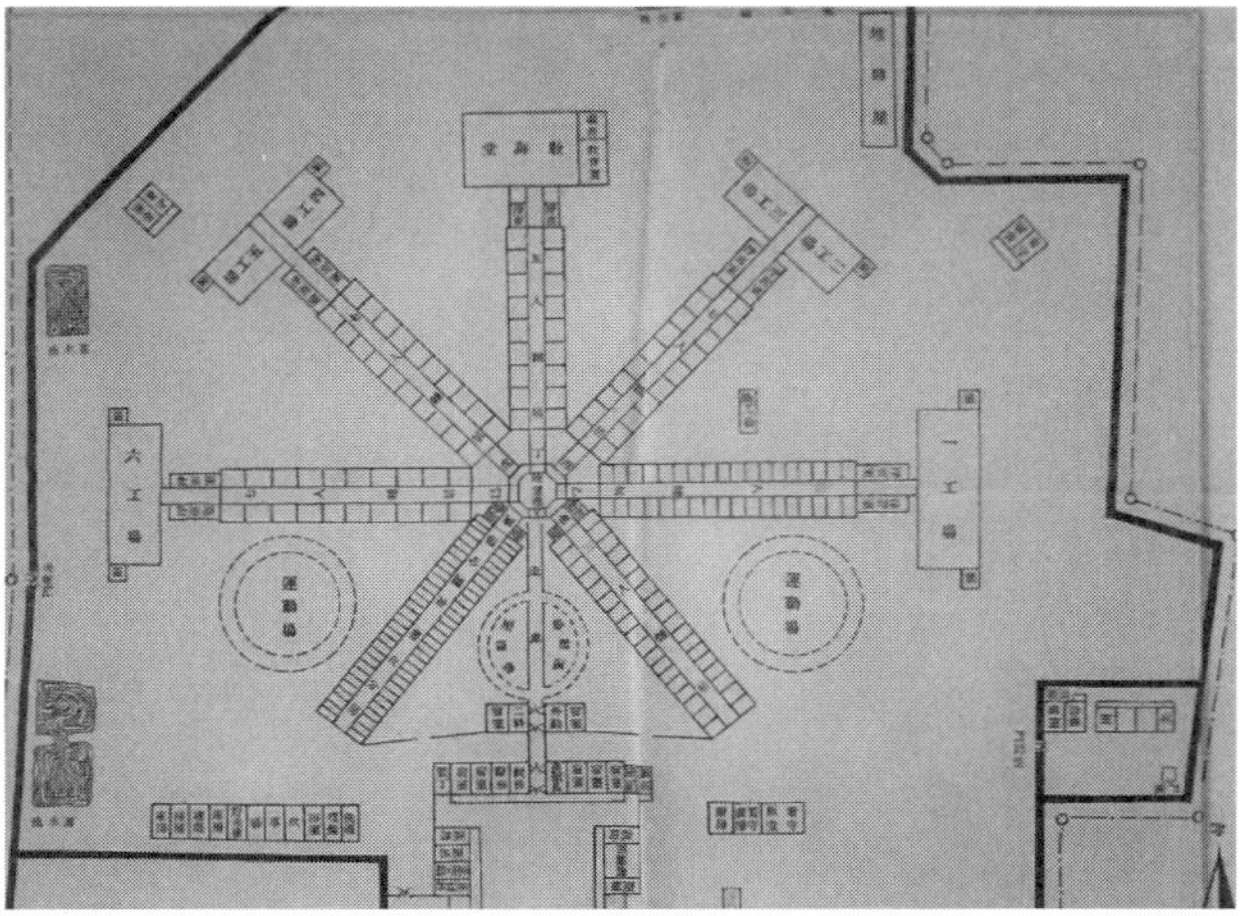

竹中が保管していた江蘇第二監獄平面図（部分）

物を改め、円明園路十八号に開かれるといふ婦人会にゆく。二人の為に設けられた**日支四五十人の会合**(183)である。うれしともうれし。日本婦人の運動の現状について語つて日支両側の婦人から望外の喜びをうけた。もし両者を結ぶ事ともならば私の望みに助けが加わつたのである。会散じようとして散せず別れを惜んで再会を約するもの数多。日本婦人のためにも話す約束をした。ここには十七名、黄さんの通訳で満足であつた。黄さんを家に送つて帰る。今夜は昨夜に比べて心甚だ楽しい。

一月十四日　金曜日

気味のわるい程暖かい日が明けた。学校参観の為め約束した馮、黄氏から何らの消息もないので森山氏に電話する。その前十時には沈夫人宿に来らる。三人相談してゐたところに向出氏も案じて尋ねられた。そこに前日の会の反響から勤業女子師範校長**朱剣霞**女史(184)来訪。きのふの自分の話に

(183) 日支四五十人の会合　この会については、『申報』一九二七年一月十二日に「中日婦女領袖之聯歡」という記事がある。〔須藤〕

「日支四五十人の会合」の際のものと推測される写真。前から３列目中央が服部と竹中、２列目右から４人目は劉王立明

いたく共鳴して婦人運動は東洋同志相扶けざる可らずといふ意見を前から持つてゐて之が為めに日本の望はれ（?）、**植原悦次郎**[185]〔悦二郎〕、**井上匡四郎**[186]氏にあつて日本の婦人の参政運動が今期議会に上るやう頼んだとの事やら、以来日支の婦人会を起さうといふ事やら、支那の婦人運動の歴史やらを四時間に亘つて語り合つた。そのうち森山氏が馮氏を連れて来られて話は切れたが、再会を別れた《ママ》。ここにも彼女のやうな熱心な婦人がある事に大に力を得、自分の目的の半ばはやがて達成する曙光を見るの喜びを得た。三時半から馮氏貢女史とつれ立つて朝日からの自動車を駆つて沈氏の教鞭をとる**澄衷中学**[187]にゆく。私立であつて寄附金によつてゐる。**廣肇中学**[188]にゆく。廣東人が□金と寄附とによつて廣東子弟のために建てた極めて支那人の学校中はつきりと廣東気分の多い学校である。学校用具から生徒のとり扱ひ、設備全部がいかにも進んでゐる。幼稚生から中学校まで六百

(184) コラム④参照
(185) 植原悦次郎　植原悦二郎と思われる。植原悦二郎（一八七七～一九六二）長野県出身。ワシントン州立大卒。明大などの教授をつとめたのち、犬養毅の要請で立憲国民党に入る。一九一七年に衆議院議員となり、一九三二年に衆議院副議長、一九四六年第一次吉田内閣で国務相、一九四七年同内閣内相をつとめた。〔姚毅〕
(186) 井上匡四郎（一八七六～一九五九）工学者、政治家。工学博士、貴族院議員、子爵。東京帝大工科大学教授等を歴任した後、一九一九年から一九二二年まで鞍山製鉄所所長も務めている。一九二五年海軍政務次官に就任。一九二六年、第一次若槻内閣において鉄道大臣となり、一九二七年に同内閣が総辞職するまで在任した。〔石川〕

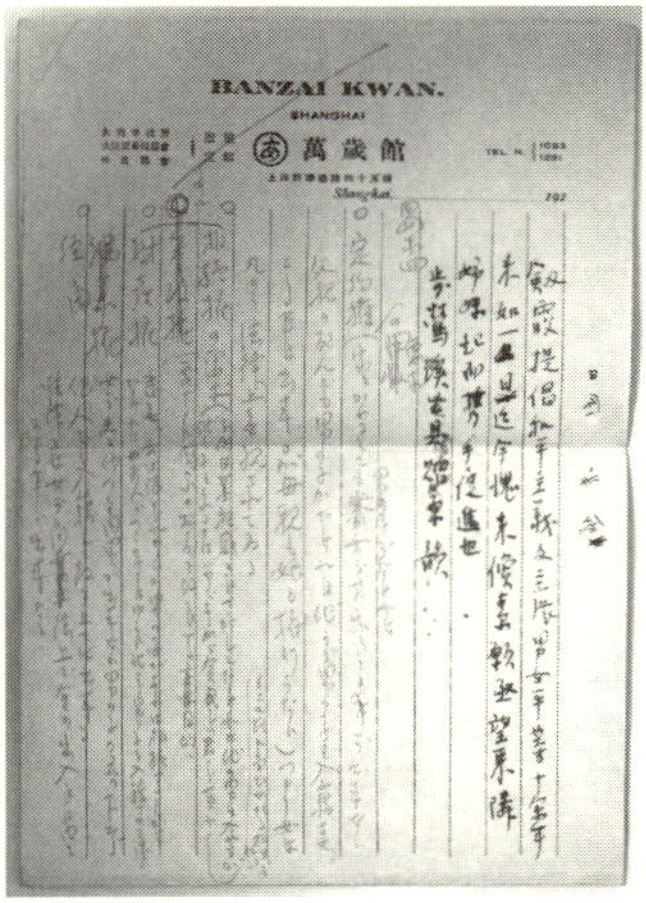

右に朱剣霞からのメッセージが書き込まれている。左は竹中のメモ。万歳館の便箋に書かれている

コラム④　朱剣霞（一八八二～一九四六）

安徽省天長の農家出身。旧姓陳。父母の勧めで旧式結婚をしたが、結婚後の生活は貧しく奉公に出る。奉公先の主人が女子教育に理解があったため、その支援を受けて勉学に励み教養を身につけることができた。一九〇七年、安徽省安慶に官立の女子学堂が創立されると、早速入学を希望し、学堂もその志を認めて学費を免除して生活を援助した。その後、故郷に戻り夫と離婚、体育教師だった朱子凡と再婚し、名を朱剣霞と改めた。体育は新しい西洋式教育科目の一つであり、新しい思想を持つ者同士の結婚であったといえよう。一九一一年十月の武昌起義の後、朱剣霞は上海で女子北伐隊を組織し、辛亥革命に参加した。一九一五年前後に日本へ渡ったが、それは袁世凱に追随する上海鎮守使鄭汝成の暗殺計画に参加し、追われたためであった。帰国後の一九一七年、孫文が女子の師範教育を重視したことに呼応し、貧しい女性達に独立した生活の場を与えて文化的知識を学ばせ、かつ革命思想を伝えるために、上海に勤業女子師範学校を創立した。当時上海には、上層の女性知識人が発起し組織した二つの女性団体、上海女界連合会と中華女子救国団（一九一八年設立）があったが、その中華女子救国団の団長も務めている。一九二二年十月には黄紉文、王立明とともに、上海女子参政協進会（一九二七年に中華女子参政会に改称）を設立した。竹中繁とは、一九二七年に上海で開かれた日支婦人会で出会い、竹中の話に感銘を受けた朱剣霞が竹中のもとを訪れ、女性運動について時を忘れるほどに熱く語り合っている。朱剣霞は「今年の議会で参政権はどうなりましたか、私は一日も早くお国の御婦人方が参政権を獲得される事を切望するものです。貴国の御婦人の参政権獲得はわが国の婦人の喜ぶ處です。」と述べ、併せて日華連合の婦人会を起こしたいと希望した。竹中はその熱意に感動し、両国の女性達が手を取り合い、婦人の権利獲得に向って歩みつつあることを実感して大いに勇気づけられている。〔藤井〕

人といふ。民国二年創始で、最初は二十名位が一昨年は四百人、昨年は六百人となつた。ボーイス

(187) 澄衷中学　澄衷学堂を前身として、一九〇一年に開学した。蔡元培が代理校長等を務めたことがある。一九二七年に私立澄衷中学と改称した。卒業生に豊子愷、胡適、袁牧之等がい

カウトもある。次に広東公学の女学校に行く。ここにも幼稚園がある。前と同じ組織で作られてあるが細かい處に広東人の頭脳のいい、閃めきが現われてゐる。寄宿舎の整頓また驚くばかり。ここにも五百五十名ある。いい学校といふ感じが入ると直ぐに感じられる。すべてに自治を養へるやうにボタンのかけ方から獨創的な画までがそれを現わす。貢女史を送る前、朝日によつて明日の打合せをして別れる。好人に喜びを頒つ手紙を書く。

一月十五日　土曜日

ゆふべからの風で夜一ト夜よく眠られずね苦しさに悶えた。揚句起きて見れば曇つてまだ風が強い。そしてきのふに代へて寒い。十時少し前黄女史来らる。そのうち沈氏商務印書館の貢氏来られて五人して第一に向つた学校は上海で評判のいいといふ**務本女子中学**(189)にゆく。休みになつて帰る女学生の出る日とあつて参観ゆるされず。**中華職業**

る。〔石川〕

(188) 廣肇中学　広肇公所により上海に設立された、広東人の子弟の教育の為の広肇公学から始まり、一九三一年に広肇中学となった。後に粤東中学と改称された。〔石川〕

(189) 務本女子中学　清末の一九〇二年に務本女塾として創立された、中国人によって創立された最も早期の女子学校の一つ。創立者は呉馨（懐久）で、正科、予科、商科が設置された。日中戦争後は懐久女子中学と改称し、建国後は上海市立第二女子中学、さらに上海市第二中学として男女共学へと変わった。〔石川〕

(190) 中華職業学校　一九一七年に黄炎培らによって設立された、上海で最も古い職業学校の一つ。文化と職業技能の両方を学ぶことを教育方法として、〝敬業楽群〟を校訓とした。一九五三年に上海軽工業学校と改称した。〔石川〕

学校(190)にゆく。商科三百、工科百五十位、鉄工、陶工、木工が一週一日の課業に五日の実習で二年の後社会に出て実習をする。十八省に亘つて各々職についてゐるもの多い。商業地だけに商科を修めるもの多く、工科は身体の健不健によるので少ない。目下女子職業学校を計画中で、女子に家事を修めさせよく家庭を治める女子をつくる方針をとる、と。

大同大学(191)にゆく。ここは私立であるが、男女共学であつて男子六百人女百人、女子は文科に最も多く、ここには文・商・理・教育科がある。他の大学で女子が教育科に多いのに比べて特色がある。年齢に関係なく師範科を出てから、再び帰つて学ぶ事すら出来る。男女共学は六年前に広東が最初この制度を創め、次はこの大同大学であつた。敷地も広くいい学校である。

新新酒楼で昼食をすませた時、**黄炎培**(192)氏――この人は各方面に亘つて有名な人――暫らく**女子**

(191) 大同大学　辛亥革命後、胡敦復、平海瀾らによって教育改革、教育事業発展を目指して設立された大同学院を前身とする。一九二二年に大同大学と改称し、文、理、商の三つの学院を設置した。〔石川〕

(192) 黄炎培（一八七八～一九六五）江蘇省川沙の人。上海南洋公学を卒業し、後に中国同盟会上海総幹事となった。辛亥革命後は、江蘇省教育司司長、江蘇省教育会副会長等を務めた。米国に教育視察後には中華職業学校を開設し、職業教育を提唱している。日中戦争中は国民参政会参政員、人民共和国建国後は全人代副委員長、全国政協副主席、中国民主建国会主任委員等を歴任した。〔石川〕

(193) コラム⑤参照。

コラム⑤　上海の女子教育

中国においても伝統的女子教育の主たる場は家庭であった。近代になって学校教育制度が始まるが、男子と比べて女子における公的学校教育は大きく遅れた。その中で上海の近代女子教育は、中国全体の中でも一八五〇年代という大変早い時期に、その萌芽を見出すことができる。南京条約翌年の一八四三年に上海は開港するが、その後外国のミッションが続々と進出してきて、上海はそれらの伝道の拠点としての役割を果たすことになった。これらのミッションが設立した裨文女中（一八五〇年設立）、聖マリア女中（同一八八一年）、中西女塾（同一八九二年）等の教会女子学校は、西洋近代の科学知識の普及に大いに貢献し、多数の有為な人材を輩出した。その意味において、教会学校は近代女子教育の先駆的役割を果たしたのであった。

やがて戊戌変法時期になると、康有為、梁啓超らは纏足廃止と並んで女学振興を提唱して、中国人自身による女子学校の設立を促すこととなったが、一八九八年に経元善によって設立された経正女学はその嚆矢となった。さらに一九〇二年に蔡元培による愛国女学と呉懐久による務本女塾が設立され、清朝末期において七つの女子学校が誕生している。一方一九〇七年に清朝政府は「女子小学堂章程」と「女子師範学堂章程」を発布し、これによって女子教育はようやく正式な公教育の一環として認められることとなったのであった。

中華民国期を迎えると、上海の女子教育はさらに浸透してゆき、儒学理念を批判して新しい思想・価値観を提唱した一九一〇年代の新文化運動を経て、女子中学校が設置された。また、一九一二年には「女子高等師範章程」が発布されて、同年に女子法政学校が、一九一八年には中華女子美術学校が設立された。こうして女子高等教育機関が一九二〇年代から四〇年代にかけて次々に誕生し、その数は体育、美術文芸、医学、商業、法政、外国語、総合等二十四校に達した。一九二〇年代には、それまで男子学生のみであった大学が女子へも門戸を開放し始め、滬江大学（教会大学）、上海交通大学、同済大学等多くの大学が男女共学へと変わった。大学レベルの女子学生は、一九四九年には四三三七人を数え、全体の二一・五パーセントを占めるに至っている。〔石川〕

教育の問題(193)について語る。丁度この酒楼に来合せてゐたので…。広東が男女共学を最初にはじめ、上海では大同大学が最初であるが、害もない事はないが益するところ多く、第一男女互に競争する。故に能力は互角或は女子に優れた力を見るともいへると、ある。が、次には男女互ひにおそれるうれひもなく極めて順調に社交が開かれてゆく。学校を卒業しては、他の労働や職業におけると反して待遇には男女大かた差別がない。いまの女子がやや急進に女らしさを失つて突飛な行動があるのは、つまり乱又乱の支那において女が家庭を無視し、いきなり社会に出て外に働く方が国家に対しても有利だと心得た為めにさうなつたといふヒントをこの人の口から得た。要するに此人に従へば、国家化した良妻賢母と社会化した家庭が支那に欲しいといふのである。そこを出て、タウンホールに古楽投壺会（宴席で壺に矢を投げ入れ勝つたものが負けたものに酒を飲ませる）に二時半頃からゆく。

支那獨特の音楽会、古曲、自分にとつて大きな驚異であつた。それは、支那の立派な芸術である。三千年も古い庖犧《ほうぎ》瑟の曲はわからないが、此五十弦の瑟はそれが一挺ぎりなのと、弾ずる人が一人しかいないといふ。いかに由緒のある音楽であるかが窺われる。琵琶（汪氏）に至つてはまさに絶妙の極、日本の琵琶の幼稚極まるのを知つた。撃琴はやさしい。七弦の琴も奥ゆかしい。投壺の遊びはいかにも三千年前の命の長い日を思わせた。しかし音楽に至つては或点に西洋音楽よりも妙味を感じさせられた。西洋人の聴集《ママ》の多いのも異様の感がした。五時過帰宅、永野氏来訪、夕食を共にす。

　家庭日新会といふ家庭改良会がある事を、中華職業学校で知つた。現在六十家族が入会してゐるといふ。三要件に相当するものが資格者である。一夫一婦であつて禁酒禁煙を守り賭博を廃する家。

一月十六日　日曜日

雨、沈氏夫妻十時頃来らる。劉氏待てど来らず馮氏却つて来られたので、呉の孫堅の母が建てたといふ**静安教寺**[194]とその他の寺院を見物。一旦帰つて五人昼飯後、**申報**[195]及**新聞報**[196]社を参観す。帰つて五時、菊池夫人のお招きをうけ桜桃会員と会食。十時帰る。

一月十七日　月曜日

また雨に明けた。朝十時少し前正金にゆきお菓子を買つて帰る。貢氏来る。つづいて劉氏来訪。明日を約して帰る。**上海日日**[197]の細谷記者ラヂオ放送をたのみに来る。明晩七時といふ。一応黒根氏に相談して承諾の旨答へる。小嶋（上海毎日）より四時に電話。けふの話の大要を原稿にせよといふ。日々《にちにち》への約束もあれば、別の原稿を書く約束をした。二時に菊池夫人、坂野夫人のお迎へをう

(194) 静安教寺　現在の静安寺。著名な古刹で、北宋時代の一〇〇八年に正式に静安寺と称した。〔石川〕

(195) 申報　近代中国における最も発行期間の長い新聞で、一八七二年から一九四九年まで発行された。史量才が経営の中心を担うようになってから、大きく発展し、上海において最も影響力を持つ新聞となった。〔石川〕

(196) 新聞報　上海を代表する新聞の一つ。一八九三年に創刊され一九四九年に停刊し、『新聞日報』と改称して一九六〇年まで発行された。商業界の人々を主な閲覧者としていたという。〔石川〕

(197) 上海日日　一九一四年に宮地貫道により創刊され、一九三八年に終刊したとされる日本語新聞。中国の政治、経済に深く通じていたため、上海の日本人居留民の高い支持を得ていたという。〔石川〕

(198) 恵羅公司　Whiteaway, Laidlaw & Co.Ltd. ロンドンをルーツとする百貨店で、一九〇四年に開設された。当初は主に外国人向けに高級舶来品の販売を行っていたが、後に中国人へも販売を拡大していった。〔石川〕

け、**恵羅公司**(198)により買物をしてクラブに行く。大西氏に四日ぶりにてあふ。三時講演会場に入る。会終つて菊池夫人に伴われて松田先生の宿におそばを御馳走になる。

一月十八日　火曜日

曇よりした日である。九時少し過一番先きに約束通り劉氏来らる。沈氏夫妻おくれて来られたがけふから電車の従業員罷業始まつたとか。ロビソン路から苦心して来られたのである。在様？　自動車をかつて**呉淞同済大学**(199)（これはもと独乙の立てた学校だつたのが欧州戦争後、支那人の手に帰して今は独乙人を雇つて医工科の学術を授けてゐる。生徒は中学三百大学二百で、鉄工場は生徒を男工と半数で、独乙から主に材料をもつて来て支那のも使つて工事をしてゐるが、出来上がつたものは民間にはける。最初器械を独乙より六十万円買つてはじめたのであるとか）遊民工場＝模範工場は不良児、無頼漢を収容

(199)　呉淞同済大学　同済大学。一九〇七年にドイツ人によって創設された同済徳文医学堂を前身とする大学で、二四年に国立同済大学となった。土木・建築学研究で有名となったが、三七年に日本軍の爆撃に遭い校舎が破壊されると、内陸部の雲南や四川省等へ疎開し、戦後の四六年に上海へ戻った。人民共和国建国後は総合大学となり、現在は国家重点大学の一つに数えられている。〔石川〕

して仕事を授けるところ。目下千余名を収容してゐる。三年間を年期とし、半ヶ年は技術を授け後には工賃を払ふが三年の後、期充ちて親のもとに帰る時、貯蓄の工賃を本人に半分（あと半分は父親の手に半ヶ年の後に渡す）。幼稚組もあつて、中には良家の子もゐる。ただしここに来れば囚人同様の取あつかひを受けてゐる。併し職業も手について性質が改まれば、ここから他の工場に望まれて雇われて行くのである。玩具・鉄具・ブリキ□から木工・眼ガネの玉、ブラシ、数しれぬ品がここで出来る。隣には中国婦人救済孀徳総会といふ会があつて誘拐された娘を収容するところで、つまり親知らずの迷児が来るところで、現在の数は幼稚舎七十名、三百名〔誰の数か不明〕、男の年より十七名、女が十数名いる事。併しよい事業である。女子には女子相応の技芸を教へ、もらひに来るものには嫁としてやる。

　何しろけふは自動車がわるく、しかも電車のストライキで色々喰い違ひ可なりひどい目にあつて、とうとう朝日の招待には間に合わなかつた。帰つた時新聞にも会の催ふしにつき、黄氏待つて居られた。問題を考へつつ五人してやつと夕食にありつき、寒さと飢とをやうやく回復した。留守中に支那の婦人来られたとか残念であつた。けふは七時から放送をした。生れて初めてでありどうであろう。

一月十九日　水曜日

日はよく晴れた。朝九時阪本夫人より迎ひの自動車来る。**マクタイア女学校**[200]に案内して下さるわけなのでまづ阪本夫人の處にゆき、改めて中西女学校に行く。別にみる処なし。昼、阪本氏におくられて宿に帰る。やがて劉氏訪問、三時頃まで話す。中国新聞に言論の自由全くなき事など。それから永野氏来訪せられて商務印書館、**中華書局**[201]に買物にゆく。服部氏、夕食後菊池氏に泊りにゆく。

(200) コラム⑥参照。

(201) 中華書局　辛亥革命直後の一九一二年に、陸費逵によって創業された総合出版社。初めは小学、中学、師範学校の教科書を主に出版していたが、三〇～四〇年代になると、『二十四史』等の古書や『辞海』、『中国政治史』（周谷城）、『中国文学発展史』（劉大傑）等の学術書を多く出版した。建国後は北京に移り、学術研究所の専門出版社となった。現在、香港と台湾に同名の出版社がある。〔石川〕

コラム⑥　マクタイア女学校（中西女塾）

アメリカのメソジスト教会の宣教師であるヤング・ジョン・アレン（林楽知）によって、一八九二年に上海に設立されたキリスト教女子学校。正しい英語名はマクタイアー・スクール（McTyeire School）。アヘン戦争終結後に締結された南京条約によって、上海は一八四三年に開港するが、それを契機として多くの外国のミッションが女子学校を設立した。裨文女中（一八五〇年にアメリカ聖公会によって設立）が上海最初のキリスト教女子学校であるが、中西女塾は清心女中（一八六一年。アメリカ長老会）、聖マリア女中（一八八一年。アメリカ聖公会）などと並んで、キリスト教女子学校の代表的な存在として知られている。校地は最初漢口路に置かれたが、一九一七年に憶定盤路（現在の江蘇路）に移転した。中西女塾はアメリカ式の教学内容と教学方法にのっとって英語を重視し、その他聖書、国語（中国語）、歴史、算術、地理、生物学、化学、物理学、天文学、衛生学、フランス語等がカリキュラムの中に設置されていた。卒業後アメリカに留学した者も多く、帰国後各方面で活躍する人材を輩出した。また裕福な家庭出身の学生も多く、西洋の知識と教養を身につけてエリート中国人男性と結婚した卒業生も少なくなかった。主な卒業生に宋家の三姉妹（孔祥熙夫人の長女靄齢、孫文夫人の次女慶齢、蔣介石夫人の三女美齢。宋慶齢は本書七一一参照）等がいる。

一九五二年に聖マリア女中と合併して、上海市第三女子中学となった。一九四九年五月までに、上海には外国のミッションによって設立された女子小中学校が十八校あり、高等教育機関として震旦女子文理学院（一九三七年にカトリック清心会によって設立）も設立されている。列強の侵略に伴い、諸外国のミッションが中国へ次々に進出していったことは事実であり、その意味でキリスト教及び教会はしばしば帝国主義の手先であったと批判された。しかし同時に、近代科学知識の伝授に貢献した教会女子学校の、中国の近代女子教育における先駆性を否定することはできない。〔石川〕

原稿を上海毎日のため書く。

一月二十日　木曜日

天気よし。まだ電車罷業恢復せず。朝十時大西氏を訪ねた後、北河南路一〇号に王瑞竹女史をとひ中日婦人提携の事について意見をきく。昼帰る。

午後、新聞学会より音沙汰ないため早く入浴して菊池氏に行く。午後九時過大西氏南京へ向け出発、漢口にゆかれる筈、急いで帰つたけれど間に合わず見送りかねた。黄氏九時半頃来訪。明日の会につき語る。

一月二十一日　金曜日

天気よく関口泰氏の紹介を以て住友（二馬路）銀行に今村黙郎氏を訪ね、黄女史の事をたのみ、大阪からの金を受とる可く午前十一時頃行く。凡てを果して十二時半頃帰り、食事をすませて沈夫妻をまちつつ食事をする處に来訪。昼食を出し午後二時過宿を出てまず住友に、そして今村氏に沈夫妻を紹介し、三馬路中西女塾に新聞学会の催ふしに出席す。中西女塾女生徒のピアノの試験を聴いた。そして中西女塾の寄宿舎は目下職業婦人の宿舎としてあつた。やがて新しい百人程の宿舎新築の筈、住費二十円。三時半新聞学会の会にのぞむ。**一同撮影**(202)。学会長戈〔公振〕氏親切に支那の新聞に関する説明をさる。氏は**時報**(203)社長であつて新聞界に有名な人。十五年職を新聞に奉ずる由、その他、新聞・通信・美術家・教育家（大中小幼稚園まで）・音楽家・社会運動者、七種の人を列ねた二十人程の会であつた。沙□玉女史に邂逅。非常な喜びをもつて会つた。新聞に関する問題は戈氏が答へ、婦人問題については呉女史が答へた。その中「婦人の家庭生活」については得るところがあつた。第二次は新聞に開かれた。六時にこの儘別れる事の本意なさを主催した黄氏らは、私達を饗応のためと、すき焼を御馳走して下すつた。即、自動車二台を駆つて新新に行つたが、靴をぬ

(202)　一同撮影　竹中繁史料のこの写真を指すと思われる。また、新聞学会からは、一月二十三日付で名誉顧問に任じられている。〔須藤〕

いだ事のない支那の男子婦人達には非常に気の毒な思ひをしたが、彼らの義俠的な態度に私共は感激した。三人が宿まで送つて下すつて九時過帰つた。

一月二十二日　土曜日

きのふ新聞学会であつた□女史が約束通り朝迎へに来て下すつて、三人して西城小学校に行つた。二十年前からの学校で幼稚園は昨年新築し、小学生は七百人あるといふ。この学校の建物は清朝時代の□歳□の跡で建物は古いながら昔を語るらしい物であり庭も美事に作られてあつた。もう休みになつたといふ生徒をわざわざ集めて、私達二人はお話をさせられた。寒い寒い併しよく晴れた朝であつたが生徒は立つたまま、中には手あぶりをかかへてゐるものもあつた。お昼は清女史と沙女史に招かれて御馳走になり沙女史に送られて宿に帰つた。

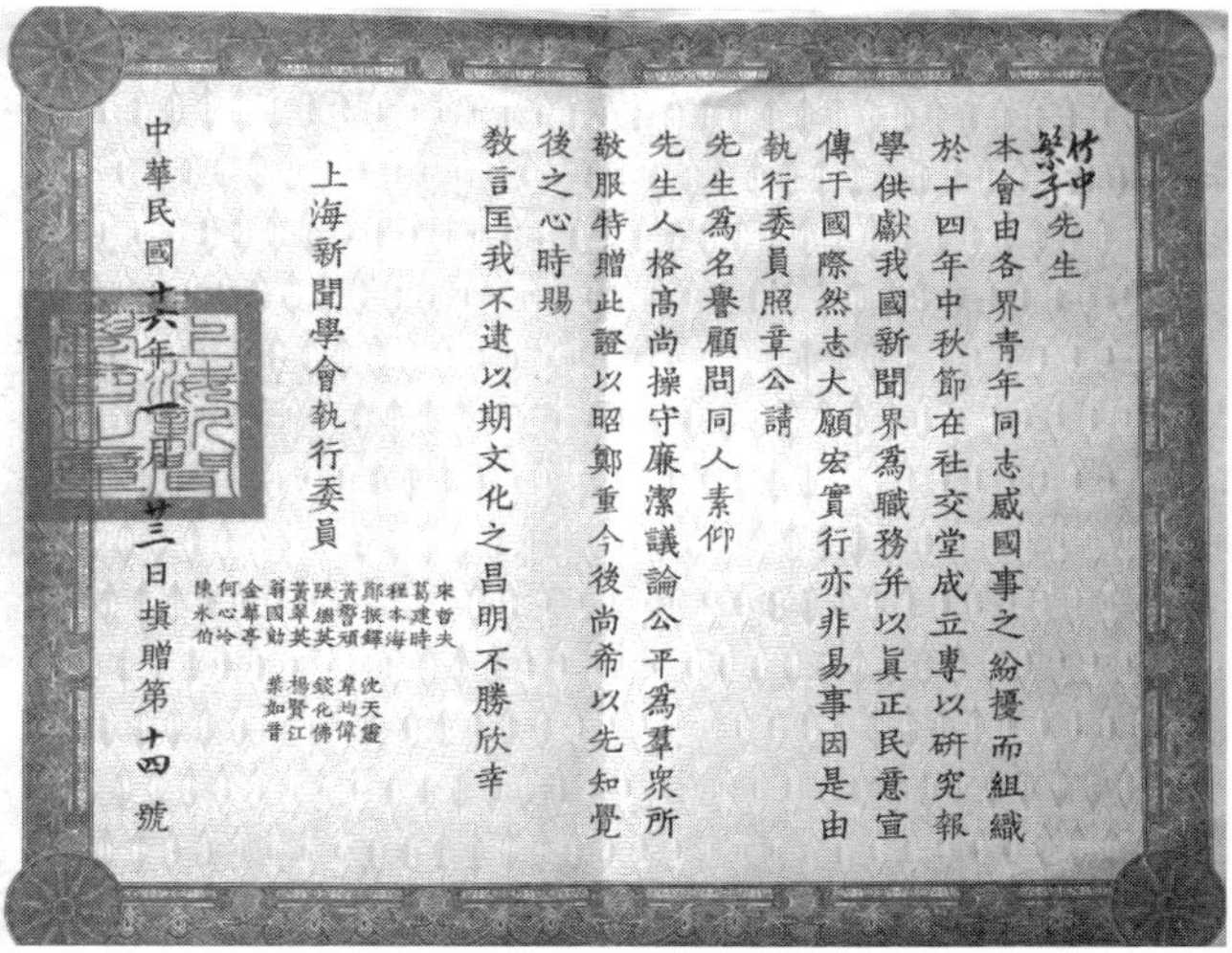

竹中繁子先生
本會由各界青年同志感國事之紛擾而組織
於十四年中秋節在社交堂成立專以研究報
學供獻我國新聞界為職務并以眞正民意宣
傳于國際然志大願宏實行亦非易事因是由
執行委員照章公請
先生為名譽顧問同人素仰
先生人格高尚操守廉潔議論公平為羣衆所
敬服特贈此證以昭鄭重今後尚希以先知覺
後之心時賜
教言匡我不逮以期文化之昌明不勝欣幸
上海新聞學會執行委員
宋哲夫　葛建時　程本海　鄒振鐸　黄警頑　張繼英　黄翠英　翁國勛　金華亭　何心冷　陳冰伯
沈天靈　韋均偉　錢化佛　楊賢江　葉如晉
中華民國十六年一月廿三日塡贈第十四號

竹中を名誉顧問とする上海新聞学会からの賞状

(203)　時報　一九〇四年から一九三七年に停刊されるまで発行された、上海を代表する新聞の一つ。日本人の宗方小太郎が名義上の発行人だったが、実際は狄楚青が主宰していた。学界の人々を主な読者としていたという。〔石川〕

この日、□女史の父君で上海で社会事業家として知られてゐる方にあつた。わざわざ来られたのである。財産家の□氏は、未亡人で字を知らないものを集めたり、孤児を教へたりしてゐるが、やがて乞丐教養所を設け職業を教へて生活の資を約させるとの事である。

午後は書面で返詞をよこした□□〔この箇所は二文字黒く塗りつぶされているが、「好人」かもしれない〕に手紙を書きはじめ、夜は昨日の約束により**大東旅社**(204)に今村夫妻の御招待にあづかつて行く。住友の樋口氏藤岡氏夫妻も来会された。

一月二十三日

午前中よく晴れた。寒空を北河南路十号に王瑞竹女史を訪ねて日支婦人会の事を協議した。女史は極めて真面目な考へを以て此会を成立の運びに至らせたしとの希望をのべられた。朱女史、坂本夫人の事等も話をして、夜長野《ママ》〔永野か〕氏来る。

(204) 大東旅社　永安デパートに設置されたホテル。豪華な設備で有名で、著名人たちも宿泊した。〔石川〕

一月二十四日　月曜日

曇つた日。何となくうす寒い日であつた。十一時半に松本夫人からお迎ひをうけ同氏方に赴いた。加納夫人、石田夫人、船津夫人、加藤その他の夫人も見えて、色々と日本の婦人運動、支那の婦人と提携する必要とを語り合ひ、六時散会したが、この夜は□崎儀平氏方に招かれ昔語りや婦人参政問題について話した。服部さんは菊地さんに泊る。伏見丸の切符を買ふ。四十弗、但し自分は二割引。

一月二十五日　火曜日

いよいよ広東にゆく日が来た。伏見丸は一時半がランチの終りといふので留守中の荷ごしらへもして万歳館にたのみ立たうとする前、万歳館の勘定四六六円某の書付けをよこす。旧正月にもなるからとの事。森山氏から百円はかりたものの、もうあとの時間がない。拠《よんどこ》ろなく菊地夫人の来合せたのに頼んで三百円をとり敢へず万歳館に出してもらふ事にした。菊地さんの自動車に送られて瑪頭までいき伏見丸にのる。小蒸汽の中で商務印書館の貢氏から二三の支那人を紹介された。伏見丸でバタビヤに行くといふ中嶋□策に邂逅した。

八　香港・広州・黄埔　一月二十六日～二月十六日

一月二十六七日は船中変りなし。海至つて平穏。

一月二十八日　金曜日

　きのふ午後から海は滑らかに船は鏡の上をすべると言ひ度い程静かであつたが、天□に幸し□れてけふはまたきのふの午後に引きつづき天拭ふが如く晴れて早朝香港に船は入つた。何といふなごやかなうららかな春日和であらう！五六層にも建て連ねられた海ぞひの建物、たたかれた道路、さすがに早くから英国が早《マ》くか《マ》ら手をつけた處だけあつて場所のいい上に街路もよく整つてゐる。神戸といいたい地の理ながら海の向ふにも山々聳えてゐる。明るい。港ではあるが上海よりは遙かに伸びやかな感じがして、労働者といへども上海より上品な余り喧ましくない鷹揚さがある。風俗も大方？　変つて、婦人の着物など殊に明るい色、光つた絹物をややすそ長に着てゐる。伸んびりと鷹揚に見えるのは南の地である為めか、それとも富か、または戦争のやうなせはしい事のない為めか。何しろ、上海などとは気分が悉く違ひまた感じが違ふ。ここも支那かしらと思ふ程何となくハイカラで生活の程度が高いやうに思われる。東京ホテルに入つて少憩後、総領事館にゆき、**村上〔義温〕**領事(205)にあふ。広東をさきにする事を勧められ、明朝立つ事に打合せをきめて来た。昼食は町にゆく。上海の分行**永安**、**先施公司**(206)などあり安い物も色々見る。外で見る程の男、女すべて明るくうしろにそびえてゐる山がうす霞につつまれて春らしい気分であると共にそこはかとなく動き出

(205)　村上義温　（一八八九〜没年不明）神戸高等商業学校卒業。一九一〇年に外交官領事官の試験に合格し、上海・南京・ニューヨークの各領事官補を歴任。英国大使館三等書記領事兼関東庁事務官外務省通商局商報課長を経て香港総領事となる。〔須藤〕

(206)　永安公司　一九〇七年に広東省出身の郭氏兄弟が香港に開業した百貨店。先施公司は、一九〇〇年に馬応彪が香港に開業した百貨店である。どちらも、のちに上海にも百貨店を開業した。竹中は香港の永安、先施公司を「上海の分行」としているが、実際は香港のほうが先に開業している。注（172）参照。〔須藤〕

した群集のやうに遊山気分のやうに見えて一層のどかである。店をのぞくと欲しい安いものが色々ある。とにかく香港はいいところ、明るいところである。

これまできいてゐた二階の電車を見る。自動車も車も、海岸につないである船もみなここのはきれいである。

広東(207)行の切符を買ふ。一人六弗。しかもここの三十弗は、二十七弗三十□。

広東・黄埔

一月二十九日　土曜日

朝七時半宿を出て英船ルング・シャンの二十九号室に落ついて広東に向ふ。海滑らかに風景又なくよし。しかも十二時過河にかかつてからの風景はまことに絶佳と言うか、春霞が山々をこめて緑の色が一月の末の寒さの中から急にさめたようにけふ此ころの季節にこれはまた珍らしく目にうつ

(207) 広東　竹中は「広東」と表記しているが、「広州」を指す。日記では（以下すべて）原文のままとする。〔須藤〕

る。なごやかな日の色も春めいて風も和やかだ。午後二時半定刻よりは早く瑪頭につく。広東日本人小学校長栢森氏の出迎ひをうけ荷物の検分もすんで、歩いて領事館にゆき**森田〔寛蔵〕**(208)総領事、書記生、社の平井氏などにお目にかかる。色々明日よりのプログラムはあとよりとして、広東における思想の発達、商人その他の国民政府に対する怨嗟の声（苛税と労働者の横暴に対して）ある事などもいわれ、併し結局は共産主義倒れて国民政府の左傾派が勝を制するならんなどいわれた。北軍の俘虜を集めて朝から晩まで三民主義の講演をきかせるなど周到な教育を施してゐるといふ。帰りがけに栢森氏と平井氏とで沙面を案内して下さる。英仏租界は埋立地奥行三丁間は八町、其うち十分の八の面積は英、十分の二は仏が占めてゐる。**昨年の衝突**(209)以後租界内のベンチ等も支那人が使用する事となつたが、それまでは許されなかつたといふ。租界は漢口のストライキに脅やかされて、

(208)　森田寛蔵　（生没年不明）一九二六年から二八年まで広東総領事を務めた。それ以前には長春領事もつとめており、一九一九年に中国東北（満洲）長春の西北郊の寛城子に起こった日中両国軍の衝突事件（寛城子事件）の際には、山公通守備隊司令官らと協議して、吉林軍を付属地外三十支里に撤退させるなどの協定を成立させた。〔須藤〕

(209)　昨年の衝突　一九二五年の沙基事件を指すと考えられる。沙基事件とは、一九二五年六月二十三日、反帝国主義を掲げてストをしていた労働者と、農民、学生、青年軍人ら十余万人が、沙基をデモ行進していたところに、英仏両軍が機関銃を一斉掃射し、多数の死者を出したもの。国民党中央婦女部長の何香凝は、事件後ただちに医者と看護人を連れて現場に駆けつけ、負傷者の救護にあたったという。その後労働者たちは、一九二六年十月までストを続けた。〔須藤〕

砂嚢をつみ塹壕を掘り、大砲も据えて事あらん日に備へてある。英軍船は四隻、日本は宇治、仏も一隻、ポルトガルも出兵の準備とととのつてゐる相である。夕方東洋館に入る。

水上生活者十五万といひ、その中に遊郭もあり、芝居のやうなものもある。女は多く船をこぎ、男は昼間陸上で働いてゐる。途中香港在住の歯科医和田といふ人と一緒になつて、香港広東間の海賊の話をきいた。成程印度兵がのつてゐる。また広東に来て一ミツションスクールの女学生四十余名さらはれて行つた話、土匪がモーターごと人をさらつて行つた事もきいた。とかく土匪は思ひきつた事をする。

一月三十日　日曜日

空少しく曇る。十時前に森田総領事を先登として、平井、栢森氏順次に到着。午前中を見物に引き廻さうとのお志。自動車にて真先きに黄花崗に

(210) 革命七十二志士の霊　孫文らを中心に結成された革命団体の中国同盟会は、度重なる武装蜂起の失敗を総括し、一九一一年四月広州において、黄興の指揮のもと同盟会創設以来最大規模の蜂起を決行した（広州起義）。華僑と日本留学生を中核とする革命派は、清朝軍と激しい市街戦を展開したが、幹部等多数の犠牲者を出して敗北を喫した。革命派側の資金、人材両面での損失は大きかったが、相次ぐ武装蜂起は民衆運動の高揚を引き出し、やがて四川における鉄道国有化問題の発生は、一九一一年十月十日の武昌蜂起へとつながってゆくのだった。この広州起義が失敗したのち、蜂起軍側の戦死者七二名の遺体が引き取られ黄花崗に埋葬されて、「黄花崗七十二烈士（志士）」と称されるようになり、記念物も建造された。〔石川〕

ゆき**革命七十二志士の霊**(210)を弔ふ。自由の像に似せて作られた記念像は国民党政府の綱領の象徴である。掃き清められ花卉さへすがすがしく手入された此地に、いかに孫文、黄興の霊はいかにその遺業の進むのを草葉のかげで喜んでゐられるであらうか。ここ広東の地にこれ程のかたみをのこしてはその志のここに根強く行われるのも決して無理はない。もとの砲台のあとは如何にもあれ広東中央公園に「興農楽楽」その心に悉く四民平等といふ意が現されて床しい。広東には他と違つて、学校教育事業が遅滞なく行われてゐる。**教育権回収**(211)（米国）として米国の病院が奪ひかへされて医科大学にもなり、その他に色々な言ひがかりをつけては学校を外国から奪つたりしてゐる。教育権回収をつまり暴力によつて行つたところもあると見える。

午後はヒスイ、象牙の細工などをする街にゆき町の見物などして帰る。買物などしてかへる。老

(211)　教育権回収　中国の主権としての教育権を回収しようとする民族主義的運動。一九二〇年代に、蔡元培、胡適らが教育と宗教の分離を主張しはじめ、一九二四年一月に全国教育連合会が、「教育は宗教から分離すること」「外国人の中国国内での教育実施を取り締まる」の二つの案を認定し、翌年から教育権の回収運動が始まった。当時キリスト教系の中小学校は、中国の各省に分布していたが、それらの一部が廃校となったり回収されたりした。〔須藤〕

若男女、花うる人、水仙うる商人、何となく年の暮を想わせた。

一月三十一日　月曜日

曇よりとした朝の雲がうつすりと晴れて東京ならば五月の陽気、九時に総領事館に行つた。栢森氏、黄□谷氏ら総領事から命を享けて我々を伴れて教育庁にゆく事となり自動車で出かけた平井氏もまじる。許庁長に面会はしなかつたが、督学張資模（この人は日本人の妻をもつよし）にあひ、この人同道にて執信大学（今は中学及小学）と**培道〔女子〕中学**(212)、医科大学を見る。広東では**省立女子師範学校**(213)を除いては省立に一つも男女共学制でないところはない。外国人立の宗教学校は別として。そして男子□□より数において多く、専門は文科と法科に多い。文科出は教育（近ごろ）ばかりでなくなつて宣伝用の文書を作る事にも従事するものが多い。法科は弁護士は別として行政官に

(212) 培道女子中学校　現在の広州市第七中学。一八八八年、アメリカのバプティスト会の宣教師 Emma Young（容懿美）が広州に培道女子中学を開いた。一九一九年、私立培道女子中学と改名、一九二三年に新学制に移行した。日中戦争勃発後、香港、澳門と移転し、一九四五年の戦争終結後広州に戻る。人民共和国建国後は広州市第二女子中学と改名、さらに広州市第三十中学と改名した。〔須藤〕

(213) 省立女子師範学校　広東女子師範学校を指す。一九〇七年に官立女子初級師範学堂として創設され、中華民国成立後、広東省立女子師範学校と改名された。一九二八年に広東省立第一女子師範学校となり、一九三五年に広東省立広州女子師範学校となるも、一九五六年に閉校となった。〔須藤〕

は採用せず官省の書記官などに任命される事になつてゐる。政治にはまだ婦人がそれまでに能力が進んでゐないから時期の問題となつてゐる、と。男女共学は女子の競争心を高め、従つて成績をよくする。**執信大学**〔正しくは学校〕[214]の**曾醒**[215]校長などは、女子の成績が男子よりは好いのを誇りとしてゐるとか。執信大学は、孫氏と革命事業をして殺された朱執信を記念するために作られた学校で、今も猶同志の婦人男子の教師のみで成立つて、今は仮校舎に小中学生六七百名を入れてゐる。余程大きな邸宅のあとと見えて石段を幾つか昇つて女子の寄宿舎にゆき別棟の棕櫚葉の屋根、竹のアンペラ（あじろ）の囲ひの中に男子寄宿生が入れてある。目下八十万円予約の内六十万円南洋から送つた金で新校舎を立派にたてつつある。そして大学になる入口には向つて右に「継続執信先生的遺志〔（朱）執信氏の遺志を継続しよう〕」左に「毋忘執信先生的革命精神〔（朱）執信氏の革命精

(214) 執信大学　竹中の記述では「大学」だが、正しくは「執信学校」である。執信学校は、孫文が一九二一年に自ら創立した学校で、竹中も記しているとおり、孫文の信任が厚かった革命家・朱執信（一九二〇年死亡）の革命への貢献を記念してその名を校名とした。廖仲愷、胡漢民らが董事をつとめ、初代校長は曾醒であった。一九二〇年代には、新学制を率先して推進し、近代教育のさきがけとなっていた。一九七八年に現在の名称「執信中学」となる。〔須藤〕

(215) 曾醒（一八八二～没年不明）本籍は福建福州、中国同盟会早期の女性会員の一人。一九二四年に国民党中央執行委員会に婦女部が設立された際、初代の部長に就任したが短期間で辞職。同年十月、女性運動発展のため、何香凝、廖冰筠らともに婦女運動委員会を設立した（会員三〇〇人）。一九二五年に国民会議促成会全国代表大会が北京で開催された際には代表の一人となり、大会主席団にも選出された。〔須藤〕

神を忘るるなかれ〕」とあり、そのわきに「革命尚未成功　同志仍須努力〔革命なおいまだ成らず、同志すべからく努力すべし〕」〔孫文の遺言の一節〕とあり。

培道中学校は女子の学校で米国がたてたミッションスクールである。生徒二百八十名、新学令には凡て外国の教師校長たるを得ず。並に聖書を必須科目に入れることを許さなくなつた。これは三月前にこの警告を与へたので着々校長も支那人に換へて新学令のままになりつつある。若しこの警告を用ひなければ、入学をするものにも資格が認められない事になつて、この令は已に実施されてゐる（恰うど漢口の江漢高級中学と同じである）。

医科大学(216)は敷地も支那の有、年々其上に五万円を出してゐるに不拘少しも支那の学校に対する義務を履行しない、命令もきかないため、米国の素晴らしい建築の病院を没収したのである。最後に中央執行〔委〕員会に行つて二人の婦人にあふ。

(216) 医科大学　広東公立医科大学を指すのであろうか。広東公立医科大学は、一九〇九年広東公立医学堂として、外国人と合同で創立された。一九二五年、西洋的教育に反発した学生たちが教育権回収を要求し、一九二六年八月に広東大学と合併して医学院となった。ただし、竹中の記述によれば、アメリカの素晴らしい建築の病院があったというから、アメリカ人によって建てられた夏葛医科大学（現在の広州市第二人民医院内）の可能性もある。〔須藤〕

(217) 国民党党立婦女運動講習会　この名称では該当する組織が見当たらないが、中央婦女部の「婦女運動講習所」を指すものと考えられる。婦女運動講習所（一九二六年九月～一九二七年五月）は、国民党婦人運動人員訓練班のひとつ。そこでの講習科目は、三民主義、国民党史、国民党党綱及び政策、中国革命史、世界各国革命史概要、帝国主義侵略史、婦女運動の方法と組織、婦女運動史、婦女問題、政治経済学概要、群集心理、調査及び宣伝方法、講演学習、救護方法、体操であった。〔須藤〕

国民党立婦女運動講習会(217)といふのがその中にある。**広東婦女協会**(218)会員数は市だけで一千、全国で六千位。教務主任を劉黄縝、校務主任を劉嘉彤といひ、この講習会は国民党員となる資格を養成するために六ヶ月の講習会をして党の綱領や三民主義をよくのみこませるといふのである。下に行つて婦女部秘書**鄧穎超**(219)女史の代理秘書李慕貞女士にあふ。目下有力な婦人運動の会は**女権運動同盟会**(220)千余名の会員あり。四年前の創立といふ。次に女子解放協会〔詳細不明〕、これは二年前に組織されて会員の数は前者を淩いでゐる。前の女権運動会は最近広西、上海、湖南に分会が出来て、この外組織中なのは圧迫された婦人の援助会がある。これは農工方面と一般婦女とを含めた女子クラブで、これは家庭に引こもつてゐた婦人の智識啓発、主義宣伝をはかり、民間劇社〔劇団〕をつくつて芸術によつて主義宣伝をし家庭婦人の目をさます事に努めるが、芸術、活動写真も見るひま

(218)　広東婦女協会　「広東婦女解放協会」を指すと思われる。広東婦女解放協会は、一九二四年五月に成立した中国共産党の外郭組織で、第一次執行委員は、夏松雲、鍾玉英、張婉らであった。彼女たちの主張は、『広東婦女解放協会会刊』（第一、二期、一九二五年七月一日）に見ることができる。〔須藤〕

(219)　鄧穎超　（一九〇四～一九九二）江西省南寧の人。天津女子師範大学在学中、五四運動に参加。周恩来らとともに天津の学生運動のリーダーとなり、覚悟社を組織した。一九二五年に共産党青年団員から共産党員となり、同年周恩来と結婚した。一九三四年、長征に参加。一九四九年には全国民主婦女連合会副主席となる。一九七六年周恩来が病死したあと、全国人民代表大会常務委員会副委員長に選ばれるなど、要職を歴任した。〔須藤〕

(220)　女権運動同盟会　一九二二年六月、北京女子高等師範学校の学生周敏や張人瑞らによって作られた。女性の参政権のみを求めるのではなく、教育や法律上の男女平等を含めたより広い人権の平等を要求しなくてはならないとし、女子参政協進会の主張と一線を画した。各大都市に支部がつくられ、そのうちの上海女権運動同盟会（一九二二年十月設立）は、胡彬夏・沈儀彬・黄宗漢らがリーダーで、国会への請願や女性の利益保護のために活動した。〔須藤〕

のない、また文字のない婦人の為めには商買人となつて物を安く売り乍らひまをかけて宣伝して歩く。二年前から平民病院は貧困の婦女と妊婦を施療するため、赤十字は革命軍の北伐出発の時に組織されて、一般の兵と共に出て、看護に従事し、又は一般の市民の為めに主義を宣伝もした。中央執行委員会の私共の請じ入れられた応接室には、右に孫文氏の写真と其下に孫文氏遺嘱を掲げ左に軍装の蔣介石と其下に反省表が掲げてあつた。表に曰く、

「於主義能実行嗎?於職務能画忠嗎?於紀律能遵守嗎?」と。

一九二七年

二月一日　火曜日

よく晴れた朝はいくらか暑さをさへ感ずるであらうと思われた程である。けふ旧暦の大つごもり、あしたは元日を迎へるといふ気分の、道ゆく人の

忙がしい足どりにも見られる。宿の四階から見下すと、家鴨のひものを五枚十枚と下げてゆく人、沙基の岸につけてある小船から町に持出す水仙の香が高いのを籠に青々と盛つて陸に上げてゐる人や、梅桃などの立木そのままを切つて束ねたのを陸に運ぶ人、鉢植を上げる人。三ヶ日がほどはマーケつトさへ休んで買物は何にも出来ない。車舟などもないといふ。けふ一日の残る日をどんなに動いても足りないといふげに跣足で籠を腕にかけて小刻みに歩く女、かと思ふと糾察隊と染め抜いた三角の旗をもつ隊長について一列に八人何とか総工会と書いた笠を背負つて紺地の綿服をきたのがゆく。定めし何かのストライキ援助の為めに行くのであらう。かうして大晦日の旺んな朝日をうけて忙がし相に右往左往してゐる。

十時に張女史が来る。十時半過ぎに栢森先生が来られる。相談とゝのつてまづ教育庁に行つて張督学が不在ならば誰かに案内して貰つて**中山大学**(221)、

(221)　中山大学　一九二四年、孫文により国立広東大学（その起源は一九〇四年創立の両広促成師範館）として創設された。一九二五年の孫文の死後、その革命への貢献を記念して、孫文の号「中山」をとり中山大学と改名した。創設当初は孫文が、その後も毛沢東・周恩来・魯迅などが来校して講演や授業を行った。一九二六年～一九二七年は、校内での進歩派と反動派の闘争が激しく、各種団体が続々と作られていた。竹中のいう「凡ゆる運動の策源地」とは、このことを指すと考えられる。〔須藤〕

これは民国十三年まで師範学校であつたのを中山大学としたのだ相で、中山小学は新築されたばかり、大学としては見る可きものもないが、講堂は凡ゆる運動の策源地となつてゐるとか。毎月曜午前には孫氏礼拝の式を行つて遺訓をよみ黙礼するといふ。その大学を見て市立師範にゆく。ここは民国十年の創立、男女共学、女子の能力最近男子に劣らず、国文の中で古典は特別の研究のほかは教授しない事になつてゐるなどの事をきいて（男三百女百五十、皆通学）、校舎を見て、女子師範にゆく。ここは広東省で最も古い学校で、二十年前の創立といふ。

順次にかうしてめぐつて見て、鄭女史を訪問、お茶を御馳走になつて、けふは五時に車がなくなるときき、急いで辞して張女史と東洋館に帰る。

六月初旬の、東京ならばセル〔セルジ。平織り薄手の毛織物〕といふ気候の大みそか、大通りは恰うど銀座の歳の市を見るやうに安売の露店が両側に、水仙の株や梅桃の枝、けいとうの花、つばきの枝をさしつらねてお客をよんでゐる。大晦日に寒くないのか（行外：水仙の水の凍つてゐない）。如何にも変調としか思へない。表通りの高い西洋だての家には見ないが、小路に入るとどんな九尺二間の棟割長屋でも入口の両側には紅い紙に墨痕淋漓とした縁起の文句が貼りつけてある。中を覗くと正面にはお燈明とお線香を上げて先祖か何かを祀つて祭壇がきよめられてある。家によつては、門口にお線香を立てて何か厄よけらしい趣向がしてある。

六時に宿に帰つた。四階の窓を開いて市中の景況を眺める。真赤な夕日が沙面の高い建物のうしろに落ちかかつて、西の空は一面に真紅に染まつてゐる。江岸に数限りなく寄せてある船には、紅い紙を四角に切つてともにもへさきにも貼りつけてお正月の準備、おかざり万端とゝのつた中では、へさきで火をたいてしきりに合掌してゐる女もある。ゆふげの膳に向つて一年の働きを一まづ終つたといふ様にのびのびと食事をして、水上の生活者にも一陽来復の慶びが恵まれるわけである。そのうちに爆竹の音が百雷の轟きのやうに右左の家から起る。子供らは音のする方へとかけよつては、燃えがらをひろつて喜んでゐる。

日がすつかり暮れてからは河ぞいの沙基の店はいづれも掃除をして、大提灯をかどにあかあかともして、入口から正面のところにいろいろ飾り物や祭壇やしつらへて元日からの祝こころを見せてゐる。本当に除夜らしい。やがて十一時も過ぎる頃には盛んに爆竹の轟き、それは地もさけんほどの響きが一時に彼処にもここにも起る。かうして除夜は夜もすがら御馳走にふかす〔?〕らしい。

二月二日　水曜日

何といふ長閑な元日なのであろう。窓を開けて見ると、ゆふべ一夜を露店に明した花うりは、後から後からと荷車に植木鉢を一杯のせて川岸に帰へりついて、元日とはいひながら船に女子供して舟の中に運び返してゐる。夜つぴで地響きのやむまなく爆竹をやつたあとの町は、真赤な花の道路に散りしいたやう。そしてまだまだポンポンパチパチ盛んにやつてゐる。元日の景況を見るらしい家族が、お正月にお金をはづんで自動車をかりたといつた風に子供をつみ込んで、のんきらしく意気揚々と乗りまはしてゆく。喧嘩を買ふものも売るものもない。服装を飾つて晴れやかにゆきかふ娘たちを見るのもお正月らしい。十一時に張女士が姪さんをつれて迎ひに来て下さる。栢森夫人も一緒に五人つれ立つて河南の張氏かたに招かれて行つた。門官庁大庁神庁をへて客庁に請じられて、一日ゆつくりと遊ぶ。兄君、姉君、姪甥、謝氏、蘇女士も来加〔?・〕、共に夕食を御馳走になつて八人打ちつれて**活動**(222)にゆく。九時すぎ帰宿。

広東省には省長または督軍といふものもなくな

（222）活動　映画のこと。広東で見た映画については、竹中繁子「国民の啓発に努力する広東政府：宿弊打破の映画の一例」（『東京朝日新聞』一九二七年三月六日）の記事がある〔↓五―⑬〕。〔須藤〕

つて中央執行委員が十一もの中に女子一人ゐる。それは**廖仲愷**[223]（未亡）夫人**何香凝**[224]女士である。此委員は皆一夫一婦をもつて任じてゐる。

二月三日　木曜日

朝曇り。珍らしく小雨降る。十一時近く**蘇儀貞**[225]女士迎ひに来られて、三人して府学西街八十九蘇淑貞女士の家に赴く。女医である。そして実践女学校をへて女子医専に入学、業を畢へて十年前帰広。五年間病院に勤め、後独力開業したものである。恰うど難産者入院して二日目に漸く私共訪問の間に生まれた。一時に辞去して宿に帰りすぐ領事館にゆく。民政長官**陳樹人**[226]、**許**〔**崇清**〕[227]教育庁長、張〔資模〕督学すでに私達を待つてゐた。すぐランチにのつたが、一行は総領事、宇治艦長、平井、山上聯合通信社員、田野辺電報通信員、香港日報社員、世界一周徒歩旅行者等であつた。**嶺南大学**[228]学長の家に入つたのが四時、パパ

（223）廖仲愷（一八七七～一九二五）アメリカで客家の家庭に生まれる（祖貫は広東省恵州府帰善県）。清末民初の革命家・政治家。孫文の革命運動を支えた人物の一人。日本留学経験がある（早稲田大学・中央大学）。妻は何香凝。一九二五年、国民党右派に暗殺された。〔須藤〕

（224）何香凝（一八七九～一九七二）広東省南海の人。一八九七年廖仲愷と結婚、一九〇二年、日本に留学し東京女子美術学校を卒業。留学中の一九〇五年、中国同盟会に加入。辛亥革命の際には、帰国して革命に参加した。一九二五年、孫文が死去し、続いて夫の廖仲愷が暗殺されたのちも、孫文の政策を実行することをめざす。一九二六年、国民党中央執行委員、婦女部部長となるなど、国民党左派の代表的人物として活躍。また、中国画家としての側面も持つ。息子は廖承志、娘は廖夢醒。〔須藤〕

（225）蘇儀貞（生没年不明）蘇儀貞と次の行に登場する蘇淑貞は姉妹で共に医者である。姉の蘇淑貞は、一九〇九年に東京女医学校（東京女子医科大学の前身）に留学し、一九一一年結成の留日女学会の役員もつとめた。辛亥革命が起きると、林演存らと女子紅十字軍を組織し、帰国して漢口で救護活動に従事した。その後日本に戻って復学し、一九一五年に卒業した。蘇淑貞が帰国するとき、校長の吉岡彌生は、二十五人ほどいた中国人女学生のうち、蘇淑貞と銭旭琴のみが寄宿舎

ヤ〔パパイヤ〕を頂きお茶をのみ花をつんで、学校の養蚕室、養鶏所、寄宿舎をみる。夜栢森氏来訪。

蘇女史の曰く、広東政府になつてからの進歩は、道路の整理、そして衛生上の取りしまり、城門の取こわし、婦人の解放、兵士の掠奪のなくなつた事等である。医生と医師との区別を明かにし、医専で二年の課程を終わつた位の人を生とし、四年で本科を卒つた者を医師とする事の運動が功を奏して、此区別が明らかに出来たと。

而し買物などにも八時から何時までといふ制限が出来て、往々時間外の用達に困る事があるといふ。そして凡てに組合が出来た。工会といつてその組合もいらか〔?〕各組合に共産主義者もあつて、ほしいままに賃銀の値上げを要求しストライキを起し警察も糾察隊の力も及ばないのでこれを防止する事を考へてゐる相である。

に四年間暮らして熱心に勉強したことを称賛し、二人が中国の女性たちを救い、また日中両国親睦の一助となってほしいと述べたという。蘇淑貞はその後広東に帰り、五年間の病院実習後に独力で開業した（→五－㉔）。妹の蘇儀貞は、一九一五年に東京女子医学専門学校（一九一二年に東京女医学校から改称）に入学、一九二〇年に卒業した。帰国後、一九三三年から広東、長沙で開業したものと見られ、その後一九三九年に広東市治安維持会衛生課主任となった。写真は蘇淑貞。〔須藤〕

「順徳女医士蘇淑貞小影」『婦女雑誌』第3巻第2期、1917年

(226)　陳樹人（一八八三～一九四八）広東省番禺の人。香港『広東日報』等の主筆をつとめ、一九〇五年、同盟会に加入。来日して京都美術学校、および立教大学文学科に入る。一九一六年、カナダへわたり中国国民党ビクトリア市総幹事となる。一九二二年帰国、国民党総務部副部長となる。国民党党務部長、広東省政府民政庁長など要職を歴任。一九二六年十一月に広東省政府委員兼民政庁長となる。一九二七年、上海

二月四日　金曜日

天気最もよけれど風少々吹く。午前栢森夫人、張女史来訪。鄭女史の許に行ってから観宵〔?〕山の□□遊芸大学に見物にゆく。そして家に帰つて（鄭氏かた）お茶をいそいでのんで〔国民党〕**中央執行委員会婦女部の招待**(229)によつて二時少し過ぎにそこにゆく。

廖冰筠女史以下、李慕貞女史その他十六名、張女史に私達を加へて二十一名であつた。ただ日本の婦人運動の模様をきいたのみで、別に質問もなかつたが、廖女史は故廖仲愷氏の姉君であり、年齢五十六七、さすがに気骨のあり教養のある婦人である。日本を十六年前去つた相であるが、五年女子美術とお茶水に留学した人である。帰りがけに李女史の案内で楽慈会寄宿舎を見て帰る。張女史と夕飯を共にして船つきまで送る。

クーデター後、憤りのあまり辞職、香港に居を移す。抗日戦争後は画業に従事。〔須藤〕

(227)　許崇清（一八八八〜一九六九）広東省番禺の人。日本に留学し、東京帝国大学文学部および大学院を卒業、帰国後教育に従事した。一九二一年に広州市教育局長に任じられ、以後、広東教育庁長、広東省政府委員など要職を歴任した。戦後は中山大学などで教授をつとめた。人民共和国建国後は、広東省教育工会主席、中山大学校長、広東省副省長などをつとめた。一九六九年広州で病没。〔須藤〕

(228)　嶺南大学現在の中山大学の前身の一つ（香港の嶺南大学とは異なる）。一八八八年、アメリカのキリスト教長老会により、格致書院として開校した。一九〇五年（一九〇六年とも）、男女共学を実施。一九一二年に嶺南学校に改名した。ここで草野心平が一九二一年〜二五年まで学んでいる。一九二七年に嶺南大学と改名し、中国人による学校運営が開始された。初の中国人校長は鐘栄光（一八六六〜一九四二）で、竹中がこの日にあった学長とは、この鐘栄光であろう。〔須藤〕

(229)　中央執行委員会婦女部の招待　竹中繁史料には、このとき中国国民党広東省執行委員会婦女部から届いた招待状が残されていた。民国十六（一九二七）年一月三十一日付で、竹中繁子・服部升子両名宛てである。内容は、二月四日午後二時

二月五日　土曜日

天気が曇つて温度が俄かに降る。前日の風以来夕方から寒くなつたのである。午前中、栢森氏宅及領事館に行き、総領事に軍事政治学校参観の事をお願いする。午前十一時頃、張女史つづいて李氏来訪、服部女史不在の為め帰る。午後三時折から来訪の蘇淑貞蘇儀貞両女史と張女史と栢森氏方に招かれて行き、黄虎谷氏にあひ、渋谷夫人にあふ。夕七時から領事館におよばれ、**磯谷〔廉介〕**(230)駐在武官、広東台湾銀行行長竹本節蔵、平井氏、栢森氏会食。十一時すぎ帰宿。鄭女史が待つて居られた。そしてお土産を頂いた。

二月六日　日曜日

天気は依然曇つてゐて寒い。暑さから急に寒さに移るといふ、広東の気候を経験した。今日は別に約束もなく、午前中は三民主義の研究に時を移

に婦女部で談話会を開きたい、日本の女性の近況についてお話しいただき、我が国の女性運動の参考にしたいということであった。参加者は、竹中の記録によると鄧秘書長、廖冰筠〔革命志士で暗殺された廖仲愷の従姉（竹中は「姉」としている。「妹」とする説もある）〕、李慕貞ら「いかめしい肩書付の女士達十九名」であったが、しかし会談は竹中の予想に反して堅苦しいものではなく、むしろ「本当に胸と胸とで触れ合ふやうな寛ろぎと真実を感じ合ふ事が出来た」という。このときの様子は、竹中の書いた記事「広東行（二）」（→五―㉔）に詳しい。〔須藤〕

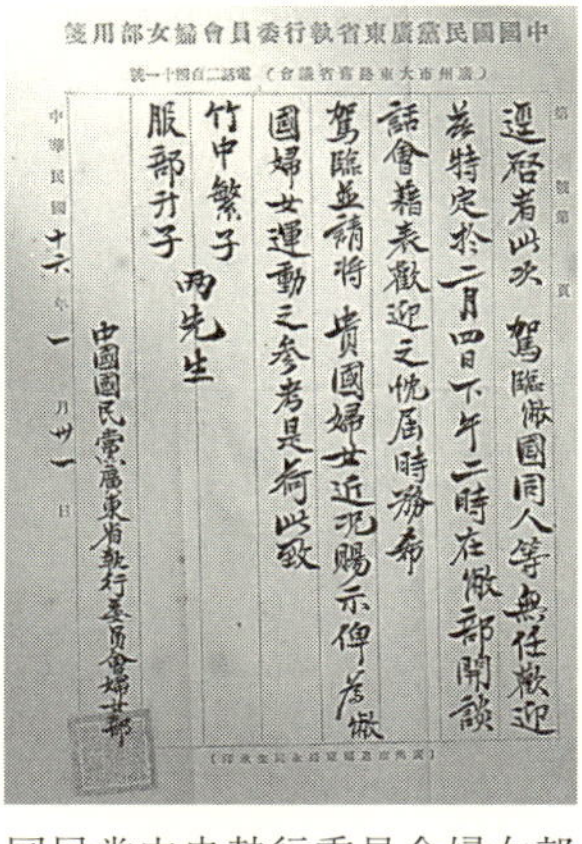
中國國民黨廣東省執行委員會婦女部用箋

逕啓者此次　駕臨敝國同人等無任歡迎
茲特定於二月四日下午二時在敝部開談
話會藉表歡迎之忱屆時務希
駕臨並請將　貴國婦女近況賜示俾為敝
國婦女運動之參考是荷此致
竹中繁子
服部升子　兩先生
中國國民黨廣東省執行委員會婦女部
中華民國十六年一月廿一日

国民党中央執行委員会婦女部から竹中と服部への招待状

(230)　磯谷〔廉介〕　日記には名字しか記載されていないが、磯谷廉介（一八八六～一九六七）を指すと考えられる。磯谷の名刺が竹中繁史料の中に保管されていたことからもそれが裏

した。徒歩の人秋光氏が暫く来て話す。二時半頃黄氏の事や郵船の事をききに栢森氏を訪ねた。

　郵船は二十二日まで香港に立よらず、エムプレつスが十六日に出帆するとの事である。宿に帰ると張女史帳場に待つ。つづいて鄭女史が迎ひに来られて、四人つれ立つて太平南路陸羽居〔太平路にあつた茶楼〕に赴く。張氏兄君李氏同席、八人して愉快に食事して帰つた。ゆふべは上海が広東軍〔北伐軍〕の手に帰したときく。けふは又**英国が借款を全部棒引にして租界を返すといふ覚書**(231)が香港日報に公表されたときいた。世界は一体どう回つてゐるのであらう。内地にゐては、否支那のどこにゐても決して感ずる事のない異様な一閃の感じが胸に行きすぎた。

　けふは李氏の言葉にも広東は赤化してゐるのではない、共産主義ではない、ただ共産主義と握手してゐるのだ、露国だとて侵略主義を行つたのであるから、断じて露国と親しむわけには行かない

付けられる。磯谷は陸軍大学校を卒業し、一九二五年八月参謀本部付となり、同月支那出張を命ぜられ、九月長崎港を出港、一九二八年二月まで広東駐在武官として勤務している。一九三七年に日中戦争が始まると第十師団長として出征。一九三八年関東軍参謀長となるも、一九三九年ノモンハン事件の責任を問われ予備役に編入された。しかしまた召集され一九四二～一九四四年香港占領地総督となった。戦後は、終身刑判決を受けるも一九五二年に釈放された。〔須藤〕

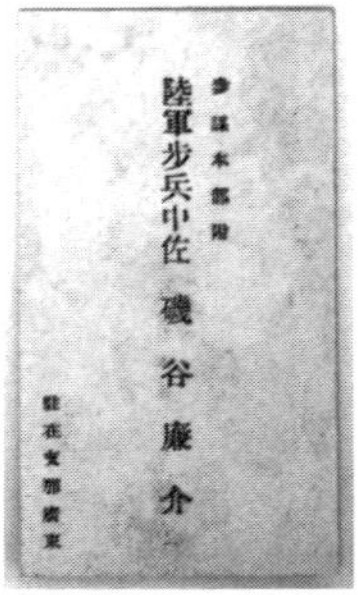

(231) 英国が借款を全部棒引にして租界を返すといふ覚書　実際にはこのような覚書は存在しないが、一九二七年二月に行われた武漢国民政府とイギリスの外交交渉で、漢口と九江の租界を中国に返還するとされており、おそらくこのことを誇張した一種のデマを耳にしたものと考えられる。両租界は、一月に英兵と民衆との間で流血事件が起こり、それに激怒した民衆によって実力で回収されていたが、二月十九日・二十日に、国民政府とイギリスが協定に署名し、両租界は正式に中

と。

また張氏も広東は露国の徹〔轍〕をふんで共産主義になるには頭が（両方の）異つてゐる。事情もちがふ。それ故共産主義を其ままとる事は出来ない、三民主義もまた慊らないが、とにかく人心は安定してゐる。

上海をとれば、広東の為には非常に便利であり、南京をとれば中央はまづ南京か、それとも漢口か、と。

二月七日　月曜日

空はまだ晴れないが、幾らか曙光を見せてゐる。早起きをして支度をして領事館からの迎ひを待つ。九時過ぎに松本氏夫妻自動車を持つて来らる。黄埔行きのモーターの出る処まで行つたけれど、皆目用意してある筈のモーター見当らず、総司令部に行つてもわからず、松本氏一旦領事館に引かへす間、碼頭に立つてまつ。最後に中央軍事政治部

国に返還されることとなった。〔須藤〕

のオフィスに行ってたづねて漸く紹介状をとって、嶺南大学碼頭と掲げてあるところから舟を出して、一時間と十五分で黄埔につき、すぐに目的の**中央**

（232）コラム⑦参照。

コラム⑦　中央軍事政治学校

通称「黄埔軍校」、第一次国共合作成立直後、孫文を総裁、蒋介石を校長、廖仲愷を総党代表として設立された中国国民党の陸軍軍官学校である。ソ連の援助の下に日本の軍隊制度を参考にして、一九二四年六月広州城東の黄埔で開校した。政治部主任周恩来をはじめ惲代英、葉剣英ら共産党員も教鞭をとり、北伐軍の幹部養成をめざして政治教育と軍事訓練を施した。一九二六年三月に中央軍事政治学校と改称され、国民革命軍の北伐進展にともなって国民政府統治下に組み込まれた潮州、南寧、武漢、長沙に分校が設置された。武漢分校は一九二七年二月十二日に開校式が行われ、学生の総数は三〇〇〇人近くに上る。武漢分校は初めて女子学生（女生隊）を募集し、各地から受験生が殺到した。結局当初用意した枠より倍近く、凡そ二〇〇人が合格し、訓練を受けたのち女性兵士として前線にも配属された。武漢分校（第五期）以外に、一九三八年第七分校（第十五期）、一九三九年第三分校（第十六期）、一九四〇年成都本校（第十八期、駐ソ連幹部訓練班）も女生隊があり、四期約八〇〇人が卒業した。竹中が黄埔中央軍事政治学校を見学し、「第五期に女子の軍官学校を武昌に設け現在二百余の婦人がここに訓練を受けている」、「第五期の軍官学校には婦人も入っている。髪を切って軍服を着て男子と同じである。経理、参謀など、女子の知識の必要な位置におかれている」と聞いたことを記録している（二月七日）。

これらの女性兵士は北伐だけでなく、趙一曼や胡蘭畦のように中国共産党革命にも参加し、大いに活躍した。武漢分校に入学し、北伐に参加した謝冰瑩（→六－四）が、実際の戦場で体験したことを日記として書き続け、『中央日報』に連載し、当時大きな反響をよんだ。謝冰瑩は後早稲田大学に学び、一九三五年に満洲国皇帝溥儀が日本を公式訪問した際、出迎えの行事参加を拒否して日本の警察に投獄された。奇しくも出獄後の彼女の世話をしたのが竹中であった。〔姚毅〕

軍事政治学校(232)に入る。けふは**二七〔事件〕の記念日**(233)であるとか（これは四年前京漢鉄路の工人が呉佩孚のために多数（四十七人）虐殺せられ、それが一つの北伐の動機となり、中国の自由平等をこれによつて知つた、とある）で、三百人許りの宣伝隊は広東の市中に宣伝に行つたと言ふのである。門を入ると鼠色の服着た兵士が三十人ばかり命令一下を待つてゐる。射撃にでも行くらしい。着いたのが恰度十二時であつたので、将校達はおひる飯時だとといふので、伝達者が彼これいつてゐるうちに、中から私共を待つていたらしく下士らしい軍人がすぐに導いて内門から歩廊伝ひに次の建物の二階の一室へと請じられる。室は隣りの長い室に接した客室であるが、入口から左正面には孫〔文〕廖〔仲愷〕（原文：孫に「右」廖に「左」とある）氏の遺像と、左に蔣、右に**汪精衛**（**兆銘**）(234)氏の肖像と、その下に大元帥の訓詞、同校の誓詞等、言々肉に喰い入るやうな厳かな烈しい言葉が列ねられてある。

(233)　二七〔事件〕の記念日　竹中の記述にもあるとおり、一九二三年二月七日に起きた労働者の虐殺事件を指す。北京と漢口を結ぶ京漢鉄道の労働者が、鄭州市で京漢鉄路総工会結成大会を開こうとしたが、直隷派の軍閥呉佩孚がこれを禁止した。ゼネストで対抗する労働者に対し、呉佩孚は軍隊を出動させて大弾圧を加え、多数の死傷者が出た。この後、労働運動は広東と湖南を除いて、各地でほとんどが軍閥に制圧されることとなった。〔須藤〕

(234)　汪精衛（兆銘）（一八八三〜一九四四）浙江省紹興の人。一九〇四年広東省の官費留学生試験に合格、日本の法政大学に学ぶ。一九〇五年、中国同盟会に参加し、国民党左派の中心的人物となる。孫文の死後、「大アジア主義」の継承者を自認し、日中提携に中国の将来を託す「和平救国論」を主張し、徹底抗戦を説く蔣介石と激しく対立した。一九四〇年、南京政府を樹立、主席となったが、古傷の悪化がもとで一九四四年に名古屋で亡くなった。なお、竹中は汪精衛の南京政府樹立を決定した中央政治会議を傍聴している（→一－一五）〔須藤〕

外に第一の犠牲者から革命の為に無惨に殪れた義士の肖像がズラリとかけならべてある。厳粛さに衿を正すといふよりは、凄烈とでも言ひ度い気が四辺を払つてゐる。最後に入つて来たのは政治部主任**熊雄**(235)といふ人で、宣伝部長に代つて此学校の沿革、精神といふ事に亘つて話した。婦人運動に関しては、曾て日本に行つてお茶水師範の卒業式に行つて見た、当時は大隈侯〔大隈重信（一八三八〜一九二二）のことと思われる〕在世中で卒業生に向つて勧話して、日本の婦人を代表するこの少数の婦人に責任の重さをとき、支那の留学生と進んで早く結婚せよと言われた。〔注：枠外に「女子高師に教育をうけるものは少数であれど（?）下級の婦人が救われてゐなかった」〕大隈さんはかうして女子を外交政策に使おうとされたが、それは失敗に帰した。なぜなら支那の日本留学生が皆日本に対して悪感をもつてゐる。学生が日本女子と結婚するものが少ない。政府と政府

(235) 熊雄（一八九四〜一九二七）江西省先豊の人。若い頃に日本留学、続いてフランスに勤工倹学に行き、のちにドイツに渡る。一九二二年に旅欧中国少年共産党に加入。一九二五年に広州に戻り、政治講習班教授、広東大学付属中学校長、婦女運動講習所教授をつとめる。一九二七年はじめから黄埔軍官学校政治部主任、中共広東区委軍事部長に任じられる。しかし、この年四月に広州で起きた蔣介石による白色テロのさなかに捕らえられ、秘密裏に殺害されることとなる。〔須藤〕

とが合わない等々が実証である。少数の婦人ではいけない。全部が支那の婦人と提携しなければいけない。支那の婦人は今帝国主義による経済の圧迫をうけてゐる。この経済上政治上教育上の権利獲得が婦人運動の目的であつて、今では知識階級と労働階級とを問わず凡て団結して革命事業に当つてゐる。民族の解放につづいて婦人解放が行われなければならない。〔注：欄外に「婦人の糾察隊もある」〕第一期に黄埔の軍官学校に一人入学を申込んだが時期でなかつた。第二期第三期にもあつた。第五期に女子の軍官学校を武昌に設け、現在二百余の婦人がここに訓練をうけてゐる。髪をかつて軍服を着て男子とすべて同じである。体質の為に第一線に立つ事が出来ないとすれば、経理なり副官なり参謀なり男子以上の女子の知識を必要とする位置におかれる。頃□、何香凝女史の建議によつて女子が最高官職に就く事が出来るようになつた。軍事においてもその通りであると。

日本婦人も志望者あらばいつでも歓迎すると。松本さんが日本人もこの学校に入つて訓練されるといいと言つたら、「入りますまい？」といつたが、婦人は歓迎するといつた。日本の婦女を弱小民族と見なしたか。

二月八日　火曜日

一時空は晴れたが暖くもならない。朝早く秋光氏、栢森氏、平井氏とつづいて来訪。栢森氏と平井氏とは四時過ぎまで話された。送りながら傘を返しにゆく。珍しく無事〔何事も無し〕。

二月九日　水曜日

朝より雨が少し降つた。きのふ留守中に国華報社の胡天民氏〔詳細不明〕が見えて、けふ十時に再来するとの言葉をのこして行つたので待つてゐると、十時二十分頃胡氏と胡女史が訪ねられた。話す事暫し、女史は広東セントヒルダ大学〔美国

〔原文ママ。正しくは「英国」〕の宗教女学校）を卒業したといふ。まだ新聞社の仕事には一年位である相だが、主に外国電報を訳しなどしてゐるとか。三十分ばかりにて帰る。手紙をくれとの事。午後沙面にひとりで木綿、紙等を買ひに前田洋行〔沙面のイギリス租界にあつた日本人の経営する商店〕にゆき、正金に行つて残金全部をとる。服部女史、夜領事館に荷物を頼みにゆく。

二月十日　木曜日

曇、夕方栢森氏方に行きたる外無事。夜張女史来訪。

二月十一日　金曜日

紀元節。午前十一時頃領事館にゆき、十二日午後出立の事につき、また十六日香港出発の予定につきたのむ。午後書記生是永氏来訪、熱心に広東政府を謳歌し支那人をほめてゐた。そして日本人の支那人に対してもつと熱心に考へることを切望すと。夜は栢森氏方に招かれて、お雑煮おしるこの御馳走になる。秋光氏の素行についてきく。

二月十二日　土曜日

午後の泰山が一時半に出帆するときいて、朝広東に関する原稿を書き終つてからいそいで昼食し、領事館に行つて、領事と平井氏とに名刺をのこし、その足で碼頭にゆく。是永氏、栢森兄妹、東洋館家内に見送られて二時出帆、八時香港についた。夜の香港の町の灯が水に映つて、しかも紅い提灯の火の賑やかな感じが嬉しい。山の上まで灯がついてまた神戸を思出す。東京館の人に迎へられて宿に入る。

二月十三日　日曜日

香港の空は晴れたり曇つたりしてゐる。朝領事に帰香の旨を服部女史が伝へると、入湯中だといふ。午後山の上の官邸に行くと、暫く留守とある。

山から湾を見たけしきは何とも言へない。山上の気分またなくいい。帰宿後、領事から電話で香港大学参観の手つづきをして下さつた事をいわれた。そして明晩官邸に御飯に招いて下さる由。

二月十四日　月曜日

朝少し雨ふる。十時、領事館に行くと少し待つ間に村上総領事（義温氏）来らる。三日に広東から出した書面が十二日目でけさ領事の手にとどいた。驚いたわけである。第二信は無論まだ来ない。道理で領事が前以て知せがないので……と言われた意味がわかる。だしぬけに広東の領事から電報が行つたわけである。添書を持つてチャイナビルディング六階義商〔?〕倶楽部に**コートウォール博士**(236)を訪れた（羅旭和）。明日午前十時四十五分にオフィスに行つて、コ氏の自動車で大学を見て、自邸に夫人を訪ふ様大学校への添書をそへて下さる。夜は領事官邸に招かれ御馳走になり、野々宮

(236)　コートウォール博士　竹中は「羅旭和」としているが、羅旭龢（Sir Robert Hormus Kotewall）を指すと考えられる。羅旭龢（一八八〇～一九四九）はパールシーや華人の血を引き、籍貫は広東省宝安（香港）とされる。前香港立法局首席華人非官守議員、華人太平紳士。香港の教育や文化事業に貢献した。〔須藤〕

氏、新垣氏夫妻その他にあひ、十時過ぎまで話して辞去した。往復とも汗にひたる。

二月十五日　火曜日

曇よりした日が明けた。暖かい日である。エムプレッス〔船名〕が賃五十五弗、目算はずれてお土産にし度いものが沢山あるのに買へない情けなさ、焦れつたい事夥しい。但し約束もある。十時四十五分コートウォール氏をオフィスに訪ふ。外出中であつて最初要領を得なかつたが、やがて言い置きのあつたと見えて自動車で**香港大学**(237)に送つてくれた。紹介状によつてフィニンガムといふ英国教師が案内して校内と高いところにある寄宿舎を見せてくれた。山を拓いてよい位置に宏壮に建てた英国人の働きを感心する。医、機械、美術の三科に分れて生徒総数二百九十、内女子二十。機械科に一人、医科に五人、そして学力はむしろ女子が優れてゐるといつた。月謝年に三百弗、食費

(237)　香港大学　一九一一年創立の総合大学。イギリスの植民地経営に役立つ華人を養成する英語教育機関として設立された。香港島上環南部の山腹に位置する。香港大学の前身は西医書院で、孫文はその西医書院の卒業生の一人である。〔須藤〕

三百弗、他にクラブ費などを七百円位に当るか、そして学校の総経費は六十万円乃至百万円を要する。地所は政府の物であるが、建物は全部香港その他の支那富豪から寄附によつて出来てゐる相である。

十六歳以上でなければ入れないし、入学には国語、英文、算理等五課目の試験を受ける。英語が素より熟達しなければ講義がきかれないから、此点を注意する。帰りにコートウォール夫人を自宅に訪ふ。全然白人か混種か判らない。何しろ髪は前半は赤く後半は黒く支那服である。三十分程ゐて辞去する。香港には二十程大きい学校がある。皆英人、仏人伊人のたてたものである。

二月十六日　水曜日

穏かならぬ雲行であつたが、十時頃明るくなつた。九時に会計をしてもらつてやつと胸なでおろした。少しあまる位、一泊で六円とある。まづ一ト安心して充分に心づけもおいて、領事館にお礼にゆく。領事は昨日から風邪引こもり中との事で言葉を残して帰る。途中買物をして宿に帰り船におくられ十一時ロシア号の人となつた。船は暫くドつクで船底のかき〔蠣殻〕をおとしてペンキを塗りかへた相で、大変快速で行く。

九　上海から帰国　二月十七日〜二十四日

二月十七日　木曜日

モンスーンに災ひされたか、朝から船よひの心地、かてて加へて下痢気味。一日ねたまま、トーストニタ切れに支へられた。夜になつてややおだやかになつた。石本、田所両氏の来訪をうけたが、治まらぬおなか工合に起きてゐられず。

二月十八日　金曜日　〔※欄外に「十八〔?〕、帰るとすぐ上海毎日に原稿を」とメモ〕

　船もゆるやかにすべるやうになつたので、起る事が出来たが、終に一日のお腹工合は又しても大腸カタルをおこしかけてゐる。気分も甚だ晴れず、上海に午後一時に着くときいて喜ぶ。三時に入港した。この船は香港のドックで底のかきをとつてぬりかへたので一層快速になつたとか。予定よりも早くつひて、満鉄の南氏と万歳館に入る。好人から□本、石川氏から一本来信があつた。大阪の山本氏、神戸の葉氏来滬されたとか。面会にゆく。上海は雨、そして風雲やや急をつげてゐた。

二月十九日　土曜日

　雨。けふから不穏な気、全市を覆ふ。電車も午後から全部罷業し、午前十一時半住友に行つた時、今村氏の許に先施、永安、新新各商店閉つとの報があつた。郵便局も罷業したとの事。午後菊地さんに伺つた時、明日軍艦四隻更に入港するときいた。そして糾察隊は郵便局長を樫の棒でなぐり、遂に罷業させたとか。不安といへば甚だ不安な状態である。午前宮崎氏より電話かかる。広東で三日頃出した書状がおとといついたとか。夜**ハスケル**(238)に行かうとして出かけたが、雨甚だしく車なくやめた。

〔二月〕二十一日

朝菊地さんにゆく。おひる日本人クラブにて山田、松井氏と会食。

〔二月〕二十二日

寒し。王、張女史、沈夫妻来訪、夜劉氏来訪。上海の罷業やまずさわがし。

〔二月〕二十三日

寒し。沈夫妻と写真とる。おひる先施におよばれ。仏教婚礼。夜**功徳林**(239)に**頓宮**《とんぐう》〔**寛**《ゆたか》〕(240)氏およばれ。

(238) ハスケル　ハスケル路（現中州路）のことか。〔石川〕

(239) 功徳林　一九二二年創業の上海南京西路地にある老舗精進料理店。見たところ普通の中華料理と変わらず歯ごたえもあり、評判を呼んだ。有名料理は黄油蟹粉（バター仕立ての蟹肉もどき）、素鶏、素鴨、素火腿（鶏肉、鴨、ハムもどき）など二〇〇種類以上ある。現在も営業を続けている。〔石川〕

(240) 頓宮寛　（一八八四～一九七四）瀬戸内海の小豆島に生まれる。東京帝国大学医科大学卒業。三井慈善病院に勤務したのち日本医学専門学校の教授を務めていたが、一九一八年中国にわたり湖北省大冶漢冶萍煤鉄公司の病院長となる。一九二〇年に上海の佐々木医院を継承し、翌年病院を北四川路一四二号に移転して「福民病院」と名付ける。魯迅と許広平の息子周海嬰は一九二九年にこの病院で生まれた。〔須藤〕

〔二月〕二十四日

菊地さんにおよばれ。黄、王、劉丘、松本、頓宮、菊地夫人会す。夜新聞学会の黄氏来訪。両〔一文字で切れている〕けふ**上海大学**(241)女学生二十五人及大夏大学学生殺されたとの話をきく。

ここで、竹中繁の中国旅行日記は終わつている。一九二七年三月四日の『東京朝日新聞』に、「竹中繁子女史帰朝」という小さい記事があり、「南北支那視察中の本社員竹中繁子女史は半歳の旅行を終へ二日夕東京駅着帰京、無事本社に帰着した」とある。

(241) 上海大学　一九二二年に設立され、鄧中夏が総務長、瞿秋白が学務長を務めるなどして、中国共産党の青年や幹部を養成する学校となった。一九二五年の五・三〇運動においては、ストライキ推進の中核の一つを担った。〔石川〕

第五章　中国旅行（三）竹中繁が書いた記事から

一　中国旅行中（一九二六年九月二十二日〜一九二七年三月二日）の寄稿

（一）『婦人』連載記事

①竹中繁子「支那の旅」『婦人』第三巻第十一号、一九二六年十一月

〔冒頭の紹介文〕竹中女史は東京朝日の記者で、全関西婦人連合会にも少なからず尽力され、本誌には毎号「東京たより」を書いてをられましたが今度支那の婦人運動、教育状態観察の旅に立たれました。本誌には毎月旅の通信を送つて下さることになつてゐます。（編集記者）

社から暫らくの許しを得て、私は旅を支那へと志しました。

本来ならば、欧米行脚でも企てるのが利巧かも知れませんのに、支那とは我ながら少し変わつた望みのやうにも思ひます。が、こゝ数年といふもの、私の望みは支那へ、支那へと何がなしに引かれてゐました。多分それは毎日手にとつて見る新聞の文字の上で、支那の事情について考へさせられるといふばかりではなく、いま、しきりに伸びようとしてゐる民国の婦人の、どことなしに根強い力を、いろいろの場合において見かつ聞かせられる時、あの人々の中には昔から流れてゐる祖先の血、それは世界の古い歴史にのこされた偉人英雄の心臓の中に醸された血が、伝はつてゐるのだといふことを忘れてはならないのだと思はせられます。そして、新時代の風にふれたときに、そういふ風に伸びて行くのだらうかと、しきりに見守り度くなります。

それに、もう欧米の婦人の事情は、わざわざ知らうと力《つと》めなくとも、自然にいろいろの書いた物を通して知ることが出来るのですけれども、民国の婦人の教育状態や家庭生活乃至は社会生活については、私達日本婦人が余り知りもせず、また等閑にして知らうともせず、従つて今まで何も伝わつてゐません。そしてまた私達日本婦人のことが、先方にも誤り伝へられてゐはしないだらうかと恐れるのです。

私達は今の支那の婦人が、日本婦人よりも遙に高速度に、昔日の姿を変へて行つてゐるといふ事は、おぼろ気ながら聞いてゐます。あるものは新らしき思想となつて自由に遠くまで漕ぎ出してゐるとも聞きます。

現に私が十月三日、今度の南北支那行脚に出かけて、奉天に来ました時に、直隷省は十月二日附の省令をもつて、学生の断髪を厳禁したといふ通信を見ました。断髪が強ちに悪い事ではないのでせうが、思潮の面白くない方に向つて流れてゆくのを、食い止め度い意味には相違ありません。根強いものに本づいた新思想を持つ支那の婦人は、或るひは先進国の婦人を以て任じてゐる日本婦人に、一歩をさきんじるかも知れません。

かうして色々考へると、どうしても友邦の婦人達のことが知り度くなりました。そして接近したい。私の支那行脚はつまりこんな思い附きなのです。

それに、まことに願つてもないよい道づれを得ました。道づれといふのは、現在小石川の白山御殿町にある中華女子青年会の寄宿舎を預かつて、地味に、着実に、しかもどこまでも温情を以て、支那から来る留学生は男女を問はず、一人々々《ママ》の身柄を引きうけて、時には日支人の間のもつれを解いたり、慰めたり、また或る時には自分の嚢中を割いてゞも学資を補つて勉学の道を開いてやつたりして、実にい丶民国人の小母さんとなつてゐる人です。この人は女子大学の一回生として卒業すると、直に北京に行つた。丁度日露戦争干戈やうやく収まつた支那では、人心まだ安らかならぬ時であつたのでしたが、後に奉天に女子の師範学校が創立された時、そこに招聘され教師となり、前後十四年を全く支那の女子教育に捧げたので、あの残虐な死を遂げた郭松齢の夫人〔韓淑秀〕(1)などは、その当時の門下であつたのです。かういふ縁故から、女史が民国の留学生を愛する事は、本当にわが弟妹を見るやうなものがあります。で、今度は自分が留学生を扱ふにしても、新時代の支那を知らなければならないという必要から、南北支那へ、私の望みに添うて同行してくれる事になつたわけです。

行程は、大連を振り出しに旅順、金州、奉天、撫順、長春、吉林、ハルピン、チ丶ハルの南北満洲の各地。それから天津、北京、保定、太原、張家口等の中京をめぐつて、山東に出ます。こ丶では済南、泰山、曲阜、青島と歩いて、武漢方面は長沙、九江、南昌。

そして南支に下つて南京、上海、蘇州、杭州、南通州、福建、香港、広東、梧州、廈門と、折角ふみ出したからには、せめてこのくらい歩いて見度いと思ひますが、戦乱中の支那のことですから、どこで道が塞がるか判りません。実は一つところに長く留まつて支那の家庭で生活して見度い考へも持つてゐますが、女子教育を見て歩いてゐるうちに、何かしらほかに婦人について得るものがありはすまいかとも思ひます。

服部女史は、私よりも年は若い、けれど支那語においては素より、支那といふ国について知る事は驚きます。それだけに旅も一層面白いのです。どういふ事が「上り」までにできあがりますか、とにかく私の支那旅行の思ひ立ちを序辞として、見聞しまする事を次ぎつぎにお知らせします。（つゞく）

②竹中繁子「支那の旅（二）旅順と大連」『婦人』第三巻第十二号、一九二六年十二月

東京駅で親しい顔に別れた時は、さていよいよ私の旅はその第一歩についた、と改めて考へると同時に、自分ひとりで勝手に背負つた責任みたやうなものが、にはかにドツシリと重みを加へられたやうに感じられた、一切五里霧中をたどる自分の旅が、恐ろしくもまた不安にもなつたり、あとにのこした東京の街や、人や、毎日の生活だつた事が急に懐しく思はれたり、それよりも先の長い旅の月日を数へたりしたのでした。

その第一歩が大連の埠頭にかゝつた時、踏む足の勇み立つのを覚えました。私の望んだ支那の一端に着いたのです。支那といつてもこゝは満洲、しかもこゝにゐる日本人は、故国を指して内地といつてゐる位の処ですから、支那に来た、といふ気分になるのには余りに日本らしい町の名があり、そして日本人が多いのです。しかし始めて来た旅人には、自分の下り度いと思ふ停車場の名前を、電車の車掌にたづねても、それが果して通じたのか通じないのかわからず、よつぽど耳を引つ立てゝゐないと呼び声のはつきりきゝとれない支那人口調なのだ《ママ》、成程支那に一ト足入つたと感じられるのです。

私達がはるばる出かけて来た目的は、決して遊山気分の見物ではないのですから、着いた翌朝早速満鉄本社に出かけ、色々な方の厚いご配慮によつて、すぐその日から関東庁の施設にかゝる支那人の教育事業を参観したのです。日本の租借地である関東州には、関東庁の施設である公学堂となへる支那児童の教育機関があり、満鉄の沿線おもな処には、また満鉄施設の公学堂があつて、同じく支那の児童を開発する事に従事してゐます。たゞこれだけいへば、支那人教育といふ事が、別に何ら特別の響きを与へないかも知れませんが、方々の公学堂に行つて見て、それぞれちがつた方針をたて、国柄風習の全く異なつた支那人を教化してゐる苦心談をきくだけでも、一々吐息がつかれます。長い間の星霜を、親戚故旧らと離れて、諸事不自由な異郷の空に、とかくねぢけ易い頑

くなな支那人を相手に色々な苦難と戦ひつゞけてゐる事は、欲があつては決して出来ない仕事だと思ひました。殊に金州の公学堂南金書院は院長岩間徳也氏の今日に至るまでの苦心は聞く者をしておのづから襟を正させます。全霊全身をそこに全く投げ出してかゝつてゐる尊さが、昔の未開の国に行つた宣教師の俤もかくやと思はせました。

大連では伏見台と西崗子の公学堂と、商業学堂とを訪ねて、ともかくもそこに中国子弟の学生生活の第一印象をうけたのでした。とりたてゝ此処にいふほどのこともありませんが、色々と長い教育の経験から得た先生方の話によつて、彼ら支那人が、その智能に行《マ》つ《マ》ても我々日本人のはかり知らざるところに能力が隠れてゐるらしく思はれました。

素より国家社会制度の上から来てゐる、長い間習慣づけられた極端個人主義に本づく性格のながれ、例へば他人に対する公徳心のうすい事や、自分の物には鍵をかけておいても他人の物を使ひ度いいはゞ汚い利己心や、金銭上の欲の甚だしい事やなどが、とかく他国人の侮蔑のもとゝなつて、そればかりが支那人の特徴であるかのやうにまで考へられてゐますが、それらの特徴を善導すれば、彼らは真に刻苦窮乏に耐へ得る貯蓄心の強い国民ともなり、金銭について持つてゐる驚く可き知識を善用し得る国民ともなるわけですし、その上に貪欲の反対現象として大変気前のいゝ場合がある。例へば、学校に長く勤めた老教師が落魄して死んだ後の遺族が窮迫してゐるといふ事をきいて、その教師を知らないものまでが喜んで醵金して、貧しい学生の嚢中から百二十円の金が直に集まつたといふ事実があるのです。しかもかういふ事は、度々彼等の間に見る美しい情の発露ださうです。内地から行く教育者が、その事業を捨てゝ去りがたいのも、必ずいゝ理由がなければならないと思はせられます。

旅順は大連からは日帰りの出来るくらゐの近さです。私は大連についてから、伴れの服部女史と別れて、親しい友の住む風光明媚な星ヶ浦に泊る事になつたのですが、そこは大連の駅に行くのに、電車で四五十分もかゝる市外ですから、朝八時何分かの汽車で出かける時は、学校に行く十一になる子供に道を教へられて駅まで行きます。日が暮れて星ヶ浦に帰る時なぞは、土地不案内言語も時々不通な目にあふ電車で三度も乗り換へて、真つ闇《くら》な市外をまつしぐらに走る電車の中に立つて見たり居て見たり、あぶなく赤毛布をやりそこなふ始末でした。大連駅で服部女史と落合ふにも、群ゐる苦力や車夫の間から、不安な金つぼ眼をいよいよまるくして見張るのです。何しろ咬みつくやうにいひのゝしる駅前のざわめきをのがれて、汽車の中に落ちついた時にはまつたくほつとしました。

旅順の駅に十一時についた時、関東庁からのお迎ひをうけてゐたのでした。長閑に晴れた秋の日は、そちこちの丘に、過ぎし日の勇者のいさほしを語る記念碑にまともに輝いて、今は実に眠るが如き静穏な旅順の町を、無量の感慨にみちながら、馬車はまつ直ぐに師範学堂の前にとまりました。男子部を一巡して女子部に入りました時、案内に立たれた一人の支那婦人は上手に日本語を操りながら色々説明されたのです。それが別に珍らしい事ではないかも知れませんが、この婦人は一度も日本の地を踏んだ事のない人で、たゞこの師範学堂で学んでそのまゝ学校にとゞまつた先生です。日本に留学した学生が日本語を話すのには不思議は無論ありません。しかしその日本留学生の中にも兎角日本語のあやしい人の多い中に、遥によく日本語を操る婦人に出くはした時に、知らない土地で友達にあつたやうにうれしかつたのです。

この師範学堂が女子教育の必要を唱へて英断的に女子部を設けたのは、今から六年前大正九年でした。女子に教育の不必要を強調する支那人の間にゐたその反対の行動をとつた堂長には惨憺たる苦心のないはずはありません。最初十二円づゝを支給して無条件に入学をさせ、寄宿をさせたもの、風俗習慣はことに女子においてのそれが甚だしいちがひがあるのですから、なかなか容易いわけには行きません。それでも最初十八名を試験的に入学させ、徐々にしかし着実に目的を遂行しつゝ、今日に及んで、七十六名の卒業生を出したのですが、教育の力によつて入学をすると直ぐから纏足も自ら解くようになつたさうです。支那の女子教育の程が、かうして日本人の手によつてまかれ培はれ育まれて居る有様を見ると、喜ばずにはながめられません。

ちやうどお昼時になつたといふので、この学校の生徒の御飯を話の種に供されました。白菜と豆そうめんに豚肉のこまぎれを少しあしらつて、塩で味をつけた煮ひたしを、粘りけのないパラパラな御飯にかけて食べるのです。食べ慣れない者には咽喉につかへます。しかし栄養価からいつたら、決して価値の低い物ではありますまい。極めて実質的な簡単な食物ですむ支那の学生は、いひかへれば生活程度の低い支那は、それだけ修学費も易い。食費が最低三円より六円の間で、授業料、舎費全部を加へても十二、三円以上ではありません。従つて師範学校を出た女教員の俸給が三十円から三十五円ぐらゐです。しかも日本側経営の師範学堂出身者は大抵五円ぐらい高いときゝました。たゞし北京の女子師範大学を出た人は別です。

③竹中繁子「支那の旅通信（四）日本人の支那教育者」『婦人』第四巻第一号、一九二七年一月〔旅通信（三）の間違い〕

金州へと行くために朝早く星ヶ浦を出ました。古い由緒のある金州は、おつとりとした空気に何となく古雅な感じを与へます。停車場には人力車数台と自動車が一台、下りる人もすくない駅前に、支那一流のお客争奪のせり合ひもせずに、のんびりと客待ちをしてゐました。南金書院へ、と自動車をはづむことにしました。それはたつた六十銭だと聞いたからです。しかもかなり遠いみちのりでした。

南金書院はやはり関東庁施設の公学堂ですが、この院長は支那人教育者として殆ど知らない人のない岩間徳也氏です。岩間氏がこの公学堂に男子の教育を始めたのは日露戦争の干戈にまだ血腥さい香の残つてゐた明治三十八年十二月のことでした。そして三十九年になつて女子教育の門を開かれたのです。金州は遼東の南端における政治及び文化の中心であつたゞけに、教育が盛んに行はれたに拘らず、文字を解する婦人が殆どないといつてもよかつた位で、城内一万位の婦人のうち、たつた一人だけが文字を解したといふ程婦人には学問の無いのが徳であるとさへいはれて来たのださうです。

「そこで女子教育の緒《いとぐち》を引き出す為めには、紳士を説く必要があると思つた。こゝで紳士といふのは学問あり名望ある人のみが称へられる名で、自分から私は金州の紳士であるといひます。さういふ人々を二□名ばかり招いて女子教育の必要を説いたのです。さうしていゝ塩梅に最初四十名の生徒を得ましたが、さてやるとなると父兄から色々な注文が出た。ヤレ男教員ではやれないの、小使は男ではいけないの、足が小さいから学校から馬車で送り迎へをしろの、朝夕の通学に途中の男の取締りをして貰ひ度いのといひ出して、たうとう朝夕女学生の通る時間には巡査を立たせ、警察からやかましくいつて売物屋の店さきまで取締つたのでした。

学校の方ではまた、従来の家庭の不規律な生活から、規律的生活に入るのですから最初に遊び半分にして、追々に進めようとし、この土地の婦人にあふ遊技運動をさせたり、家庭的の仕事には支那裁縫、ミシンの稽古などをさせた処が、また家庭から本を教へろと抗議が出たりして、凡ての予想は裏切られてしまひました。それからはもう自分が支那人になつて見て理想に進むよりほかに仕方がないと考へて、その方針をとつて来て、いまでは二百四五十名をります。最初は外国人の立てた学校だといふので生徒は肩身をせまくしましたが、今では生徒の考へもすつかりちがつて来ました。」と岩間氏は語られました。

たゞ同氏の困難は、かうした無理解から来る支那側の障碍ばかりではありません。日本政府の支那人教育に対する意志と、岩間氏のそれとが根本において一致しないところにおいて、人の知らない苦悩があつたと聞きました。それがため俸給半減のうき目に遭つたけれども、そんなことは事業を熱愛する氏にとつて何ら恐るゝ所ではなかつた。戦争に使ひ荒した建物の中で、百倍の勇気に燃やされて、着々と所信を貫いて行かれたのでした。

こんな立派な歴史をもつてゐる南金書院も、校舎といふのは古い狭い支那の家屋に、設備もさして完全とはいへないのですが、校舎設備は如何にしがなくとも、教へる先生達の顔は熱情に輝いてゐました。女子部の教室を参観した時に、非常に流暢な中国語で数学を教授してゐた日本服の女の先生を、支那人とばかり思ひましたが、それが日本の婦人であつたのに感心したり、支那の女学生に、全然日本語で読方を教へる女教員のあとから、上手な調子で本をよんで行く支那の女生徒に驚いたりしました。私が感心し驚いたといふのは、無論これらの光景もですが、この女子部に、愛をもつて生徒に臨んでゐる三人の日本の女教員の態度でした。古めかしい言葉ながら、勇将の下にいる強卒は、内地の人々にはその存在を忘れられてゐませうが、各々十幾年の歳月を、すつかりこの土地の人になり尽して身を忘れて働いてをられる有様を、何を不自由もない内地に安閑としたその日ぐらしをする婦人達に何程見せ度く思つた事でせう。その三名の婦人は楡井よし子、斎藤いし子、小山内たか子といふ名の方々です。

岩間院長と関東庁の方に送られて金州の駅を出たのは午後の三時、この列車は貨物列車です。けれど、丁度い、時間に大連に帰りつくのにはこの貨物列車しかなかつたので、お陰で生れてはじめて支那の貨物列車にも乗つたわけでした。

秋晴れの美しい金州はまたもう一度いつて見度い思出のいゝところです。

満鉄経営の公学堂は、長春と奉天と撫順のを見ました。大同小異ですけれども、おのおのその特色をもつてゐました。中でも撫順の公学堂長は、支那人の最大特徴とする刻苦窮乏に堪へ、貯蓄心の発達してゐる性格を失はしめないために、特に細心の注意を用ひてゐられました。小学校とはいひながら、上級生の木工細工には非常に驚かされました。大デスク、茶箪笥、鏡台、火鉢その他細かい家具など沢山出来てゐました。総じて支那人は男女とも手の細工にはとても日本人の及ばない巧さをもつてゐます。根気の強い点もまた日本人の及ばない処です。これら少年木工のために堂長は一切器械の力を借りさせない、つまり刻苦に堪へる特徴を育てたい一例なのです。もう一つ撫順に鉱山学校があります。これはまた土地柄非常に適応した教育だと思ひました。もうこゝの本科生となると、殆ど日本の学生と区別のつかない位器械の術語などを使つて実にスラスラと読んでゐます。極めて実質的の人を養成するのが目的ですから、幾らでも卒業後は使ひみちがあつて失業するものは今のところ少しもないさうです。これからもつともつと日本の鉄道が満洲に延びるまゝに、沿線に必ず支那人教育機関が設けられると思ひます。チヽハルあたりの人々でも、交通機関の不便なために振はない教育が、早く日本の敷設する鉄道によつて、やがて振興されるようにとしきりに希つてゐました。

日本が満洲において、それだけ支那人を啓発しようとしてゐるかをこゝに紹介するのも、あながち無駄なことではないと思ひます。（つゞく）

④竹中繁子「支那の旅通信（五）」『婦人』第四巻第二号、一九二七年二月〔旅通信（四）の間違い〕

北満の香星　呉督軍夫人　装身具を売つて夫の軍費《ママ》金を調達

満洲で呉俊陞将軍といへば、北奥の黒龍江省督軍にまつり込まれてはゐても、戦さ上手の大将として張作霖氏にとつてなくてならない人である。まるまると肥つた真黒くやけた顔には、三国志の中の戦士にでもありさうな、幾度か千軍万馬の間を往来したらしいあとをとゞめて、一寸見には怖いおぢさんとも思はれるけれど、一とたび我が意を得て相がうをくづす時にはそれこそ天下も国家もないやうな無邪気な笑顔をする。いかにもその人には肩の重荷の非常に大きい反面に、それを償つて余るほどの満足な心のいこひがあるからであろうとは、その家庭のさまを見て察しられる。言ひ換へれば夫人にその人を得てゐるのである。

夫人は本当に愛くるしい美しい人である。見た目にはまだやつと二十六、七歳の女盛り、いはゆる第二夫人といふ格ではあるけれども、みめかたちの美しい点からいつても、また人妻としてはまことにかうもあり度いと誰にも思はせる心ばえの点からも、呉俊陞氏の寵を一身に集めてゐるといふことが、さもあらうと首肯かれる、そして多くの人にかしづかれながら、下々の人の尊敬を相当に担つて、複雑な支那の家庭をみごとに切りまはしてゐる手腕は、決して凡庸の婦人には出来ないことである。それだけに自然に備はる謙遜なふるまひが、初めて会つた我々に大変奥ゆかしく印象されるくらゐであつた。

二度目に夫人に会つた時に「実は私は三度考へさせられました。といふのは、貴方がたがこんな不便な、辺鄙なところまでわざわざ来て下さつたといふことを伺つた時、何とかしてお目にかゝり度いものと、その方法を考へました。お訪ねしようかしら、さりとてこの無学な私がお訪ねするのも余りに恥かしくて躊躇してしまひました。そこに幸ひにも私の方にお訪ね下すつて、かうして度々お目にかゝることが出来たのは喜ばしいことです。こゝには折角お出下すつても教育など、

名のつけられる程のことがさつぱり出来てをりませんことを恥かしく思ひます。どうか十分に御批評なすつて戴き度いのです。こんな処までお出下すつたのに刺戟されて、もつと教育方面に力を注ぎますから、私共の力にかなひます事は何なりと御注意下さい」と夫人は懇ろにいはれた。かういふ夫人自身は、特に自分のためには家庭教師をおいて日々の課業を怠らない上に、チヽハルにおける平民教育に意を注いで、孤児教育のために回教の教師が設けてゐる女子教養院には月々五百円づヽの寄附をする外に、図書館を設けて市民の教育を助けてゐる。

家庭の人としての夫人にはまたかういふ美談がある。ちやうど去年の冬、赤化討伐軍が凱旋したとき、夫人みづから率先して凱旋軍人慰安会を組織し、心から兵士をねぎらつた。それから呉督軍が出征先きで、奉天軍が軍資の欠乏した時に、その調達方をいひ附けたことがあつた。その時夫人は早速に身のまはりの装身具を惜げもなく売払つて二百万金をとゝのへて送つたといふ。まるで昔の物語を今に見るやうな、まことにけなげな逸事である。南の支那にはどれほど政治を云々するにはかごしらへの新らしい婦人があるかも知れないけれど、本当に国のために力をつくすかうした婦人らしい婦人を満洲の端に見出したとき、これから進歩してゆかうとするチヽハルのために心から祝さざるを得なかつた。

満洲唯一の婦人記者　張維祺女士　社長は舅君、編集長は夫で女士は主筆

奉天に醒時報といふ日刊新聞がある。小南門外工夫市といふところに、規模こそさして大きいとはいへないが、張といふ人の一家一門がこの新聞の経営全部をやつてゐて、至極確実な歩調と穏健な態度で事業に臨んでゐるやうではあるし、この土地ではかなり古い歴史をもつた新聞であるといふだけに相当の読者をもつてゐるらしい。

この新聞社の主筆は、張維祺といふ婦人であつて、編集長の妻女である。社長はすなはち女士の舅君に当ると

研文出版　2018.2.28

サ行

人名索引

マ行

ヤ行

ラ行

ナ行

ハ行

事項索引

索　引

凡　例

1. 本索引は事項・人名索引からなる。
2. 配列は、索引項目の頭字を同一字ごとに五十音順とし、同音字についてはさらに画数順とした。そのうえで二文字目以降を五十音順に配列した。
3. 目次、参考文献、資料、年表、日記の注釈部分は索引の対象外とする。

いふわけになつてゐて、父子夫婦が互ひに相倚り助けてこの新聞社を持続してゆくといふまことに美はしい一団なのである。

維祺女士は私がそもそも支那に足をふみ入れて以来、東三省を歩く間ぢう求め求めて出会つた始めての婦人記者である。さうして後にも先にも満洲でのたつた一人の婦人記者であつた。実はもう一人こゝに同じ張氏の一族の婦人が仕事をしてゐるが、たゞ編輯の方をやつてゐる。奉天に張女士を見出して醒時報社の一室に始めて会つた時には、国を異にするとはいへ互ひに同業の情の浅からぬ感慨に、何といふわけなしに双方の瞼が赤くなつた。言葉は互ひに通じない。たゞ伴れのH女史〔服部升子〕をとほして僅かにいひ度い心の万分の一を語り合ふことが出来た位で、支那に来てこの時ほど言語の通じないもどかしさを感じたことはなかつた。

張維祺女士

張女士はいつた。「お互ひの国は決して離れてはならない間柄なのです。男同士はヤレ政治のヤレ何のといつて勝手に争ひますが、せめて女同士は何の関係も離れて意思の疎通をよくはかりお互ひに仲よくし度いではありませんか。それには筆の力が一番必要だと思ひます。会はないでも一緒にゐないでも意思の疎通がはかられゝばそれでことは足りるのです。これからはこれを機会として、進歩したお国の御婦人の模様なり、何なりを時をり知らせて戴きたうございます。広い支那ではお恥かしいながら北と南の婦人の連絡さへもとれてはをりません。幸ひに今度貴女方が南へと御旅行の道すがら、お互ひ同業の婦人におあひになることがありましたらば、どうか私共と連絡のとれるやう御尽力下さいまし」と。

張氏の一家は回教徒である。ときくまでもなく何処となく備はる敬虔な態度が、一段と品格を高めて、朗かな眸の中には愛と智との光を湛へてゐる。聞く耳にはわからないが、引きしまつた口もとから出る言葉には少しのたかぶつた様子もなく、いかにも教養の高さうなところが、人をして懐かしみを持たせると同時に尊敬の念を起させる。女士は最初奉天の女子高等師範学校を卒つて北京の女子高等師範で更にその上の学業を積んだのであるといふ。張氏に嫁して四人の子の母となつたのであるが、不幸にして四人とも早世して、最後にのこつた八歳のいたいけ盛りの男の児を去年またとられて、あけくれ悲しみつゝ、日々の多忙の中にも忘れかねて、「子供のことを思ふとたまらなくなります」と淋しい眉を曇らせて語つた。いかに男まさりの仕事も子供の愛にはかへられない母の情を無理ならぬ事と思つた。

吉林の先覚者　韓予衡女士

「吉林に行つたら、ぜひしかじかの婦人に会つて見よ、今の支那には日本人の思ひ及ばない江らい婦人がある」と、一人ならず二人三人から噂を聞かされてゐたので、何はさておいても拝顔の栄を得度いものと心に念じながら、ちやうど吉林に着いた翌日、松花江をわたる晩秋の風のとりわけ寒い中を、馬鹿に風を切らせて訪れたのは、吉林省の交渉署、刺を通じて同署長鐘氏の夫人韓予衡女士に面会を求めた。

前以て川越領事から鐘交渉署長に紹介されたことではあり、首尾よく在宅と見江て早速に二階の応接間に請じ入れられた。そこは西洋室で、装飾といふ程の装飾はないが、たゞ掃ききよめられた清潔さと質素なのとがあるじの心がけのほどを物語つてゐた。待つ間程なく鐘署長は通訳を従へて入つて来た。無口らしい署長が口重たげに、かつては一度日本に留学生として行つたといふことや、何の目的で支那に来たかといふことなど二言三言応答し合つてゐるうちに、うしろのドーアが静かに開いて

韓予衡女士

かねて憧れてゐた吉林省唯一の婦人先覚者といはれてゐる韓女士が現はれた。署長はツと立つて上座を夫人にゆづると、そのあとに鷹揚に席についた。黒で総体にふち取つた茶どんすの長い服が、やゝ蒼白いキリツとしまつた顔にいかにもよく釣り合つて、内にある自由なのびのびとした心持が少しのこだはりもなく現はれて、押しも押されもしない威風をそなへてゐる。情味とかうるほひとかには欠けてはゐるが、いはゆる新支那の女性の新知識にも江てゐる我は顔なところが遺憾なく面に現はれてゐる。

女士の生れはハルビンに近い双城堡であるといふ。双城堡といへばさほど大きな都市ないが、その割合に教育の盛んな土地であつて、女子師範学校が支那での最も古い奉天に次いでこゝに設立された程であるといふに見ても、その土地がかういふ女士を早く生んだのは決して偶然のことではないやうに思はれる。そこで師範教育を受けた女士は更に北京にのぼつて北京国立女子高等師範学校にはいつて修行の年月を積んだ。卒業後はすぐに吉林女子師範学校の教務主任として招聘され、後に同地女子中学校の校長となつて、つい昨年までそれに従事したのであるが、女子の職業教育を痛感した女士は、今度新たに女子職業学校の設立を企てゝ近くその実現を見るべく目下しきりに工事を急がせてゐるとのことである。

「私は日ごろ考へてゐることですが、社会の改善、社会の教化のためには新聞といふものがなくてならないものので、それにはどうしても婦人が新聞事業に携はつてゐる必要があるのです。今ではまだ私共の国には婦人でこれに従事するものがありませんけれども、早晩さういふ時機が来ませうし、また来る事をしきりに望んでゐます。それと同時に女子が独立しても生活しうる道を造るために、職業的に教育されなければなりません。そして婦人もまた家庭以外に外に出て働くのが当然だと思ひます」と女士はいふ。言外どれ程の意味があるかは知らないが、自然的に特殊の恵みの豊かな吉林の土地に対して、それに適当した婦人を作り出す事は賢明な女士の過たないところであらうと期待する。女士はかつて独身主義者であつたのが、つい昨年主義をかへていまの夫鐘氏に嫁いだといふこと〔だ〕が、家庭の人となつてもなほその本領に立つて所信を貫かうとしてゐるところに女士の面目があると信ずる。

主客は語つた。二時間が短いほどに過ぎた。さわやかに流れるやうな弁舌は、何の無理もなしに聞くもの丶胸にとけ込むやうに感じられた。育つ力を一杯にこめて土地を破る種子のやうに、いましきりに伸びようとしてゐるさまざまの支那の婦人の中に、韓女士もまたたしかに先覚者たることを過《あやま》たない。

⑤竹中繁子「支那の旅通信（六） 好学の都南京」『婦人』第四巻第三号、一九二七年三月〔旅通信（五）の間違い〕

上海を立つ時は、半月余りも曇つたま丶晴れ切らないでゐたといふ空が、いよいよ雨になつて、旅から旅へと渡る身にいとゞわびしさを添へた、朝八時五十分上海発、南京についたのは四時ごろでした。雨がしとしとと降つて、やがて暮れやうとする混雑の南京停車場の前のぬかるみの中で、例の薄汚い執拗な車夫や馬車夫に腕を引つ張られ、周囲を三重四重にとり囲まれたときは、何だか急に心細くなつて来ました。後から来た服部女史は、四十歳ばかりになる支那の婦人と男二人とに捕まつて、何やら押問答をした末、持つてゐた小さな手提カバンを開けさせられてゐる。後で聞けば女の税官吏に調べられたのださうですが、私は漢口行きのために仕入れた大事なお菓子の包と毛布とを抱へてゐたのでしたが、幸ひに検閲を脱れました。

南京には今北軍の孫伝芳将軍がゐます。丁度私達の南京入りの前日張宗昌将軍が孫氏と会見のため来南された際で、南京の街は何とはなしに緊張してゐました。それに広東軍から密偵が入り込んだ――女の密偵もあるといふやうな噂のあつた時です。一体支那では男は一切女の身体に触れることが出来ないために、女が女を検べるのです。それで最近女税官吏が出来たわけなのです。そのほか城門の入口、埠頭、停車場、町の出入口には一間四方位の箱小屋が立つてゐて「女検査所」と掲げられてあります。こゝで怪しい婦人と見れば呼び止めて女が検査するわけなのです。かうした時でなければ見られない南京情景の一つでせう。

学都である南京には、四十万の人口に対して、大学と名のつくものが三つも四つも隣から隣へといらかを並べてゐるので有名ですが、去年例の五三十事件(2)があつてからは、この事件を記念するために五三十公学とか五三十何々学校とかいふのがいくつも出来て、湖南以南の学徒はほとんど南京に吸収されるといふ有様です。今の支那で輿論を興すのが学生であるとすれば、ここに一度南軍の宣伝がおよんだとしたら三千の学徒は忽ち起つて呼応するであらうといはれてゐます。しかし蟻も逓さぬ厳重な孫軍の警戒の下に、学生は沈黙して勉強してゐます。

私が或る大学の教授をしてゐる某女史に、

「南軍は随分一般の若い人々に迎へられてゐるやうですね」といつた時、女史は、「エヽ、大方好意を持つてゐるやうですが、いへば身が危いので皆口をつぐんでゐるのです」と言葉少なに答へました。

私は南京が大好きです。昔ながらの由緒ある大きな自然の背景の中に、静かに好学の徒を育んで来た古典的な南京は、或意味では私の歩いた何処よりも私の心を捉へました。かつて一寸名所見物のために足を踏み入れた時、漠然と好きであつた南京に、今後もつと深く入つて見て、警衛の兵士や巡査の波でザワついてゐる巷を他所に、音もなく底を流れてゐる水の力を感じたのです。

「日本からの珍客だ」といつて、一度日本に見学に来たといふ婦人九名と、法政大学学長王伯秋氏とが私達を金陵春といふ料亭に招いて下すつた。一座には一昨年東京朝日〔新聞〕社を見学された時に会つた国立東南大学教授兼江蘇法政大学教授の李瑪理女史を始め、東南大学の文学士で第一女子師範の教員曹美恩女史、同じく東南大学教授の高君珊女史、平民教育総会編輯主任省立第一女子師範国文教授といふ長い肩書きの劉令鑑女史等で、いはゞ南京婦人中の錚々たる選り抜きの新らしい婦人方でした。

ですから勢ひ話題が新らしい思想問題にふれてゐて、広東政府になつたらどうとかかうとか、それから独身論やら自由恋愛論やら、食卓に活きいきとした話の花が咲いた。そんな話の中にまじつて私は心の中にかう考へました。とにかく今は戦争中で、女子の教育など顧みるいとまもなく、たゞおのがじゞの伸びるまゝに任せてあるだけに、新旧の思想が恐ろしく均衡を失つてゐるもの丶、戦時中の虚を補つて施されてゐる米国の行き届いた教育機関によつて、または欧米留学の道によつて、今彼等はしきりに伸びようとしてゐる。日本婦人が先進国の婦人顔をして独りよがりをしてゐる間に彼らは一足とびに日本の婦人を追ひぬくかもしれない、と。現に彼らは日本の女子教育制度の欠点を指摘してゐます。そして大学における男女共学をもつて日本よりも一歩進んでゐるとして誇つてゐます。もしあしたにも支那に戦争が収まつて、合理的な憲政が布かれるとすれば、婦人及び一般平民の教育普及によつて、支那はすつかり面目が改まるでせう。

すつかり食卓の話に身が入つて時間を忘れて終つて、待たせておいた馬夫に催促された時は、もう戒厳令下の南京の城門の閉まる午後の八時をすぎかけてゐました。急いでいとまを告げて金陵春から送られて出ましたが、身にしむ夜寒の風を切つて城門についた時は、もう定刻を一時間もすぎて門を守る巡査の気のゆるむころでした、万一の時の用にと宝来館で貸してくれた門鑑がやつぱり役に立つて、私達のために厳めしい巡査は重たい城門をギーと開けて通してくれました、人通りの杜絶《とだ》江た城内の道すがら、歴史に名高い紫金山を月明に仰いだ美しさは、その夜の印象と共にいつまでも鮮やかにのこる事と思ひます。（十二月二十三日、漢口への途中にて）

⑥竹中繁子「支那の旅から　故国に帰つて」『婦人』第四巻第四号、一九二七年四月

国を離れて旅をして帰つて来た人が、旅の間の嫌だつた印象を美化して考へたり他人に話したりするほど旅をなつかしむ心持も自分の国を顧みて色々見劣りを感ずる時に、いひしれない淋しさと焦立たしさを覚江る心持とは、旅をして来て見てはじめて自分にも合点がいつたやうに思へます。これが欧米といつたやうな花やかな文明の先進国であつて、文化的優等国に対するあこがれをもつて自分も臨んだといふのなら、この感じはまさに当然のことでせう。が、私のはそれと全く類を異にして、どつちかといへば自分よりは一歩遅れてゐるとさへ考へてゐた国を歩いて来て、なほ且つその感じが深いのに驚いてゐるのです。或はむしろさういふ国柄の中に、却つて我々の学ばなければならない沢山のいゝものを発見したのは、何となく自分の心の隙を突かれたやうな形なので、淋しさも焦立たしさも一層強いのだと思ひます。とにかく旅はして見るものだといふことを今更らしくつくづく思つたのでした。

長い間心の中に鬱勃として畳まつてゐた大きな心の欲求が、たまたま機熟した国民革命といふ厳粛な声に喚び覚まされ、延いて打つゞく戦乱の中に、全く自分自身の立場を知る事の出来た支那の婦人、私は多く知識階級を目指していひますが、さすがに異常の緊張味を凡ての態度に見せてゐます。その自信のある悪びれない態度に、真面目な努力と奮闘と質実な歩みをつゞけて行くところに、私は少なからぬ畏敬をさへ感じたのでした。もつともかう一と口に感心するわけにもいかないのですが、とにかく総体に支那の婦人を見て心密かに彼等の遠からぬ将来の発達を疑ふことの出来ないことを感ずると同時に、帰つてからの自分の眼にうつる日本の婦人の不真面目な生活ぶり、――色々な意味において決して泰平とはいはれない多事多端な時代をまるで知らない生活ぶり、その鈍重な身の動きと共に心の動きの生温さ加減を、一々身を揺すつてゞも責め度い位焦立たしく感ずるのです。

一番始めに感じたのは、我々日本婦人はどうしてもこの不活発千万な服装を思ひ切つて脱ぎすてることだといふことです。私自身何十年と着慣れた誇りさへもつてゐた日本服といふものが、到底いまの時代となつては合はない服装だといふことを今更ながら感じさせられました。私は道徳的の見地から日本の婦人服をどうかういふだけ深く研究をしてはをりません。とにかく私自身生活の表に立ち始めてから大かた三十年、自分の活動する時の心持にピツタリと合ふやうに重ね着を着ることの出来た日はほとんど一日もないといつても過言ではありません。しつくりときちんと着られたと思ふ時でも、手を伸ばしたり身体を一つねぢるやうな用事でもすると忽ち腰紐はしめた位置をうしなひ、帯は同時にまた動きます。どう考へても日本服は動く時の服装でないことは明かなのです。かういふ服装のため思ひ切つた活動も出来ず、夏冬ともに楽にして家に引き籠りがちになつて心まで鈍重になり終ることは、どうしてもこれからの世の中の許さないところでせうし、もし婦人が甘んじて時代のおくれ者とならうと欲しないであらうと思ひます。

かういふ服装で慣れ来つた日本の婦人のからだの動きが、何としても鈍重にならざるを得ない。私はこのあひだ所用があつて或る都下の大きな病院に行きました。私の前を行き過ぎる多くの看護婦が、婦人の職業のうちでも最も活発な身の動きを必要とする立場にありながら、その身体の運びの鈍重さと不真面目さと、足に白靴は穿きながらその足どりの重さと歩き方の穢さに呆れました。かういふ形を見るだけでも何となく無精らしく、患者に対して軽快な気持を与へない不親切者らしい感じを与へます。

私が看護婦について特にかう目についたのは理由があるのです。私は北京で宮殿とまがふばかりに立派な設備完全なロツクフエラーの病院を参観しました。私はそこで見た看護婦の実に堂々とした見事な身体のこなしといかにも軽やかな身の運び方と、軽い歩みとにつくづく見とれたのでした。元来支那婦人の足もとは、纏足は別として大変美しく、従つて歩みに現はれていゐる自信を認めることが出来る、と思つて見てゐましたが、ロツクフエラー病院の看護婦が三五人づゝ揃つて町を歩いてゐるのに出会つた時、私は彼等のどこよりもまづ足の自由さと軽さと乱れない足どりに目がとまりました。それを日本の病院に行つてフト思ひ出して、第一に日本婦人の身体の束縛を解いて、もつと高い教養を加へなければ先覚婦人としていつまで支那婦人に対してをられようか、私は日本婦人がうつかりしてゐてはならないとばかり独り焦ります。

もう一つ経済の上からいつても、日本婦人の服装は国を滅ぼすことになりはしまいかとさへ考へます。自ら算盤を弾いて勘定するまでもなく羽織、着物、襦袢、帯とそれに不随する物とにかける金高は決して大きな物でないとはいはれません。私は西洋服や支那服を標準にしろとは強ひていひませんけれども、試みに彼らの服装をとつていへば、お金のかゝる物はホンの上着だけです。防寒用の付属品は無論別ですけれども、支那服などは上着の裏に羊の毛皮をつけるか、下着に綿を入れます。それで外出には別に外套の必要もないのです。全体支那の家屋では北方は別として大抵寒い処でも家の中に火の気はありません。私達から見れば彼等は寒さに対して無神経かとさへ思はれるほど寒さに無頓着です。それは着物を暖かに着てゐるがためであつて、綿入の筒袖、毛皮のついた上着を着てそれで十分なのです。私が済南を歩いた日は、生まれて始めて寒気凜烈といふ字を文字通りに身に感じたほどの寒さでしたが、女子中学を参観してゐて驚いたのは、その寒い日に教室に一つの火の気もなく、隙間の風のもれほうだいの所で寒さうな顔もせずに勉強してゐたことでした。無条件に支那服や洋服に移らずとも、せめて着てゐる着物の不経済な点を取り去る工夫を早くしなければならないと思ふのです。

日本には戦争こそない、足もとに危険こそ迫つてはゐない。しかし同じ東洋のつい隣の民族の現下の状態は、決して日本にとつて安穏の日とはいへません。これをたゞ対岸の火災とのみ見る可き立場ではありません。ほと

んど足もとに不安の横たはる日私達日本の婦人はノホヽンで迂闊な日を送るべき時でないと思ひます。（をはり）

（二）『婦女界』

⑦竹中繁子「チヽハルと呉督軍夫人」『婦女界』第三十五巻第一号、一九二七年一月

東京朝日新聞記者竹中繁子女史は、婦人記者界の元老格で、黙々として堅実な歩みを続けてゐる方です。過ぐる九月婦人記者として、誰もまだ手をつけなかつた支那に足を踏み入れて、支那婦人の教育程度や、風俗の視察を続けて居られます。これはチヽハルから特に本誌へ寄せられたものです。（編者）

忘れられぬチヽハル

北にシベリアを負ひ、南に蒙古を抱いて吉林省に接してゐる非常に大きな、野びろい一帯の平地が黒竜江省なのです。日本に居て支那と言へば、大抵は北京を言ひ上海を言ひ、北ならば戦争でよく引合ひに出る奉天か、いづれ厖大な国の捕まへどころのない為や、無知識によるので、黒竜江省などは無論吾々の口に上る事もありません。かく申す私自身が、本当にお恥かしいながら、来て見るまでは黒竜江省の名は知つてゐても、大抵方角は解つても、それがいま日本にどれ程考慮すべき処であるか、満洲の地をくさびにして支那と日本がどれ程必要な関係の上に利害を頒つてゐるかなどといふ事は知りもせずまた触れもしませんでした。チヽハルなんて言へば実はロシヤの領分だ位にしか考へて居なかつたのです。来て見るといふ事はこんなにも利益があるものか、とは改めて今更のやうに考へた事なのでした。

チヽハル、難かしく書けば斉々哈尔なのですが、こヽは黒竜江省の都会で、五市の中での一番大きい町です。

けれども何と言つても北満も北寄りの土地で、こゝから満洲里を通つてモスコーに出られる位ですから寒気は甚だしいのです。それと東支鉄道本線のチヽハル駅から更に四十二清里（六丁が一里です）、軽便鉄道で一時間と二十分の連絡を要する処ですから、辺鄙な不便な事は免れられないのです。しかしさうした土地柄の処に必ず見出される人情の細やかさと、淳朴さとは、凡ての不便をも覆うて余りあるものでした。私の南北満洲の足をとゞめた主もな町々のうちで、このチヽハル位印象の深い、心持のいゝところはありませんでした。

奉天に来ては城内の中国人の家庭に懇ろ過ぎるほど心からなる歓待に、客となつてゐる身を忘れもしました。吉林ではまた山川の美に添へて、支那人教化のためには、ここに骨を埋めやうといふ、日本に居ては思ひもつかない立派な決心のわが同朋を三人までも見出しました。旅順金州に、嘗ては干戈を以て靡かせたそのあとを、教鞭をもつて心を治めようとする熱心な献身者を見ました。それこそ自然の大、山川の美に飽かず包まれながら、かうした様々の場合の人□美に、日々夜々はぐくまれつゝ歩いて居ますが、その中で、チヽハルの滞在は、今なほ忘れがたく思ひます。そのくせ、そこには足の埋まりさうな砂ぶかい道と、風に吹きまくられる黄塵と、田舎らしい支那町との外に、見る可き風物は何物もないのですが、しかもかうした旅人の心を引つけるには、何処かに何物かの力が潜んでゐるのでなければならないわけです。

黄塵中の珠玉

私はそのチヽハルで、一人の才媛に出会ひました。何となくゆかしい処はあだかも黄塵の中に光つてゐる美くしい珠玉にも喩へませうか。それは黒竜江省督弁呉俊陞氏の夫人です。呉督軍は東三省切つて、評判のいゝ督軍で、殊に日本人間に信望の厚い人なのです。齢ひ六十とも見ませうか、そしてこゝに今言ひ度い夫人は、支那でこそ盛りは過ぎたと言つても、まだやうやく二十五六、日本ならば明け暮に親の膝もとの恋しい年頃と、呉氏とならべては言ひ度いくらゐに見えます。この年齢の差を見れば大抵想像がつくでせうが、正妻では無論ありません。

しかし、夫人の人品から態度、謙遜な物ごし、そして自然に備はる威厳はいはゆる氏なくして玉の輿に乗るたぐひの婦人とは格段の相違が見られます。呉督軍の寵を一身に集めて、若いながらも夫の部下に尊敬を払はさせる事の出来るのも、たしかにいはれのある事とうなづかれます。

黒竜江省の交渉署に外交課長をして居られる方に玉春氏といふのがあります。玉さんは嘗て七年間も日本に留学された方で、頗る達者に日本語をあやつられるのみかここの交渉署には本当に無くてならない位、日支人の間にたつて融和のくさびとなつてゐられるのですが、最初チヽハルに来て玉さんにお逢ひして、早速翌日伴れられて督軍公署に行つて、夫人にお逢ひする事が出来たのでした。三つばかり門をくゞつた時に、私達を出迎へるために、夫人が入口に立出て居られて、すぐ側の接客室に請じ入れられました。東三省を通じての金満家とさへ言はれる呉督軍の夫人の接客室としては極めて質素です。席についてからお茶が運ばれて、その次にすヽめられるのが煙草です。その次に見事なコップに盛られたお酒でした。かうして支那で夫人をお訪ねすると煙草とお酒を勧められるのが多くの場合です。

夫人の令名は予てからきいて居たのでした。目もと口もとに得も言はれない愛嬌を湛へながら、決してそれが人品をくづさないで、しかも人を引きつける処は、きつと内面のおのづからなる品格が顕はれるのでありませう。美くしい方だと思ひました。そして「こんな、訪ふ人もないやうな辺鄙なところにわざわざよくこそお出下さい

支那の礼服を召した呉督軍夫人

ました。かねてお出になつた事は承はつて居りましたので、ぜひお目にかゝり度いと存じて居つた処でした。そして伺へば教育の視察にお出で下さいました相なのに、私自身が無教育であつて、碌にお話も出来ない事を残念に存じます。どうぞ学校をご覧になつて、悪いところはご遠慮なくご批判下さいまし凡てが実に整頓して居りませんのですから」と、奥ゆかしい挨拶をされた態度が決してたゞの無教育ではありませんでした。

或ひは現代的の教育を鵜呑みにしてゐるやうな婦人とは無論異ひませう。それよりも本当に確かりしたものゝ上に心の土台を据えた貞淑な家庭の婦人であらうと思はれます。聞くところによると、李大人（これは夫人の姓です）は、黒竜江省の教育事業に貢献されるところ多く、現に最近興権図書館を設立したり、女子教養院と言つて、専ら孤児である女子を養つて、職業的に手芸等を熟達させ、成年になれば相当の配偶を求めて嫁入りさせるところがありますが、そこには毎月五百円づゝを寄附されたりする相ですし、一方夫を助けてよく内助の実を挙げる一例としては、さきに黒竜江省から赤化討伐軍が繰り出された事がありましたが、それが凱旋した時に、率先して凱旋軍慰労会を組織して、兵士の労をねぎらつたり、第二革命の時、督軍出征地から遥かに軍資金の調達を依頼して来た事があつて、何を言ふにも多額の事であるのと、急な場合の事であつたのを、夫人は身のまはりの飾を売つて早速金額をとゝのへて送つたといふ、いかにも優しい妻の心やりが現はれてゐて、かういふ逸話をききながら私は、子供の時にさんざきかされた日本の昔の貞節な妻の話を、まのあたり見るやうな気がしました。

改めてのお招きに

接見《ママ》して宿に帰るとその晩に玉さんが見えられて、あしたは是非遠来の客人を夕飯にお招きし度いから、枉げて承諾をしてくれとの伝言を伝へられました。翌朝起きると間もなく丁寧な招待状に別に紅唐紙に、私達を主賓として、その晩列席される夫人がたの名を書いたものを添えてよこされました。本当ならば順序としてまづこの列席人名が来て、参不参が判つてから改めて招待状が来るわけだ相ですけれど、急な催しの事ですし当然主賓として列席するわけですから、招待状も同時に届いたわけです。私達は紅唐紙の自分の名の下に啓承と書いて送り返しました。

夕方は四時からといふので、私達は朝領事館の牟田氏に案内されて、同地の工業学校と師範学校との参観に出かけました。序に申ますが、私達がチヽハルに入つた翌日は丁度革命記念の国慶日に相当するので、学校は三日間休みといふのでした。平日でもこゝは学校が十一時から始まるといふ、土地柄の特徴があつて、支那のうちでもこの北は朝がゆつくりなのです。それでも大体見聞きして、昼餐は領事館員の御招待、実に着のみ着のままの旅烏は、衣紋だけを取繕つて四時からの招待に列しました。附け剣の歩哨に捧げ銃の敬礼をうけて第一門を入ると、待ちかまへた、日本語の流暢な副官に迎へられて、第二門第三門を通つて、奥まつた夫人の居室に入りました。入口には先着の李、張、王の各旅団長夫人と共に、督軍夫人が立ち出で、手をとらんばかりに歓び迎へて下さつたのです。迎へ入れられたのは夫人の応接間ですが、その奥に隣るのは夫人の寝室です。紅ゐのとばり華やかではありますが、決して絹布の綺羅ではありません。

日本服を召した呉督軍夫人

この招待は男抜きでした。かねて聞いて居ました支那の男女間の礼儀の厳正な事は、この時にも成程とうなづいた事ですが、男女共に異性の訪問を受ける事は無論支那の風習ではないのですし、婦人が男子と詞を交はす事も極めて近親以外にはない位です。従つて前日男子の方の通訳であつた為めいたくぎこちなさを感じられた督軍夫人も、この日には至つて自由らしい気持で、「通訳なしでかうしてお目にかかれるのは本当にうれしい」とおのづからなる活気があふれて居ました。

呉督軍のご挨拶

私達一同がお茶やお菓子、例の西瓜の種や南瓜の種をすゝめられて、四方山の話の間に呉督軍は前の副官を従へて入つて来られました。千軍万馬の中を幾度か往来し、三軍を叱咤した意気は、その面にありありと窺はれました。教育は文化の源である。ようこの偏土《ママ》に教育を観察に来てくれた。見らるる通り交通財政ともに行き渡つてゐないところで、教育と言つても誠に不行届きで見らる可きものは何一つない。が、一々批評して貰ひ度い。私の手で叶ふ事ならば何なりと行はう。貴女方がこゝまで教育視察に来られたといふ事に大いに私は励まされたからこの上は一層教育に意を注がう。実は十九になる娘と十六になる倅とを、今年の春貴国に留学させ度いと切に望んだのであるが、一向に不案内のところへは、親の情として何となく不安心に思はれて決行し得なかつたが、かうして貴女方に会つた上は来年は安心して親の手を離す、どうか、よろしく頼むと、慇懃な挨拶をされました。呉督軍はまた非常に教育には意を用ひて、現に不便な偏土《ママ》といふその黒竜江省から真面目な男女の留学生を日本に送つてゐる位なのです。

さてご馳走はそれこそ山海の珍味、打ちくつろいで三時間も語り合ひました。夫人の家庭教師であるといふ林氏も同席されて、私達に最後に囁いた事は、「夫人がかう言つて居られました。第一に、貴女がたが遙々お出になつたときいてどうかして会ひ度いと思つた事、第二に、自分からお訪ねするには余り無教養で恥かしい事、第三には、願ひが叶つてかうしてお目にかゝつて喜ばしいといふ事だと、それ程喜んで居られるのです」と。

私は支那の色々な婦人にあふ望みで出かけて来ました。遽かごしらへの新らしい婦人も面白いでせう。広い支那に、しかも混沌としたこの過渡の時代に、凡ゆる型はづれの婦人の出来る事は決して不思議な現象ではありません。けれども、とにかく女に女として、堅実にその領分を過たずに行く方が、却つて根強い結果を得るのだらうと思ひます。この醇朴な黒竜江省に、好学の士女の出る事は決して怪しむ可き事でも何でもありません。しかも一方に呉督軍夫人のやうな、本当に家庭的に確かりした婦人、そしてさうした人が奨学の基となつてゐるといふ事に、私は少からぬ尊敬と興味とをもつたのでした。

(三)『東京朝日新聞』

⑧（在北京）竹中繁子「私生児の出産所と棄児の収容所：奉天同善堂の事業」『東京朝日新聞』一九二六年十二月十五日

所かはればしな変るといふ言葉は、自分の国をはなれてよその国に来て見た時にはじめて如実にその意味のかみしめられるものだといふ事がわかります。社会制度や家庭制度、さては法律のちがふ事によつて、社会に現れてくる産物が、自分の国のそれと大いに形を異にするものだといふ事を、支那を旅する間に幾度か経験して、驚きもし感心もしたりしましたが、そのうちに満洲でもつとも感心したもの丶一つは奉天の同善堂の事業でした。人間社会の幸福を助けるために、どこの国にも必ずあるべき社会事業といへば、貧民の救済とか孤児の教育、世に訴ふべきところのない人々の相談所とか、病院とか、それには規模の大小、設備の完不完の差こそあつても、類においてはほとんどみな同じやうなものであると思ひます。ところが支那に来て、奉天の同善堂の事業を見た時に、これはまた世界のどこにも見られないまた聞いたことのないものに出くわしたと思ひました。同善堂のやつてゐる社会事業といつても、文字の上からいつて見れば、やはりどこでもやつてゐる如述の事業と、無論決して一字のちがひもあるわけではありません。同じ救済事業です。そして世界の大都市において、別々の組織のもとに行はれてゐる、これらの事業が、こゝでは統一的に一堂のうちに各種の救済事業が行はれてゐるのです。即ち第一部を貧民組として、その中には貧苦の人、無告の老幼、廃疾者等を救済する、いはゆる世に助けない人を収容する「棲流所」と、貧者の生命を救済する「病丐療養所」とがあります。第二部を孤苦組といつて、それが済良所、孤児院、実業女工廠とに別れてゐますが、済良所といふのは、自由廃業者又は醜業を強ひられる婦女のにげ込み場といつたやうなもので、ちやうど東京の婦人ホームといつたところです。そこで適当に保護され、同じ衣服を給され、温かい屋根の下に養はれ教育され一人前の女となつてそしてのち相当の配偶者に渡されるのです。三ヶ月で出るものもあれば、実業女工廠に編入されてひとかどの女工になつて働けるまで止まる者もあります。嫁を求めて済良所にくる者は十分健康の保証を得て金四十元を払つて女をもらつてゆく事が出来るのです。

話が横道にそれますが、北京にも済良所があります。古びた黒い門の上には京師警察庁済良所といふ額が物々しく大きく掲げられて、厳めしい巡査が門を護つてゐるところがすでに奉天のそれとはズツと官僚的な冷たい感じがしました。こゝは五十年の歴史をもつてゐるさうですが、大抵一年に六七十名位の自由廃業者が来て、三ヶ月から六ヶ月の間に手仕事をおぼえて、やはりこゝからお嫁にもらはれ又は家庭に雇はれてゆくのだといひますが、五十年間に出入した人が三千人位あるさうです。最初こゝに逃げ込んで来た者は、巡査が一応取調べた上で、収容するときまれば、表にその人の写真をかゝげておいて、そしておよめにもらひ手なり雇手なりを待つのです。現在は十六人居ましたが、私たちが行つたときにお客ときいて列になつてお辞儀をした時には、まともに見るのもいたいたしいやうな気がしました。

そこで話は奉天にかへりますが、こゝの孤児院こそ特色のあるものです。中には親をなくして保護するものを持たないためにこゝに送られるのもありますが、大部分は棄児です。それも決してよその軒下に棄てられるのではありません。同善堂に子棄て場所といふのがあるのです。同善堂の裏手の一隅に、外から小さい戸をあけると、赤児のいれられるだけの大きさの穴が壁にあけてあります。子供をそこに載せた瞬間に堂長から保母そのほか孤児に関係のあるかかりの人のところの電鈴が一時にジーと鳴つて棄児のあつた事が知れわたるのです。それを限りに母と子のこの世の縁は絶ち切られて、親の素性が調べられるでもなく、子供の身元の探られるでもなく、無心な子はこゝに引きとられ、すぐに一人に一人の乳母がつけられて飢も寒さも知らずにこゝに育つのです。そのうちで子供のうちにもらはれてゆくものもあれば、十六歳になつて配偶者がきまるまで学問や手芸を教へられてとどまるものもあります。中には実業女工廠の方に働くのもあるのです。いまの日本のやうに毎日のやうに棄児の記事が新聞に出る程に多くては、同善堂が幾つあつても到底足りますまいが、そこは支那です。貧故に子供を棄てるといふよりはこの場合は私生児が主です。しかも女子の節操の生命よりも重い支那（近来の婦人解放論に新しがる人は別として）そして面子を重んずる支那において、私生児はよくよくの場合なのです。氏も素性も問はずに同善堂が引うけるのは、つまりこの間の消息を語るものです。これが日本との法律のちがふわけだと思ひます。私達が同善堂を参観した時には当歳の赤児が十四五人養はれてゐましたほかに、いたいけ盛りの三四歳から十歳位までのが、保母につれられてお客様珍しさうに喜んで出て来て頭を下たのを見た時、この世の親子の縁のうすいのも知らずに、ひねくれた様子もなくのびのびと育つた健康さうな輝いた顔をしてゐるのに却つて涙が催されました。

次にもう一つ同善堂独特の事業を紹介しませう。建物の裏手に面したところに、肩をすぼめてはいるやうな木戸口があります。その木戸こそほかでもない、女の人が私生児を生みにはいつてくる救産所の口です。木戸が開いて女がスルッと中にはいつて来ますと、すぐ右手に郵便局の切手の売り口のやうな小さい四角に切つた窓の内側にゐる番人は、その窓口から手早く黒い布をだして女の顔にかけてやります。かけられたままその女はそこを通りぬけて、右手の階段を上つて秘密室にはいるのです。そして顔にかけた布は食事の時といへども決してとらない。一ト月でも二タ月でもそこに無料に養はれて、身二つになつて出るまで名も問はなければ氏も素性もたづねずに、事が終はれば一方の出口から人知れず落してやるのですし、生れた子供は前の棄児と同じ様にこゝの孤児院が引きとつて育てるのです。この私生児出産所と、棄児の孤児院の二つの組織は奉天省だけのもつてゐる完備した事業であつて、これからたどつて見て、支那の社会制度の一端が大かた推し得られやうと思ひます。そして前にいつたやうに女子の節操の非常に大事な支那では、良家の女子に滅多に節操を過つものはないさうで、かうして思ひ余つて同善堂に身を託し、子供を託さうとする人は、大抵地方から働きに出てくるものがヒヨツと過ちにおちたといふ場合らしいのです。しかし一度かうして処女を破つたものは、もう決して再縁の見込がなくなるのが支那の風習なのですから、自然どんな階級でも女子が男子の誘惑に負けぬだけの気ぐらゐを持つてゐます。

まだこれらのほかに、第三部に医務組と第四部に工芸組があります。医務組には紅十字病院と称へて一般社会の健康維持のために、中国の医師と西洋医師と女医と看護婦とを養成する学校があつて、そこには院診、来診、出診、施療等の総ての設備がまことによく行届いてゐます。工務には科目に靴底科、洗たく科、縫物、麻つむぎ、労働、印刷等があつて、これには貧民救済のためと、失業者救済と、不良者感化の目的との区別があります。そしてこゝに来たものは安んじて職業に従事し衣食の資を得る事が出来るのです。幾百と数へるやうな人数を収容してゐるわが養育院や養老院などから考へて、これだけ一貫した統一的の組織をもつてゐる同善堂は、どれ程大きな規模をもつてゐるかと怪しみますが、考へて見る程大きいのではありません。医務部と工務部は私達の行つた日が折あしく日曜日であつたために、数として見る事が出来ませんでしたけれども、済良所といひ孤児院といひ人数は至つて少い。ただ総ての建物が実に清潔によく整頓してゐるのに驚きました。年々の経費三十万円、そして奉天省立として各方面からの寄附によつて支へられてゐるこの同善堂は実に四十余年の歴史をもつてゐるものです。

⑨竹中繁子「上海から」『東京朝日新聞』一九二七年一月三十日

上海にまゐりましてから暫らく落ちついて様子を見てをります。支那婦人の複雑な生活やら性格やらがなかなかわかりかねて首をひねつてをります。それでも当地に参りまして沢山の支那の婦人に接する機会を得られましたし、幾分か現代の婦人の心持にも触れることが出来たやうにも存じます。私共の参りましたのを機会に、是非日支の婦人会を作つて欲しいと支那婦人側からの要求も御座いましたので、いろいろ研究もいたしてをります。それが出来上れば大阪の婦人会などとも連絡がとれやうかと楽しみにいたしてかれこれ考へてゐる所で御座います。

今度広東に参つて又いろいろな新しい向きの婦人にも逢つて見たいと考へてをります。そして広東から帰りますればそれが私共の旅の終りなので、二月末か三月始めには帰りたいと存じてをります。（一月二十日）

⑩竹中繁子「広東の除夜」『東京朝日新聞』一九二七年二月二十三日

広東でいま除夜の爆竹で眠られませぬまゝに一筆いたします。支那のお正月とはかねてから聞かされてをりますものゝ、私の居る家が支那町であるだけに、あたり近所地が裂けるかと思ふ程の音です。時は丁度夜半の十二時、近くの大きい店は大みそかのお掃除もすませて店の正面に先祖をまつるお灯明をあかあかとつけて、お線香や花をきれいに飾つて、いかにも一陽来復の慶びをまつかのやうに、――やがて盛んな爆竹の雷が更けてゆく空にこだまし始めたのです。こよひ一夜を音楽や歌で御馳走にあかすのだ相です。それでも広東政府では旧来の習慣を破つて、永くお正月の気分にひたらないやう、官庁の休みも三ケ日だけといふことになつた相です。（二月一日広東にて）

⑪（広東にて）竹中繁子「革命の策源地（上）」『東京朝日新聞』一九二七年二月二十六日

日本に初めて来た外国人に、「日本の印象はどうですか」と質問するやうに、近頃広東に来る日本人は、広東の人から「広東の印象はどうですか」ときかれる。この両者の質問の間にどれ程の相違があるかは、支那の時局に関心してゐるものには大かた想像し得られるであらうが、目下の彼等には交際上の辞令ではなく、外来人の目に映る広東が、伝へられてゐる如く赤く印象されるか否かといふ意味と、革命政治下の統治の成績を見てもらひたいからであらう。

漢口、武昌、九江などで見た時の形勢から推しても、途すがら聞きおよんだ事を総合しても、まだ見ない広東は何となく過激な気分で包まれてゐるやうに考へられた。香港に近い広東、水利によつて西洋諸国との交通に便利な広東が、外面的にも内面的にも西洋文明に感化され、知識階級者にキリスト教の教化をうけたものが多く、また反キリスト教運動が起つたのも、うなづかれる。従つて支那のどの地方にも見なかつた一種清新な気風が広東全市にたゞよひ道を歩いてゐる人も小ざつぱりとして、労働婦人、苦力でもぼろを下げてゐないし、支那町特有の異臭もない。殊に国民党の政府が樹立されてからは、市区改正が行はれ、道幅も広げられ道路も大かたコンクリートでたゝき上げられた上取締も厳重に掃除も行き届くやうである。もう一つ目についたのは婦人労働者の多い事である。また婦人にてん足者のほとんどなく女が他人に足を見せる事を恥とする支那に、労働婦人がみなはだしである事とは、こゝでなければ見られない風俗である。

×　×　×

広東の町にはさすがに革命の機運がみなぎつてゐる、といへば過激な共産思想によつて破壊、略奪が行はれてゐるかと想像されるが、町は至つて静かに落着いてゐる。「国民党の精神によつて訓練された国民軍の兵士ばかりになつたので、町に略奪が行はれないだけに安心してゐられる」と市民は喜んでゐる。たゞ同盟罷業はまだ行はれてゐて、昨日は豆腐屋のストライキ、今日は豚肉屋のストライキといふ風である。それら組合中には幾分共産主義者がゐて、横暴を働くので政府も制裁を加へようとしてゐるとか。それに、一時は赤色が勝つてゐた中央執行委員会も、今ではや丶淡く塗り代へられ穏やかに革命政治が行はれてゐる。国民革命党員必ずしも全部が赤くはなく、中には陳独秀、李大釗のやうな純共産派の主立つた人が約四十名と青年共産党員二千七八百人位あるといふ。要路に立つ人と一般の知識階級の人とは「国民党は決して共産主義者ではない共産主義は我が国の事情には適さない」といつてゐる。いまの支那の国民党を支配してゐるのは孫文氏の三民主義に他ならない。

元来支那人は宣伝上手である。殊に南軍の宣伝には北軍も油断が出来ないときく。南軍の宣伝は実際巧いが、それよりも彼等の熱心と団結力しかも若手ぞろひで気勢をそろへて素早くやる力それが何よりも強い。それに故孫〔文〕総理の霊が宿つてゞもゐるやうに、革命の意気に緊張してゐる。黄埔の軍官学校（今では軍事政治学校と改称し支那革命の源泉地）に参観に行つた日が、南軍に恨み多い二七の記念日であつた。（四年前の二月七日に京漢鉄路の工人四十七人が呉佩孚のために惨殺された）この学校の政治部の宣伝隊三百人が広東市中に行つて□□□の宣伝に努めたといふ□□機会を逃さないし、また毎日この宣伝部から送りだす宣伝紙は三万枚を下らないといふ。今日役所、学校、活動写真館、商店等、人の出入する所には必ず青天白日旗の下に孫氏の肖像と遺訓とが掲げられてゐるし、軍官学校中山大学その他党立の学校では一週一回孫氏の遺像に礼拝し遺訓を読む。広東の紙幣にも商品のレッテルにも孫氏の像があるし、広東大学が中山大学と改称されたし、孫中山氏出生地の香山県が中山県と変るし軍艦に中山があるし、広東は孫氏の顔と主義促進に関する文字で満ちてゐる。

⑫（広東にて）竹中繁子「革命の策源地（下）」『東京朝日新聞』一九二七年二月二十七日

国民革命政府の旗印には被圧迫者の解放、弱小民族の擁護、長い年月くびきに縛られた女性の救済が揚げられてゐる。婦人の解放！　それは支那婦人の半睡の耳に喜びの鐘と鳴り響くに違ひない。民国一年から婦人参政権獲得運動を続けて来たといふ上海の婦人は「もし国民党の政府となつたならば、もはや参政運動の必要はなくなるけれど……」と、また北京では国民党以外の婦人から「本当に広東はいゝのです、うらやましいと思ひます」といつたのを聞いた。

「支那には恐ろしく突飛な婦人が出来て、男子と一緒に政治も論じるし、軍服なんぞ着たり男子と肩をならべて新思想を語つたりして……」といふうはさはよくきいた。が、今まで家の中に閉ぢこもつて一家の経済にすら与れなかつた境遇から、急に外に出て政治を談じ世界を論ずる事になつたのは一大変調かもしれない。こゝでは断髪などは問題でない。一日中央執行委員会婦女部に招かれた時、知名の女流教育家廖冰筠女史、この婦人は革命の志士として暗殺された廖仲愷氏の姉君で年齢五十余、日本に留学して十六年前に帰つて、最近まで女子師範学校校長をし、今では広州市特別市党部の婦女部長となつて指導をしてゐるがやはり断髪であつた。そして「お国の婦人は進んでゐられる。まだ私達は踏みだしたばかりで幼稚で、まだ低いのです。しかし幼稚なところから段々に確かりと築きあげて行くつもりです」といつてゐた。漢口で去年の暮孫文氏の夫人宋慶齢女史に会つた時、夫人は「婦人の国民党員はいま一万位あります」といつてゐたが、国民党につく婦人は日にその数を増すらしい。例令ば去年十二月武漢地方を歩いた時に、南方政府は学校整理中で、校長職員中外国教師を除いては皆国民党員で代わらせ、留任を望む者はすべて国民党に入籍して三ヶ月の講習を受けることゝとなつた。これを見ても数の上から見た党勢の拡張が略ぼ想像される。男生《ママ》と女生《ママ》が肩をならべて歩いたり、杯を挙げ合つて飲み食ひしたり、女生の運動を男性にコーチさせたりするのを見ても僅かの間に市民がこゝまで訓練されたものです。

　黄埔の軍官学校政治部主任兼宣伝部長の熊雄氏は「この軍事政治学校は一九二四年の創立だが、第一期に一人の女性が入学を申込んだ、その時は女生は入れなかつたが、今では武昌の軍事政治学校に二百人の女生徒が在学し、男学生と服装も髪も同じで同じ訓練をうけてゐる。近く黄埔にも女生をいれる積りだが、体質が男子と同じく戦場で第一線に立ち得るかどうかゞ懸念されるが経理や副官、参謀として男子以上の才能があり、男子以上の体格を備へてゐるものには第一線に立てない理由はあるまい。そこまでゆかなければ本当の婦人の解放は意味をなさないわけでせう？　既に何香凝さん（廖仲愷氏未亡人中央執行委員会唯一の婦人会員）の建議で、婦人が最高官吏になる権利が認められるやうになつた。何しろ帝国主義の圧迫による経済上と、政治上教育上との権利獲得が婦人運動の目的で、今では知識階級と労働階級の婦人皆一致団結してゐる」といつてゐた。何にせよ広東省を挙

げて気勢をそろへてやつてゐるところに新生命の躍如たる態が見られる。（二月二十一日）

⑬竹中繁子「国民の啓発に努力する広東政府：宿弊打破の映画の一例」『東京朝日新聞』一九二七年三月六日

孫某は田舎の小金持であつた。年もや、老けて相当に小金はたまつたもの、一番欲しい子宝が夫婦の間に一人もなかつた。いたく子供にあこがれてゐる夫の心持を済まないとくむ妻は、妾を迎へる事を夫に勧める傍、自分自身も仲介所の門を潜つて適当な婦人を世話をしてくれと頼んだ。ちようど心当りの女が一人あつて早速に話が決まつたまではよかつたが、実はこの女には既に言交はした男があつて、頻に孫氏の家にはいる事を拒んだ。見るから腹黒さうな欲深らしい仲介の婆さんと、貧に苦しむ母親とはひたすら娘をなだめて金持の家の妾となる事を強要した。娘のいひかはした男といふのも実は悪漢であつて、娘と話し合つた末に、今度は欲にからんで娘を孫方に送る事を承諾した。二方三方からかうして責められた揚句進まない娘はたうとう孫氏の第二夫人として結婚の式を挙げた。さすがに長い間さうかうの妻として貞淑に夫に仕へて来た夫人の心にも、遠い昔の花嫁時代の美しい夢を追ながら、第二の妻に夫を与へるに忍びないで、悶々の情を胸に包み、新しい妻を妹の如くに愛して陰ながら夫への心尽しを、子供を与へ給へといふ朝夕の祈りにかへて相変らずの貞節を尽してゐた。不心得な新嫁はかうした温かい情を裏切つて、ただ男に逢ひたいばかりの心から、孫夫妻を欺いて、いつはつて身ごもつたと喜ばせて置いて、母親の許で静養する事を願ひ出た。一方ならない孫夫妻の喜びをあとにして実家に帰つたが、悪婆と悪漢とはしめし合つて、月満ちた日によそからもらひ子をして夫妻の目をくらまさうとした。悪運拙ない悪人どものたくらみも運悪く孫氏の弟に見破られて、折角もらひ子を抱いて悪漢が娘の家に連れて来た所を待ちぶせられてすつかり面皮をむかれた。そこに来合せた孫夫人はあきれた口をふさぎもあへず、静かに娘に向つて悔悟を促してもし心から悔ふるならばこの赦すべからざる罪をも赦してこの子をお前の子として孫氏に披露しよう。その代り絶対に秘密にしてそしてこの子に生みの児と同じ愛を注ぐ事を誓つてくれといひ聴かせた。さすがに夫人が行届いた心尽しと、悔ひの念に責められた娘は、いはるゝまでもなく夫人の親切に涙ながらに誓ひを立て、その場は納まつて孫氏の家には春のやうな和気がみなぎつた。

これは私が広東で見た支那の映画の一場面でした。私の隣に座つてゐた張女史は半吐息と共に「あゝいふ事は田舎にゆくとまだあるのです」とさゝやきました。映画の良しあしはさておいて、国民政府の治下において、殊に広東の当局者が孫氏の遺訓によつて、総ての悪習慣から国民が目覚めなければならないといふ意を徹底的に行ひつゝ、一方宣伝と同時に芸術によつて市民を啓発しようと力《つと》めてゐる事に感心しました。

子なければ去るどころの話でなく、絶対に離婚といふ事が認められないであらゆる屈辱を隠忍して家庭の中の日かげ者となり終らなければならなかつた支那の婦人、男の子がなければ心強く天日を仰ぐ事の出来なかつた婦人はこれから新しい制度の下に活々とした生活を得られるわけで、つまりこの映画の教へてゐるところは支那の宿弊であつた一夫多妻の習慣と、相続者を得たい為に施す手段の誤りと無理とを指摘して無知の人々の蒙を啓かうとするのです。

⑭ **【参考】Y．D．「日本竹中女史会見記」[3]『新女性』第二巻第三号、一九二七年〔※原文は中国語　須藤瑞代（訳）〕**

新年のはじめ、日本人の白澤君がちょうど滸墅関から上海に来た。競白と宣昭の二人は、彼と子弟の誼があったので彼にご馳走した。その後彼は突然「きみたちは朝日新聞の記者竹中繁子君と彼女の友人服部升子君に会ったかい?」と言った。我々は〔それで〕ようやく服部君と竹中君が既に上海に到着したことを知った。服部君は東京の中国女学生寄宿舎の舎監で、交際に長けた老密史《オールド・ミス》であり、中国北方及び上海の言語に精通している。以前中国で十数年暮らしたことがあり、女中国通とまでは言えないけれども、しかし日本のいわゆる日中親善主義者の中において、いくらか潜在的な力を有している。私は三、四年前に白山御殿町の女子学生寄宿舎に行ったときの、彼女の面影を何となく記憶している——彼女と言葉を交わしたことはなかったにもかかわらず——。竹中繁子君の名前は、日本の各女性向け雑誌の中でたびたび目にするが、家庭方面についての文章が多かったので彼女の思想内容には注意をはらっていなかった。

その日の午後、我々四、五人は一緒に虹口の万歳館に行った。彼女たち〔竹中と服部〕はちょうど外出してしまっており、我々は何枚かの名刺を残しておいた。思いがけないことに、翌日の午前中に服部君と竹中君が自ら我々のところに来てくれた。服部君は、宣昭君が上海に居ると知って、〔このことは〕まさに「他郷で旧友に会う」という言葉のように嬉しかった、と言った。なぜなら宣昭君が東京にいた三、四年の間、一日として服部君と一緒にいなかったことはなかったからだ。竹中繁子君もまた独身主義者で、すでに五十歳ぐらいであり、一目見て世故に長けた女記者だということが分かった。我々はしばらく話をして、彼女たちが中国の女性問題研究者と意見を交換したがっていることを知った。それで、翌日、私を通して本誌〔『新女性』〕の編集主幹章錫琛君らと会談することを約束した。

その日の夜、宣昭君は招待方法について多いに頭を悩ました。とりわけ次の点についてである。普通の話し合いとはいえ、我々〔のうち誰か〕を一言も漏らさないような〔素晴らしい〕通訳にしたなら、双方とも隔たりをなくせるのだが、このことは本当に難しいことだと思われた。服部君は中国語が分かるのだけれども、十分に意思疎通をはかる責任を負うことはできなかった。

　思いがけないことに、翌日の十一時頃竹中君と服部君が突然、我々が四、五年も会っていなかった黄熙文女士と一緒に到着した。これは本当に望外の喜びであった。黄女士は日本に十数年も在住し、東京に留学したものの中で唯一の言語の天才であり、且つ日本にいた中国人女子学生の中で唯一の音楽家であった。各記念会や音楽会では、黄女士が臨席しなければ、すべての観衆の満足は得られないほどだった。この日は、彼女の流暢で心地よい通訳を得て、また彼女の活発でおもしろい冗談が混ざって、このささやかな会合を活気づけた。

〔章〕錫琛君と竹中繁子君は黙って座っていて、ちょうど旧式の新婚夫婦のように、急に話を始めるすべがなかった。黄女士と宣昭君はものを食べながら、最後に会ってから数年来の状況を話していた。私はこの光景を眺めたとき、〔豊〕子愷先生に頼んで漫画を描いてもらって、彼女たちのこのような様子を生き生きと描き出して記念にできたらなあと残念に思った。ちょうどその時、錫琛君と私はどうやって話をするかということを相談していた。その結果は、このように問いを発することから始まった。

「〔竹中〕先生はハルピンから北京に行き、北京から上海にいらして、すでに数ヶ月を費やしておられますが、中国の女性に対してどのような感想をお持ちですか」

　彼女は慎重に、話し出す前にくすくす笑ってから言った「今日はなんだかここで口頭試験を受けているようですね」以下は彼女の簡単な感想である。

「中国の女性は、ちょうど日本の女性と同じように、今はみな自立していく道を見つけようと思っています。どのように生きていくか――直線的に進むのか、横に拡大するのかということは断定できないのですけれども。

中国と日本の女性の状況には、多くの似たところがあります。ただ、次の点だけはやや異なっています。日本の女性は思想方面では比較的発展しています。なぜなら日本には思想家が比較的多いので、知らずしらずその影響を受けて、自然に〔女性も思想を〕提唱しやすくなるのです。中国は、政治的に混乱しているために思想家が少なく、したがって〔女性についての〕理論面ではひっそりとしているようですが、しかし実際的な発展においては、日本の女性と比べて一層進んでいます。

女性の独立を成し遂げるために最も重要な鍵は、指導者にあります。指導者の責任は、教育者の手にあるとはいえ、物を書く人は教育者と比べてもとりわけ重要であるようです。中国は政治がこのように混乱していますから、教育の力は当然弱くなり、女子には教育を受けられない者が多くなります。そのため、このような時勢においては、自分自身が尽力して励むしかないのです。圧迫する勢力がますます大きくなると、反動勢力もますます大きくなります。とりわけ沈着剛毅で忍耐強い能力を持つ女子は、今大きな圧迫を受けていたとしても、あるいは将来の発展は比較的いっそうめざましいものになるかもしれません。

あまり関係のない例を挙げましょう。数年前の東京の地震は、日本がこれまで経験したことのない大災難で、その時人々はただ混乱と悲しみの中にあって、傍らの一切のことに気を配ることができませんでした。しかし東京の女性は、この恐慌の中で食の重要性に気がつき、浅草の一婦人がまずパン屋を開いて一部の難民に供給し、各地の女性たちは〔この方法が〕優れているとしてまねをしました。これは小さな例ですけれども、〔日本の〕女性の危機に直面しても混乱しない精神を知ることが出来ます。

戦争の時には、女性の活動をいっそう促進することができ、多くの女英雄を生み出すことができます。中国にはこのような例が多くあります。欧州大戦〔第一次世界大戦〕の時、女子の活動にはとりわけ重大な価値がありました。戦後になると女子は地位が変わり貞操面に動揺が生じているため、我々を満足させることはできませんけれど。」

混乱後の秩序回復には、文人たちが実に重要な責任を負っているのである。

ここまで話したとき、〔章〕錫琛君がどうやらがまんしきれなくなったようで、口をはさんできた。以下は、彼〔章錫琛〕と彼女〔竹中繁〕の会話である。

章：「竹中先生の観察は正しいです。しかし、日本は政治〔体制〕ができあがっており、教育は発達しているので、思想方面で相当発展することができました。中国は教育が発達していないために、思想面では進歩することができなかったのです」

竹中：「章先生は日本の教育が発達しているとおっしゃいましたが、しかしきわめて基礎がありません。私は中国と日本の女性たちがともに手を携えることができたらと願っています。世界の目から見てみれば、女子はすでに全世界の問題になっているのです。日本の女子には世界的な方面に展開していきたいと願っている人々が多くいますよ」

章：「現代の中国の若い女性は、国外の潮流〔の影響〕を受けて、自らの置かれた立場がせっぱつまっていることを感じ取っています。しかし旧勢力の圧迫が非常に激しいので、このために自らの活路を探し出すことがますます差し迫ったものに感じられるようになりました」

竹中：「経済的独立は、日本にいる女性もきわめて必要なものだと感じています。とりわけ独身の女子にとっては。女子には財産権がないこともまた女子が独立することを難しくする一つの原因です。ただし女子にはまた家庭の関係があるために、子供がいたならば外に働きに出ることができません。ゆえに政府及び社会は女子に対して特別の待遇を与えるべきです。」

章：「中国の青年女性は苦悶のために、最も簡単な道を探したがります。そのため、思想が急進的な女子は、共産主義の方へ傾く者が多い。このために、社会で活動する女子は大部分が国民党の旗下に入っています。彼女たちはみなさまざまな苦悶、不平等、不自由の唯一の原因は経済制度にあると思っています。しかし、他方では私は女子がもし自分自身の地位を高め、以前のいっさいの悪習慣を打破することができなければ、将来の結果はやはり分からないと思っています。」

竹中：「日本は参政権運動に対して比較的注意しています。ただし私は参政権を争うよりは母性運動を提唱するほうがむしろより意味があると思います(4)」

章：「中国の女子は現在良い政府がないために、以前には参政権運動があったけれども、現在は良い政府がなく、このような運動は結局むだだと思っています。そのため、現在ではみな新しい政府の出現を望むことが、何の運動よりも切実です。また、中国の女子は母性運動に対してさほど賛成を表しません。最近の『新女性』第十三期において、この問題に関する討論がありました。しかし、この数十篇の募集の中で、女子の意見は母性運動に対して大多数が反対を示すものでした。」

それから、竹中君はまた家庭における財産問題についての意見に言及し、〔章〕錫琛君は一つの例を挙げて次のように述べた。

「中国は遺産権の分配問題に対しては、実はすでにより進んだ意見があります。たとえば、最近出版された

『新文化』雑誌の中に一つの募集問題があり、すなわち遺産制度に対する意見〔の募集〕だったのですが、各人の回答はみな一致して当然女子も遺産権を有することに賛成するものでした。ただし、一般の人は彼らの募集に対して、みな反対を加えます。なぜならこのような問題はすでに、まったく問題にもならない問題だからです。」

この時、私たちのとなりに座っていた何人かの友人のうちの一人、陳揚祚君はちょうどフランスから帰ってきたばかりだった。彼は社会科学を学んだ人ではなかったが、しかしそれぞれの人の意見を聞いて、ついでに自分も口を挟んで意見を述べた。「私は女性が最も大切なものは、やはり職業問題にあると思います。もしも女子が相当の職業を持っているなら、いっさいの問題を解決することは難しくなくなるでしょう。」

竹中君と〔章〕錫琛君は職業問題を耳にすると、二人とも先を争って話したがり、章はただ次のように言った。「女子の職業は、中国では何の問題にもなっていません。なぜなら、中国は男子の職業でさえまだ極めて困難な中にあるのですよ…」竹中君は引き継いで次のように言った。

「女子の職業問題は、私も多くの興味を感じます。男子と女子は平等であるべきで、これは当然のことです。しかし、現在の女子の能力は事実上平等にはできません。日本は現在男女は同じ仕事をしても、その報酬には常に高低があります。これは実に極めて重要な問題の一つです。」

「男女の能力が同じでないことは、私は認めます。しかし、多くのところで男子が及ばないことを為している〔女性〕も多いのです。ゆえに、一般的意義から言って、実は同じではないと言うことはできないのです。しかし、地位の上では不平等であることはかくのとおりです。女子の忍耐や細やかさはいかなる男子も及ばないものです。ただ、女子は教育を受ける機会が少なすぎます。しかも幼少のころすでに女子に不平等な待遇を受けさせているのです！　そのため、将来もしも男女が同等の待遇、同等の教育を受けることができたなら、いっさいの問題は即解決できるのです。」

「それからもう一つ男子がなすことができないことがあります。それはすなわち母性の問題です。かりに母親となるものが充分な知識を有していれば、国家は優秀な国民を有するのです。」

ここまで話したとき、宣昭君がすでに多くの料理を運んできて、各人の談話は女性問題から離れ、食べたり笑ったりへと移ったのだった。

二　帰国後の寄稿

⑮竹中繁子談・中野てい記「隣邦支那の婦人達」『女子青年界』第二十四巻第四号、女子青年会日本同盟、一九二七年四月一日

〔囲み〕竹中女史は『東京朝日』の記者として日本婦人記者界に重鎮をなすクリスチヤンリーダーであります。日華学校舎《ママ》監服部ます《ママ》氏と支那地方を視察して過般無事に帰朝せられました。本稿は横倉中野両氏訪問して聞いてきた視察談であります。


支那ではやはり上海が今一番興味ある所のやうに感じました。女子青年会のかたがたにもお茶に呼んで頂いたりしてお目にかかつて参りましたが皆様気持よく活動しておいでになりました。矯風会あたりのして居られることも日本と大したちがひはないやうです。

参政権運動は一部の知識階級婦人達によつて、かなり積極的に根強く叫ばれて居ります。

日本とは国情もちがひ、革命といふやうな背景があるので或は却つてあちらの婦人達がわれわれ日本婦人より

も先にその実をあげるのではないかといふ気もされました。かういふことは早いからよい、晩いから悪いとは一概にいはれませんけれどもある意味に於て支那婦人は非常に有利な機会を与へられて居るともいへませう。

これ迄の支那婦人は家庭内に於ては驚く可き権力をもつて男子を支配して居ましたが、それは人格的に認められた権力とは少し性質をことにして居ります。総じてあちらは割合に早婚で、男子が十七八歳で結婚すれば、妻はそれよりも幾歳か年上であるのが通常であります。姉か小母のやうな人を正妻として、其の人から男は万端の世話をしてもらふのであります。それで相当に身分のある家では正妻が結婚の折に連れて来る侍女のうちから第一夫人、第二夫人といふやうなものを正妻自身が撰んで夫に推めるといふやうなことなどもあつて、其の結果、家庭内に於ける正妻の権力はほとんど絶対的であります。けれどもそれは根底を男本位に置いた女の地位であつて人格的には何一つ男子と対等になつて居ないのであります。

たとへば、婦人に科せられた貞操の考へ、などは極端に厳重であつて、離婚とか再婚とかいふことは絶対になく処女でないものは全く結婚の資格がない有様であります。その上女には財産権もまるで与へられて居ませんから未亡人といふものはかなり見じめ《ママ》なもので、この頃民間の仕事として、未亡人の為めに「清節堂」といふある教育機関がもうけられたりして居ります。

夫が死亡した場合正妻に男子なく、第一夫人に男子のあつた場合は其の男子が相続をしもし一家内に男子がなかつた場合は他から男子をもらひうけて其のあとを継がせることになつて居ります。相当に生活して居る人は誰れも我子を手ばなしたくないのでつい貧しい人から男子をもらひうけたりする。其の結果、また色々複雑な一家内の悲劇を見る、といふやうなことも少くはないやうに思ひます。

夫の死亡したあと妻は自分の名では商売も出来ないので是非誰か男の子をもらはなければなりません。妻でさへさうでありますから娘はなほ法律上何等の権力も認められては居ないのであります。

それで、参政権運動者は女にもそれ等の権利を男と平等に与へよと絶叫して居ります。

これは先の袁世凱が反対で一時下火となつて居ましたが此頃また革命の気運におされてなかなかの勢であります。

同じ支那でも南方の広東あたりは既に婦人にも参政権が与へられて居り、教育、政治すべて男女を平等にとりあつかつて居ります。

広東に近い黄埔といふ所に中央軍事政治学校といつて丁度日本の士官学校のやうな学校がありますがこゝは軍事教育とともに政治教育をも授けるところになつて居ります。革命軍の中心地点といつてもよい所でありましてこゝには今二百名の女の軍人が居るといふことであります。

故廖仲愷氏の夫人、何香凝女士といふ人などはこゝで中央執行委員（大臣格）の重職について居られます。その人の建議によつてこゝでは婦人も男子と同様最高官吏となることが出来、また軍事上に於ても最高の地位を得ていゝといふことになつて居ります。

女子に軍事教育を授けることについて貴女はどう思ふかと問はれたので、自分は体質の点に於て、どうかと思ふと答へた処、副官や、参謀や、経理の方面では女子はしばしば男子をしのぐ場合がある。そういふ時にはこゝでは男女の別なく能力のあるものを挙げて用ゐて居る。体力に於ても、もし男子におとらぬものゝあつた場合には戦場でも第一線に立たせるつもりであるといふ様な話をきゝました。他は推して察せらるゝことゝ思ひます。

南方に於ては今日では孫文氏の志が行き渡つて居て、彼の死した今日彼は孔子以上の崇拝をうけて居ります。北方の人達も国民党員なれば参政権の必要はないと、いつて居る有様であります。

日本の明治維新が今日隣邦の支那に来て居るといつてもさしつかへはないのでありませう。

国が大きいだけすべての範疇も大きく、活動写真や、印刷物などをたくみに利用して貧民の教育や一般の啓蒙運動等をも目下さかんに行つて居ります。土地は雄大であり、物質は豊穣であり、国民には根強い真剣さがあるので、将来はおそる可きものだと思ひます。地理的方面からいつても、歴史的方面からいつても、かなりにわが国とは縁故の深いこの隣邦に対して私達ともに手をとつて進むといふことを考へなかつたら、やがてはどこからも置きざりにされはしないかといふ感じがされました。自分の接した婦人達が人格的にも立派な人達であつたので、ことにさう思はせられたのかもしれません。（中野てい記）

⑯竹中繁子「三つの圧迫」『婦選』第一巻第四号、一九二七年四月

「支那の婦人はいま三重の圧迫に苦しんでゐるのです。即ち帝国主義からうける経済上の圧迫を始めとして政治上教育上に長い間加へられてゐたそれです。そして人間としてその権利を獲得する事が支那の婦人運動の目的なのです。」とは広東の中央軍事政治学校の政治部主任兼宣伝部長熊雄氏の語るところでした。

これをたゞ不用意に聞きすてると支那の婦人運動も何ら他国のそれと異るところがなく何も殊更らしくこの三つを掲げるには及ばないやうに思はれるでせう。併し彼らが力を入れて言つてゐる経済上の圧迫といふ上に、「帝国主義からうける」といふ肝心な文字を冠してある事をこの場合決して聴きおとしてはならないのです。

経済上の圧迫の苦い痛い味はひは無論吾々日本婦人も悉く知つてゐます。そして今現に闘ひつゝ、また将来までも悪戦苦闘のうちに男子と平等の権利と機会を叫ばなければならないのです。彼らの目ざして居る経済上の権利平等といふのは、単に異性に向つて放つのみの宣戦ではありません。それよりも先づ第一に外敵に対してする宣戦布告、即ち彼等領土の利権を侵害する英国その他の帝国主義者を排除し度いのが第一の目的なのです。

更に言ひ換へれば、列強と称へる諸外国の人が支那に来て資本家として支那人を虐使しあまつさへ極めて低い賃金を以て酷遇しつゝあつた不満を今日以来の支那に於て地を払はせ度いのが彼らの願ひです。それゆゑ日貨の排斥といひ英国品のボイコツトといひ、ストライキといふのも皆この帝国主義者の圧迫を呪ふ現はれなので民族的にも民生的にもこの動きが彼らの生命なのです。従つてそれだけの真剣さと熱心さを彼らの態度に見得るのです。もつとも南方政府の根拠地である広東においては男女間の権利の絶対平等がすでに提唱され実行されてゐるのですから、向ふところは外敵となるだけです。

同時に婦人達は同性を革命思想に導くため随分熱心に努めてゐます。その一例として、広東の中央執行委員会婦女部の中に圧迫された婦人を援助する会がありますが、これは農工の方面と一般婦女とを含めた女子のクラブであつて、いままで家庭に引き籠つてゐた婦人の、知識啓発とかれらに主義の宣伝をはかり、また民間劇社を作つて芸術によつてこれら家庭婦人を覚まし、その他芸術や活動写真をさへ見る事の出来ない程の貧しい、また暇のない文字もない婦人には行商となつて家に入り込み品物を安く売り乍ら時間を惜まずひまをかけて宣伝して歩くといふまことに克明な働きをする会なのですが此ぢみちな婦人のやり方は時に男子以上に成功を見るかもしれないと思はせます。

最も、計画は立派であつてかういふ運動にも空虚なものがないでもありません。たゞ予ても申す通り宣伝が遂に勝つ、とさへ思はせる支那のやり方小気味のよい程手つとり早いやり方のうしろには、非常に組織立つた訓練と準備のある事も見のがす事は出来ません。

政治上にうけてゐる支那婦人の圧迫は申すまでもない事で、勢ひ清朝にならぶ者は男子にもなかつた程の西太

（原注：上掲の写真は新しき支那の代表的婦人として活躍しつつある故孫逸仙氏の未亡人です）

后や、閨中に政を左右させた往事の婦人はさる事ながら表面に立つては何の権利さへも政治上に認められないのは或点において吾々日本婦人よりも酷かつたのですから、広東の先進の婦人達は他の同性の被圧迫者に対して重い責任と義務があることです。最後に教育上の圧迫については、今や啓蒙運動の盛んに行はれようとしてゐる時、遠からぬ将来の支那に輝いた光明を見る望みがある事を信じ得ると思ひます。

とにかくどの場合にも被圧迫者である感覚を失はない事が、常に彼等を刺戟し励ましてゐる事は事実以上の事実です。

⑰竹中繁子「支那婦人の社会運動——自覚した名流の貧民教育に就て」『海外』六月号、一九二七年六月

この度の支那視察の目的は、政治問題には余りに触れず、支那の婦人がどれ位働いてゐるかを知りたいと思つて参つたのでありました。殊に一番手近の問題としては、日本の婦人に比し、支那婦人がどれ位な社会的自覚を持ちその種の運動をしてゐるかに目をつけたいと思つてゐました。従つて南の方が一番面白く見られましたが、流石に広い支那だけあつて、少数ながらも偉い婦人を見受けることが出来て、自らを顧み恥かしい感を起したことも度々でありました。支那では表面に現はれた組織的な学校教育を受けることは婦人としては昔から少いが、今日のやうに偉い婦人を出すに至つた原因は、家庭教育そのものが然らしめたものであると、私は観察致しました。

元の総理熊希齢氏の奥さんなんかも、別に学校教育を受けたこともなく、また海外に居つたこともないのに、どうしてあれ程の偉い方になられたかと云ふに、奥さんのお母さんが非常に教育に熱心なお方であり、また兄さんからも厳格な教育を授けられたのが、今日の偉大さをなしたものであると聞き及んで居ります。そしてあの方の仕事は未だ日本婦人が目をつけてゐないところに、注意が向けられて居まして、それは何かと云ふに貧民教育なのであります。

この貧民教育をやることに支那民間の婦人が自覚し始めたのは、熊希齢氏の奥さんから感化を受けたのによるとの事でありまして、革命運動の前の啓蒙運動として、必然に起つて来たものと思はれます。そして北京の郊外七八里にある香山は、清朝時代の離宮ですが、そこに民国八年〔一九一九年〕から引続き、貧民の男女子弟を収容して、教育機関、職業機関が小規模ながら、始終一貫した形に於て設けられて居るのであります。こゝでは全部が自給自足でこの地では外に戦争があつてゐても、絶えて馬蹄の音も銃声も聞へず、またその噂さへも知ることが出来ないと云ふ程静なところで、全く安心して衣食してゐられるのであります。

熊希齢氏一家の財産はかなり沢山ありますが、一切の費用は一般からの寄附によるものでありまして、私の彼の地に参りましたのは昨年の十一月で、その頃には千七百人と云ふ多くの子供達が、幼稚園から師範教育の過程を、何んの心配もなく受けて居りまして、そのうち職工になりたいものは、学校内に設けてある工場に入り、それ以上の高等教育を受けたいと云ふものは、北京大学に入れて学費一切を支弁してやると云ふ具合であります。

特に面白いことには、そこで働いてゐる総ての婦人が、全部日本に留学してゐた人達であります。即ち之等の婦人は殆んど熊希齢氏の奥さんの手で、古くから実践女学校や青山師範学校、奈良女子高等師範学校や女子医学専

子供のある支那人の家

門学校に、日本留学生として送られた人々であります。尚ほこの奥さんの仕事としては以上申上げましたものばかりでなく、城内の方にもそれと同じような教育機関を設けて、貧民子弟の教育に当つてゐるのであります。

私はこの貧民教育を視察いたしましてから南京に参りました。この地にも平民教育促進会といふものがありまして、こゝで云ふ平民とは、申上げるまでもなく、貧民の階級に属するもので、その平民教育促進会の仕事とは、昨年十月から実行されて居るとの事です。この仕事がどう云ふ動機から起つたかと云ふと、これまた熊希齢氏の奥さんの主唱によつて創立されたものであることは、促進会の発会式当日、撮影した写真に奥さんが参列してゐるのを見ても分ります。この外平民教育のためには、支那全土に亘つて心を尽してゐると云ふ事をよそながら聞き及んで居ります。

支那に於て模範省といはれてゐる山西省には、貧民教育がよく行き届いてゐるので、一切万事文化の程度も進むといつたわけでありますが、このやうに私達日本婦人が未だ目をつけてゐないところを、支那婦人が既に実行してゐるところを拝見するに及んで、その先覚者的行為を尊敬すると同時に、幾多の参考を見せつけられた感じが痛切だつたことをこゝに白状せねばなりません。

この外に有名なご婦人の中で、孫文や徐謙氏等の奥さん方にお会ひ致しましたところ、徐謙氏の奥さんもやつぱり、女子に対し必要な法律を知らしめねばならないと云ふ点に目をつけて上海に女子法政学校を創立されましたさうですが、自然時が来て今では女子ばかりではなくなつたとの事です。しかし今日でも、尚女子に対する政治、経済、軍事教育等の必要なる理由を熱心に説いておられました。

このやうに日本婦人が未だ目をつけてゐない点に、支那婦人が既に実行してゐることを今度各方面の婦人方にお会ひして、始めて知つたわけでありますが、私共日本婦人も負けてゐては大へんだと云ふ感じは、皆さんと御同様かと思ひます。

徐謙氏の奥さんが、女子にも軍事教育が必要だと云はれたことを、中央軍事政治学校でお尋ね致したいと思ひ、私から婦人に軍事教育を施して役に立つだらうかといふ様なことで切り出しましたところ、私の此質問に対し、最初はどうかと思つてゐたけれども、婦人が体質上男子に及ばぬ時は、経理参謀副官等の方面で男子以上に能力を発揮することが出来る。とのお答へでした。そして現在婦人が男子と同様武漢の中央政治軍事学校の分校で、訓練を受けつつある婦人が二千人の多きに及んでゐると聞き及びました。

支那の新らしい婦人

それやこれやを思ひ合せて、思想的に付よしや実際に於て日本婦人の方が進んでゐるかもしれませんが、支那では男子も一緒になつて婦人を引き上げて行き、女子もまたそれに添ふて十分自重してゐるところに、誠によい傾向を発見することが出来るんではないでせうか。色々の教育やその他の方面で、女子が絶対に男子と平等の権利を持つてゐる広東では女子は一層自重せねばならないのであらうと考へました。革命婦人の先覚者として、後から来る者の鑑戒である為めには、私のこの自重論もよもや誤りではありますまい。

この外私がお会ひした廖仲愷氏夫人のお話によれば、夫人も政治行政その他の最高管理者となる権能を与へられたので、軍事に対しても同じやうに進む方針であるとのことでした。また香港大学へ参りまして、男子と女子との成績はどうであるかとお尋ねしましたところ即座に女子の方が秀れてゐるとの答へでありましたが、つゞひて、男子より女子の方が秀れてゐる場合が多いとつけ加へられたのには、私は実に驚き入りました。

私はこの度の視察を終へて帰りましてからつくづく日本の婦人も、もつとより以上自覚せねばならないと考へ、時々南船北馬の当時の旅行を考へ、お会ひした名流夫人の面影を思ひ浮べて、何かかう心を揺すられるやうな気持ちを覚えることも、度々あるのでございます。

⑱竹中繁子「中国婦人雑感」『婦人運動』第五巻第四号、一九二七年七月

長い間愛撫してゐた小さい纏足の布を、忽ちの間にかなぐり解いたり、生命ともして愛くしみ蓄へ来つたみどりの黒髪を、いかにも思ひ切りよく断ち切つたところに現された、中国婦人の解放運動の心理には、私は一しほ深い興味をひかれるものなのです。しかしさうした心持に対する的確な全的な解釈に至つては、ただ旅人として一と通り歩いて見たゞけの私に、無論下し得る筈はないのですが、そのやり方の思ひ切りのよかつたゞけ、それだけ中国の婦人が長夜の悪夢に酔はされてゐた揚句覚めての後の悶えの甚だしい様が見えるやうで、いたく同情の念さへ涌くように覚えます。

度々日本に居て聞いた言葉は、中国には恐ろしく突飛な婦人が出来てゐる、断髪をして政治を論じたり示威運動の先に立つたり、日本などよりはズツと急進的な思想をもつた婦人が近頃出来たさうだとか、または、中には

交際上裡にもズンズン立ち入つて西洋人とも交れば、ダンスをやつたりなどしてなかなかハイカラな婦人がゐる、といふ事でした。そしてそれを如何にも珍しい事のやうに言ひまた聴くのでした。併しそれは過去の中国婦人の生活の歴史を考へさうして遽かに世界の舞台に飛び上る為めに（私は中国婦人の場合特に飛び上ると言ひ度いと思ふのです）急ごしらへをしなければならなくなつた道筋を考へるときに、凡ゆる平衡と中庸を失つたやうな現象のあらはれる事は、決して不思議でもなければ疑はしい事とも思はれません。しかし政府は一躍して国民の政府となつた。その掲げた看板はいかにもよかつたのですけれども、国民といふ中に婦人といふものをまだまるで見過して居たのでした。そこで婦人は他人の手をまたずに自分一人で立つて、歩んで、行くべき道を自分で拓かなければならない場合である事に気づきました。気づいて見れば世界の中で中国の婦人が婦人として、一番割の悪い場所に立つて居ながらなほ起ち後れて居たのでした。焦るのは如何にも当然のことだと思ひます。

試みに私は支那の婦人が国民として、数へられる為めに法律上どれ程の権利をもつて居るかを、言ひ換へればどれ程無視されてゐるかを改めてこゝに挙げて見度いと思ひます。若し一家の父親が亡くなつて、その家の財産を整理する一方法として家を売らうとする場合、男の子がなければ他から男の子を入籍させて名義人とするほかには、妻にも娘にも権利がないのです。買ふ場合にも同じ事です。それから相続権については、家に男の子のない時には、たとひ女の子があつてもそれが相続する事は許されずに、他から男の子を入籍させるのです。若し貰ふべき男の子が親戚の中に一人もないとすれば、他人の子を貰ふのですが誰しも知らない他人に可愛い子をやるのは好まないから、勢ひ身分の悪い者から貰ふといふ事になるので、そこに種々な禍ひの種が蒔かれるのです。しかも法律上其の道を撰ばなければならないのです。財産権も亦同様であつて、決して妻は一文なりとも自由にする事が出来ないで、他人の子を貰つてでも男の子に譲る事になつてゐます。それと、夫の亡くなつた場合、妻が夫に代つて商業を営む事が出来ないのですから、據ろなく他人の男の子でも入籍させて名義人に立てるほかないのです。もう一つは女の名では銀行の金すら出す事が出来ない。つまり商法上女は金の出入を自由にする事が出来ない事になつて居るのです。緋総の籠の中に、歌ふ自由だけを許されて愛されてゐた鳥は、愛護の美名の下に足の動きを全く奪はれてしまつてゐたのでした。婦人参政権獲得運動の促進されるのは余りにも当然な事です。

中華女子参政同盟といふのが、民国元年にナンキンにおいて、王昌国、唐群英、張漢英、朱剣霞等の女士によつて組織されたのでしたが、その翌年、袁世凱の帝政によつて、この同盟が一時解散させられたのでしたが、併し圧迫束縛の縄をのがれて飽くまでも自由を得たいといふ欲望を貫かうとする女士等の初一念は、解散の運命に決してひるまなかつたのみか、寧ろ精神的結束は前にも増して固くなつたのでした。その後万国女子参政協会にも加入して一層強味を加へるに至つたのです。かうして参政権を得ようとする女子等の目的は強《あなが》ちに政治に直接参与する事を強調するのではなく、要するに国家の制度を改善し度い望みをもつて、前に挙げた法律上虐遇されてゐた凡ての権利、即ち定約権、相続権、財産権、経商権とを要求し、教育権の平等を得ようといふ他にならないと、当面の運動者は語つて居ます。かうして一方に打ち破らなければならない習慣上の強い羈絆があるのであります。尤も法律上に権利の平等を得られる時に、凡てこの問題は自然解決されるわけではありますが、長い間の固陋な習慣はなかなか目覚めた婦人達の楽観を許さない、そこにまた新たに加はつて来る婦人の労働問題などもあるのです。殊に戦争また戦争と打つづいた国難は、一層婦人のために不利なので、それだけに苦闘の程も想ひやられる次第です。若し支那の時勢が急転して新らしい合理的な政治が行はれるとすれば、婦人のためには、待つて海路の日和を得た事になるのですから参政運動の必要もなくなるわけですが、今のところでは到底手を緩める事が出来ないで、ますます奮闘を怠らないのみかその手を伸べて日本婦人との提携によつて東洋の勢力ある婦人団体を作り、婦人の権利獲得に向つて進まうとする希望さへほの見えます。

先き頃私どもの来滬を聞いて、上海の女子青年会、婦人矯風会（節制会）と女子参政権協会が会同して親切にも私共を招いて下すつた其席上で話した言葉が思ひがけない反響を齎《もた》らして、すぐ其翌日熱心な一人の中国婦人は私共を訊ねてこられました。聞くところによればその婦人は嘗て井上匡四郎、望月小太郎、植原悦二郎氏などの北京に来られたのを訪ねて日本婦人が予てから運動してゐる公民権と参政権との問題を是非とも今期議会において目鼻をつけて欲しいと力説した相ですが、其成行きは何うなつてゐるかを私共にたづね、併せて日華連合の婦人会を起し度いといふ希望を述べられましたが、女士の熱誠に私共は少なからず感激させられたのでした。女士は朱剣霞といつて勤業女子師範学校の校長です。そして望月氏との会談において、氏が詩を賦して感想を言ひ現はしたのに対して、女士はまた詩をもつて応答して居られます。左にその詩を紹介いたしませう。

欧州文物策縦横　国小人繁奈後生
半生確懐聯亜計　大東何決訪同盟

これに対して女士の答へたところは、

莫懼軍神西海横　女児和平花正生
一陰一陽之謂道　大道完成平等盟

と、この句でした。また次の望月氏の、

君不見州川文化圧極東　亜洲山河入中殻
残者尚有一大国　日華運命須和衷

に対しては

英雄淘尽大江東　男女平権一夢中
寄語東隣賢姉妹　同携素手慰和衷

とありました。如何にも女士の盛んな意気が言外に溢れて居るではありませんか。これを見る日本の女子が一ト言なくてはならない様に思はれます。

⑲竹中繁子「古い旅嚢から」『女人芸術』第一巻第三号、一九二八年九月

女だてらに、と笑つてて下さるな！　何しろ負けない気の中には、持つて生れた茶目つ気と、恐ろしいもので、ふだんの職業意識が何と言つても多分に働いてゐるのですから。

南昌に行つたその頃は、誰一人として本当に会つてゐなかつた、疑問にとざゝれてゐた蒋介

写真右より四人目、黄埔軍事政治学校政治部主任熊雄氏、五人目広東日本総領事館書記松本増雄氏、六人目同夫人、七人目竹中繁子女史、八人目日華学会服部升子女史、九人目女優楊耐梅嬢[5]、十人目ダンサー□羅蘭嬢——黄埔軍事政治学校後庭にて——

石氏に何とかして会つて見度い、その人の語る言葉を直接耳の底にやき込んで帰り度い、と考へては矢も楯もたまらず、孫文氏の未亡人宋慶齢さんと、その頃の武漢政府の左翼要人で〔あ〕つた司法部長の徐謙氏の夫人沈儀彬さんとその他の紹介状三つ四つを後生大事に懐ろに納めて、漢口を立つて、排外運動の真最中、揚子江の渡し舟の中で糾察隊にお金をゆすられながら、一つ談判が間違へば私達二人の女旅人はそのまゝコロリと舟からコロがし込まれないとも言へない危ない目をして九江に上陸した程ですもの。（南昌行きは、九江から汽車で七八時間の道のりなのですが、その当時の道中いかにも不安とあつて、懇々と九江の大和久領事に思ひ止まらせられましたが）、広東に行つた時にまたしても叛逆気がムラムラと起つて、かねて聞き及んでゐた、中華民国革命の策源地黄埔の軍官学校参観を志したのも無理がないのです。

広東総領事の森田寛蔵氏は、初対面の我々さへ馴れ易い、何でも言へるやうなお人柄、それだけ無理な願ひをも私達に気易く切り出させて、「それはよからう、婦人だけに却つて事は容易に運ぶかも知れない」と、賛成して下すつたばかりでなく、早速御自身総司令部に交渉に出向いて下すつた。「向ふでは非常に満足してね、当日は先方でモーターボートを仕立てゝくれるといふし、昼飯は用意しておくから弁当持参に及ばないといふことだ、大変な歓待だ」といふ夢のやうないゝ返詞をきかせて下さつたのです。一ト頃は上海にあつた軍官学校の分校が、共産党狩りによつて一掃され、その時発見された教科書から、いはゆる危険だといふ思想をもつていかに学生らが中国の革命を志ざしたかゞわかつて、とうとう解散させられたとか、何でも非常に厳重な秘密主義の校規を遵守したとも伝へられるその学校の本職だとして見れば、参観不可能の危ぶみは多分にあつた。然しその頃台頭しつゝあつた南方派の形勢や事情やをそれとなしに視察に行かれた佐分利さんが、外国人での参観者の皮切りとして歓待された近い例があり、つゞいて第二番目が私達、つまり婦人での皮切りをつとめたわけです。之に対する総領事のお骨折の重かつた事は改めて記すまでもありません。

それは丁度去年の二月七日のこと、民国では正月の六日といふ、どこの家も店もまだ爆竹の音に時々旅人の胆を冷やさせるお正月気分たつぷりな時でした。そのくせ広東政府は旧暦を廃して太陽暦にしたがふことに改まつたといふですに、兎角長い因習を捨てかねる人情をこゝにも見たわけです。それで其日私達が嶺南大学碼頭からモーターボートで出たのが十一時少し前、珠江の水碧く滑らかに、涼しいと言ひ度い位の新春の風が和かに頬をなでて、黄埔までの下り一時間と十五分の航程を私達一行は短かい程に楽しみました。

軍官学校は言はば我が士官学校、しかしそれが中央軍事政治学校と名称を改めて、名の如く軍事と共に政治を学ばせ、「これは何処の国にもない組織です」と南方政府をして誇らしめて居るのです。建物は、例の鼠色の煉瓦で外郭を繞らしてあるほか、内部は極く質朴な木造ですが、どこを歩いて見ても塵一つ止めない清潔さと、何から何までが実に秩序整然、むしろ厳然としてゐるなかに、容易ならぬ活動と行届いた訓練とが行はれてゐることを、驚きと共に感じさせました。人と人との交渉にも軍隊的規律の中にまことに自然な、自由な空気の漲つてゐたこと、例へば将校と下士卒との間、教官と学生との間におのづからなる和気を外から行つた者にすぐ感じさせることは、取りもなほさず人類の待遇に差別を挟まないこの学校の精神、延いては南方国民政府為政者のモツトーとして、北方人の羨望となつてゐることは敢て怪しむに足らない事でしたし日本政府の治下に甘んじない朝鮮人（彼らを被圧迫者として多数扱つてゐます）がこの学校に来て無差別に待遇されることは、待つた海路の日和よりも嬉しい事に相違ないのです。この精神の旺溢は、やがて革命に成就した日の世界の覇者を彼らに夢みさせてゐました。彼らは言ひました、「我々が革命に成功した暁には凡ての被圧迫民族を済ふことに力を尽す」と、すべてこの意気です。

この日の印象感想を書いたならはてしもなく長くなることを恐れます。こゝで認める男女絶対平等の権利とその主張、学校の沿革その他、これらは他日にのこして、とにかく一つ二つを記して見ませう。がその日は宣伝部長の不在に、政治部主任の熊雄氏が代つて一日私達を引まはしました。校長蔣介石氏の部下として要職にあるその人の恐ろしく雄弁な宣伝は、その日私達の同行者であつた若手の外交官をすつかり感心させて「僕も一年あの学校に入つて見たいなァ、さもなけりや日本から誰か学生をあすこに入れて見るんだなァ」とつくづくと言はした程きゝめがあつたのです。

こんな事を熊雄氏は婦人について言ひました。氏は一度日本に来たことがある人ですが「私はお茶の水の女子高等師範学校の卒業式に行つた事があります。その頃はまだ大隈さん〔大隈重信か〕が在世の時で、当日は丁度卒業生に向つて一場の訓話をされたのです。忘れもしない女子を外交政策に用ひる意味の言葉で、日本の婦人を代表するこの少数の婦人の責任がどんなに日本に対して重いか、それについては支那の留学生と宜しく自ら進んで結婚しろと説かれたのでした。大隈さんはかうして女子を外交政策に使はうとされたのでしたが、それは見事失敗に帰しました。なぜなら支那の日本留学生は皆日本に対して悪感をもつてゐる学生は日本婦人と結婚するものが甚だ少ない政府と政府とが合はない、これらは言葉よりも実証ではありませんか。そこで少数の女子では今は何の用にも立たない、全部の日本婦人が支那の婦人と提携しなければならないのです」。日本の覚醒した少数の女子、私の思ひなしかは知らないが、この言葉の中には我国の婦人の大多数は覚醒してゐる、お国の御婦人よりは一ト足お先きに絶対に解放されてトツトと覚醒に大衆を急がしてゐますよ、といふ口吻が感じられたのです。

恰かも二月七日は南軍にとつての記念日でした。四年前京漢鉄路の工人が四十七人呉佩孚のために虐殺されて、それが北伐の動機の一つとなり、中国の自由平等等をこれによつて知つたといふ北伐軍にとつては大切な日なのです。それでこの中央軍事政治学校の宣伝隊は三百人ばかりで手分けをして広東市中に打倒北軍の宣伝に出かけたあとでした。怨みを忘れない魂は中国人の特徴だと私に想はせる事は、旅行の中で一度二度ではありません。意恨十年一剣を磨くことがむしろこの国が将来の大をなす所以ではあるまいかとさへ、兎角熱し易く冷え易い血を引いた私に深く考へさせたことです。「我国は鴉片戦争以来十四ヶ国からの圧迫を被つて来た、不平等な待遇も甘んじて受けさせられた。今や、今や立つて自主独立の歩みを確実にしなければならないとは男からも女からも途々きかされて来た語です。内と外とに向つてこの凝つた意恨の刃を磨かうとする中国人は、日本人のやうに順境に甘んじた忘れつぽさでは居られないわけです。二十一ヶ条を泣く泣く承認した国辱記念日は全国的に、五三十事件は上海に起つた虐殺事件として、六月二十三日は広東で川を隔てゝ租界の英国人と戦ひ、多数の死傷者を出した日として、地方的に記念される日なのです。その中でも上海の五月三十日の事件は五三十公民学校、五三十何々学堂と一目にして市民は教へられる記念事業ともなつて現はれてゐますし、広東の沙基は六月二十三日路が俗名となつて租界と沙基をつなぐ橋の袂には御丁寧にも石碑に「勿忘此日」と彫りつけてあるのです。これならば三つ児にでも自分の国と外国との間に起つたいきさつがわからずには居ますまい。かうしたねばり強さをもつてただひたすらに目的に向つて来たのです。

校内隈なくめぐつて最後に後庭に立ちました。後庭といつても墓場です。私達の立つ足の下、晴天白日旗のコンクリートで固めてある下には、五百余の革命の犠牲者が葬むられてあるときいては凄烈の気おのづから身に迫るのを禁じ得なかつたのです。白く塗られた高い墓碑に夕日が映えて、眼下には陳炯明との戦ひに破壊された舟一隻江中に半身を埋めたまゝ、宛がら北伐の士気を励ますかのやうに物凄い恨みを語つてゐるではありませんか。私達は暗い気持でそこに立つたまゝ、むしろ立たされたまゝ熊雄氏の日支友求《ママ》のいかに急務であるかを例の雄弁で語りつゞけるのに耳を傾けるでもなく傾けぬでもなく印象深い一日を追想してゐた時に、そこに珍客が現はれた。花のやうに美くしい女性です。「我々の同志をご紹介します」と、聞けば上海から南方にかけて有名な女優楊耐梅、即ち革命のために芸術を捧げている優《ひと》なのです。二七の記念日に余興の一役をつとめる為にそこに来たものでした。「どうか我々の間にかやうな有名な女優があることを、日本の婦人方に伝へて戴き度い」と熊氏は附加へました。こゝで出会つたのを記念にと一同で撮影をして別れたのです。

旅嚢の底におさめた記録の中で、黄埔の一日は私に色々の意味から懐かしいものです。

⑳竹中繁「その頃の南北中華婦人と語る——支那旅行印象記の一節——」『日支』第一巻第七号、一九二八年十二月

北は北満の奥チヽハルを起点として次第次第に南下の旅をつゞけつゝ、最南方は香港を経て南方政府の根拠地であり革命の策源地である広東に入つて私達二人（同行は日華学会の服部升子女史である）の支那旅行の目的を達したまでのまる六ヶ月間において、無論チヽハルを始めとして到る処の各地で受けたそれぞれの印象には、各々異る感銘があり、先進を以て自任する日本婦人が、却て民国婦人の前に膝を屈しなければならないやうな事実にも、また機会にも、幾度か出会つたことではあるが、広東における二週間の滞在ほど私達にとつて胸躍る思ひをさせた場合はなかつた。旅に出た目的が、北と南といはず成可く多数の民国婦人に接する機会を得、彼らの抱いてゐる凡ての心持を知り、出来るならば隣国同志婦人同志の理解の点を求めて往々までも友誼を形づくり度い望みにあつたその中に、広東行は殊に新興南方政府の治下に動く婦人達の状勢を見る点において、最も楽しみとし且つ之を旅行の殆ど主眼としたのであつた。茲に説明して置き度い事は、私達女二人の旅行といふのは、恰うど広東に実現した革命政府の形がやうやく整つて、南方が或は民国の主権を握るやうになるかも知れないと思はせた一昨年の九月から翌年の三月に亘り足に任せて南北支那を歩いた旅なのであつて、革命戦が手早くこゝまで運んで来た昨今の事ではないのである。それだけにまた或意味においての緊張味を味はう事が出来たとも言へる。

革命に成就した広東国民政府謳歌の声、国民政府治下の広東市の整頓した状態についての噂さは、遙かの北方奉天において、張作霖氏の膝下においてすでに聴いた声であつた。南〔下〕して北京に入つてからは、時節を持ちつゝ、暗黙の中に活動する国民党員と共に、危険を避けるために日本姓を名乗つたりして密かに脈絡を通ずる婦人党員の多数あること、党員でなくとも、智識階級の婦人達がいかに南方政府の治下にある者を羨んで居たかを知ることが出来た。親しく往来して互ひの意中を語り合つた王といふ婦人などは、時に話が熱して来ると、紅潮した頰と輝やいた眼ざしに涙をさへ湛へて北京政府の無能を罵り、いかに広東の市中が国民政府の手によつて立派に整理されたかを説いた。そして「私達の国は革命を必要とする、無益な戦ひを避ける為め、貴女方はお国に帰られたならば、どうぞ日本政府が軍器を我国に売らないやうに当路《とうろ》〔重要な地位についている人〕に向つて婦人方が運動するやうくれぐれも尽力してくれ」と懇々と頼んだりした。軍器売渡しの事実はさうではないとしても、革命の遂行によつて、自国を新らしい自主独立の国として、外他国の侮りを受けないまでに建設し度いと願ふ心の、おのづから白熱して来ることを禁じ得ないのは、充分同情を以て汲み得させる。成程広東において話し合つた中国婦人の言葉に徴しても、「広東政府になつてからは、道路の整理、衛生上の取締城門の取毀し婦人の解放、それに兵士の秩序が保たれて、略奪のなくなつた事等、私共の世界を大変明るくしました」事などが数へられてゐた。

広東に入つた時には、旅行の目的地に着いたといふ喜びもあり、革命の地を自ら踏むといふ心持と、赤い婦人、革命に携はる婦人達の意気がきつと虹の如きものがあるであらうとの無気味さとが、何となく心を躍らせた。そして何となく心おくれがした。そのうち二、三日すると待ち設けたやうな、待ち設けたくなかつたやうな、招待状が来た。広東中央執行委員会婦女部が私達二人の来賓を新聞で知つて、是非茶話会を催うし度いといふのであつた。これが広東における革命婦人の中堅に接した最初であつた。最も南方政府に大臣格として押しも押されもしない何香凝女史には不幸かけ違つて面接の機会を失したが、広東に来る以前漢口において孫文氏の未亡人宋慶齢女史及び最左翼の頭目と目される徐謙氏の夫人沈儀彬女史とは親しく会談はしたのであるが、広東の地においてかういふ一団の婦人達の前に立つたのは、これが最初の機会であつた。

その日会場である中央執行委員会に集まつたのは、まだ陰暦のお正月気分といふに出席者は多くはなかつたが、廖冰筠女史を主席に二十余人であつた。廖女史を始めこれらは皆省党部または市党部にやゝ重きをなす婦人闘士である。廖女史は、革命に殆れた志士故廖仲愷氏の姉君で、何香凝女史とは義姉妹にあたる。年のころ五十余り、白髪の混つた髪はプツリと断髪にして、キリツとした身なりに活動婦人の見るから雄々しい姿をした人である。そして広東執信女学校校長曹醒女史とならんで女史は二人の名女流教育家の一人である。会場にゆく前には定めて思ひ昂つてゐる婦人達の群れであらうと予測したのが恥入る程裏切られて、彼ら婦人達はなんといふ美くしい、謙遜な心持で私達を迎へてくれたであらう。廖女史は言つた。「私達は本当にまだ幼稚です。然し事は凡て一足飛びには進むものではない、どうぞまァ暫く見て居て下さい」と。

私にはその時の廖女史の強い意志の溢れた、然し懐かしみのある顔が、今だに忘られずに目の前で動いてゐる。言葉の通じ合はない互ひの心のもどかしさが、今もなほ残つてゐる。

婦女部の運動の中には、国民党立婦女運動講習といふのがあつて、この講習会は国民党員となる資格を婦人に養成するために、六ヶ月の講習をして、党の綱領や三民主義をよく呑み込ませるのである。その他有力な婦人運動の会としては、女権運動同盟会にすでにその時千余名の会員あり、女子解放協会にも同数程の会員あり、広東婦女協会には広東市だけで千名位、これはいはゆるナショナル・カンシル・オブ・ウィメンであつて全国的な物なのである。女権運動同盟会はまた広西、上海湖南等に分会が出来てゐる。その当時組織中にあるといふのは圧迫された婦人を援助する会で、農、工と一般女子を含めた女子クラブである。これがまた家庭に籠つてゐる婦人のために、民間劇社を作つて、芸術によつて主義の宣伝をなし、芸術または活動写真をさへ見る暇のない婦人、文学のない婦人には、会員が行商となつて品物を安く売りながら宣伝して歩くといふ方策によつて、知識啓発、主義宣伝をはかるのである。実際的活動は那辺まで行はれてゐるかは暫くおいて、とにかく彼らは根強《こんづよ》い働きをつづけてゆく覚悟をもつてゐる。

上海においての南軍の入滬は、一般市民によつて、そして先覚婦人団体によつていかばかり歓迎されたかを私は直接見た。ある民国側の婦人達に招かれた会の席上で上海の婦人節制会（矯風会）の会長劉〔王立明〕女史が私にかう質問した。「貴女がかうして民国を旅行して、親しく我国の状態を見た時に、私達民国の婦人は、今この我国の状態下において何を為す可きであると貴女は考へますか」と私は答へた「何故貴女がたは平和運動をなさらないか」と劉女史は真剣な顔で、「仰せは本当に結構です、私達もさうあり度いと願ひますが私達は最後まで戦はなければなりません」と、力を籠めて答へた。私は日本に帰つてもなほ平和のための一人のジヤン、ダークを民国から出し度いと夢みてゐた。併し、後になつてその答へを本当に恥かしく思ひ、劉女史に向つて詫び度いとさへ思ふ様になつた。彼らは最後の革命成就を見るまで戦はなければならないのである。革命によつて国威を揚げ、八十年来の汚辱と鬱憤とを一日も早く払ひ、晴れた日を仰ぐ暁を彼らは夢寐にも忘れないのである。男子は往々利権の虜となる。しかし民国婦人はあらゆる過去の束縛と圧迫を脱れるため、捨身にすらなつて働く真剣さがあるのである。

㉑竹中繁「思ひ出の正月：忘れられない元日」『婦選』第五巻第一号、一九三一年一月

元日に涙は禁物だといふ。それなのに、その元日に何とはなしの涙をとめどなく流した事が五十年の生涯に一度あつた。それは揚子江の真ん中でだつた。多分その元旦に揚子江の水は増したかも知れない。

時は大正十五年の、恰うど大正天皇の御大変を旅の漢口で承はつて、年も昭和と改元され、喪の中にその二年が明けた年であつた。暮の二十四日に漢口に着いた時は一と先づ漢口の外国租界に対するストライキがとにかく片附いてはゐたものゝ、英租界ではまだ土嚢を積み鉄条網を張りめぐらして、武装した哨兵が警備してゐるかと思ふと、大馬路の方ではボローデインと中国共産党員との宿舎を中心に、打倒張作霖、打倒英帝国主義、打倒基督教主義、打倒何々といふ数万から成る大デモンストレーシヨンが、クリスマスを期して行はれるといつた、何となく混乱と凄惨な雰囲気の漲つてゐる時だつた。そこに一週間滞まつて漢口を襄陽丸で立つて、九江に下つたのが大晦日の夜の十時、その頃は漢口ストライキの流れが九江に下つて行つて、「今九江はストライキの真最中だ、この船が九江に停るかどうか」といふ極めて心細い話をきゝながら私達は何れにしてもまゝよ、とばかり船に乗つたのだつたが、翌朝九江に着いた時は、それが意想《ママ》外に激しいものであることを見出した。けれど私達はどうでも九江に上陸して南昌に行き度いと思つたので、ハルクにも寄りつけずに揚子江の真中に一寸だけ停船したのを幸ひ、銅貨二十枚の約束で船長に艀を傭つてもらつて、すばしこく乗移つたまでは上出来だつたが、女がたつた二人下船したのを見た糾察隊の一人は、矢庭に私達の艀に飛び乗つて、慄へてゐる船頭（凡ての外人排斥英帝国主義排斥の運動なのであるから、外人を載せた者は生命がないわけなので）に、「私がかうして乗つてゐれば大丈夫、早く船を出せ」と言つて漕ぎ出させた揚句に、私達をゆすり出した。否といへば河の中に突き飛ばすといふし、本船に返せと言へば、襄陽丸はもう出て終つたあと、何ともならない。大きい金は胴巻にはしてあるが小出しの金は一文もなく取られて終つた上に、沼のやうな所に下された。それでもやつとのことで領事館に辿り着いて、その事を大和久領事に報告して、さて南昌行きの願ひを申入れた。南昌へとはその当時不遇で逃避してゐた革命主将蔣介石氏に会見したい一心だつたのである。

大和久領事は優しい仁だつた。目下非常時であり、近いとはいつても南昌との連絡が少しもとれてゐないので、安危の程保証し兼ねる。若し非常な必要とあれば保護者をつけてやらうが、まア思ひ止つてくれないかと、まるで兄の訓しだ。いかに北京から護証はつけて貰つてゐても、かう訓されると一歩も押し切れない私達もまた順柔《おとな》しかつた。その日の揚子江の出来事も可なり利いてゐた所だつたかも知れない。

領事夫人のお心尽しのお年とりも領事館で戴いた。一夜をホツとして領事館のベツドで眠んで、ストライキの元旦は明けた。或はその日の船を失へば、揚子江下りがいつ寄港出来るかわからないその時の形勢なので、私達は不自由の中で祝された領事館のお雑煮を、幾倍か美味しく咽喉を通す間もなく、警察署長の骨折つて下さつた手続きで、やつと艀を得て、署長さんともう一人の護衛に附添はれて、恐ろしく険悪な揚子江を数十の小舟の間を縫つて大福丸に乗り込んだ。送つて下さつた署長さんが「もう大丈夫、安心してお出なさい、私達は艀がなくなるといけないからお別れして艀に帰ります」と、そして私達の船が出るまで帽子を振りながら見護つてゐて下さつた。何となしの涙！　それは恐ろしかつたのでもなければ、別離の悲しみでは無論ない。旅の空で、親か兄でも案じてくれるやうな劬《いた》はりの情、或は旅が余計にセンチにしたのかも知れない。

㉒竹中繁「支那婦人の進出」『婦選』第六巻第七号、一九三二年七月

「待てツ！」

剣附け鉄砲の軍人が、何処から現はれたものか、突然走つてゐる馬車の前に立塞がつて停止を命じた。馬車に乗つてゐたのは稍異様な洋装をしてゐた女二人とホテルのボーイ一人。

「お前達は広東人ぢやないか？」

軍人は誰何する前にいきなり広東人ぢやないか、と訊いたので《ママ》。素より言葉遣ひも荒くとげとげしい。

「イヤ日本人だ。」

ボーイはかう答へると共に、兵隊の方に故《こと》さらまともに顔を突出した。成程毎日、日租界の宿から駅へと通る顔見知りのボーイである事が判つて、兵隊は急に親しみの調子で、

「ア、宜しい。」

と、上げた銃を地について無事通過を許した。乗つてゐた二人の旅の女客は、不気味さうに目をパチクリさせながら、互に顔を見合せた。

或日また例の異様な洋装の女旅人二人は、正午真近に南京の駅に現はれた。滬寧線で上海から着いたのである。一人は小さいスーツケースを提げて、他の一人は風呂敷包を小脇に抱へてゐた。改札口から流され出ると、右手の台を前にして居た一人の中国婦人が、いきなりスーツケースの方を呼び止めた。

「その鞄には何が這入つてゐるかお見せなさい。」

スーツケースは婦人の言葉を耳にもかけずに歩き出さうとした。と、また「中を検めます、お見せなさい」といふ。

「何も貴女に見せる必要なんかありません。一体貴女は何者ですッ」こちらも居丈高だ。

「私は税関吏です。」

役目の手前とあらば拒むも詮ないと思つたので、不精無精に台の上で鞄を開いて見せた。

「宜しい」

通過の上で、下関《シャークワン》の宝莱館に二人は向つた。この当時南京の町を歩くと、城内の入り口や船着場に、恰うど公衆電話のスタンドの様な物が立つてゐて、「女検査所」と書いた木札が掲げてあつたものだ。まさか通りがゝりの女の誰れ彼れを検査するわけでもあるまいが、と聞いて見れば、広東から入り込んだらしい怪しい婦人と認めた者を、女が検査するのだといつた。

二人の女旅人とは、誰あらう、大正の女弥次喜多をきめて、そこらに辿り着いた、例の服部女史と、かく申す筆者自身が、北伐の戦酣な当時、北方の驍将と呼ばれた孫伝芳が死守してゐた蘇州の街でと、南京の駅と街頭で出会はした事件なのです。

国民政府が婦人を官吏に採用することは、党是から言つても当然でせうから、広東辺りで見たならば婦人の税関吏も敢て珍らしいとも思はなかつたでせうが、北方がこの時分に婦人を税関吏に採用してゐた事は私の驚きでありました。これはたゞかういふ意味からであつたかと想像します。即婦人の物には男子が手を触れない事を原則として、婦人の携帯品に対してのみ女の税関吏が目を通す、それと同時に女検査所では、一切男子が婦人の身体に触れられない風習の下に、女子を採用したものと考へるのは当ると思ひます。

と一方には取りも直さず女の密偵や密使が南方から屢々この辺に入り込んで来るのだといふ事を、この女官吏の採用が裏書することになります。がその官吏がまた遽かごしらへのものだといふ事も首肯かせます。たゞし敵地に入り込んだ女密偵の、見破られたら最後の場面に想到しては、覚えず身のすくむのを禁じ得ない事でした。昔から女の間諜や密偵のあつた事も聞いてゐますし、今日では、スパイは耳慣れた存在でもあり、民国江西省あたりのソヴィエト区域ではスパイは女と子供が勤める役割りだとさへ言はれますが、六七年前の民国で、たゞ新聞の上でばかり支那革命といふものや、「突飛」と「軽佻」の一言で割り切られてゐた支那の現代婦人を想像して行つた揚げ句に、さうした生々しい痛烈な事実に直面した事は、私を少なからず面喰らはせました。

が、由来閨中にのみ伏して、他人の顔さへ見る事も出来ず、才なきは即徳なりなど、、あるまじき魔薬《ママ》を嗅がされて、動き度いにも心身共に自由ならず、たゞ喰きつゝ長い間の専横と抑圧との桎梏の下に屈従しなければならなかつた旧時代の支那婦人が、一度び教育によつて自由の空気を味ひ、再び革命の潮に乗つて人間としての権利の回収を許された時、それこそ脱兎の勢ひで、初めの処女をもかなぐり捨てゝ、思ひ切つて大胆に、かつ勇敢に、或はまた無鉄砲に飛び出して、政治と言はず軍事と言はず、開かれた道を自由にとつて、出来るだけ英雄的に活躍して見たいと望んだ事は、物の道理から見ても、極めて有りさうな心の動きではありますまいか。即ちそこに秋瑾女史あり何香凝女史あり鄭毓秀女史あり、革命の烽火を潜つて、一意邦家のために、男子をも後ろへに瞠着せしむる勇猛さで東西した女傑の後に、二百名の女子軍事研究生が、当時の武昌軍事政治学校（広東黄埔分校）に忽ち現はれたとて、敢えて驚くには当らない事だつたとも思はれます。

大陸において放たれた翼は、日本のやうな社会組織の島国にせゝこましく動くのとは違つて、機会と共に思ひ切り暢びやかに健やかに成長するであらうことを誰が辞めませう。

支那に、木蘭従軍といふ、優にやさしい、そしてけなげにも凛々しい歴史的一挿話が伝はつて居ます。それは隋唐時代にあつた事だと聞きますが、木蘭は一女性です。父は魏氏といつて今でいふ知事格の官吏でした。恰も時の帝王が戎を征伐するといふ時に当つて不幸にも木蘭女の父は病の人となつて戦ひに参加することが出来ず、徒らに悶々の心を病褥に委ねるのみであつたのです。これを見た木蘭女は遂に心を決し、男装して身を武具に固め父の身代わりとなつて従軍しました。櫛風沐雨戦ひの野に居ること十二年、数々の功を樹てて凱旋した時に、それが花羞かしい乙女の孝心の武装姿であつた事が初めて帝の知るところとなりました。

帝はことごとくその健気な意気に感じて妃として彼女を迎へ度いと切に懇望しました。この事を聞いて、木蘭は遂に自尽して了ひました。帝はいよいよ彼女を哀惜して、立てて将軍としその孝心を限りなく讃へたといふ事です。木蘭女のこの物語は今も尚伝へて美談とし、その業績は代々の中国婦人の羨望する所となつてゐます。思ふに彼木蘭女の中に流れてゐた血は、この物語と共に後世の中国婦人の中にまたとこしへに流れて尽きないのではありますまいか。

㉓竹中繁「広東行――民国の旅日記より――」『婦選』第六巻第八号、一九三二年八月

旅日記といふものは、当事者にとつては、それが如何に拙なく羅列された文字であつても、無限の感銘であり無量の感慨であるけれども、関心のない他人にとつては恐らくこれ程無興味の文字はなからうと思ふ。それも、男もすなることを女もして見た昔人の日記をはじめ、名人の名文句は言はない。無名の私、それも心覚えに手帳に書きつけておいたもの、その無価値さは十分弁へて居るけれど、時節柄支那の片鱗を、知りたい方への幾分の手引きにもと、未だ嘗て発表しなかつた旅日記の一節を摘録させて戴きます。旅としては最後の地点ですが、こゝには広東のをまづ記して見ます。

中支から南下して広東に行かうとするには漢口の対岸武昌から粤漢鉄道によるのと、海路上海から香港を経由して行くのと二つありますが、粤漢鉄道は全線を通じて民国の所有ではなく、英仏米合同投資の所があり、英国単独投資の箇所があり、途切れ途切れで所有者を異にしてゐるだけ、土地不案内の外国人には困難の点もあるでせうし、第一南下する程言語が変つて行くのですから、私達の南下を企てた直前に、孫文氏未亡人宋慶齢女史がボローデイン氏と共に陸路この粤漢線によつて漢口に北上されたとは聞いてゐても、何しろ不気味でもあり、コースも異ふので、海路をとつたのでした。同じ海路をとるにしても、その当時は日清汽船の船で厦門汕頭に寄港しながら香港を素通りするのと、真直ぐ香港に着いて更に小蒸気船をとつて珠江を溯上するのでありますが、私達二人の旅人はその後者を選びました。即金四十弗づゝを払つて、欧州行きの伏見丸の二等室に納まつて上海を立つたのです。時は昭和二年、民国十六年一月二十五日。

一月二十八日、南国の空は深く碧く拭つた様に晴れて、麗らかな春日和に明けた香港の港に船は辷り込む用に

入つた。凡ての印象が見た目に上品で、明るく鷹揚なこの風物は、雨つゞきに陰鬱で、寒い上海から来た者にとつては、救はれた程に凡てが明快だ。清潔であることも嬉しい。さすがに英国が眼をそゝいで、遂に動かした食指で八十余年来啓発し来つたといふ心持に合点がゆける。（下略《ママ》）

英国相場のこゝのお金は、その頃民国の二十七弗三十仙が三十弗に当つたのです。日本のお金の相場が民国の百弗に対して九十二、三円を上下してゐた時分です。従つて吾々旅人には、香港の物価が高くて、使ふお金に思惑違ひが出来、あとになつてそれこそ語り種になるやうな笑話も出来たといふものですが、まづそれは閑話休題《さておき》、広東行きの仕度にかゝるとして、船の切符は一人前金六弗也でした。

一月二十九日、朝八時、英船ルングシヤン二九号室の人となつて出発した。空はすつかり晴れ切つてゐる。日はなごやかに、襟もとを緩めるほど温かい。鏡のやうに滑らかな広東海峡から、お昼頃珠江にさしかゝつてからの風景は、寔にこれ天下一品、寒さの上海から来た目には、山々をたちこめた春霞、目の痛い程の緑の色は、宛ら一月末の寒さの中から遽かに春が目覚めたやうで、この時ほど旅ばかりよきものはなしと言ひ度い感じで一杯だつた。船の中で知り合つた和田さんといふ人（広東で歯科医をやつてゐるとその時言つたのですが以後澳門に居られるとか）が、「この辺がよく海賊の出る処なのです」とか「広東通ひの船には時々お客になつて海賊が乗り込んでゐる。だから御覧なさい、あゝして英国の印度兵が乗り込んでゐるのですよ」なんて、イヤに脅かしたもんだ、その上に「アッ！貴女方は香港のあの宿にお泊りですか、あれは一番高い家で、私は家内と二人で一晩泊つて二十四弗とられましたよ」と来た。実のところ譚のやうな海賊の話よりもこの方が私達には直接問題なのだ。さればこそ！吾々も一晩の宿料を払つて様子を見ようと思つて、可なり押問答をしたものを、「どうせお帰りをお待申上ますから」とばかり、そこは商売上手に、帰りは何としてもその旅宿に寄らねばならず、香港にはまだ後まはしにした用事があるといふに、胸算用ガラリと変る。和田さんの言葉におびえたものの珠江を上る船心地のよさと、四辺の風景にすつかり気が変つて、旅だ、旅だ、楽しみ乍ら、胸躍らせながら終に来た革命新政府下の広東へ着かうといふのだに！

思ひがけなく、本当に思ひがけなく碼頭で名を呼ぶ人がある。総領事の思召で広東日本人小学校長栢森氏が出迎へに出て下さつたのであつた。（下略《ママ》）

広東省は、今は全く共産化したといふ江西省を北に、広西を西に、東南は海に面して居ます。広東市は緯度から言へば北緯二十三度辺り、印度のカルカツタよりはやゝ北に位してゐるのですから、一月の末といふ頃袷に単じゆばんで丁度よい位の気候なのです。かういふ町が名も涼しい珠江の水を抱いてゐることは、市民にとつて蓋し自然の恩恵でありませう。従つて水上生活者がまた多く、その数十五万と称へて居りましたが、その中に遊郭があり、芝居があり、沙面の岸に漕ぎよせて媚をたゝへつゝ、遊冶郎を船に誘つてゆく女のために、骨を抜かれて帰つて来る人もよくあるさうです。

沙面とは江中にある奥行三丁間口八丁の埋立地で、島になつて河を隔てゝ支那街沙基に対してゐる英仏租界です。日本はその中に割込んでゐるのです。丁度その前年に英支の大きな衝突事件が起つて、沙基と沙面とで河を挟んで可なりな激戦が行はれたさうですが、私共の行つた時も、租界は漢口のストライキに脅かされて、砂嚢を積み塹壕を掘り、大砲も据えて、英軍艦四隻、日本は宇治一隻、仏葡共に一隻づゝを武装させて、事あらん日に備へて居たのです。

この狭い租界地に割込んでゐて、日本人の家には目標が特別にあるときゝました。土地の人に言はせると、

「麻雀の音のする家」がそれなのです。時の国民新政府は早速に麻雀、阿片吸飲、蓄妾の禁令を発したのですが、その中にあつて、日本人の家庭では、妻君達は子女の寝起まで全部をアマに托して、朝から晩まで麻雀に耽つてゐるといふのです。私は思ひました。なぜさういふ婦人達がもつと心と心への外交に、進出しようと努力しないであらう事か、新政府が弊害と認めて禁止した物を、先覚者を以て任ずる日本婦人が玩ぶのだらうか。そして私は思ひます。日支相互の今日の疎隔は少くとも彼らその土地に住んだ者が、心と心の交渉に努めなかつたどころか、認識さへしようとしなかつた結果なのだと。と言つても今更間に合はない。話はただこれからの事です。さて、〔改行原文ママ〕

翌日の一月三十日は総領事自ら、午前中を見物に引廻してやらうとの思召、顔も揃つた十時頃自動車を駆つて真先きに向つたのが、例の広東で有名な、革命史に不朽な黄花崗、革命に斃れた七十二烈士の墳墓どころであつた。町を出外れた静かな所で公園になつてゐる。見上げれば高く七十二の姓名を刻んだ大理石の墓標が、一々の功績を、そして後の世に伝へる革命の精神を、厳かに物語る気であるし、南国に名も知らない真紅の花が、墓前を飾つて吹き乱れてゐるのも、可憐にも心あり顔に見える。無量の感慨に襟を正して佇むこと暫し、広東中央公園に向ふ。（下略《ママ》）

かうして町を歩いて感じた印象は、自由、平等の精神によつてこの広東市民が解放されてゐるといふ事でした。中央公園に掲げた「興衆楽楽」といふ標語も、決して形式のみからではなく、真に四民平等の実を挙げる心が籠つてゐる事が四辺の様子で感ぜられました。

一月三十一日、今日からはまた学校巡りです。広東は中華民国の他の所とは異つて、新政府の下に、学校教育事業が遅滞なく行はれてゐた。教育権は暴力からでも、何でもさすがに汪兆銘氏が先鞭をつけたゞけに回収が出来てゐた。

　九時に栢森氏と黄虎谷氏とに伴はれて教育庁にゆく。庁長許崇清氏が不在であつたゝめ督学張資撲氏（氏は日本人の細君を持つよし）に面会、同道して執信大学と、培道中学医科大学を見る。広東では省立女子師範学校を除くの外は、省立に一つとして男女共学制でないのはない。男子素より数に於て多く、専門は文科と法科が主で、文科出身は近頃教育方面に行くばかりでなく、宣伝用の文書を作る事に従事する者も相当あり、法科出身は、弁護士は別として、行政官には採用せずに、多く官省の書記などに任命されることになつてゐると説明された。婦人の参政？《ママ》　能力がまだそこまでに進んでゐないから、これは時期の問題として残されてゐるとか。併し男女の共学は結局双方に有利である事を張氏は協調され殊に女子の成績は著るしい進歩を示しつゝあり、現に執信大学の曹校長の如きは女子の成績が男子を凌ぐものあると誇つてゐるさうである。（下略《ママ》）

　執信大学といふのは、孫文氏と革命運動をして殺された朱執信氏を記念する為に建てられた学校で、その当時も同志の婦人男子のみで成立してゐて、大きな邸宅の跡を仮校舎として使用しつゝありましたが、一方南洋の華僑から予約六十万円と、それに二十万を加へて、素晴らしい校舎の新築中でした。校長曹醒女史には生憎病中で会はれませんでしたけれども、何でもその頃広東での名望家で一流の教育家であることを聞きました。仮校舎の入口には、向つて右に

　継続
執信先生的遺志

左に

母忘

執信先生的革命精神

とあり、その脇には例の孫文氏遺嘱の「革命尚未成功同志仍須努力」と掲げてありました。当時は国民新政府の治下で働く者は、その務めの如何なるものたるを問はず、女も男も必ず国民党に籍をおく者であるべきことを条件としました。回想するだに熾んな意気が広東並に武漢の地に上つてゐたのでした。(つづく)

㉔竹中繁「広東行(二)――民国の旅日記より――」『婦選』第六巻第九号、一九三二年九月

同じ日〔㉓のつづき〕。

車頭を執信大学から培道女子中学へと転じた。これがそもそも教育権回収運動の地元で見た最初の被回収校!

此校の外国宣教師達が嶺南大学の教師達と一緒に、つまり民国ぢうで一番初めに新学令に引つかゝつて、三ヶ月の猶予期間内にドシドシ校長の地位から引き下ろされた。同時にその人達の生命であり糧であり、宣教師派学校の精神であり信条である聖書の教科が、必須科目の権威から取下ろされたわけなのだ、剰つさへこの新学令を遵守しない教育者は処罰され、被教育者は学生としての資格を失墜するといふ厳重さなのである。漢口で、江漢高級中学と武昌で文華大学とのすでに回収ずみだつた学校も見たが、地元へ来て見て、鮮やかにも勇敢にやつてのけた汪兆銘氏の手際と併せ想像する時に、感慨には更に別な新しさを加へる。

中山医科大学は、名も東山といふ公園のやうな、市内でも最も眺望のいゝ場所に位置を占め、洋風の、設備も見事に整つた建物で、市内の一ツの美観をさへなしてゐる学校であるが、それもその筈、こゝももとは米国人の経営だつたサニテリアム〔サナトリウム〕を兼ねた公医大学とよぶ医学専門学校だつたのである。ところが、例の権利回収の名で、旨く自国人の手中に収め、取敢へず戴天仇氏を学長に就かしめたのである。私は張資撲さんに「これほどの物を没収して終ふなんて余り残酷ぢやないですか」と言つたら、張さんは涼しい顔をして「ナーニ土地はこつちの物でせう？　それに年々民国側から五万円の出資をして居たにも拘らず、民国の学校としての義務を履行しようともせず、命令もきかないのですから、充分没収する理由はこちらにあるのです」と答へた。

けふのプログラムの最後は、中央執行委員会訪問である。雲を着て雷雨に威張つて見せるとでも言ひ度い、名状し難い、急拵らへの心の武装を、道々とゝのへながらゆく。

何しろその頃中央執行委員会なんていふのは、いかに新しがりやの自分にも、踏み入るためには名実ともに物珍らしかつた。殊に革命直後の広東において、今では左翼中の右翼派が時を得てゐるとは言つても、主義は三民主義といつても、国民党即共産党と通つてゐたゞけ、自分とは異つた世界への冒険に心のときめきを覚えるのも無理はなかつた。さて、そこに見出さうとする革命戦線上の婦人達は？　私の心は興味で一杯だつた。

それが旧暦の大晦日の前日だつたせいでもあらうが、中央執行委員会の門を這入つて見ると、大きな広い敷地の中にそちこちに大きな建物が温かい日ざしの下に欠伸をしてゐるやうにイヤに暢びりと閑散だ。ハテナ？　新革命政府は真先きに旧暦をかなぐり捨てた筈だのに！

張さんに導かれて幾曲りかの廊下をつかつかと委員室に入つて行つた。甲乙《たれかれ》との問答の後に婦女部党員に引合はされた。一人は教務主任の劉黄纕女士、もう一人は校務主任の劉嘉彤女士で、見るからに簡素な、嫌味のない、極く事務的な態度は、何にでも感心する私をやつぱり感心させた。こゝで色々な婦人部の組織と仕事についての説明に入る。

曰く国民党立婦女運動講習会、曰く広東婦女協会、曰く女権運動同盟会、女子解放協会、それに被圧迫婦人援助会等、それぞれその性質を異にしてゐるのは読んだ名称の如くである。この中、国民党員養成に専ら意を注いでゐるのが国民党立婦女運動講習会であつて、六箇月講習を与へて、三民主義の精神や党の綱領をよく婦人に呑み込ませる、両劉女士が即ちこの講習会を担当してゐるのである。婦女部の秘書長を鄧穎超女士といふが、折柄の不在に、代理として秘書の李慕貞女士が私達を迎へて、代つて以下の説明をしてくれた。広東婦女協会といふものは、広東市だけで一千、全国に亘つては六千余の会員を擁してゐるといふが、これは所謂ナショナル・カンシル・オブ・ウイメンであつて、上海、北京その他地方地方によつて婦女協会の呼名に所の名を冠するのである。そして何事によらず互に連絡が取れることになつてゐる。女権運動同盟会は、広東での有力な婦人の運動団体であつて、会員千余、四年前（民国十二年）の創立で、漸次に勢力を広西、上海、湖南方面に伸展しつゝある。次に女子解放協会、これは僅々二年の歴史でありながら、その勢力においては前者を凌いでさへゐる。最後の被圧迫婦人援助会の働きといふのが私に最も面白く響いた。名の示す如く農工らの下層階級の婦人に主に働きかけるのは無論のこと、在来の無智な一般家庭婦人が同じく被圧迫階級として之に含まれる。かういふ婦人達を集める女子クラブを組織して、専ら知識の啓発から三民主義の宣伝へとの啓蒙運動に当るのである。その方法としては、民間劇社を作つて劇を通じ映画を通じてやるのと、またはかうした芸術などに親しむ機会を持てない人、暇のない人、文字のない人等に対しては、婦女部員が行商となつて品物を割安に売りながら、ひまをかけ足を労して隣から隣へと、口から耳へと、直接の宣伝法に拠ることにしてゐる。この他一方には二年前から貧困の婦女と妊婦とに施療する平民病院の創設を見、他方には革命軍の北伐出征と共に赤十字が組織され、従軍して傷病兵の看護にあたる。とにかくかうして凡ゆる機関と機会とを利用しては忘れずに主義宣伝の足跡をつけてゆく熱心に私は少からず動かされた。

いま国民党中央執行委員中に名を列ねてゐる婦人は、宋慶齢女士を筆頭に何香凝、陳璧君、鄧穎超の四女士であり宋婦女部長の下に鄧婦女部秘書長が専ら婦女の指導啓発に従事してゐる。

中央執行委員会で私共が請じ入れられた応接室といふのは、寧ろ殺風景と言ひたい程無雑作に質朴な室ではあるがそして花一輪の装飾こそないが、孫総理の肖像とその掛けられた遺嘱とは、彼ら党員にとつて心の眼に千万の装飾にも勝らう。そこにはまた軍装凛々しい北伐の将蔣介石氏の肖像が掛けてあり、その下に反省表とある一書が掲げられてある。見ると、於主義能実行嗎？　於職務能尽忠嗎？　於紀律能遵守嗎？　と読まれた。

翌る二月一日は即旧暦の大つごもりだ。いま私は広東に来て、子供の時より聞及んでゐた素晴らしい支那のお正月といふに初めて際会するのである。いかに国民党新政府が旧套脱離の第一に太陰暦廃止を厳令しても、そこはそれ長い長い間の伝統の破り難さにお布令は国民がその時だけ大ぴらに見て見ぬ振、やつぱり朝から大つごもりの風景は街頭に横溢した。私の心もこの国民と共に喜びにそゝり立つ。

明けた朝は拭つたやうに空が晴れて、幾らか暑さをさへ感ずる程の気候である。水仙の水の凍るやうな寒さでない事が、お正月といふには随分物足りない感じではあるが、こゝではそんな事は通らない。

むつくり起きに旅宿の四階の、珠江に面した方の窓を明けて見ると、目さめた街はもう既に忙がしい。けふ一日の日を働く人々の右往左往は川岸だけになほ劇しく、沙基の岸に繋いである無数の小舟から、町の方に持ち出す香の高い水仙の、青々と籠に盛つたのや、梅桃の枝の束を陸上するのや、籠を腕にかけて女が跣足のまゝで小刻みに歩いてゆくのや、あしたの家庭使ひにするのかそれとも歳末の贈物にでもするのか、棹のやうに長い砂糖きび二、三本を束ねたのを引ずつて行く女あり、家鴨の平たく干した干物を、少ないのは三枚、五枚、多いのは十枚位を一束にして下げてゆく人あり、何を入れてあるのか赤黄青に塗つた板台様の物を重ねて天秤を担いでゆく女ありで、アスファルトの道路をカラカラと下駄ふみ鳴らす女子供の足音だけでも大変な賑やかさである。さうかと思ふと、糾察隊と染め抜いた三角の旗をもつた隊長に従いた一列に八人、何とか総工会と書いた笠を背負ひ、木綿紺地のユニフォームで示威する異様の姿も混る。

例によつてこの日も時刻到来と共に、街の大晦日をよそに、私達は中山大学から二十年の歴史をもつといふ女子師範を歴訪、けふは五時に車がなくなるときいて、街頭の面白い、物珍らしい風景を横目に眺めながら急いで旅宿へ帰る。

帰つて来た時は恰うど日が珠江の水を真紅に染めて、明日の晴天を約束してゐる。繋いである舟にはどれもどれも紅唐紙を四角に切つたのが、ともにもへさきにも貼りつけられて中にはお飾り万端調つたらしく、へさきで焚火をして頻りに合掌してゐる女もあり、夕餉の膳に向つて、一年の働きを祝する気に、のびのびと食事する家族もあり、暮れて行く町の、家々の軒にともした大提灯の光りは古風な明るみを放つて本当に除夜らしく、やがて十一時過ぎると盛んな爆竹が始まつて、近頃弾丸炸裂の響きに擬らはしい爆竹は政府が禁じたといふにも拘らず、市民は命令を尻目にかけるが如くに、誇張でなく正に地も裂けよとばかりに家を震はせる。かうして除夜をよもすがら御馳走にあかすらしい。

二月二日の旧元日を一日楽しまうと、河南の張佩瑄女士のお宅で招いて下すつた。河南とは珠江の水で分たれた広東市の一部分であつて資産のある旧家がこゝによつてゐる。これらの旧家といふのがなかなか市で勢力を張つてゐるらしい。そして面白い事には、対岸の新政府が禁止したあらゆる娯楽機関を（賭博、酒、女といふ）こゝでは許してゐて、川添ひ一帯の地は所謂紅灯の巷である。それで沙面の日本人の間には「鞭声粛々」なる通り言葉があつて、「ゆふべは…」なんと言ひ渋《にぶ》りでもすると、すぐに「鞭声粛々？」となぶられる。

張家はその河南に八代とか続く旧家ださうで、恐ろしく高い塀と大きな門扉で鎖された家はさながら伽藍の様で、錆びた建物と、家伝来の家具などいかにも旧家の裕かさを物語つてゐる。そこに旧来の大家族主義をも捨て切らない父君の下に、日本は女子大学に留学して国民党員として教育に従事する張女士は、左翼のバリバリである張女士の兄君といふ新思想者達が棲んでゐるのも、時勢だな、と首肯ける。

三日の日には蘇儀貞女士のお迎ひをうけて一緒に府学西街の姉君蘇淑貞女士の家を訪れた。姉妹ともに東京女子医専出身の女医であるが、淑貞女士は実践女学校を経て女士医専に入学、業を畢へて十年前帰広、五年間病院で実習した後に独力開業したといふ履歴を持つてゐる。堂々と落ついて本当にいゝお医者様ぶりだ。

午後、民政庁官陳樹人、教育庁長許崇清、張督学官の諸氏の案内をうけ、森田総領事、宇治艦長、山上聯合通信社員、田野辺電報通信員、香港日報社員、平井朝日通信員等の諸氏と共に、一行ランチで珠江を下り嶺南大学に行く。

四日、今日は二時のお茶の招待会がある。主催は中央執行委員会婦女部。瀬踏みはすでに済んではゐるものゝ、女流錚々者に居並ばれると思ふと、顔まけなんぞしては恥辱だツと思ひながらも、我とはなく心おくれる。が私は席に臨んで見てまづ私の考への誤謬を羞じた。

この日は鄧秘書長が差支の為め不参加であつたが、革命の志士故廖仲愷氏の姉君である廖冰筠女士、李慕貞女士を始め、皆ないかめしい肩書付の女士達十九名が、ナント心置きない歓待をして下すつた事か、こちらもすぐに裃式の儀礼をぬぎすてゝ、本当に胸と胸とで触れ合ふやうな寛ろぎと真実を感じ合ふ事が出来た。中でも五十余りとも見える廖女士（曹醒女士と共に女流教育者の双璧である）が「アア残念だ、言葉が通じ合つたなら、もつともつと心ゆくまでお互に話し合ふものを、何しろ私も日本から帰つて十四年、お国の言葉を忘れてしまつては！」とただ涙をためて私達の手をとるばかりだつたのに、思ひはこちらも同じこと、互に健康を祝して袂を別つたことが、深い感動を長くのこした。（をはり）

注

（1）韓淑秀（一八九一～一九二五）遼寧省瀋陽の人。奉天（瀋陽）の女子師範学堂に入ったのは一九〇七年で、服部升子はその前年に赴任していた。奉天派の有力な軍人であった郭松齢（一八八三～一九二五）の夫人となる。しかし、一九二五年、郭松齢は馮玉祥とむすんで反張作霖の兵を挙げたが、日本が張作霖に肩入れしたために敗れ、韓淑秀は夫とともに処刑された。

（2）五三十事件（＝五・三〇事件）本書第四章一九二七年一月二日の注参照。

（3）原文は「竹内」だが、「竹中」の誤りである。本文もすべて「竹内」となっているが、本稿ではすべて「竹中」に統一する。

（4）この竹中の発言の真否は不明である。管見の限り竹中の著作に母性重視を主張した文章は見つかっていない。子供に対する影響力の大きさについて指摘することはあっても、母性の重要性については、肯定も否定もしていない。母性重視はむしろこの時期の章錫琛の女性論と一致するため、記録の間違いか、あえて章の意見に沿うような形で記録された可能性が推測される。

（5）楊耐梅（一九〇四－一九六〇）広東省仏山の人。原名は楊麗珠。上海務本中学在学中から文明戯に出演し、一九二四年に映画界に入った。竹中らと会ったときには、すでに名声を博していた。一九二八年には自ら映画会社「耐梅影片公司」を設立し、中国の無声映画時代のスターの一人となった。出演作には『玉梨魂』『苦児弱女』などがある。しかし、標準的な中国語（現在の「普通話」）が苦手であったため映画界を去り、香港に転居した。一九五七年に台湾で娘と同居し、一九六〇年に病気のため台北で没した。

（6）秋瑾（一八七五～一九〇七）浙江省紹興の人。日本留学中に中国革命同盟会に入り、帰国後は革命運動に従事した。浙江で武装蜂起を計画したが、発覚して処刑された。

（7）鄭毓秀（一八九一～一九五九）広東省新安の人。中国初の女性博士、初の女性弁護士とされる。江蘇省政務委員会委員、フランス租界第二特別法院院長、上海法政大学校長、立法院立法委員などを歴任した。

第六章　竹中繁をめぐる人々

竹中繁は、その生涯において数多くの人々と絆を結んでいる。ここでは、竹中の手元に残された手紙や、彼女自身の書いた記事などを史料として、竹中の周りの人々に焦点をあててみたい。

一　宋慶齢──英文の紹介状

孫文夫人の宋慶齢は、一八九三年上海に生まれた。父親の宋嘉樹は孫文の友人として、その革命活動を精神的、資金的に支えた人物だった。なお、姉の宋靄齢は国民党高官の孔祥熙夫人、妹の宋美齢は蔣介石夫人で、弟の宋子文も南京国民政府財政部長、外交部長等の要職を歴任した。宋慶齢はアメリカ留学から帰国して孫文の秘書を務めた後、一九一五年に両親の反対を押し切って孫文と結婚した。

その後、妻として助手として、常に孫文の傍らに在ってその革命活動を支えていったが、一九二五年に孫文が亡くなると、「三大政策」（連ソ・容共・扶助工農）等孫文の遺志を継承して、中国革命の奔流の中へ飛び込んでゆくこととなった。二七年四月に反共クーデターが勃発すると、宋慶齢は蔣介石を激しく非難し、国民党中央執行委員の職を辞して出国した。そして孫文の遺嘱の実現と中国革命の状況の説明を目的として、モスクワ、ベルリン等に滞在した。その滞在中には、国際的な反帝平和活動に積極的に参加している。やがて四年近くにわたるモスクワ・ヨーロッパ滞在の経験を携えて、一九三一年七月に帰国すると抗日と民主の為の活動に尽力し、蔣介石の南京国民政府の独裁政治に反対した。

竹中繁は、一九二六年の暮れもおしつまった十二月二十六日に、山田純三郎の紹介で太田宇之助と二人で、漢口において宋慶齢と面談している。宋慶齢は国民党中央執行委員として革命の渦の中心にいたが、当時国共合作は継続していたものの、国民党内部の権力対立は激しくなっていた。その中で宋慶齢は武漢国民政府委員として、国共合作堅持を主張していた。また、女性を革命に動員するための政治訓練班を武漢に設置して、国民革命のための人材養成にも尽力していた。

そうした渦中の十二月二十六日、竹中繁は漢口模範区にある革命軍総司令部に宋慶齢を訪ねた。当日の日記には初対面の宋慶齢は小柄な印象で、広東から十九日にかけて漢口にやってきたばかりだと記されている。

さらに、「孫氏の遺志を奉じて革命婦女を指導し、軍兵を観、支那に革命政府をつくらうとして蔣介石と気脈を通じつつある。……六十七十の人数の団体を短期に教育し政治経済の一端を教へて婦人で国民党につくものを政府において要求さるとすぐに書記として使はれるよう養成したり、文字なき婦人労働者も教へようといふのである。目下国民党に属する婦人は一万を数へる位とか。戦線には立つても赤十字の役を努めるだけでアクチヴの仕事はしてゐないと。」(本書第四章十二月二十六日)と綴られている。これは当時革命に貢献する女性人材の養成に努力していた宋慶齢の姿を、改めて立証した記録と言えよう。但しその人材はまだまだ少なく、また女性たちの仕事内容もまだ限定されたものであったことが分る。

さらに、この段階では蔣介石との協力関係は一応保たれていたことがうかがえる。但し宋慶齢と同じく中央執行委員に選出された蒋介石は、既にその政治的実力を発揮していた。二六年七月には蒋介石を中国国民革命軍総司令として北伐が始まり、北伐軍は破竹の勢いで進撃して、武昌、南昌、福州を次々と占領し、南京、上海に迫っていた。そして北伐は蒋介石の軍事的実力もまた顕示するものとなり、翌年四月には反共クーデターを決行して、国共の決裂を招くこととなるのであった。竹中繁はこうした中国国民党の激烈な政治対立という、大変緊張した時期に宋慶齢と出会ったのである。

さらに、会見後の十二月二十八日付の宋慶齢から竹中繁に宛てた英文の書簡が残されている。その内容は、宋慶齢が竹中繁に広東の友人たちを紹介するもので、「その友達は、あなたの調査にできるだけお役に立ってくれると思います」と書かれている。この紹介状が具体的に広東の誰を紹介したものかは不明であるが、竹中繁に対して初対面であるにも関わらず、非常に丁寧な対応をした宋慶齢の姿が印象的である。竹中繁が当時女性のトップリーダーであった宋慶齢と出会えたことは、大変貴重な経験であったと言えよう。

竹中は帰国後、宋慶齢に言及した文章を二つ書いている。「宋慶齢女史の宣言」[1]という文章では、宋慶齢を「中華民国近代革命史上に唯一の名と地位をとゞめて、夫君孫文氏の偉業と共に、民国婦人の典型として四億萬《ママ》民衆の尊敬と仰慕とを一身に集めてゐる孫氏の未亡人です」と称えている。さらに宋慶齢が国民党に逮捕された鄧演達が処刑されたという知らせを受けて、蒋介石の南京国民政府の反動性を強く糾弾して発した宣言の概略を紹介している[2]。

もう一つは「明日の中国を荷ふ女性たち」[3]という文章の中で、劉王立明、何香凝、丁淑貞（正しくは丁淑静）、陳衡哲、劉曼卿と共に紹介している。竹中は宋慶齢が鄧演達の死後、第三党のリーダーに推されたが難色を示しているものの、「民国の将来において、注意される人物である事は疑ふ余地がないさうです」と書いている。

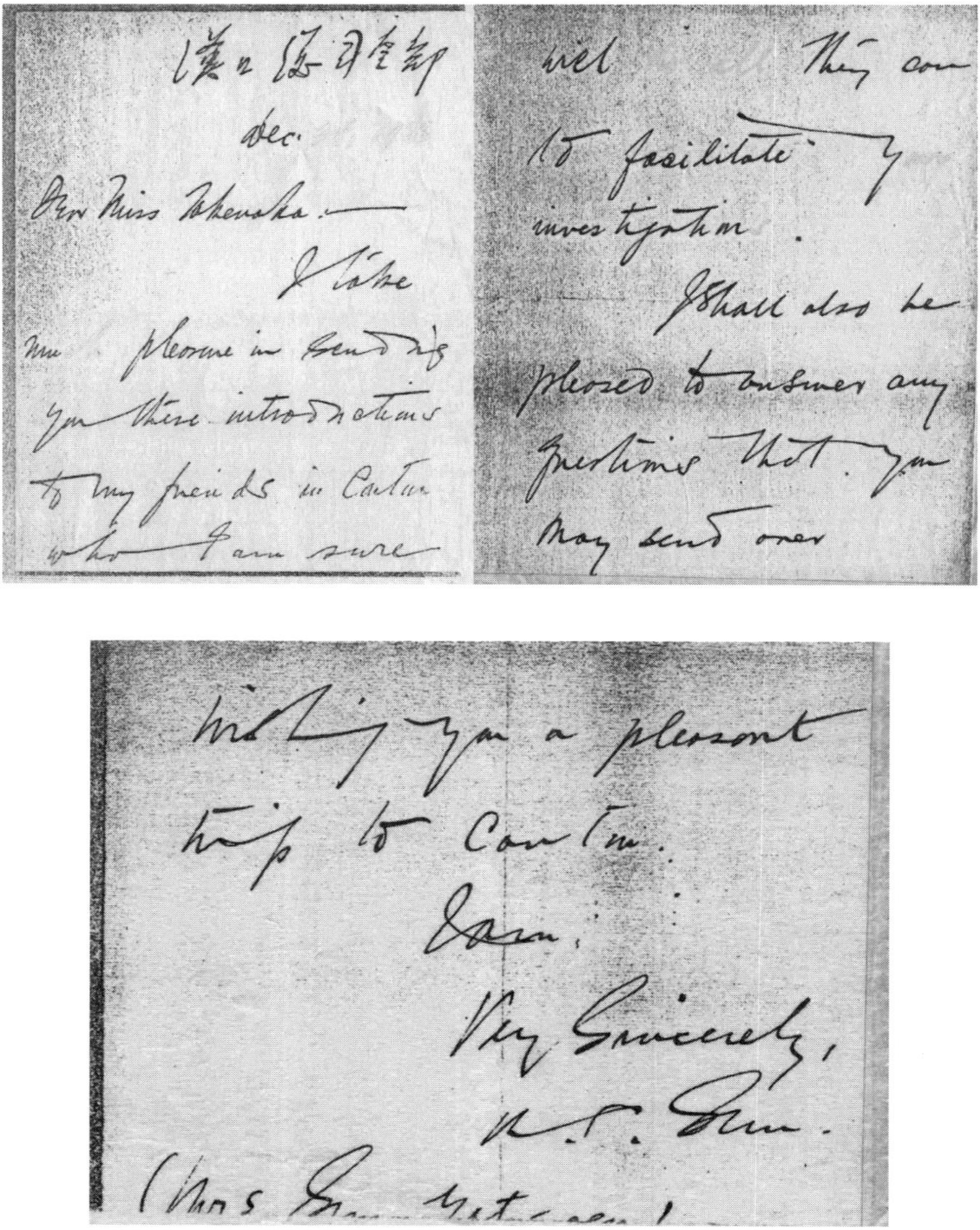
Dec.

Dear Miss Takenaka:—

I take the pleasure in sending you these introductions to my friends in Canton who I am sure will they can to facilitate your investigation.

I shall also be pleased to answer any questions that you may send over

Wishing you a pleasant trip to Canton.

I am,

Very Sincerely,

S. C. Sun.

(Mrs Sun Yat-sen)

宋慶齢から竹中繁に宛てた英文の書簡

なお、竹中は日記に宋慶齢と「いつか日本に来る事を約束した」と記したが、残念ながらその後宋慶齢が訪日する機会は訪れなかった。しかしただ一度の面談しか叶わなかったものの、竹中の宋慶齢を尊び重んじる姿勢は変わらず保たれていたと言えよう。（石川照子）

二　李佑陞——黄塵の中の珠玉

李佑陞（李助君とも）は、一九〇一年に奉天省新民屯に生まれた(4)。李佑陞の出身ははっきりしないが、劇団にいたという説もあり、それほど上流の階級ではなかったようである(5)。

彼女は一九一四年に、奉天派の軍人呉俊陞の妾となった。呉俊陞（一八六二〜一九二八）は、張作霖の盟友として奉天派の勢力拡大に貢献した人物で、一九一二年に進入してきたモンゴル軍を洮南に撃破するなどして名声を博していた。一九一七年に東北辺防総司令として黒竜江に移駐し、一九二一年に黒竜江督軍兼省長となった。

呉俊陞と親交のあった満鉄公所所長の早川正雄は、呉と李佑陞は年が四〇近くも違って「祖父と孫」のようであったが、李は呉を非常に崇敬しており二人の関係は非常に良好であったと述べている(6)。

呉俊陞には、妻が四人（または六人）あったとされ、第一夫人が一九一七年に死亡したため、第二夫人が第一夫人に、第三夫人が第二夫人に、第四夫人の李佑陞は第三夫人となった。その後、新第二夫人が呉俊陞との折り合いが悪くなり「休妻」となったため、李佑陞は事実上第二夫人の格であった。

早川は、李佑陞の印象を、聡明で快活、言語動作は上品で、その上ものに動じない沈着さがあったと述べている[7]。早く結婚生活に入ったため学問がなかったが、督軍夫人として学問の必要を痛感し、女子師範の卒業生を家庭教師として招き、漢学と習字を学んでいる。

李佑陞は交際にも長けており、日本の領事夫人をはじめとする名流女性たちとの交流もあった。竹中繁が中国旅行中に李佑陞と面会したのも、こうした彼女の性質から、面会を望んだものであったのだろう。二人を引き合わせたのは、前述の早川であった。

竹中は、初対面の李佑陞に対して、「黄塵の中に光つてゐる美くしい珠玉[8]」に喩えるほど、きわめて良い印象を持った。面会の経緯については、竹中が李について書いた二つの記事（→五－④、⑦）に詳しい。このとき竹中は李佑陞に中国服をあつらえてもらっており、竹中がそれを着用したときのものらしい写真も残されている（本書第四章十月十二日）。

その二年後の一九二八年に、歌人の与謝野鉄幹・晶子夫妻も李佑陞と出会うことになる（→六－六）。そのとき与謝野晶子は、李佑陞について次の五首の歌を詠んでいる。

我身をば中華の貴女の逍遙の車に見出づ夕月のもと
君折りて柳を船にさしたれば嫩江の水都にまさる
嫩江の島のやなぎの中分くる月光色の呉夫人〔李佑陞〕の靴
呉夫人の船を青衣の衛府のもの洲につなぐわざあざやかにして

月夜よし夫人手兵をともなひてわれを送れるちちはるの城[9]

これらの歌から、与謝野晶子にとっても、李佑陞はひときわ印象深い女性であったことが分かる。

しかし、その後の李佑陞には悲劇が待ち受けていた。一九二八年六月四日早朝、満鉄・京奉両線の交叉するガードの下で、京奉線の汽車が爆破され、夫の呉俊陞が張作霖と共に死亡したのである。いわゆる張作霖爆殺事件として知られる事件で、与謝野夫妻はちょうど奉天駅の楼上にあるヤマトホテルに宿泊しており、このときの爆音を耳にしている。[10] 与謝野晶子は事件を知って、李佑陞の悲しみはいかばかりかとその身の上を思いやった。

李佑陞は、果たして事件二日後の六日に奉天の公館に入って呉の死亡を知り、呉の遺骸にとりすがって悲嘆の涙にくれた。[11] その悲しみように、まわりも皆もらい泣きするほどであったという。そして李佑陞はその夜ひそかにアヘンを飲んで自殺を図った。苦しむ声を聞いてまわりの人が気づき、医師を呼んで吐き出させようとするも、どうしても下剤を飲もうとせず、むりやり口を開かせようとして指を嚙まれた人も二、三あったという。遺書まで用意してあった覚悟の自殺であったが、人々の懸命の説得により、医師の治療を受け入れた。家人や友人が厳重に見張っていたが、その後再び隙を見て頭を柱に打ち付けて死を計るも、再度救われ、最終的に自殺を思いとどまることとなった。[12]

その後、李佑陞が竹中へ書いた手紙が残されている。手紙は一九二八年八月四日、事件からちょうど二ヶ月後の日付である。手紙は日本語で便箋四枚に綴られているが、李佑陞は日本語ができなかったため、その口述を誰かが日本語に訳して筆記したものと考えられる。そこには、呉俊陞死後のことについて、「妾も夫俊陞の死を知りたる際は余りに悲しく只々夫を思ふの一念より前後の考も無く夫の後を追はんと」したけれども、医師の手当

てにより助けられたと記されている。(13)

ここで彼女自身は「前後の考も無く」と述べているが、実際には準備してあった遺書を人々に渡し、自分の所有する財産二百万元の一部を呉俊陞の遺児（第一夫人の息子）呉泰勲に与え、そのほかは各地の公共事業に寄付することまで頼んでいたという。(14) 李佑陞はそもそも、一九二五年に郭松齢が張作霖に反旗をひるがえし、奉天に迫った際に、自宅に夫と自分の棺を用意し、夫に万一のことがあれば自殺する覚悟を示していた。(15) したがって、悲しみが非常に深かったことは疑いないものの、衝動的に自殺を図ったのではなく、もともと夫に殉じる心構えがあったのだろう。

そのような李佑陞に、殉死を思いとどまらせた直接的な要因は、李佑陞の実父であった。竹中繁への手紙には、「枕辺には夜の目も眠らず看護して下さる年老ひたる（本年七十七才）父親の寂しそうなる姿をみては妾の堅き心も変わりてせめて年老ひたる一人の親を見送る迄は死するのも叶はぬ事」と思うようになったと述べられている。早川正雄によると、李佑陞はその後一度死んでまた生きたという意味から、「佑陞」を「又生」と変え、新たな人生を歩み出した。未亡人としての彼女が尽力したのは、女子教育であった。前哈爾濱特別区行政長官・張煥相、洮遼鎮守使・張海鵬、黒竜江督軍・万福麟などの後見により洮南に助君学校という女学校を開設し、自ら校長となり、将来的には女子大学も作ろうと意気込んでいたという。(16)

また李佑陞は、来日する計画も立てていたようである。李佑陞から竹中繁への一九三四年三月十日消印の手紙には、呉俊陞の遺児泰勲とともに日本に渡航したいとある。したがって、李佑陞は夫の遺児の面倒もある程度見ていた可能性がある。泰勲は一九一二年生まれで軍人になるべく育てられていたが、父の死後は軍人となることを思いとどまり、父の遺産で育英事業に従事していた。(17) 李佑陞の来日計画の目的は、彼に日本留学をさせることであったかもしれない。李佑陞から竹中繁への先の手紙にすぐに続いて三月二十二日消印の手紙も出されているが、そこにはまだ日程も決められないでおり、どうしても行かれなかった場合はお許しいただきたいと述べられている。竹中繁の残した記録にも李佑陞来日の件については一切記述がないため、二人の来日は実現しなかった可能性が高いと思われる。

李佑陞のその後については、はっきりしない。（須藤瑞代）

三　陳衡哲——困難な時代の中での交流

陳衡哲（一八九三〜一九七六）は、近代中国における著名な文筆家である。一九一五年、国費留学生として渡米し、ヴァッサー大学に学び、一九二〇年に胡適の推薦により三十歳の若さにして北京大学初の女性教授になった。一九二七年から一九三三年まで四回連続して太平洋問題調査会（The Institute of Pacific Relations）の国際大会（太平洋会議）に中国代表として出席し、国際的平和活動を展開した人物としても知られている。竹中は「明日の中国を荷ふ女性たち」(18)の中で、「学識高い婦人で、北支における有数の学者」と高く評価している。

竹中がはじめて陳衡哲と会ったのは一九三三年八月二日、陳がバンフ太平洋国際会議に出席する途中で、横浜に立ち寄った時のことだった。「一土会」の記録によると、陳衡哲は中国から出発する直前に、ぜひ会いたいと竹中に手紙を送り、神戸に着いた後電報で横浜に着く船便と時間を伝えた。そのため竹中と高良とみ、星野あいなど一土会のメンバーたち九人は準備する間もなく、大慌てで横浜に駆けつけて、一緒に食事をし、プレゼントを交換したという。なおそのとき星野以外は、みな陳衡哲と初対面だった。

竹中が陳衡哲といつどのように文通し始めたかははっきりしないが、一九三一年一二月五日の一土会の会合記

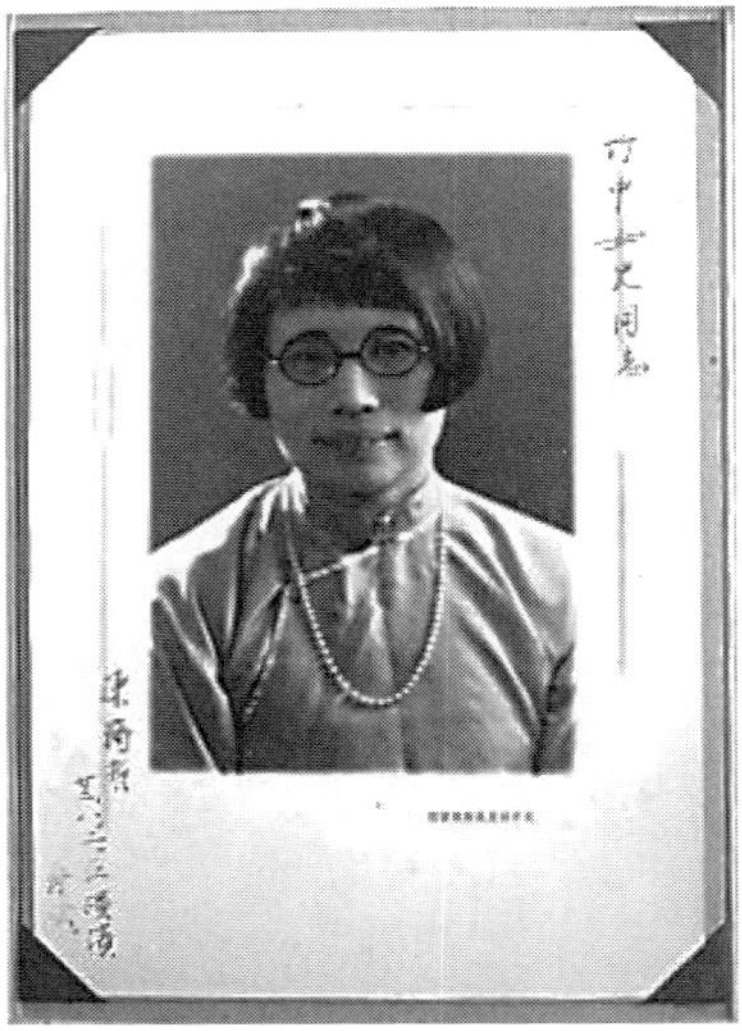

陳衡哲

録に「北平のSophia cheng《マ》 zhen《マ》夫人に早速書面を差し出した」という一文に陳衡哲の名を初めて見ることができる。この言及から三カ月後の『婦選』に「陳衡哲女史からの来信」も確認できる。この「来信」は、市川房枝に対する返信だと思われる。市川は、太平洋問題調査会機関紙『パシフィック・アフェアーズ』の主筆で獲得同盟の維持会員でもあったエリザベス・グリーン女史から、北京在住の陳衡哲が日中関係を憂慮し、両国の女性の間で平和運動、提携を望んでいるということを聞き、書簡を送り連携を呼びかけていた(19)。陳はこの呼びかけに対して「一切の国界上及び政治上の障碍を等閑視して、道徳、経済及び政治の各方面において同心協力的の奮闘によって平和と人道最後の勝利を獲得するために、彼此連合して起ちましょう(20)」、と積極的に応じていた。そのほかにも、一九三一年四月二十三日付で、「一土会」の主要メンバーの一人である高良とみへの手紙も確認できる。これもやはり高良とみのWILPF中国支部創設の勧めに対する返信（英文）だった(21)。

竹中の手元に現在残されている陳衡哲の最初の書簡は、一九三二年三月九日付の、Bernne G. Shapleigh に託した英文の手紙である。この手紙について、Shapleigh が「昨日陳から寄せてきた手紙を転送する」と書き記し、竹中が「北平の婦人界に錚々《そうそう》の聞こえる陳衡哲女史から、目下我が邦に来朝中の一米婦人に寄せた書信(22)」だ、と説明している。手紙の中で陳は中国を侵略してきた日本を「サタン」と形容し、深い悲しみと憂慮を表している。

平和を愛する日本の婦人にこれを伝えてください。私は彼女たちに書きませんが、軍国主義者が中国で彼女たちの姉妹に犯した過ちを何とか正すことを望みます。文通を通じて出会った彼女たちに私の愛を！

陳は「軍国主義者が中国で彼女らの姉妹に犯した過ちを何とか正すことを望む」、と日本女性の反戦活動に期待していた。陳衡哲は上記英文の手紙の三ヶ月後の六月一九日付の手紙で、お陰様で高橋君に会った、送ってきた金子女史の離婚に関する大作を拝読した、などと言及していることから、一九三三年三月から六月の間には、二人の間で文通があったと推測できる。陳は上記の手紙で竹中たちの活動にやや強い口調で次のように述べている。

〔竹中〕女史及び同志たちの時局に対する努力をお聞きして、勿論大変喜んでおります。しかし、その努力の方向は一体何かを詳しく知りたく、お聞かせいただけないでしょうか。かつて高橋君に言いました。中日両国は同じ祖先をもつ兄弟だ、と。今は不幸にも健康な体に瘡ができて、腐り果てています。この深い傷を治すにはただ肌に薬を塗るだけでは決して治癒できないでしょう。体内の毒を押し出して洗浄しなければなりません。そうすると薬を塗らなくても自ら治るのです。今その不幸はこんなにも深い。華北はしばらく妥協しているとは言え、華人の心理上の傷の深みは、あなた様のところの志士仁人たちにはその千万分の一も想像できないでしょう。虎の首にかけた鈴を外すのは鈴をつけたその人しかできません。鈴をつけた人は私達ではなく、女史及び同志達です。貴国の人である以上、私達には何をなすことができましょうか。

陳衡哲は、中国人の被っている苦難は日本人には想像できない、と悲観し、当事者である日本でなければ日中問題が解決できない、との見解を示し、竹中たちの努力の「方向」を問うているのである。

前述したようにこの手紙の二ヶ月後の一九三三年八月二日に、二人は初対面を果たした。初対面から三年後の一九三六年三月六日付の書簡では、「貴国の民意はまだ開明のほうだと言えます」、これは「暗黒の中の一筋の光だと言えなくもないだろう」とややポジティブになり、「この光が雲を破り天を突くように」、と期待を寄せていた。また太平洋国際会議で中国代表が自由に発言できないことを「この上ない恥だと思い、代表を固辞し、今は国内の児童青年の問題に関心を持っている」、と自分の近況と思いを述べ、最後に「貴邦の政変について、貴国の婦女青年の態度はいかが」と訊いていた。

竹中の手元には、上記の問いに対する返信の下書きが残されている。竹中が「事変後、広田が組閣した」と答え、また「太平洋国際学会への姉さまの苦しい心のうち」に理解を示し、さらに陳の「児童青年の問題に関心」を持ったことに敬服の意を表した。竹中は、陳の辛い心のうちを察し、陳の志を惜しみなく応援していた。これを最後に、その後の二人の手紙のやり取りや記録は確認できず、恐らく日中戦争の全面的突入によって中断されたと考えられる。

以上、竹中と陳衡哲との交流の経緯と内容を見た。そこから竹中の交遊の新たな一側面だけでなく、日中女性交流の一側面も窺うことができる。つまりナショナリズム高揚の中で、ともに平和と女性問題という共通関心を有する女性の応対、模索、苦悩をリアルタイムで見ることができたのである。竹中をはじめとする「一土会」のメンバーと陳衡哲との交流は、主に満洲事変勃発直後から盧溝橋事変直前までに集中している。満洲事変後、市川房枝、高良とみなど婦人運動家たちが集会を開き、武力行使に反対し、対話で事態を収拾するよう政府に要請した。同時に、中国女性に呼びかけ、女性たちとの連携を図ろうとした。しかし殆どの人が中国女性とのネットワークを持っていなかった。そのためかつて中国女性との交流があった竹中が中国を知る窓口となり、両国の女性の架け橋となった。竹中はこの時期に集中して新聞雑誌に多くの中国情報を発信し、中国女性に関する文章を発表し、かねてから訴えて来た、日本人の中国人や中国の現状への認識と理解の誤りを繰り返し指摘し、日中両国の女性の相互理解と連帯の重要性を説いた。竹中の中国認識は、一土会のメンバーにも影響を及ぼしたに違いない。

しかし、前述したように、陳衡哲は日本の女性達の「連携」の呼びかけに積極的に応じ、日本の女性たちの平和活動に幾分寄与していたが、同時に日本の「志士仁人」であっても軍国主義が中国人にもたらした苦痛をその千万分の一も想像できないとし、痛みと苦悩の共有は、国家・民族が隔てる以上に困難であることを表明していた。これは竹中の思いを跳ね返した形とも読みとれる。

一方、竹中は、日中関係が悪化していく中で、戦争の現実味を感じ、戦争を阻止しようとする女性の無力さを痛感し、「婦人をいくら集めて見ても、到底鉄砲の一発の音にも及ばない」(23)、と酷く悲観していた。しかし、竹中はかつて中国旅行を通じて培った中国観を信じ、陳衡哲などの中国女性の切実なる憂慮と苦悩を真摯に受け止め、「男が破壊者であれば女は建設者であるべき」(24)、と奮起したのである。そして難局を打開するには、個人と個人が手を取りあった真摯な向き合いが必要だと思い、中国という「親類」「隣人」のためにせめて自分のできることを地道にやろうと行動に出たのである。陳衡哲だけでなく、劉王立明や留日中国人学生ともより一層心のこもった交流を続けていた。このように、困難の中でこそ、「閉じられることのない」よう努力する姿勢は今でも大きな意義を持つものだと思われる。そして悲観から奮起させたのは、陳衡哲など生の中国人と触れ合った結果ではないかと容易く想像できよう。

しかし、竹中と陳衡哲の懸念は不幸にも現実になった。一九三八年、竹中と親交のあったもう一人の中国人女性である劉王立明は、夫が暗殺された後、より一層徹底した反日運動に身を投じ、竹中との文通も途絶えた。一九四〇年、竹中は市川房枝と三度目の中国旅行に出たが、かつて親しかった人にも面会を拒否され、暗い気持ちで日本に戻った。以降竹中は晩年まで中国女性に関して沈黙を続けていた。この沈黙は、学者や文人がこぞって翼賛体制に寄り添っていく時代では、敢えて選択した沈黙ではないかと思えてならない。（姚毅）

四　于立忱・謝冰瑩――知られざる悲劇

竹中繁と交流の深かった中国人のなかで、于立忱（生年不明～一九三七）と謝冰瑩（一九〇六～二〇〇〇）のふたりは、それぞれに数奇な運命をたどった女性である。于立忱は天津の『益世報』の特派員、謝冰瑩は武漢中央軍事政治学校で短期の軍事訓練を受けたあと北伐に参戦し、一九二七年に武漢の『中央日報』に「従軍日記」を連載して注目された作家であった。

于立忱と謝冰瑩が竹中と出会ったのは、一九三〇年代のことだった。竹中はそのころ、自宅に中国人（主として留学生）たちを入れ替わり立ち替わり下宿させていた。その一人が于立忱で、一九三四年ごろ来日し、竹中のもとで暮らしながら、『益世報』にインタビュー記事などを書いていた。于立忱は、北平の女子師範大学を卒業し、天津の『大公報』の記者となったが、さらに見識を深めるために日本に留学し、早稲田の大学院で経済を専攻していたのだという。(25)

于立忱と謝冰瑩は人を介して知り合い、于は謝に、竹中繁という女性はたいへん優れた女性だから、ぜひ会うようにと勧めた。そこで、謝冰瑩は于立忱の案内で竹中のもとを訪ねた。以下は、謝冰瑩がのちに『我在日本』に書いた、初対面のときの模様である。

竹中は、謝冰瑩に会うとその手をしっかりにぎって握手し、準備していたお菓子や果物を二人にふるまって、さらに昼食もぜひ食べていくようにと強く勧めた。長居するつもりのなかった謝も、竹中が熱心に勧めてくれるのでごちそうになることにした。

ところが謝冰瑩は、食事中会話をしない竹中の様子に困惑してしまう。于立忱も竹中にあわせて口を開かないので、食事はたいそう厳めしい感じになってしまった。中国では考えられない食事風景である。

于立忱は謝の不自然な様子に気がついて、中国語で謝に、「竹中さんはこんな性格なのよ。御飯を食べているときはいつも何かの問題を考えているの。私はしょっちゅう、頭の中が考えで一杯で、食べても味が分からないでしょうって言うんだけど、そうしたら竹中さんは笑って頷いて、自分は食べることにはぜんぜんかまいつけない、お手伝いさんが作ってくれたらそれを食べるだけだって言うのよ」と言った。(26)

于が自分の言葉を日本語にして竹中につたえると、竹中は大急ぎで「謝さん、悪く思わないでください。私は社交が下手なのです。でもそういうと変に思われるかもしれません。新聞記者なら八方美人でしかるべきなのにねえ?」と言い、三人で大笑いとなったのだった。

このように、竹中のもとで楽しいひとときを過ごした二人だったが、その後、謝冰瑩にも于立忱にもそれぞれ大きな危機が訪れた。

于立忱が竹中に贈った扇子。文字も于立忱の手による

謝冰瑩は、満洲国皇帝溥儀が日本を公式訪問した際の行動がとがめられて、一九三六年四月に日本の目黒警察署に三週間拘留されてしまった。謝冰瑩は、満洲国皇帝溥儀の日本訪問を歓迎に行くかどうか問われた際、「行かない」と答え、さらに溥儀は漢奸だ、自分は満洲国など絶対に承認しないと言ったことが罪となったのである。[27] 謝冰瑩があとから于立忱に聞いたところによると、謝冰瑩逮捕の知らせを聞いた竹中繁は、非常に憤慨していたという。

そして、謝が出獄すると、その面倒をみたのも竹中だった。謝は獄中で拷問を受けており、釈放されてからも獄中を思い出して苦しむ日々が続いたという。[28] 竹中はまず、おそらく服部升子の手助けを得たものと考えられるが、謝を日華学会に住まわせるようにとりはからった。謝冰瑩は、「〔竹中は〕日本の警察やごろつきが騒ぎ立てにこないようにし、私をゆっくり休養させてくれた。彼女は私に対して、実の姉妹のように接してくれ、同情と真理と正義の立場にたって私を援助してくれた」と、竹中からうけた恩義に深い感謝を述べている。[29]謝にとって、竹中の温かさ、優しさは生涯忘れられないものだったのだろう。

于立忱のほうは、一九三七年に突然帰国した。その経緯については、竹中の手元に保存されているいくつかの手紙によって、知ることができる。

まず、一九三七年一月の『大公報』編集者の張季鸞から竹中繁にあてた手紙には、「于さんの事について真に飛んだ御迷惑をかけまして済みません。本人は実はまだ子供です。病人の常として興奮と我儘で、非常に取扱いにくいでせう〔原文も日本語〕」[30]とあり、于立忱はこのとき、体調が優れなかったことが分かる。張季鸞はさらに、竹中の慈愛に感謝するとともに、竹中の話から于が肺結核でないと分かって不幸中の幸いだ、春には帰国させようと思う、あなたと太田〔宇之助〕君にはどうお礼を申して良いか分からないとも書いている。

続いて、二月には于立忱本人から竹中に手紙が届いている。「この頃病気が少しもどりました様で養生の為来る十一日に帰国致すこととなりましたがその中にお宅へ参上御目にかかり度いと存じます」[31]とあり、于立忱はこの手紙のあと帰国したようである。

ところがその後事態は急転する。三ヶ月後の太田宇之助からの手紙には、「于立忱女史本月二十二日上海の妹さんの宅にて縊死を遂げたる由、吃驚仰天してゐます。〔中略〕貴姉にはさんざ御厄介になり報いるところなくて私も本当に相済まぬと思ってゐます。何卒御許し下さい」[32]と書かれている。于立忱は、突然自殺してしまったのである。

于の死については、『大公報』の胡霖から竹中への手紙もある。

…于立忱女士の変死に対する御□ある弔詞を接し誠に有難う御座いました。于女士は御覧の通り有為の少婦にして小生もその前途に対し多大の期待をかけて居りましたが突如花の様に散ってしまいました事は、実に痛惜に堪えません。(33)

于立忱は、なぜ突然帰国し、自殺したのだろうか。

その経緯を当時知っていた、おそらくただ一人の人物は謝冰瑩であった。まだ于立忱が日本にいた時期のある日、謝冰瑩は、于から「明日入院するから、時間を作って来てくれないかしら。話したいことがあるの」と言われ、病院へ出かけた。(34) 謝は、于立忱は盲腸だと聞いていたのだが、案内されたのは産婦人科病棟だった。怪訝な顔の謝冰瑩に、于立忱は涙を流しながら真相を話した。于立忱は、未婚のまま子供を妊娠し、堕胎手術を受けたのだ。

その相手は、一九二八年から日本に亡命していた郭沫若(35)だった。郭沫若に対して敬愛の気持ちを持っていた于立忱は、郭の妻（佐藤をとみ〔安娜〕）との間にはもう愛情はなく、離婚して君と結婚するという郭の言葉を信じた。しかし、于立忱が妊娠すると、郭沫若は堕胎するように言い、その時初めて于立忱は郭の不実を悟ったのだった。泣きながら語る友人の話に、謝冰瑩は郭沫若への怒りがつのり、このことを匿名でもいいから記事にして書くように強く勧めたのだが、于立忱はもう自分は終わりだ、自殺したいというのみだった。

于立忱は、堕胎手術の経過がおもわしくなく、再手術が必要だと謝に話していた。しかし于は、再手術は受けず、謝にも告げずに退院して帰国した。そして、上海で自殺したのである。『申報』の記事には、于立忱は上海に帰国後「失眠」「神経錯乱」の状態になったとし、妹・于立群の家で自殺したと報じられている。(36)

謝冰瑩は竹中繁に、于立忱と郭沫若の恋愛についてそれとなく聞いてみたのだが、竹中は全く知らなかったという。(37) 謝冰瑩がこのとき、于立忱の妊娠と堕胎のことも竹中に話したのかどうか、それはさだかではない。郭沫若との恋愛のことを聞いて驚く竹中の顔をみて、それ以上は話さなかったのかもしれない。(38)

だがもし、于立忱自身が竹中に妊娠のことを打ち明けていたならば……同じように未婚のまま妊娠し出産した経験のある竹中ならば、きっと于立忱によりそい、支えになったであろう。于立忱は謝冰瑩に、竹中は独身主義者だと話したというから、于立忱も謝冰瑩も、竹中の過去を想像すらしなかったであろうが、その後の于立忱の悲劇を思うと、あとほんの少しで竹中の手にその命は救われたのではないかと思わないではいられない。

郭沫若はその後、一九三七年に日中戦争が始まると、日本人の妻と四人の子供を捨てて上海に逃げ、一九三九年に于立忱の妹の于立群と結婚した。（須藤瑞代）

五　市川房枝――無二の親友

婦人運動家・政治家として知られる市川房枝は、一八九三年（明治二十六）に愛知県の農家に生まれた。教育熱心な両親のもと、師範学校を卒業して小学校の教師をしていたが、(39) そののち婦人問題に強い関心を寄せるようになり、一九一八年に上京、平塚らいてうと新婦人協会を創立した際、その発会式で東京朝日の記者だった竹中繁と知り合っている。

男社会における待遇差や取材時の制限、働く女性への偏見など、自らを取りまく社会の不条理への疑問や不満を切実に感じることが多かったせいもあるのか、竹中をはじめ多くの女性記者たちが後に婦人運動に参加することとなったが、市川もまた、上京前の一九一七年から翌年までの一年余り、『名古屋新聞』初の女性記者を務めている。竹中がそうであったように、最初に配属されたのは社会部で、教育・婦人問題・家庭向け実用記事などを担当し、名古屋地方の婦人団体の紹介をしたり、名流婦人の訪問記事などを書いたりしていたという。(40)市川は、子供の頃、父から手をあげられても「女に生まれたのが因果だから」と辛抱する母の「女の悲しみ」が小さな身体にしみついており、「なぜ女性は我慢しなければならないのか」「なぜ女に生まれたのが因果なのか」といった疑問が幼い頭に刻み込まれ、それが婦人運動へ進んだきっかけの一つであったと後に述べているが、(41)それに加えてこの記者時代の経験が、その思いをより強くさせたと思われる。

市川は、その後アメリカに渡って女性運動について見聞を広めた後、一九二四年に帰国、婦人参政権獲得期成同盟（翌年に婦選獲得同盟と改称）の結成に参加し、婦人参政権運動の中心人物となっていった。

一方、竹中繁は一九二六年から半年余りの中国旅行から帰国後、朝日新聞社に働きかけ、社の主催という形で女性知識人達の交流の場として月曜クラブという名の集会を始めた。一九三〇年に東京朝日を退職した後も、主に日中関係について議論する一土会という場を設けており、これらの会を通じて、以前からの知り合いであった婦人運動家や中国人留学生達との親交を深めていった。会に参加した婦人運動家には、市川房枝をはじめとして、高良とみ、久布白落実、金子茂、平塚らいてう、ガントレット恒子、藤田たき、加藤高子、石本静枝、神近市子、山田わか、奥むめお、山川菊枝、丸岡秀子、千本木道子等が(42)おり、なかでも市川との交流はその最たるものであった。

一土会では、時には久布白落実と高良とみの論戦など、方向性の違う意見なども出たりしたが、竹中は、婦人運動家たちと交流し議論を交わす中でも、自身のジャーナリストとしての立場から、客観的、中立的で冷静な姿勢を保っていたといえよう。この一土会を舞台に展開された活発な議論は、新聞記者である竹中や、市川ら婦人運動家たちにより、東京朝日の記事やその他雑誌などを通じて全国の女性たちにも伝えられ共有された。その影響力は大きく、当時の女性たちの婦人問題への関心や中国認識が形成される基盤に、竹中繁と婦人運動家たちとの交流があった、と言っても過言ではないだろう。

竹中と市川は、ともに教育経験があり、英語にも堪能で、新聞記者として広く社会を見る目を養い、協力して婦人会作りに力を尽くし、女性たちの啓蒙と連帯を促した。一九三一年の満洲事変、翌年の満洲国建国の際には、中国問題を中国人民との交流から検討していくことが必要と考えた市川は、自らが主催する婦選獲得同盟の機関紙『婦選』に、竹中が寄稿した記事（中国旅行で面識を得た中国人女性の紹介や、中国事情について）を毎月のように掲載した(43)。そして市川も、竹中主催の一土会に積極的に参加し、在日中国人たちや中国人留学生らと意見交換を行い、中国認識を深めた。

竹中は日頃からこまめに手紙を書き、婦人運動家達との交流を積極的・継続的にもとうとしていたようだが、彼女達から竹中へ宛てて書かれた書簡の多くに「市川氏からいつも御様子は伺っておりますが」、「市川様などより存じておりました」といったように市川の名が散見され、市川伝いに竹中の近況を把握する様子がわかるなど、両者の親しい間柄が窺える。十八も年の離れた娘のような市川を、竹中は姉のような心配りで支え、市川も実の妹のように慕った。二人の間で交わされた数多くの書簡（確認できるものだけで五十通余り）からは、さらりとした何気ない文章のうちに思いやりがにじみ出ており、身内以上の関係性であったことがわかる。二人は、婦人問題や日中関係について語り合うことはもちろん、互いの体のことを気にかけ、時間ができたら会いに行き、悩み事を相談し合った(44)。お互いにとって、無二の親友であったといえよう。一九四〇年には、戦況が厳しくなっていた中国へ二人で旅行もしている(45)。

鶴舞の竹中繁自宅にて。右が市川房枝

晩年の竹中は、千葉の鶴舞に居を移し、細々と隠遁生活を送っていたが、経済面を心配した市川は、表面的には仲間の有志からという形をとりつつ、実際には市川自身の懐から生活費の援助をし続けた。それは、市川が戦時中に戦争協力をしたとの理由で一九四七年から三年半の公職追放を受けた際にも欠かさず行われた。竹中は、市川の義理堅い温情に感謝し、公職追放が解除された後も質素な部屋の押し入れで寝ていた市川のために、自分のベッドを贈っている(46)。

市川は、一九五三年から参議院議員を長く務め、女性の解放と地位向上を求める運動の先頭に生涯立ち続けたが、竹中はそれとは対照的に、朝日退社後、表舞台から身を引き、擱筆した。このようにスタンスは異なれど、長きにわたる二人の心の通じ合いを見た時、両者には戦友のような共通する思いがあったのだろうと思われてならない。

その後、竹中は九十二歳で亡くなり、葬儀は東京の婦選会館で行われたが、その際には市川が葬儀委員長を務めた。その葬儀の直前に、竹中に子供がいたことを初めて知った市川は、「竹中さんそうだったの、それはよかった。それはよかった」と涙を流して言ったという。[47] そしてその後も、竹中の息子や孫たちとの交流を持ち続けた。[48]

現在、竹中の遺族が保管している書簡の中には、竹中の遺産分与について記された遺言書もあり、そこには「現金五十万円と現住宅一切を市川房枝へ贈与する」旨が書かれていた。竹中は、自分のもてるものすべてを女性のために使ってほしいと市川に托し、竹中の死後、その約束は市川により、女性を主とした老人福祉のための基金設立[49]という形でしっかりと果たされ、竹中の生涯を通じた婦人問題への取組みは実を結んだのであった。

（藤井敦子）

六　女性ジャーナリスト竹中繁の中国旅行日記の意味
――芥川龍之介・谷崎潤一郎・与謝野晶子の同時代中国体験記をもとに

東京朝日新聞社初の女性記者・竹中繁が初めて海外に出たのは、一九二三年の春に大阪朝日新聞社が主催した、「婦人の中国観光団」の補佐役として中国に渡ったときのことである。「思いの外に深い感銘」を竹中に抱かせた海外経験であった。日清戦争以来、隣国にある国家間の感情の隔たりを大きくあけてしまった中国のあるがままの現在を知り、中国女性と直接的に向かい合って心情を交わしたいと、竹中の願望は育っていった。同僚の男性記者は入社四、五年目に海外経験を積む機会を得て多くは西欧に赴いたが、入社十五年目の一九二六年に機会を得た竹中は、迷わず中国を選んだ。西欧を選ばなかった理由を推測するに、竹中は女子学院で培った英語力があり、東京朝日新聞社入社以前にはミッション系の教育施設に職を得ており、教育者であるアメリカ人女性との協働の中でキリスト教に基づいた西洋の精神を感受する機会に恵まれ、西洋文脈はすでに周知していたからであると考えられる。

一方で、これまで日本が学び仰ぎ見てきた大国である隣国・中国と日本の関係が日清戦争以来、その関係性が変わってしまったことに竹中は大きな危機感も感じていた。これに加えて初の海外旅行であった一九二三年の「婦人の中国観光団」での見聞が、「今の中国を見てみたい」との熱い想いへと拍車がかけられ、友人で中国通の服部升子と「女弥次喜多の旅」を実現させた。その記録である中国日記を、九十三年の生涯を閉じるまで竹中は大切に保管していた。

皮肉なことに竹中が帰国後の一九二七年以降、中国と日本との国家間の関係はますます悪い方向に進んでいった。実際に生身の体を運んで見て、人に触れた中国経験を経て竹中は、中国に対する無知が何よりもの不幸を招くとばかりに、女性記者や知識人が集まっての勉強会である月曜クラブや一土会を開催し、中国の雑誌にも記事を掲載した。彼女の生涯を思うとき、この中国旅行が彼女の生涯の核となり、人生を運んで行ったことが感慨深く胸に迫ってくる。とりわけ、実際に中国の女性たちと言葉を交わし親交を深めた感銘が原動力にあっただろうことは、彼女の残した日記を通してひしひしと伝わってくるのである。

本稿では竹中が中国旅行を通してどのような認識を抱き、その経験をいかに結実させていったのかを浮上させていく試みを行うために、ほぼ同時期に中国に旅行した作家、中でも芥川龍之介、谷崎潤一郎、与謝野晶子の中国経験を、人物との交流に焦点を当てて見ていくこととする。

（一）芥川龍之介の中国体験

芥川龍之介は、一九二一年三月下旬から七月中旬の約四か月間、大阪毎日新聞社の海外視察員として中国旅行に赴いた。この旅が生涯で唯一の海外体験となった。後に『支那游記』（改造社、一九二五年）に結実された自序には、「畢竟《ひっきょう》天の僕に恵んだ（あるいは僕に災いした）Journalist 的才能の産物」であり、旅は「一百二十余日の間に上海、南京、九江、漢口、長沙、洛陽、北京、大同、天津等を遍歴した」とある。この旅は大阪毎日新聞社が準備した中国の政治家や文人との会見や見学地訪問、観劇、会食など非常に多忙を極めたために、渡中前に申し渡されていた滞在中に記事を書いて社に送る約束は果たされなかった。[50] 帰国後にのちに『支那游記』に収録される『上海游記』（『大阪毎日新聞』および『東京日日新聞』連載、一九二一年八月〜九月）、『江南游記』（『大阪毎日新聞』連載、一九二二年一月〜二月）、『長江游記』（初出題名「長江」、『女性』一九二四年九月）を一日一回ずつ執筆、『北京日記抄』（『改造』一九二五年六月）は「全体を二日ばかりに書いた」と同書で芥川は記している。

芥川龍之介の中国特派員発表は一九二一年二月であり、三月九日には送別会が上野精養軒でなされた。会には菊池寛、久米正雄、鈴木三重吉、室生犀星、与謝野鉄幹・晶子夫妻、村松梢風などが出席した。里見弴は「支那人は昔偉らかつたその偉い支那人が今急に偉くなくなるといふことはどうしても考へられぬ支那へ行つたら昔の支那の偉大ばかり見ずに今の支那の偉大さもさがして来給へ」（一九二一年三月十一日に芥川が薄田淳介に宛てた書簡）とスピーチし、芥川は「私もその心算でゐるのです」（同書簡）と答えている（『芥川龍之介全集　第十一巻』岩波書店、一九七八年、一二六頁）。[51]

教育熱心に芥川龍之介を育てた伯母・フキの薫陶により、芥川は『西遊記』『聊斎志異』『水滸伝』などを愛読書にあげており、渡中前には中国に材をとった『杜子春』（一九二〇年七月、『赤い鳥』）や『南京の基督』（同年同月

『中央公論』）などを発表している。念願だった憧れの中国を実際に見聞する機会を得た芥川龍之介の中国、最初に足を踏み入れた上海での第一印象は「現代の支那なるものは、詩文にあるやうな支那ぢやない。猥褻な、残酷な、食意地の張った、小説にあるやうな支那である。瀬戸物の亭《ちん》だの、睡蓮だの、刺繍の鳥だのを有難がつた、安物のモツク・オリエンタリズムは、西洋でも追ひ追ひ流行らなくなつた。文章軌範や唐詩選の外に、支那あるを知らない漢学趣味は、日本でも好い加減に消滅するが好い。」（『上海游記』）とある。[52]

竹中繁の中国旅行で得た賜物は実際に旅先で出会った中国人女性たちとの交流であり、帰国後の竹中の活動がそれを物語っていると前述したことと照応させる意味で、芥川龍之介の中国体験がもたらせたものを『支那游記』におさめられている章炳麟、鄭孝胥、李人傑との会見記をとおして見てみよう。ちなみに『北京日記抄』には、辜鴻銘《ここうめい》（一八五七～一九二八、福建省出身）の会見記があり、また、北京では胡適（一八九一～一九六二、安徽省出身）と二回会見していることも胡適の日記から単援朝が明らかにしているように、[53] 芥川の中国体験は発表媒体によって編集されている。

『上海游記』で「氏の話題は徹頭徹尾、現代の支那を中心とした政治や社会の問題だつた」と芥川が綴った章《しょう》炳麟《へいりん》（一八六九～一九三六、清浙江省出身）は、清朝末期の孫文と黄興と並ぶ三大革命家であり、芥川より二十三歳年長者である。章との会見記はその「現代の支那」の「政治や社会」の内容が記されているのではなく、興味深いことに彼の書斎の寒さである。書斎には大きな鰐の剝製があり、章自身は厚い毛皮が裏についた上着を着ている。それに比して芥川は「薄いセルの間着」の薄着である。滔々と現状の支那の問題や解決策を語る氏の言葉に耳を傾けながらも、芥川は剝製の鰐を注視する。「あの鰐はきつと睡蓮の匂と太陽の光と暖な水を承知してゐるのに相違ない。してみれば現在の私の寒さは、あの鰐に一番通じる筈である。鰐よ、剝製のお前は仕合せだつた。

どうか私を憐んでくれ。まだこの通り生きてゐる私を。……」（同全集第五巻、三十頁）とレトリカルに会見記を結んでいる。

次なる会見の鄭孝胥《ていこうしょ》（一八六〇〜一九三八、蘇州出身）は外交官として来日、日清戦争で帰国し、上海で立憲運動を起こした人物で芥川より三十二歳年長である。彼は政治的には現代の支那に絶望しており、王政を行うにしても英雄を必要とし、英雄の出現は奇蹟を待つようなものだという。芥川自身も「臆面もなしに」政治を語り、その理由を「誰でも支那に行つて見るが好い。必一月とゐる内には、妙に政治を論じたい気がして来る。あれは現代の支那の空気が、二十年来の政治問題を孕んでゐるからに相違ない」と説明している。面会前は清貧に処していると聞いていた鄭孝胥だが、赴いてみれば三階建ての立派な庭付きの邸宅であり、その庭には日本から取り寄せた桜や松が植わり、さらに向こう側には新しく建てたという息子の住居もある。「これならば私も清貧に処したい」と芥川は記す。

会見三人目の李人傑《りじんけつ》は芥川の二歳年上の社会主義者で上海における「若き支那」を代表すべき一人である。(54)日本への留学経験があり、日本語が流暢であった。芥川は彼との会見をメモに取り、そのメモ書きを紹介する形で報告している。つまり、直接的な李人傑の言葉ではなく、文語体の芥川の引き締まった文体によって李の人間像を立ち上げているのだ。たとえば「現代の支那には民意なし。民意なくんば革命生ぜず。況やその成功をや。李氏又云ふ。種子は手にあり。唯万里の荒蕪、或いは力の及ばざるを惧る。」といった具合である。李人傑は日本留学中に芥川の小説も読んでいたという。李は芥川の文章を日本で取り入れ、そして、上海で李を通して芥川がそれを再現して読者に伝える、いわば相聞的スタイルをとっていることは興味深い。

以上に見た三人の会見記を通してうかがえることは、確かに里見弴から助言を受けた「今の支那の偉大さ」を三方向から映し出したものといえ、また、その表出の方法が直接的ではなく、練られたレトリカルなものであったということである。芥川が中国旅行から帰国して三年後に発表した『桃太郎』（『サンデー毎日』一九二四年七月一日）が章炳麟との会見の賜物であることは「予の最も嫌悪する日本人は鬼が島を征伐した桃太郎である。桃太郎を愛する日本国民にも多少の反感を抱かざるを得ない」（「僻見」、『芥川龍之介全集　第六巻』岩波書店、一九七八年、三六〇頁）と芥川は章炳麟の言葉を引用しているが、『上海游記』の章炳麟の会見記には伝えられていない。その代わり、室内には鰐の剝製を置き、自らは毛皮が裏についた上着を着ている章に対面する芥川の寒々しい想いが対比的に描出されているのである。

　帰国後まもなく発表した『将軍』（『改造』、一九二二年一月）は、日露戦争下で乃木将軍を思わせるN将軍の部隊が中国人の間諜を惨殺する場面が描かれている。また、上海に赴任した三菱の社員が一度死者になり、生き返る際にすでに腐って朽ちてしまった両足に馬の脚を接着する『馬の脚』（『新潮』、一九二五年一月、同二月号には「続篇馬の脚」として掲載）など、異質なものを無理に融合させようとする途方もない出鱈目さを、恐怖感を含ませながら幻想性を持って寓話的に描いた作品もある。異郷の地・上海でまさに馬脚を露す日本人の滑稽さ、悲壮さが巧みに描き出されている。さらに、芥川が旅中に於いて、実際に長沙で見聞した排日運動に対する処刑場面は、『湖南の扇』（『中央公論』、一九二六年一月）に練り込まれたことも単援朝が指摘している[55]。この作品のクライマックスは、土匪の頭領である黄が斬罪された際の血に染まったビスケットを、彼の愛妾であった玉蘭が食する場面である。愛する男性に対する心身にたぎる熱き想いと血塗られたビスケットを食する行動を通して、愛する男性の無念さを己の体内に取り込む玉蘭に、底知れぬ強靭さ、やがて大きな存在となって立ち向かってくる底知れぬ偉大なる存在感が描出されている。

このように数編の小説を瞥見しただけでも芥川龍之介の中国での四か月の体験は、小説家・芥川龍之介にとって実り多いものであり、なかでも会見を通して感受したことが小説として醸成されたことを伺い知ることができる。

（二）谷崎潤一郎の中国体験

芥川より三年ほど前の、一九一八年十月九日から十二月十一日まで中国を自費で旅行した谷崎潤一郎は、下関から釜山経由、奉天から天津、北京、漢口、九江、南京、蘇州、上海を周り神戸港経由で帰国したが、このときの中国旅行は、「現実の中国をありのままに直視するのではなく、漢詩文のなかに生きている過去の中国を見て、そこからさまざまな想像を刺戟され、創作のヒントを得たことは疑いない」と千葉俊二は『谷崎潤一郎　上海交游記』（みすず書房、二〇〇四年）の巻末解説で述べている。

二度目の中国への旅は、竹中繁日記に記された年の一年前、一九二六年一月から二月にかけての約一か月半の上海旅行である。この時に交わされた国を憂える未来ある若き青年知識人たちと交わした会話が、当時の中国の政治的現況や日本文学を外から見ることを知る良い機会となった。その機会を与えたのが上海で日本の書物を扱う内山書店の店主である内山完造である。内山は書店の奥で日本から取り寄せたお茶をふるまい、読書家たちのサロンを構成していた事は周知のとおりである。[56]

内山は谷崎に、「日本に留学した支那の学生が、帰国してから如何に活動しているか。政治家や軍人になつた者は幾分か分つてゐるでせうが、文学芸術に携はつてゐる人々の消息は、まるきり内地に知れてゐません。此れは実に残念なことですよ。」といい、当時の新進文士の代表者として謝六逸、田漢、郭沫若の名をあげ、谷崎に紹介しようと提言した。他に早稲田大学出身の新劇運動の旗手・欧陽予倩などの中国青年が集まり、谷崎を囲んだ食事会が開催され、彼らが翻訳しているという日本文学作品の批評や中国の抱えている問題を盛んに議論した経験を持っている。

谷崎と若き青年たちの集まりは、さらに上海の文化人を巻き込む大きな集まりの開催につながったと西原大輔は、上海の徐家滙路十号にある新少年影片公司で催された文芸消寒会を、一九二六年一月二七日の『中報』の記事をあげて紹介している。(57) この会を谷崎は「今度上海に出かけて行つて一番愉快だつた」「私のために九十人からの支那青年が集まつてくれ、午後三時から夜の十二時まで続いた程の盛んな宴会を催してくれたのでも、どんなに彼等が私を好遇してくれたかは想像出来よう。」(「上海見聞録」、『文藝春秋』一九二六年五月)と記しているように、中国の未来を背負う青年たちとの交遊こそが谷崎二度目の中国旅行の中心をなしている。とりわけ田漢と郭沫若は谷崎が宿泊しているホテルまで来て紹興酒を飲みながら、「現代支那の青年の悩み」を訴える場面があり、郭沫若の発言が次のように記されている。(58)

「日本と支那とは違います。現在の支那は独立国ではないんです。日本は金を借りて来て自分でそれを使ふんです。われわれの国では外国人が勝手にやつて来て、われわれの利益も習慣も無視して、彼等自ら此の国の地面に都会を作り、工場を建てるんです。さうしてわれわれはそれを見ながら、どうすることも出来ないで踏み躪られて行くんです。此のわれわれの絶望的な、自滅するのをじーいツと待つてゐるやうな心持は、決して単なる政治問題や経済問題ではありません。日本の人にはさう云ふ経験がないのだから、とてもお分りにならないでせうが、此れがわれわれ青年の心をどれほど暗くしてゐることか。(中略)われわれ文士は金を出すことは出来ないけれども、此のわれわれの悶々の情を、詩に歌ひ、小説に現はし、芸術の力で世界ぢゆうの人間に訴へようと思ふのです。さうして此れが、支那の悩みを心ある人々に理解して貰へる、一番有効な手段であると思ふのです。――」

この時に親交を深くした青年たちは、やがて中国共産党の幹部になった郭沫若は別としても、南京政府に協力したかどで追われるようになった田漢など、その後も谷崎を頼って亡命願を出すなど、紆余曲折を経ている。谷崎潤一郎にとって、一回目の中国旅行が漢詩文に描かれた悠久の都を求めての、いわば作品を生み出すための借景的な中国デッサンとすれば、二回目の旅は、その土地に生きる勢力溢れる青年たちが映し出す〈中国の今〉を、会話を通して直接的に受け止めるものであった。千葉俊二はこの二回目の中国旅行を「第一回目の中国旅行後に書かれた作品に見られたオリエンタリズムはまったく影を潜め、人間としての顔をもった中国と向き合うようになってゆく。」と重要な指摘をしている。(59)

この後、谷崎潤一郎は『春琴抄』や『細雪』などの傑作を生み、やがては『源氏物語』の現代語訳に取り組み、日本そのものを掘り下げていく仕事に中軸を置くようになったことを踏まえれば、一九二六年の中国の旅は、何かに仮託して自らの憧憬を語るものから、その土地に生まれ育った人間の生の営みそのものを描きこんでいくものへと変換をもたらせすものであったといえる。若き芸術家たちと膝を交えての親交は、四〇歳を迎えた作家として円熟味を増していく頃の谷崎にとって、それまでの固有の観念を打ち破り、その芸術性は大海に泳ぎ出ていくスケールの大きなものへと向かわせていったのだ。

(三) 与謝野晶子の満蒙体験

与謝野鉄幹・晶子夫妻は一八二八年五月五日〜六月十七日の、およそ四十余日間、南満洲鉄道株式会社（満鉄）の招待によって南北満洲と蒙古の一部を旅行し、その記録を『満蒙遊記』と題して一九三〇年五月に東京・

日本橋の大阪屋号書店から夫妻合著として刊行した。冒頭の「満蒙遊記の初めに」、「出発と船中」「大連雑記」は寛が記し、「金州以北の記」以降の満蒙紀行文は晶子が記した。

「満蒙遊記の初めに」で寛は、「明治以来の応急の必要が、海外の知識と云へば、欧米の其れに偏せしめたのであつた。今はその偏見の革正せらるべき時である。日本人の視点は邇《ちか》きに向かつて照準されなければならない。」「日本人は隣国の気分感情を読まねばならない。隣国の自然と社会生活、それから発して醞醸された隣国の気分感情を観察せず、味解せずして、支那及び満蒙と自国との交渉を円滑にすることは不可能である。」と力強く記した。与謝野寛の後を受けて、大連、旅順、金州、営口、遼陽、安東、奉天、内蒙古、洮南、チチハル、ハルピン、長春、吉林、撫順を周った与謝野晶子の記録の中で特筆すべきは、一九二八年五月二六日チチハル城外にある満鉄公所の所長・早川正雄に紹介された、呉俊陞夫人の李氏（呉より四〇歳以上離れた二七歳の第二夫人）と中将・劉徳権夫人・馬氏との交流である。

　呉俊陞夫人については「年は二十七で、その支那風の美貌が殊に若若しく」、「もと北京に住んだ人で、聡明な資質の上に熱情に富み、殊に呉氏に嫁して以来は世界の新知識に憧れ、女子教育にも注意を払い、また、社会改良、貧民救済などに就いても真面目に考へてゐる」「徳望のある人」と記し、劉夫人については「早く夫君は日本の士官学校を卒業し、夫人も東京に学ばれたので日本語に通じてゐられる。才気と熱情と新知識の教養とに於いて呉夫人と好い一対を成す人相である。」と綴っている。続けて晶子は「私は満蒙へ来て教養ある支那婦人に会ふ機会が無かつたので、この偶然の会合が嬉しかつた。夫人達は『東京朝日』の竹中繁子さんの近状を問はれた。先年竹中さんも此地へ一遊して夫人達と語られたのであつた。」と記している。[60]

　夫人たちは「嫩江《ノンチャン》の畔にある劉中将の水荘の景色をお見せする」と晶子たちを熱心に誘った。予定があるか

呉夫人から竹中繁に贈られたと思われる織物（稲葉幸子氏蔵）

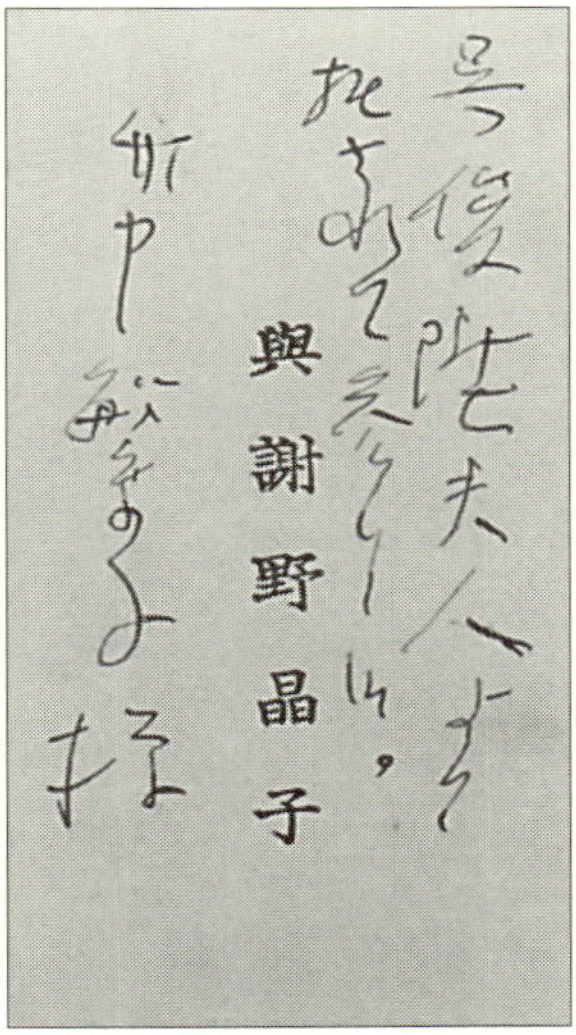

「竹中繁子様　呉俊陞夫人より託されて参りました。」とある。

らと固辞する晶子に、特別列車を仕立てて深夜に昂昂渓《アンアンチイ》までお送りするから是非にと夫人たちは強く勧め、晶子らは貴賓扱いの豪奢な厚いもてなしを受けることとなった。内蒙古の大河である嫩江の水際には美しい小石が散在し、その中には瑪瑙が混じり、濃い水色の地に銀糸の入った絹のマントを着た呉夫人が瑪瑙を自ら水の中から拾って晶子に渡す際の華奢な手の描写など、この水荘での場面は『満蒙遊記』の中でも、歌人・晶子の面目躍如たる美しい描写力がひと際優る場面がある。また、同席していた早川夫人は旅順の女学校では英語を教えていたが、すでに中国語も堪能になっていて、「満洲に在住する日本の女子達が支那語を学ぶことに冷淡なのを遺憾に思ふ」晶子は、早川夫人の「用意の深さ」に感心している。おそらく、尊敬すべき国の言葉を学ぼうともしない日本人の傲慢な態度を恥じ入らせるほど、この夫人たちの振る舞いが高貴に映ったのであろう。

至れり尽くせりの歓待は食事を終えた後も続く。呉夫人たちは晶子たちを別室に誘い中国の織物を披露した。「呉夫人が手に取つて示される物は、電灯の下に何れも虹がたなびくやう」な美しい織物であった。晶子が感嘆の声を上げるたびに「それでは是れもどうぞお持ち帰りください」と、土産の手配も抜かりなく準備していたことを知る。そして、「夫人は其中から選んで『東京の竹中繁子さんにも上げてください』と云つて託されるのであつた」と記している。(61)

晶子たち一行のみが乗る臨時特別列車に乗り込む深夜に、呉夫人、劉夫人の二人は見送りに立ち、各自の写真に自署したものを晶子に渡した。彼女たちと握手しながら晶子は「もう生涯の中に此地で斯うしてこの人達と出会ふことは望まれないと思つた」と「感傷的な気持ちになつた」と記している。(62)

この二夫人と別れた一週間後に、張作霖と共に黒龍江省督軍・呉俊陞が爆殺される音を晶子は聞くことになる。一九二八年六月三日午後八時三〇分に奉天駅に到着した与謝野夫妻は、駅の楼上にあった大和ホテルに宿をとった。「張作霖がいよいよ北京を退き、今日天津を立つて京奉鉄道で奉天に帰る」予定であることを新聞で知る。この夜、翌日には撫順を日帰りする予定だったので夫妻は早く床に入ったが、深夜にもかかわらずホテルに響くは汽車の出入りする響きや汽笛やのためになかなか眠れなかった。翌朝に早く起床して東京の子どもたちに送る手紙を晶子が書いていると、変な音がかすかに聞こえてから二十分も経たないうちに、階下の駅の構内で俄かに人の往来が激しくなるのを感じた。晶子は記す。

「満鉄京奉両線の交叉するガアドの下で、京奉線の汽車が四台まで爆破され、張作霖と共に黒龍江省督軍の呉俊陞も殪れ、其他にも支那官人と婦人との死者が多い様子だと云ひ、また爆破と同時にガアドの上の満鉄線を守備してゐた日本兵と京奉線の番をしてゐた支那兵との間に銃火が交換されたと云ふのである。私たちは初めて今先のへんな爆音の正体を知つたと共に、厭な或る直覚が私達の心を曇らせたので思はず共に眉を顰めた。さうして斉斉哈爾で一週間前に逢つた呉夫人がどんなに慟哭せられることであらうと想つて心が傷んだ。（略）私達はこの事変についての色色の謡言蜚語の伝えられるのを聞いた。それは皆日本人として耳にするに忍びないものばかりであつた。(63)」

『満蒙遊記』には、「その耳にするのに忍びないものばかり」の内容は記されていない。おそらく時世の事情から憚られたのだと思われる。だが、脳裏に焼き付いた嫩江の水荘で瑪瑙を拾い晶子に渡してくれた呉夫人の美しい手と対象的に、それがどれほど醜いことだったか想像に難くない。「呉氏が夫人を愛することも深いが、夫人も呉氏を尊敬し熱愛して、七十翁の夫君が歿せられたら殉死をする覚悟で、斉斉哈爾の呉氏邸には予てから二つの柩が備へられてゐると云ふ事である(64)」と省民から徳望がある夫人の嘆きようを思って晶子は胸を痛めた。

以上のように、本論では『満蒙遊記』における呉俊陞夫人たちとの心温まる交流と、その一週間後に起きた張作霖・呉俊陞爆殺とを抽出し、心を込めた歓待、そして受けた側の心に響いた思い、その関係性が一瞬のうちに砕かれた瞬間に注目してその過程を見てきた。そして招かれた水荘では、呉夫人から竹中繁の名が上がっていたことにも注目したい。竹中繁と呉夫人の交流は、与謝野晶子を介して手渡されたその美しい織物が物語っている。

終わりに

竹中繁が中国旅行から帰国した翌年の一九二八年七月に復刊された長谷川時雨主催の『女人芸術』第二号（同年八月）に、竹中が記したと思われる「『女人芸術』創刊の集い」の報告記事がある。そこには「窮屈、因循、そんなものをもっていない女性のつどいのいかに快活なことよ。社交婦人のあつまりという風に形式的でなく、又、女学校の同窓会という風に狭い範囲のものでなく、一人一人の女性に打てばひびくもののある、完成されているもののある、人格的なよろこびのあるそうしたもののこの一夕を親和する有様のそのたのしさよ」としたためられている。

本章では、竹中繁日記の意味を考察するうえで同時代の作家の中国旅行記を見てきた。一九二一年〜一九二八年の日本文学者の中国体験記は、風光明媚な景色を描写することや、中国と日本の比較文化論よりも、現地で出会った人と人とのつながり、とりわけ竹中の言葉で言えば「人格的な」関わりこそに注目すべきことであることが見えてきた。日本文学者の心をとらえ、彼らの中に確かな作品の核となる何かが生まれた中国旅行は、竹中繁が中国旅行で得た、彼女の言葉を借りれば「一夕を親和する」経験と共通のものであり、帰国後は自らがなすべき仕事へと直進的に帰着していった軌跡も共通している。旅をして、書き記すことの意味、そしてその同時代性の核心にあるものは、旅の途上で出会った人々と人格的に関わることで、人は本来持っているその人の力がより豊かに発現されるということではないだろうか。そして、竹中繁日記は地味ながらも、その基本姿勢に貫かれている貴重な記録である。

（山﨑眞紀子）

注

（1）竹中繁子「宋慶齢女史の宣言」（『婦選』第六巻第二号、一九三二年二月）。

（2）宣言は一九三一年十二月十九日に出され、翌日『申報』に掲載された。なお日本語訳は、仁木ふみ子訳『宋慶齢選集』（ドメス出版、一九七九年）に収録されている。

（3）竹中繁「明日の中国を荷ふ女性たち」（『婦選』第七巻第一号、一九三三年一月）。

（4）以下、李佑陞に関する記述は、基本的に早川正雄『呉俊陞の面影』（大連：大阪屋号商店、一九三〇年）、一〇九～一一〇頁による。早川正雄は、もともと大連で満鉄が経営する南満洲工業学校の教諭として中国語を担当していたが、鄭家屯の満鉄公所への転勤辞令が出て、一九一七年二月十六日に着任した。一九二二年に満鉄が公所をチチハルに新設、公所長を命ぜられて赴任していた。早川正雄前掲『呉俊陞の面影』一五～一七頁。

（5）張競「与謝野晶子和李助君的戯劇性邂逅——一段鮮為人知的歴史細節」（*The Journal of Humanities Meiji University*, vol.7, 2001, pp. 46 ~ 47）.

（6）早川正雄前掲、一〇九頁。

（7）早川正雄前掲、一一〇頁。

（8）竹中繁子「チチハルと呉督軍夫人」（『婦女界』第三五巻第一号、一九二七年一月）。

（9）与謝野晶子「満蒙の歌　其の二」（与謝野寛・与謝野晶子『鉄幹晶子全集26』勉誠出版、二〇〇八年所収）二一四～二一五頁。五首は一九二八年に『改造』等に発表されたものである。

（10）与謝野寛・与謝野晶子「満蒙遊記」（与謝野寛・与謝野晶子『鉄幹晶子全集26』前掲、一三八～一三九頁。

（11）早川正雄前掲、一二一頁。

（12）李佑陞が夫に殉死しようとした背景には、中国における節婦烈女の風習があった。この点から李佑陞の行為を分析したものとしては、須藤瑞代「民国初期の節婦烈女」（辛亥革命百周年記念論文集編集委員会編『総合研究　辛亥革命』岩波書店、二〇一二年）四三九～四六四頁参照。

（13）「李佑陞から竹中繁への手紙」一九二八年八月四日（竹中繁史料）。

（14）早川正雄前掲、一二一～一二二頁。

（15）早川正雄前掲、一一三～一一四頁。

（16）早川正雄前掲、一一三頁。

（17）早川正雄前掲、一二五～一二六頁。

(18) 竹中繁「明日の中国を荷ふ女性たち」(『婦選』第七巻第一号、一九三三年一月)。
(19) 進藤久美子『市川房枝と「大東亜戦争」 フェミニズムは戦争をどう生きたか』(法政大学出版社、二〇一四年)一八〇頁。
(20) 「陳衡哲女史からの手紙」(『婦選』第六巻第二号、一九三二年二月)三八~三九頁。
(21) 日本女子大学成瀬記念館『激動の時代を生きて 高良とみ』(二〇一四年)一七頁。
(22) 竹中繁子「東京婦人市政浄化連盟の市議選に対する勇敢な態度」(『婦人』第十巻第四号、一九三三年十月)。
(23) 竹中繁子「初冬好日のころごろ この沈静さは何故ぞ!」(『婦人』第八巻第十二号、一九三一年十二月)。
(24) 竹中繁子「魂を入れかへて各自の立場を認識し重大時期を感得せよ」(『婦人』第九巻第一号、一九三二年一月)。
(25) 「于立忱明日安葬中国公墓」(『申報』一九三七年五月二十九日)。この記事には、于立忱が親しかった人物として、「国内では女性作家白薇・沈茲九・謝冰瑩、国外では日本の女性作家神近市子・竹中繁・林芙美子・中條百合子ら」とされており、竹中の名が見える。
(26) 謝冰瑩『我在日本』(東大図書有限公司、一九八四年)二七頁。
(27) 阿頼耶順宏「謝冰瑩――〝女兵〟作家の軌跡」(『東洋文化学科年報(追手門学院大学)』第二号、一九八七年十一月)二六頁。
(28) 阿頼耶順宏前掲「謝冰瑩」二六頁。
(29) 謝冰瑩前掲『我在日本』二六~二八頁。
(30) 「張季鸞から竹中繁への手紙(一九三七(?)年一月二十三日消印)」(竹中繁史料)。原文も日本語で記されている。
(31) 「于立忱から竹中繁への手紙(一九三七年二月七日消印)」(竹中繁史料)。原文も日本語。
(32) 「太田宇之助から竹中繁への手紙(一九三七年五月二八日消印)」(竹中繁史料)。
(33) 「胡霖から竹中繁への手紙(一九三七?年七月三日消印)」(竹中繁史料)。消印が判読しづらく差し出し年は不明であるが、前後の文脈から一九三七年であろう。手紙の末尾には「七月二日」とある。原文も日本語。

(34) 謝冰瑩前掲『我在日本』四八頁。以下、于立忱の堕胎から死までについては、同書四七〜五五頁参照。同じ文章が、謝冰瑩「于立忱之死」(『伝記文学』第五六巻第六期、一九九〇年)にも掲載されている。その原載は『台北聯合報』副刊(一九八四年六月十五日)である。

(35) 郭沫若(一八九二〜一九七八) 四川省楽山の人。中国の文学者・歴史学者・政治家。中華人民共和国成立後は政務院副総理・中国科学院院長・中日友好協会名誉会長などを歴任。

(36) 前掲「于立忱明日安葬中国公墓」。

(37) 謝冰瑩前掲『我在日本』五四頁。

(38) その後謝冰瑩は、一九三七年に「戦地婦女服務団」を結成してその団長となり、前線で多くの傷病兵を救助、宣伝工作にも従事した。戦後、一九四八年に台湾に移り、台湾省立師範学院(のちの国立台湾師範大学)教授となった。晩年はサンフランシスコに移住し、二〇〇〇年に没した。

(39) 師範学校に入学する前、四ヶ月という短い期間ではあったが、市川は女子学院にも在籍しており、竹中の後輩にもあたる。

(40) 江刺昭子『女のくせに――草分けの女性新聞記者たち』(インパクト出版会、一九九七年)参照。

(41) 市川房枝『市川房枝自伝』(新宿書房、一九七四年)二頁。

(42) 朝日新聞社百年史編修委員会編『朝日新聞社史　大正・昭和戦前編』(一九九五年)参照。

(43) 市川房枝前掲『市川房枝自伝』二七九頁。

(44) 香川敦子「第七章　市川房枝の手紙」『窓の女　竹中繁のこと』(新宿書房、一九九九年)参照。

(45) 本書第八章参照。

(46) 香川敦子前掲『窓の女　竹中繁のこと』一七五頁。

(47) 香川敦子前掲『窓の女　竹中繁のこと』一九五頁。

(48) 本書第八章参照。

(49) 児玉勝子『覚書・戦後の市川房枝』(新宿書房、一九八五年)二四〇頁。
(50) 関口安義『特派員　芥川龍之介――中国でなにを視たのか』(毎日新聞社、一九九七年)参照。
(51) 張蕾『芥川龍之介と中国――受容と変容の軌跡』(国書刊行会、二〇〇七年)参照。
(52) 『芥川龍之介全集　第五巻』(岩波書店、一九七八年)二十頁。
(53) 単援朝「芥川龍之介と胡適――北京体験の一側面」(『国文学言語と文芸』一九九一年八月)参照。
(54) 青柳達雄「李人傑について、芥川龍之介『支那游記』中の人物」(『日本の文学』第八集、一九九〇年一二月)参照。
(55) 単援朝「上海の芥川龍之介――共産党代表者李人傑との接触」(『日本の文学』第八集、一九九〇年十二月)、単援朝「芥川龍之介と上海――中国体験のもう一面」(鈴木貞美・李征編『上海一〇〇年』勉誠出版、二〇一三年)参照。
(56) 徐静波「内山完造――三五年に亘る上海体験と上海観察」(和田博文・黄翠娥『〈異郷〉としての大連・上海・台北』勉誠出版、二〇一五年)ほか参照。
(57) 西原大輔『谷崎潤一郎とオリエンタリズム』(中央公論新社、二〇〇三年)。二二三頁〜二二四頁。
(58) 「上海交遊記」(『女性』一九二六年六月)、引用は千葉俊二編『谷崎潤一郎　上海交遊記』(みすず書房、二〇〇四年)一六二頁〜一六四頁。
(59) 千葉俊二前掲書、二五七頁。
(60) 初出は「横浜貿易新報」一九二八年九月三〇日〔斉々哈爾にて(満蒙の旅十六)〕、『鉄幹晶子全集26』勉誠出版、二〇〇八年)一〇五頁。
(61) 注(60)前掲書、一〇八頁。
(62) 初出は「横浜貿易新報」一九二八年九月三〇日〔嫩江《ノンチャン》の旅十六〕、同十月七日〔嫩江《ノンチャン》の旅十七〕、前掲書、一〇九頁。
(63) 「横浜貿易新報」一九二八年十二月三日〔撫順の一日(満蒙の旅二十四)〕、前掲書一三九頁。
(64) 前掲書、一〇二頁。

第七章　竹中繁宛ての書簡

竹中繁の手元には、友人知人達から寄せられた数多くの書簡が残されている。全てを紹介することはできないが、ここでいくつか、竹中の人柄や活動をしのばせる手紙を取り上げる。

一〜六までは、原文を書き起こして解説を付した。手紙は基本的に原文のままであるが、旧字や略字は新字に改め、句読点も適宜補った。判読できない文字は「□」とした。

竹中繁宛ての書簡の中には、著名な作家からのものも多い。七は野上彌生子から、八は島崎藤村からの書簡で、写真のみ掲載する。

一　王梅先からの手紙

差出時期：一九三二年十一月末（手紙末尾には、「一九三二年十一月二十日」）

差出人住所：哈爾浜南崗郵政街藍□九十二号　王宅　王梅先

宛先：日本東京市世田谷区弦巻町三丁目六二　竹中繁先生

御懐かしい竹中我師の御許へ

此の度、大阪〔を〕始めとし各地婦人有力団体に参加して種々の新しい智識を得て帰りましたのは、本当に光栄と存じます。先づ、日本の公徳心、衛生文明機関の発達等、二十年の昔に比較して非常に驚きました。譬へば、会場に於いてあらゆる人がお互いに自々の意見を述べても、結果は好いと思た《ママ》□に全部の人は一致する事に成ります。衛生方面、市街の清潔の行き届いて居る事、或は文明機関の発達、蒸気《ママ》車の早い事、或は山に「ケーブルカ〔ー〕」の出来た事、電車の散水の事、或は学校でも衛生の設備が整い、毎日児童の健康を調べる事等、皆な二十年前から比べると非常なる発達に驚きました。山水の美しい事、例へば有名な京都の景色、奈良旧都と我師竹中宅の美しさは私にとつて永久に忘れる事は出来ません。又、我師貴女様に此の度親切にして戴いた事も、景色と共に永久に忘れる事は出来ません。顧みれば、我が祖国は公共道徳衛生種々の方面に於いて、未だなかなか幼稚で御座います。此れから一日も早く日本と同じ様になる様に、何卒御指導御援助下さいます様に御願い致します。

帥雲風様はステーションに御見送りを下さいました時、私は一言の意見も述べて表す事も出来ませんのに、誠に失礼と存じます。どーぞ《ママ》許して下さる様に御伝はつて下さいませ。何卒祖国の皆様に一生懸命祖国の文明発達の為に御勉強をなさる様に御願い致します事も御伝つて下さいませ。私は早速哈爾浜に於いて「北満国際婦女協会」と云ふ団体を作る為に活動して居りまして、毎日なかなか忙しい人に成つておりますよ。只今御手紙と日記を嬉しく拝見致しました。その日記はとつても詳細の《ママ》で、来る二十六日の報告の為に充分助けられますもので御座います。誠に誠に感謝に堪えない次第で御座います。どんなに御礼を申し上げませうか。東京より貴女様と御別れてから、奈良に参りました。二十年前の博物家事科の先生方は御揃つて在校で御座いますから、本当に懐かしくて堪りませんでした。同級生も四人も集まりました。その日の喜ばしい事は永久に忘れる事も出来ません。七日福岡の会が終わつてから家の主人が心臓病気で血圧二百三十八度に升りました事を明《ママ》りまして跳んで帰りました。そうでなければ、又東京に一度返つて貴女様と二三日の短い間は御話し致し度いので御座います。家の主人は御陰様で段々好く成りましたから、何卒御安心下さいませ。

服部先生何時頃御来哈下さいますか、何卒知らせて下さい。大橋様、金子様、市川様方にくれぐれ〔も〕何卒よろしく御願い致します。孰れ又御挨拶の手紙を差し上げます。王亜良も宜敷くと申し出ました。先づは我師の御健康を御祈り致して筆を置きます。

一九三二年十一月二十夜　梅先

竹中繁子先生

我師　私ノ先生即チ支那デハ我師ト申シマス。何卒私ノ手紙ヲ直シテ下サル様ニ御願ヒ致シマス。

【解説】

この手紙の差出人王梅先は、竹中が旅行中に出会った女性の一人である。竹中の中国旅行日記には、北京滞在中の十一月二十七日に「買物に出かけた留守中王梅先女史来訪」とある。このときはすれ違いで会えなかったが、翌二十八日には会うことができた。この日は竹中が北京を離れる予定になっていた。竹中と王梅先は、朱胡彬夏や王梅先の叔母らと食事をともにしている。竹中の日記には、四時の列車で北京から天津に向かう竹中に、「王夫人の別れを惜む事甚だし」と記されている。二人は、この夜の会食で意気投合していたのであろう。

竹中の遺品の中には、王梅先の写真も保管されていた。写真の左下には、「民国十五（一九二六）年十一月

王梅先から竹中に贈られた写真

二十六日」の日付がある。王梅先は、翌日竹中を訪問する心づもりで、前日に自分の写真を用意したのであろうか。

この王梅先とは、どのような経歴の女性だったのだろうか。竹中の中国旅行日記には、はっきりした記述はない。唯一、ともに会食した王梅先の叔母が「前山東巡撫孫宝琦氏の嫁」というから、知識階級の一族の出身であったことが推測される。王梅先の経歴について、さらなる手がかりを与えてくれるのが、先に挙げた彼女からの手紙である。この手紙は、一九三二年に王梅先が来日して竹中と再会し、帰国した後に竹中に宛てて書いたものである。全て、日本語で記されている。

この手紙で王梅先は、日本の衛生状態の良さ、清潔さ、蒸気機関車などの文明の発達の速さに驚き、それを率直に述べている。注目すべきは、日本の様子を初めて見たからではなく、「二十年の昔に比較して」驚いた、とある点である。王梅先は二十年前、つまり一九一〇年代初期に日本に滞在したことがあり、今回は再来日だったのである。

彼女は一九一〇年代に、日本で何をしていたのだろうか。その手がかりは、やはりこの手紙に書かれている。彼女は、今回の訪日で奈良に行き、「二十年前の博物家事科の先生方」に再会した喜びを述べている。このことから、彼女が日本で在籍していた学校が奈良にあり、そこを訪ねたことが推測される。

一九一〇年代初期に奈良にあり、「博物家事部（王梅先は「科」としているが）」があったのは、奈良女子高等師範学校である。このとき奈良女子高等師範学校には予科と本科があり、本科には国語漢文部・地理歴史部・数物化学部・博物家事部の四部があった（その後一九一四年に予科は廃止、文科・理科・家事科の三学科制に再編）。

奈良女子高等師範学校の留学生について調べてみると、一九一〇年に最初の清国留学生四名を受け入れていることが分かる。(1)そのうちの一人に「王梅僊」という女性が見える。江蘇省出身で、生年月日は一八九三年十月十七日、日本の青山女学院を出て、奈良女高師には一九一〇年四月十六日に入学し、専攻学科は博物家事部、一九一三年七月十八日に退学となっている。(2)名前の「先」と「僊」の表記の違いはあるが、専攻学科名と滞在時期がぴったり一致することから、この女性が王梅先と断定して間違いないであろう。彼女は、奈良女高師が初めて受け入れた清国留学生の一人だったのだ。手紙の流暢な日本語も、留学中の研鑽のたまものであろう。

一九三二年に王梅先が再来日したのは、外務省外交史料館の史料によると、一九三二年十月に行われた「満洲国婦人代表団訪日」に哈爾浜代表として参加し、「日満婦人聯合大会」に出席したためであった。(3)このときの外務省の記録には、一部誤って「王梅光〔「先」の間違い〕」と記されているが、略歴として、「（四一歳）ハルビン選出。哈爾浜特別市政局衛生科長王亜良氏夫人。青山女学院卒業後、奈良女子高等師範学校三年修す。北京女子大学学監。哈爾浜特別区第二女子中学校創立委員兼校長。現在、東支鉄道秘書」とある。(4)青山女学院卒業後、奈良女子高等師範学校で学んだという記述は、先ほど確認した「王梅僊」＝王梅先の経歴とも一致する。また、竹中宛の手紙にあった「王亜良も宜敷くと…」というのは、夫からの挨拶であったのだ。

また、王梅先から竹中繁への別の手紙（その日付は「拾捌年除夕前四日」とあり、一九二九年十二月末に出されたものと考えられる）には、教育庁長の命令で特別区に区立第二女子中学校を創設し、その校長となって多忙であることが記されている。外交史料館史料の「哈爾浜特別区第二女子中学校創立委員兼校長」とはそのことを指しており、王梅先が満洲での女子教育活動にも従事していたことが分かる。

王梅先ら満洲国婦人代表団は、一九三二年十月二十九日に招待会に参加している。王梅先のほかに、満洲側からは新京・奉天・吉林の代表などが出席し、日本側の参加者には東洋婦人会の守谷東らの名が見え、日華学会にいた服部升子の名もある。(5) 手紙には「服部先生何時頃御来哈下さいますか」と、服部升子が哈爾浜にくることを期待する文章もあり、服部との交流も続いていたことがうかがえる。

王梅先はこの機会に、関西、関東の女性たちとそれぞれ交流を持った。竹中はそのときのことを『婦人』雑誌に記事にしている。詳しい内容は書かれていないが、竹中の記事によると、大阪での集まりで「王女史が人気を博した」といい、また「東京でも王女史の態度は会つたほどの凡ての婦人にいたく好感を与へ」たという。(6) なかでも久布白落実は「王梅先ていふ女はえらい女だなア」と感嘆したということである。そして竹中は、「王女史の渡来は、色々の意味において、相互によい機会を作つたことは確かです。同時にあの風にも得堪へないやうな楚々とした姿に包む裡なる威厳と強さとが、よい教訓を吾々に貽《のこ》して去つたこともまた事実でした」と王梅先の印象を述べている。

王梅先の日本訪問は、彼女自身にとっても実り多いものであったことは、彼女の手紙から見て取れる。とりわけ、竹中を「我師」と呼ぶ王梅先の手紙からは、竹中繁への敬愛の情がにじむ。他の手紙には「おばさま」とよびかけるものもあり、その親しみのほどがうかがえる。「奈良旧都」と並べて「我師竹中宅の美しさ」は忘れられないとの言葉は、読んだ竹中は気恥ずかしく思ったかもしれないが、竹中のすっきりとした住まい方に美を感じたのであろうか。

残念ながら、王梅先のその後の足取りは全く分からない。ただ、日本の敗戦と満洲国滅亡が彼女の人生に大き

な影響を与えたであろうことは想像に難くない。（須藤瑞代）

注

（1）奈良女子大学アジア・ジェンダー文化学研究センター編『奈良女子高等師範学校とアジアの留学生』敬文舎、二〇一六年、一七一頁。

（2）王梅僊は、当時の「文部省直轄学校外国人特別入学規定」と奈良女高師の「外国人特別入学規定催促」により、他の三名とともに「聴講生」の身分での入学であった。奈良女子大学アジア・ジェンダー文化学研究センター編前掲書、一七一頁。また、王梅僊の父は山東巡撫道ともされている。奈良女子大学アジア・ジェンダー文化学研究センター編前掲『奈良女子高等師範学校とアジアの留学生』一七三～一七四頁。

（3）「満洲国婦人代表団訪日 昭和七年十月」JACAR（アジア歴史資料センター）Ref.B05015780700 満支人本邦視察旅行関係雑件／便宜供与関係 第四巻（外務省外交史料館）

（4）前掲「満洲国婦人代表団訪日昭和七年十月」

（5）前掲「満洲国婦人代表団訪日昭和七年十月」

（6）竹中繁子「申年を去らしめて酉年を迎へたる日本」『婦人』第十巻第一号、一九三三年一月。

二　劉王立明からの手紙

差出時期：年不詳（一九三〇年代）二月十一日

差出人住所：上海円明園路一六九号　劉王立明

宛先：日本東京市世田谷区弦巻町三－六－一一　竹中繁　女士

〔＊以下の原文は中国語〕

中繁《ママ》女史

永くご無沙汰しており、誠に申し訳ございません。昨日お手紙を頂き、これ以上愉快なことはございません！□□□□。貴国の風災が酷いことを聞き、遠く離れておりますが大変心配しており、このようなことが二度と起こらないように切に願います。大作を拝受し、『女声』の編集の王女史に掲載するようお渡ししております。前に送りしました拙著に、お褒めの言葉を承り、汗顔の至りでございます！最近は『小珍尋母』の脚本を編集しておりました。かつて弊会の婦孺教養院募金のために、六回を公演し、頗る観衆の同情を得ております。現に童話に改編しているところでございます。出版後は必ず差し上げ、ご教示を仰ぎたい所存でございます。

弊社(1)は、女子教育及び社会事業のために、女史二名を貴国へ遊学に派遣しようと考えております。日華会館はこのような事業はありましょうか？補助金はありましょうか？ご足労を煩いお尋ねいただき、手続きの方法を教示頂きたく、お待ちしております。

おかげ様で私はすべて順調でございます。御放念くださいませ。

またお目にかかれませんか。便りを賜りますよう願います。

二月十一日

劉王立明　拝

【解説】

劉王立明（一八九七～一九七〇）は、安徽省太湖県の人。中国婦女運動家。一九一六年アメリカに留学、一九二〇年帰国。上海女子参政協進会の指導者の一人で、一九二六年中華婦女節制協会の総幹事を務める。上海婦孺教養院、上海女子公寓、上海産児調節指導所、中国女子家事高級職業学校などを創設。『節制』月刊、『女声』半月刊を創刊。九・一八事変後滬江大学校長である夫の劉湛恩とともに、抗日救国運動を展開する。一九三八年夫が対日協力政権への参加を拒否して殺害されたのち、重慶に移って、抗日民主運動を継続した。人民共和国成立後は、全国政治協商会議常任委員等として活躍し、一九五六年世界婦女節制協会副主席を務めた。

竹中繁は一九二七年一月十三日上海で中華婦女節制協会を訪れた時に彼女と初めて出会い、その際に、彼女の質問がよほど印象的だったのか、帰国後複数の寄稿でそれを紹介していた(2)。また、「明日の中国を荷ふ女性たち」にも彼女を筆頭に紹介した。

掲載されているこの手紙はいつ書かれたかは不詳であるが、封筒に一一、二、三五との消印があったこと、また文中で言及している「風災」は、恐らく一九三四年九月二十一日の室戸台風ではないかと推測されることから、一九三五年に書かれたと思われる。

手紙は「中華婦女節制協会」の公式用紙で、両サイドに幹事長劉王立明、会長鄭揚秀夫人、副会長鄭維夫人の名があり、さらに「本会の政策」の詳細も書かれている。

竹中の手元に劉王立明からの書簡は五通が残されている。上記の手紙で劉王立明が日華会館のことについて打診してほしいと竹中にお願いし、それに対して竹中が情報を書簡で伝えたと思われる。劉王立明は竹中の返事に対する感謝の手紙の中で、今中華婦女節制協会から二人を来日させることについて貴国と交渉中、もし実現できれば宜しく頼むと書いたのである。

後二通は夫の劉湛恩を迎えるために日本に行き、ぜひ会ってほしいとの内容の手紙と帰国後竹中の歓待への御礼の手紙である。消印からいずれも一九三四年のものだと思われる。残りの一通は自著の『生命的波濤』[3]を同封し、もし日本に有益だと思うなら帥雲風さんに日本語に翻訳して貰うことができないかとの内容の手紙だった。それに対して、「帥さんは今帰国中で、戻って来たら相談する」との竹中の返事の下書き[4]が残されている。宛名は掲載した手紙も含め四通は「中繁女士」となっていて、日本から帰った時の御礼の手紙だけが「竹中繁女士」となっている。竹中繁の姓と名をはっきり区別していなかったようだ。

これらの手紙は年代がはっきりしないものもあるが、一九三三年から一九三七年の間に書かれた可能性が大きい。つまり、劉王立明は抗日救国活動をしている最中でも竹中と個人的に良好な関係を保っていたのである。

（姚毅）

注

（1） 中華婦女節制協会。

（2） 竹中繁「その頃の南北中華婦人と語る――支那旅行印象記の一節」『日支』第一巻第七号、一九二八年十二月。竹中繁子「民国大水害救援に起つてほしい婦人団体」『婦人』第八巻第九号、一九三一年九月。竹中繁「明日の中国を荷ふ女性たち」『婦選』第七巻第一号、一九三三年一月。

（3） 劉王立明の数多くの著作の中の一冊。一九三六年五月上海中国女子生産合作社により出版。

（4） 中国語で書かれている。ただ筆跡は竹中と異なるので、誰かが中国語に翻訳したと思われる。

三　帥雲風からの手紙

差出時期：一九三二年八月十二日（文末に「八月十二〔日〕」とある。年は不明だが、一九三二年と推定される）

差出人住所：北平成府蔣家胡同二号呂宅　師雲風
宛先：日本　東京市世田谷区弦巻町三ノ六二〇　竹中繁先生
〔※以下の手紙は、日本語として不自然な部分や、英語、中国語の単語をそのまま用いている部分があるが、原文のままとした〕

先生
御手紙を拝読致しました。色々御心配様でして有難うございました。今月二十六日に、呂氏と呂太太との御意見を従うて結婚します。(1) 小生の私見は沢山あるけれども金が一文も出さずに結婚をせるのはただ閉口の方はwiseでせう。

小生の第一のことは、供養塚の生活を精算しなければならないでせう。これは小生の一大痛心事であります。供養塚の名は勿論小生はすきです。空気よりgardenより小楼よりgohn〔不明〕より□(2)よりも先生の恩愛こそは小生の一生涯に於いて忘れぬことと存じます。お婆様の二年程の御serviceも感心しか何でも申すことが出来ない。

小生の第二のことは、今後の一土会の活動及び其の他のActivityに対して一大関心を持たなければならない。これは勿論、先生の貴い仕事にして、且つ両国の前途を関する両国民の運命に関する肝要な大事業であります。加え、小生の始めから終りまでの語であつて信念であると存じます。

其の他の問題はまだあるけれども以上申し上げたのは一番のことでせう。其の両問題に対して、小生の考を申し上げなければならない。

第一のは早大附近の貸間あるひはアパートを選んで自炊したいと思ひます。勿論家の仕事は小生が還《ま》だ責任を持たなければならない。家の方は誰を推薦して供養塚の生活を enjoy をしますか。この人選の問題は服部先生(3)に頼まなければならないと考へて居ります。小生の好い仲間に現在には適当な学生が居りません。小生が先生との連絡を取り易いために、家の近所に住びたいと考へました。けれども学校の図書館と余り遠いのは今後小生の研究又は写文章の生活について不便です。本当に四月から七月の初めまで土曜と日曜とが殆んど無駄に費やしました。若し同璧〔結婚相手〕も一緒に居らなければ今後の読書生活は到頭実現し難いでせう。勿論結婚したならば種々の困難は確になるでせう。而し結婚しなければ尚ほ宝貴の時光〔貴重な時間〕が無茶苦茶に浪費することは免れないと事実を表現しました。

第二の問題は家に居る学生があつてもなくても家の仕事と関係がある仕事と活動に対して参加して且つ努力したいと存じます。今後一層仕事が複雑化して家の関係は繁多になると考へました。小生の体は家に居らなくても精神は一生涯でも供養塚の仕事とを別れないと信じます。まだ貸間もアパートも定つて居ない。九月六日来る時に又相談しませう。服部先生にも手紙を差上げました。

一土会の方々によろしく。お婆さんにも。

八月十二〔日〕

雲風

【解説】

この手紙の差出人・帥雲風は、留学生として日本に来ていた中国人である。竹中繁は、朝日新聞を退職後、自宅に中国からの留学生を住まわせることがたびたびあった。帥雲風は、そのうちの一人で、生涯にわたって竹中ととりわけ深い結びつきを持ち続けた人物である。

帥雲風は一九五七年に亡くなっているが、その娘・帥元紀は、現在カナダ在住である。彼女が書いた文章によると、帥雲風は一九〇〇年に中国の湖北省で生まれ、若くして両親と別れ、親戚に引き取られて育てられたという。(4) 大人たちに混じって農作業を手伝わねばならず、苦しい十代を過ごしたが、向学心が強く、上海に出て同文書院で学んだ。そして、国費留学生の試験に合格し、一九二九年に来日して早稲田専門学校（現・早稲田大学）で学ぶことになったのだった。しかし国費で支払われたのは授業料のみで、東京での暮らしは「食うや食わずのどん底生活」だったという。

そんな帥雲風を下宿させ、何かと世話をしたのが竹中繁だった。冒頭に挙げた帥雲風から竹中繁への手紙は、自分が結婚を決めたことを竹中に知らせ、そのために供養塚（竹中の家）を出ることになるので、そのあとのことを相談する手紙である。差し出し年は、消印が不鮮明で不明であるが、おそらく一九三二年と推測される。差出は日本ではなく北京であるから、帥が北京に一時帰国していた時期であり、これを手掛かりに、一土会（後述）の活動記録を見てみると、一九三二年七月二日に帥雲風の送別会を行ったとあり、九月二十八日には日本に戻った帥をねぎらい旅行の報告を聞く会が設けられている。したがって、この間に北京にいた帥から出された手紙であると考えられるのである。

手紙の中で帥雲風が言う、「第一のこと」とは、つまり竹中の自宅に下宿していた生活を、結婚により終了しなくてはならないということである。結婚は喜ばしいことであるはずなのだが、この下宿の終了は、「小生の一大痛心事」であると師は言う。竹中からうけた恩義を、師は深く感じ取っていたのであろう。そして、自分のあとに誰か適当な学生が下宿生として入ることを考えなくてはならないが、今自分の周りには適当な人がいないので、その人選を「服部先生」（おそらく服部升子）に頼むべきだとしている。

そして、「第二のこと」として挙げられている「一土会」とは、本書第一章でも述べたとおり、一九三一年九月の満洲事変勃発をきっかけとして、翌十月に作られた、隣国中国を知ることを目的とした会である。竹中繁は、月曜クラブと一土会の実質的幹事であった。一土会の活動において、中国語も日本語も堪能な師雲風は、大きな役割を果たしていた。一土会の活動の記録には、たびたび師雲風の名が見える。手紙で師は一土会の活動を「両国民の運命に関する肝要な大事業」と述べている。悪化の一途をたどる日中両国のはざまにおかれた留学生の一人として、一土会の「中国を知る」ための地道な活動は、切実に必要なものであったに違いない。竹中の家から離れても、「精神は一生涯でも供養塚の仕事とを別れない」とまで述べる決意は並々ならぬものと言えよう。

このころの竹中と師雲風の関係を偲ばせるものとして、左の写真がある。(5) 一九三二年四月十七日の日付で、左の犬を抱いているのが師雲風、中央が竹中繁、右の「老媽子」は、手紙に「お婆様」とある、おそらく竹中や留学生の身の回りの世話をしてくれていた人物である。右に師の筆跡で、「東京的家庭生活　我們三個人一匹狗〔東京の家庭生活　わたしたち三人と犬一匹〕」とある。彼にとって、ここでの生活は温かい「家庭」そのものであったのだろう。

手紙で、「先生の恩愛こそは小生の一生涯に於いて忘れぬことと存じます」という師雲風の言葉は心からのものであり、それは彼のその後の行動によって証明される。

この手紙の翌年、一九三三年に帥雲風は早稲田を卒業した。中国に戻ったあと、一時的に大学教員となったが、ほどなく貿易を仕事にしていた親友に、商売の方が向いていると誘われて、貿易の仕事に方向転換した[6]。帥の新しい職場は、中国塩業公司[7]という国営の塩を商う会社であった。この間に、妻の呂同璧との間に八人の子をなしたが、その子供たちを次々とコレラで亡くし、残ったのは娘の帥元紀とその弟の二人だけだったという。

帥は一九四五年から四八年まで、台湾をベースに商いをしていたが、一九四八年に家族を連れ、台湾から東京へ戻ってきた。東京で塩業会社を設立し、杉並区高円寺に仮住まいした後、阿佐ヶ谷に居を構えた。

日本に落ち着いた帥雲風は、千葉県市原市に転居していた竹中繁を探し出した。そして、自分たち家族と一緒に住むように勧めた。一人暮らしの竹中の境遇を案じてのことであろうが、若かりし日に竹中から受けた恩義を、帥は深く心に刻んでいたのだ。竹中ははじめは、「若い者たちに負担をかけたくない」と断っていたが、やがて帥の熱意に推されて、ともに暮らすことに同意した[8]。帥は早速家の母屋の離れの車庫を洗面所付きの八畳の畳の間に作り替え、そこを「おばあちゃん」の部屋とした。

竹中宅に下宿していた時の帥雲風

このときのことを、竹中繁はノートに書き残している。

　由来中国では敬老の訓えきびしいならわしである。美しいそうした例は旅の道すがらも見聞きして、儒教の根がいかに深く動かし難いものであるかは、新しい思想がはいって来る時代になっても猶且つ根深いのに敬服させられる程だった。帥氏が淮陰の韓信の故事に倣ったわけでもあるまいが、かつて氏の留学当時不遇の青年として受けた実に僅かばかりの恩誼を、二十余年後の日本再来の日に、親身の母親に対する礼と孝とを以てわたくしを遇してくれ、東京の新家屋の一室を「養志齋」と名付けてわたくしの居室としてくれた。(10)

竹中も、思いがけない帥雲風の申し出に心を動かされたことがよく分かる。竹中は帥の家に二年間ほど暮らし、「下にもおかれない帥氏家族をあげての懇ろな待遇であった」と感謝の気持ちを述べている。(11)ただ、竹中は千葉の家がそのままになっていることが気になっており、いずれは帰るという心づもりであったらしい。結局、市川房枝がうまく話を運んで、竹中の千葉の家をやがては「老人の家」として用いたい、そのためには竹中があの家の主人として家を護る必要があると帥に話した。帥もその計画に賛成し、協力さえ申し出た。こうして竹中は再び千葉の家に戻ったのだった。

帥雲風の娘・元紀は、竹中と暮らした日々を振り返って、「当時、私は十歳の少女だったが、東京・国立の音楽学校に通った十八歳までの九年の間、竹中のおばあちゃんとの思い出は数えきれない。苦手だったお裁縫もおばあちゃんから教わった。英語の勉強もみてもらった。私の人生の中でも実り多い、幸せな時間のかさなりであったと今思う」と当時のことを振り返っている。(12)ともに暮らしたのは二年間ではあったが、その後も帥一家とは交流が続いていたのだ。

しかし、帥一家の運命は暗転する。帥雲風は、一九五六年の半ば頃から体調を崩した。翌一九五七年、肝臓癌であることが分かり、九段坂の病院で、五十七歳の生涯を閉じたのだ。(13)父をうしなった帥元紀は、翌年母と弟とともに中国に帰国し、文化大革命など中国の政治の波に翻弄されることになる。

彼女は父について、「稀にみるダイナミックな人生をおくったと思う。人は生きている間にたくさんの出会いがあるものだが、竹中氏との出会いは、父に前進する力を与えたと思う」と述べている。帥雲風にとって、また帥一家にとって、竹中は本当の「おばあちゃん」のような存在であったのだ。竹中にとってもまた、帥一家は大切な存在であったに違いない。

余談になるが、筆者（須藤）は、二〇一二年に来日中だった帥元紀氏に、竹中の実の孫である稲葉幸子氏とともにお会いした。竹中の二人の「孫娘」たちは、お互いの存在は香川敦子氏の著書で知っていたが、このときが初対面だったそうだ。竹中が今もなお人と人とをつなげつづけているような気がする、楽しいひとときであった。このときの話は、本書第九章の座談会でも触れられているので、参照されたい。（須藤瑞代）

注

（1）「小生」は、みな小さく右に寄せて書いてある。

（2）ここで数字分残して改行し、「先生」を文頭にしている。

（3）ここも改行して「服部先生」を文頭に出している。

（4）帥元紀「中国系日系カナダ人の私」『とりりあむ』（トロント日本商工会）二〇一一年七月号。

（5）同じ写真が、中国の『慈幼月刊』（第二巻第九期、一九三二年）に掲載されており、「日本社会改造家竹中繁女士の家庭生活」と紹介されている。

（6）以下の帥雲風に関する記述は、帥元紀前掲「中国系日系カナダ人の私」参照。

（7）終戦後、中国には塩業会社が次々につくられた。帥雲風が勤めた会社がどれを指すのかは確定できない。当時設立された塩業会社のうち最大のものは「中国塩業股份有限公司」で、一九四七年十二月一日に正式に成立し、一九四九年に台湾に移転している。丁長清・唐仁粤主編『中国塩業史』人民出版社、一九九七年、二一六～二一七頁。

（8）帥元紀前掲「中国系日系カナダ人の私」。

（9）淮陰侯韓信（紀元前二三〇頃～紀元前一九六）は劉邦に仕えて多くの戦いで勝利した武将である。彼は、若いときは貧しかったが、その時自分に食べ物を与えてくれた女性への恩を忘れず、のちに出世してからその老女にお返しに大金を贈ったという。竹中が指しているのはこの故事のことであろう。

（10）香川敦子前掲『窓の女　竹中繁のこと』一八一頁。

（11）香川敦子前掲『窓の女　竹中繁のこと』一八二頁。

（12）帥元紀前掲「中国系日系カナダ人の私」。また、NHKのラジオ「明るい茶の間」（一九五四年十月一日放送）には、竹中繁と帥一家が出演したというが、稲葉幸子氏がNHKに問い合わせたところ、NHKアーカイブスには入っていないということで、放送内容については詳細不明である。

（13）帥元紀前掲「中国系日系カナダ人の私」。

四　高良とみからの手紙

差出時期：一九三二年九月五日

差出人住所：下落合八一〇（東京都新宿区下落合二－八一〇）　高良富子

宛先：府下駒澤町供養塚六二〇　竹中繁子様

竹中繁子様

御手紙頂きましたのにこんなに永く御無沙汰申して誠にすみません。どうも御申越の写真といふものが近年のがございませんものですからつひのびのびになつてそのうちに泊り客などでゴタゴタいたし色々失礼して了ひました。あしからず御許し下さいませ。

師《ママ》〔帥〕氏の御奮闘御努力には色々敬意を払つて居ります。ことに反日感情の強くのこるべき支那本土に於て戦つて居らるるにはどれ程の罵りとひぼうとの真只中に居られるのか充分に想像されまして、□□そのお気持を思ひます時の彼氏の御苦心思ひやられてゾツといたします。然し上海から頂いた彼氏の御文面により、又上海内山書店宅からの手紙によりましても大変御元気にて御活動の御様子で何よりと感謝いたして居ります。北京宛に手紙出しておきました。天津からタゴールの木彫を持つて帰つて頂きたいと思ひましたので。お帰京になつたら定めし沢山伺ふ事がございませうと楽しんで居ります。

過日市川姉迄電話で母が御伝へしておきましたが日本新聞が大文字の記事で書く事によりますと、私がリツトン卿の書記長アース氏に逢つたとか米大使館に出入りするとかで憲兵隊で憤慨して居る由。その後下卑な投書舞ひ込んで居りましたが、一向憲兵隊の方も調べにも来ずそのままです。リツトンに逢ひに行つた事なら私だけではなかつたのだから御迷惑がかかつてもと思ひ、ことに市川姉の御仕事の方にはどうかと思つて申上げておきました。

内山氏からの手紙によりましても大分上海の人心は荒んで居るらしく、ことに為替下落のため大打撃の由にて、十年二十年の忍耐を要するやう申越されました。そして、東京でおめにかかつた一土会の方々へ呉々もよろしく伝へてほしいとの事でした。

清澤洌氏久々で帰朝されいろいろ海外での苦い経験が御ありかと思ひますが、一度、一土会か月曜クラブかでお話伺いたく存じますが御考いかがでせうか。秋の御活動いろいろ御考慮の中へこれも一つ御入れ頂ければ幸甚に存じ上げます。
時候がら御体御大切に祈上げます。そのうちにゆつくり御話申上げたく延引ながら御返じまで。
富子
繁子様

高良とみ

【解説】

富山県に生まれた高良とみ（一八九六〜一九九三）は、神戸高等女学校を首席で卒業した後、日本女子大学校英文学部に入学、卒業後はアメリカのコロンビア大学大学院に留学し、二十六歳で心理学の博士号を取得した。研究者としての道を歩む一方、留学中の一九二一年にウィーンで開催された第三回婦人国際平和自由連盟大会に参加し、同連盟会長でのちにノーベル平和賞を受賞したジェーン・アダムズ女史や、会議に参加した女性たちと出会い、平和運動および婦人運動へも目を向けていくこととなる。翌年に帰国した後、九州帝国大学医学部の助手を務め、その後、日本女子大学校家政学部教授となったが、生涯を通じて世界平和を願い続け、戦後は初の女性議員としても活躍した。

一九三一年九月十八日の柳条湖事件により満洲事変が勃発し、関東軍により満洲全土が占領され、一九三二年三月一日、中華民国からの独立を宣言した満洲国が建国された。このことをきっかけにして中国問題を考えるために設けられた竹中繁主催の一土会に、熱心に参加していた主力メンバーの一人が高良であった。

高良には、満洲事変が起こった直後に書いた以下の文章がある。

満洲での不幸な出来事が報道されてすぐに、東京では多くの婦人達の集会が開かれ、いかなる理由があろうとも自分達は武器の行使に反対する、日本と中国、どちらの国に属していようと息子達を戦わせることも殺すこともさせないという満場一致の声があがりました。私達はこの状況を話し合うための集会を呼び掛け、可能な限り早急に軍が撤退し、交渉によつて事態を収拾するようにとの要請を政府に対して提出するための一歩を踏み出そうとしています。

私は、これらの会合で会つた多くの婦人団体の指導者の婦人達に強い感銘を受けています。これまで私にはこれほどはつきり知る機会がなかつたのですが、彼女達の大部分は心底からの真の平和主義者です。[1]

この問題が起つてから、日本のいろいろの婦人方が、熱心に平和を望んでいられる真心を知って私は大変力強く思いました。そして、それと同時に、婦人の無力ということを痛感しました。この無力、不準備をなくして、真の正義と平和とを作り、国際的に、日本の立場を理解させるのは、婦人の責任だと思います。[2]

ここでいう婦人達の集会には一土会も含まれていると思われる。高良は、まず中国の女性たちに向け、自分達日本女性が満洲事変後に頻繁に集会を開き、戦争を避けるために努力している姿を示し、続いて日本国内の女性たちに向け、自分達の無力さを受け止め、世界平和のためにそれを改善していこうと訴えかけている。

竹中宛のこの書簡も、まさにこの時期の高良や竹中達の思いと行動を裏づけるものとなっている。

文中にある「師《ママ》(帥)氏」とは、竹中が面倒を見ていた留学生の帥雲風のことで、やはり一土会で中心的な役割を果たした人物であった。帥は、高良たち一土会の人々の思いを中国にいる友人達に伝えるべく、一九三二年七月から、香港－広東－上海－南京－秦皇島－山海関－北平－天津と、二ヶ月余り旅をして回っている。その旅の途中で、高良に現状を伝える手紙を送った。そして高良は、帥に天津から「タゴールの木彫」を持ち帰ってもらうため、帥が天津へ向かう前の滞在先となる北平に向け返事を出している。日本女子大学校在学時に軽井沢三泉寮で開かれた夏期修養会において、アジア初のノーベル文学賞受賞者であり平和主義者であるタゴールの講話に感銘を受けた経験から、高良は生涯、彼の崇拝者であり続けた。晩年には、軽井沢の外れの碓氷峠にタゴールの胸像を建てているほどで、後に高良の葬式で、夫の武久は「とみはタゴールの恋人のようでした」と微笑んだという。(3)

「過日市川姉まで電話」の件《くだり》は、高良が市川房枝ら一土会のメンバーとともに、当時、満洲事変を検証すべく国際連盟から派遣され来日していたリットンを帝国ホテルに訪ね、満洲事変について遺憾に思っている旨を伝え、事実の正確なる調査、公正なる判断を期待していることをそれぞれの立場で話し合ったことを指していると思われる。(4)面会相手とされる「アース書記長」とは、当時、国際連盟交通部長を務めていたロベール・アースのことである。アースはリットン調査団の書記長で、リットン報告書の草案を作成した人物であったため、(5)憲兵隊は神経をとがらせていたらしい。

内山完造の手紙からは、一九三二年一月に起こった上海事変(6)後の混乱が収束せず、荒廃した上海の様子がうかがえる。「東京でお目にかかつた一土会の方々」とあるように、内山は一九三二年三月に一時帰国した際にも一土会で話をしていた。高良はその後、内山の勧めで上海に魯迅と許広平を訪ねたり、日中戦争を回避するためガンジーを日本へ招聘しようとした一九三五年のインドへの旅の途中で上海に立ち寄った際にも、内山書店を訪

問したりしている。(7)

国際ジャーナリストの清沢洌《きよし》（一八九〇～一九四五）は、外交問題、特に日米関係の評論で知られるが、東京朝日記者を経てフリーとなった清沢は、一九二九年から一九三二年までの三年間を欧米での取材・執筆活動にあて、一九二九年にはアメリカの「暗黒の木曜日」とそれに続く大恐慌を現地で体験している。一九三一年の満洲事変、一九三二年の上海事変の際も滞米中で、日本の大陸進出に対するアメリカの厳しい世論を目の当たりにすることになった。一九三二年に帰国した清沢は、日本の内政・外交に対する鋭い評論を行うこととなる。高良はまさにこの時期に東京朝日の竹中を通じて清沢を一土会へ呼び、話を聞きたいと考えたようだ。しかし、実際に清沢と連絡がとれたのかは不明で、会の記録にも残っていないが、この書簡からは、高良が一土会を通じて竹中と相通じる思いを抱き、一貫して日中間の平和を求めて多岐にわたる情報収集に努め、積極的に行動していたことが伝わってくる。（藤井敦子）

(1) 高良とみ「親しい中国の友人達へ（英文）」（米国スワスモア大学平和図書館所蔵、一九三一年十月五日）。

(2) 高良とみ「婦人の立場から満洲事変を観る——日本の立場を婦人の力で外国に理解させよう（談）」（『東京朝日新聞』一九三一年十一月十八日）。

(3) 高良美世子『誕生を待つ生命——母と娘の愛と相克』（自然食通信社、二〇一六年）、三二〇頁。

(4) 市川房枝『市川房枝自伝』（新宿書房、一九七四年）二七九頁。

(5) 神戸大学経済経営研究所「新聞記事文庫」（『大阪毎日新聞』、一九三四年九月三十日）。

(6) 満洲事変から世界の目をそらすため、日本の軍部が上海で起こした日中両軍の衝突事件。中国軍の頑強な抵抗にあい、五月に停戦協定が締結された。

（7）高良とみ『高良とみの生と著作　第三巻　女性解放を求めて一九二五～三五』（ドメス出版、二〇〇二年）四四一頁。

五　内山完造からの手紙

差出時期：一九三三年七月七日（差し出し年：封筒がなく不明だが、手紙に引用されている記事の年代から一九三三年と推定）

差出人住所：北四川路底　上海　内山書店（書店の封筒）

宛先：日本東京市世田谷区弦巻町三ノ六二〇　竹中繁子様

竹中繁子様

お手紙拝見いたしました。旅順工学堂《ママ》の方々は早速服部さんから御手配下さる由、何卒よろしくお願ひ致します。

甘さんは近い中に一先づ四川へ帰ると云ふて居ります。私もソレに賛成して居ります。何んでも妹さんのお嫁入りの衣類を兄さん〔＝甘海瀾〕から頼まれて居るので、ソレを造つて持つて帰るとの事です。何れ出立の際に又詳細を申し上げます。ドウゾ皆さんへよろしくお伝へを願ひます。

最近に、私に対して一つの謡言を製造して雑誌に掲せた人があります。ソレハ私を主として悪罵したのではなくて、私と親しくして居る魯迅先生を罵る□の悪罵をより強くする為に序でに私に対して悪罵を被せたのであります。御笑草に、御覧に入れます。然かし二三日前の申報の自由談と云ふ欄に谷春帆と云ふ署名で「文人無行」

同封されていた雑誌記事

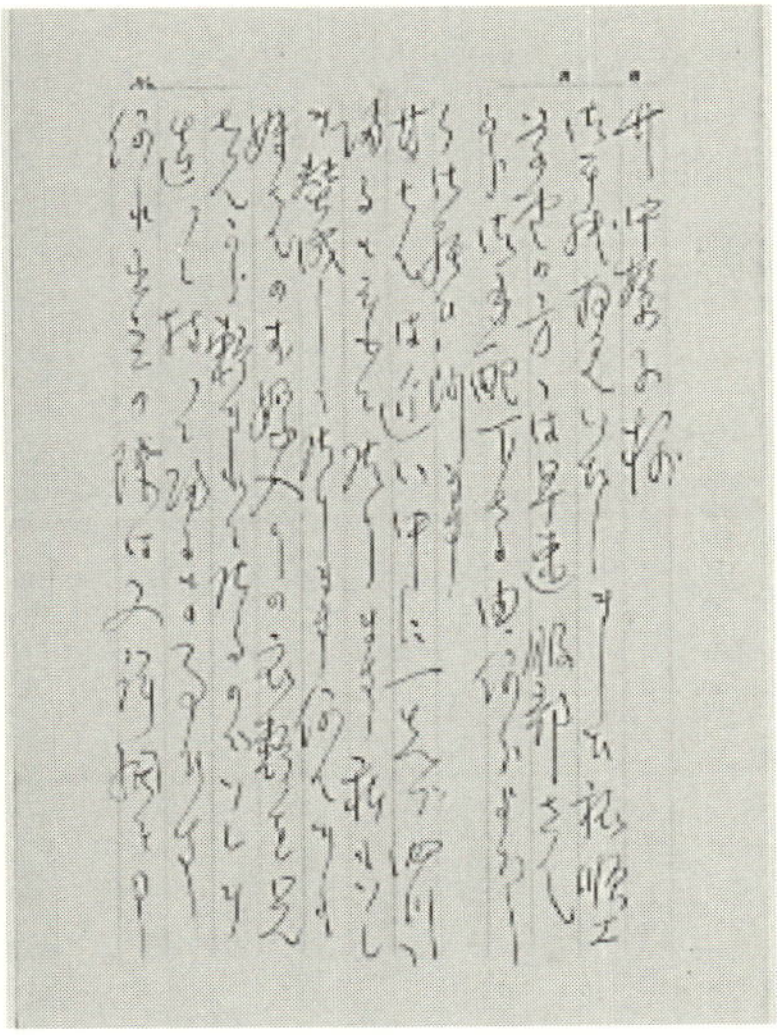

内山完造からの手紙

と云ふ一文を書いた人があります。其人は私は少しも知らん人ですが、此の無意味な悪罵記事を序でに取り上げて、此ふした事を書く人は所謂或る一派の文人が名を匿くしてする一つの悪事である、有眼の士は一見して□□書いた人が自己の卑劣を暴露するに過ぎないものである。然しながら如此文人が居る事は中国の文壇を汚すものであるから、真の文人が力を合せて此等の悪分子を文壇外に掃出して終まわねばならんと文を結んで居ります。讃められたり罵られたり此ふした記事を加減して帰□るものは何かと云ふとソレハ内山書店の広告になつたと云ふ事であります。此頃支那新聞にはお金を払つても広告は掲載しません。ソレニ此ふして新聞や雑誌で内山書店を広告して呉れます。私は中国人を□□しがらずには居られません。呵々。

此の雑誌の記事をお読みになる時も、ドウゾ私の□□□□ノ一説をお忘れにならん様にして御覧下さい。決してコレダレ書いてあつても中国人には一種のゼウダン位イのものであります。決して深々い意味の事ではありません。お笑ひ草までに最近の漫談一筆。昨年ご親切にして下さいました皆さんへ呉々もドウゾよろしくお伝へを願ひます。

七月七日

上海より　内山完造

〔この手紙とともに、「白羽遐」の署名の「内山書店小座記」が、雑誌の頁を破つて同封されている。〕

【解説】

この手紙は、日中友好の功労者として有名な、内山完造（一八八五〜一九五九）から竹中繁にあてて出されたものである。

内山完造はクリスチャンで、一九一三年に参天堂に入社し、大学目薬の上海出張員として中国での販買・宣伝を行っていた。一九一六年に井上美喜と結婚し、翌一九一七年にキリスト教関係の本を中心として扱う上海内山書店を開いた。この内山書店には、日中両国の文化人・知識人たちが集まるようになり、いつしか交流サロン的役割を果たすようになっていた。日本の谷崎潤一郎、佐藤春夫、横光利一、林芙美子ら、また中国の魯迅、郭沫若、田漢などがたびたび内山書店を訪れており、とりわけ内山と魯迅との交流は深かった。

竹中繁への手紙には、「私（＝内山）と親しくして居る魯迅先生」を悪罵するために自分を悪罵する人がいる、と書かれているが、当時、内山完造は日本のスパイだなどとする噂がたびたび流されていた。手紙に同封されていた「白羽遐」の署名の「内山書店小座記」もそのうちの一つである。

この記事については、魯迅も彼が一九三三年に発表した『偽自由書』の「後記」で、それを批判的に取り上げるために全文を掲載している。この「内山書店小座記」（竹中宛の同封記事には書誌情報がない）は、魯迅の記述によると、文芸漫談会の機関雑誌『文芸座談』第一期（一九三三年七月一日出版）に掲載されたものであるという。内容は、著者が内山書店を友人と訪れたときの話という体裁をとり、文中で内山を批判して「彼は表向きは書店をやっているが、実際はほとんど日本政府のスパイのようなことをやっている。彼は、中国人と何か話すたびに、それをすぐに日本領事館に報告している。これはすでに「公開の秘密」となっていて、内山書店に少し近づきになった人なら皆知っていることだ」などと述べ、さらに「彼はしょっちゅう中国人と中国文化や中国社会の様相について語り合うが、しかし中国政治についてはあまり語ろうとしないのは、すなわち中国人が彼に対して疑いを持つのを恐れているからだ」などとするものであった。

内山がこうした記事を竹中に送ったのは、内山が自分に非がないことを言い立てるためでも、さらには竹中を心配させるためでもなかった。内山は手紙で、こうした記事が出たおかげで「内山書店の広告になった」と、さらっとおどけて流してみせ、さらに、竹中が同封の記事を読む際にも自分のこうした説を忘れないように、いろいろ書いてあっても中国人には冗談程度のものだ、深い意味はないと付け加えている。ジャーナリストとしての竹中に、こうした批判記事が出ているという事実は伝えておきたい、だが無用な心配は必要ないときっぱり伝える、内山の人柄のにじむ文章である。

この手紙の最後に「昨年ご親切にして下さいました皆さん」とあるのは、一九三二年三月二十日に、竹中らが開いていた一土会で、帰国中だった内山完造夫妻が上海事変や一般の中華民国人に関する話を語る機会を得たことを指すものと考えられる。

そして、手紙の冒頭に出てくる「甘さん」とは、やはり一土会とつながりのあった甘海瀾という人物の弟を指すと推測される。甘海瀾は、一九三二年の上海事変で重傷を負った日本陸軍の空閑昇少佐を救って、手厚く遇した中国側の将校であった。竹中は、敵であっても人道的に対応した甘海瀾の行為に深く心を動かされ、『婦選』にその経緯を記している。(1) 甘海瀾は同年に来日しており、竹中をはじめ一土会の人々とも交流の機会をたびたび持っている。一九三三年六月十日の一土会の記録によると、甘海瀾の弟に何らかのトラブルが生じたらしく、甘海瀾の苦衷を痛ましく思い、一同で相談して内山完造に万事を委託する事となったと記されている。竹中と服部升子がその委託役を引き受け、竹中は早速翌日早朝、内山にあてて委細したためて身柄安全を頼んだという。内山からは、ここに挙げた手紙以外にも甘海瀾の弟の近況を伝える手紙が複数ある。内山が、竹中ら一土会の人々が気を揉まないよう、こまめに連絡していた心配りを示すものと言えるだろう。（須藤瑞代）

注

（1） 竹中繁「甘海瀾氏のこと」『婦選』第六巻第十二号、一九三二年十二月。

六　尾崎秀実からの手紙

差出時期：一九二九年十一月二十九日
差出人住所：上海赫司克而路五十二号　朝日新聞支局
宛先：日本東京市外代々幡町幡ヶ谷五五　竹中繁子様

竹中様

おばちゃん、しばらく。日頃はどうも御無沙汰でいけません。時にこの度はほんとに御心配をかけたこと、思ひます。それに莫大なお見舞金を有難うございました。

まつたくみんなによくしていたゞいて、どう考へても自分に値しない好意なので、助かつたので責任を感じる位です。僕は、二週間ほどどうも少し熱でもある感じだなと思つて働いてゐました。それから堪えきれずに寝ましたら四十度近い熱でした。その后一週間は風邪といふ診断でした。新支局長が心配して別の医者を派遣してくれて、やつとチブスと決まりました。すでに三週間発病后経過してゐたわけです。医者は大てい駄目だと思つてゐたと后からい、ました。冗談ぢやないまだ死ねるもんですか。明日は退院いたします。多端な時局をよそに、すばらしい支那の秋十月を一ぱい寝てしまひました。

入る時に比べるとだいぶ寒くなりました。街路樹のアカシアの葉が散つてゐます。冬の近いことを思はせます。

御健康を祈ります。

一一・七　実

追記　目次さんがなくなられたには驚ろきました。

あの若さとあの才を以て。なくなる位ならもつと縁を多く結んでおくべきだつたと残念に思つてゐます。あな、たのしい同志を失つたわけですね。

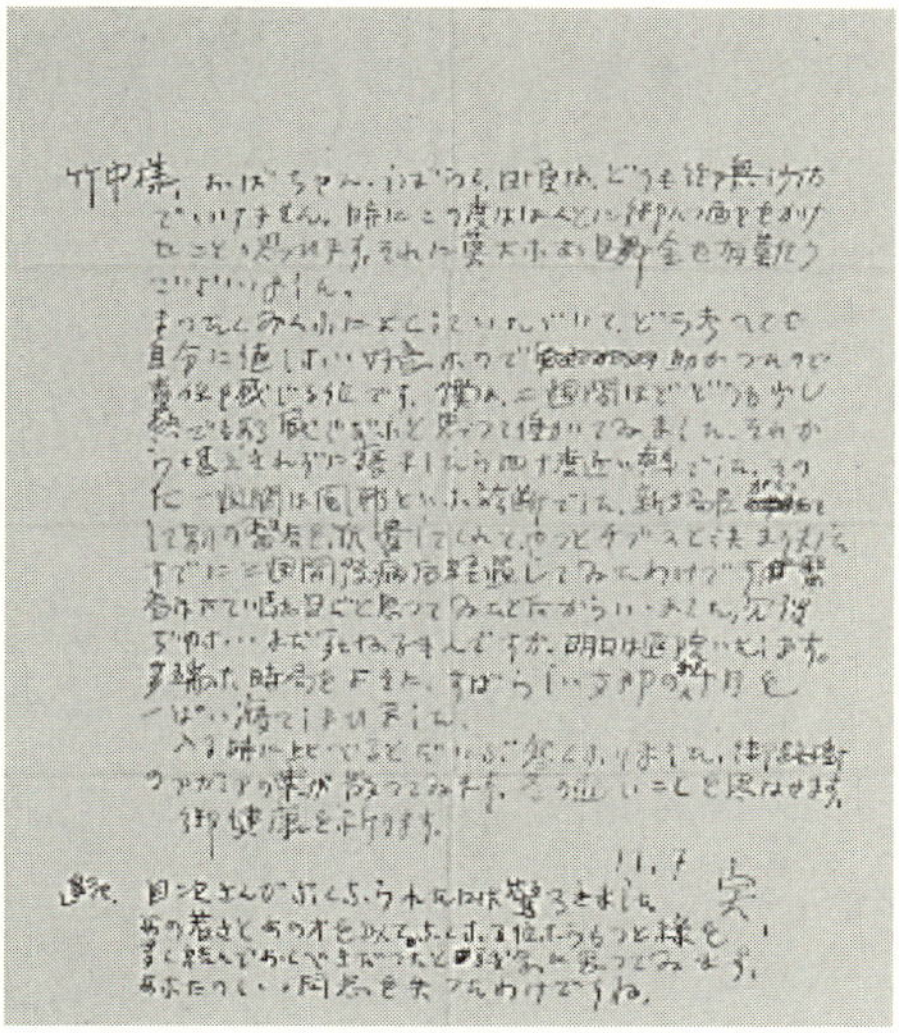

尾崎秀実からの手紙

【解説】

この手紙を書いた尾崎秀実は、竹中繁の東京朝日新聞社時代の後輩にあたる。尾崎は一九二六年五月に入社し、入社当初は練習生として社会部に配置されたが、入社後六か月ほどたってから竹中のいる学芸部に回されている。(1)風間道太郎は「学芸部で尾崎と机を並べて仕事の手ほどきをしたのは、その頃まだ数すくない婦人記者のひとりとして名を知られていた竹中繁子であった」としている。(2)尾崎が学芸部に配属になったのは一九二六年十一月ごろと考えられ、このとき竹中はちょうど中国旅行中である。一九二七年三月に帰国して職場に復帰してから尾崎に会ったのであろう。

風間は、竹中繁は中国人の友人が多く、自ら「中国人の友」と称していたとし、「尾崎の中国問題にたいする関心と中国の民衆にたいする同情とは、このような竹中繁子との接触によって、さらに一歩前進した、と言えるであろう」と、尾崎と竹中との出会いを評価している。(3)

尾崎秀実は、一九二七年十月、大阪朝日新聞社支那部に転勤となり、一九二八年秋には大阪朝日新聞社上海通信部（翌年から上海支局となる）へ赴任した。

先に挙げた尾崎から竹中への手紙は、尾崎が一九二九年の夏に上海で腸チフスにかかり、市内の妹尾病院に入院したときに、竹中から送られてきたお見舞いに対する返事として書かれたものである。

竹中への「おばちゃん」という呼びかけに、尾崎の竹中への親しみが感じられる。この「おばちゃん」は、尾崎のみならず、朝日の他の同僚も用いていた呼びかけであった。新延修三は、東京朝日新聞社の社会部の「荒くれども」も、「おばちゃん、おばちゃん」と呼びかけていたといい、「僕も『おばちゃん』といったけれど、多分に本当のおばちゃんに甘える気持ちでいた」と述べている。(4)また新延は、月曜クラブに集まる女性運動の「侃々諤々の猛者達」も、竹中のことを「おばちゃん、おばちゃん」と呼んでいたという。

尾崎もまた、こうした竹中「おばちゃん」に心を許していた若い友人たちの一人であったのだろう。「莫大なお見舞い金」と大げさに言ってみたり、「冗談ぢやないまだ死ねるもんですか」と冗談めかして言ってみたり、言葉の端々に竹中への親しさが表れている。

尾崎の手紙の追記で触れられている「目次さん」とは、東京朝日新聞社調査部にいた目次久〔緋紗子〕を指すと思われる。新延修三は、「僕が入社したころ、調査部に目次緋紗子さんという人がいた。五、六年在社して、死刑になった尾崎秀実君や時岡弁三郎君と仲のよかった小沢正元君（中国問題研究家）と特に親しかった」と述べている。(5)朝日の調査部で仕事をしながら、詩集も出版する詩人であったらしい。尾崎は彼女の若すぎる死を上海で知ったのだった。

尾崎秀実は、このあと一九三二年初めまで上海に勤務した。この間にインターナショナルな共産主義運動、反帝国主義運動にふれ、自らも中国人・日本人がかかわる反帝・反戦運動に関わるようになった。リヒャルト・ゾルゲと知り合ったのもこのころである。

一九三二年に帰国後は、大阪朝日新聞社外報部に、三四年には東京朝日新聞社東亜問題調査会に勤めた。三四年にはゾルゲと再会し、日本で諜報活動を本格的に始めたとされる。一九三八年には朝日新聞社を退職し、三八年には『現代支那論』を出版するなど、中国問題の批評家として活動していたが、一九四一年十月に自宅で検挙された。いわゆる「尾崎・ゾルゲ事件」と言われる事件である。尾崎は死刑判決を受け、一九四四年十一月七日に東京拘置所で死刑を執行された。

尾崎の死について、竹中が記したものは何も残されていないが、心を痛めたであろうことは想像に難くない。その想像を裏打ちするものとして、尾崎の死後数年ののち、尾崎の妻・英子から届いた手紙に触れておきたい。(6)そこには、竹中から尾崎の妻に届いた手紙への御礼とともに、尾崎の娘・楊子は女子学院を卒業し、東京女子大の歴史科へ入学したことが記されている。竹中が、尾崎の死後、彼を悼む気持ちをその遺族に向け、尾崎の妻と娘に心を配っていたことが、ここから想像されるのである。（須藤瑞代）

注

（1）風間道太郎『尾崎秀実伝』（法政大学出版局、一九六八年）八五、八七頁。
（2）風間道太郎前掲『尾崎秀実伝』八七頁。
（3）風間道太郎前掲『尾崎秀実伝』八八頁。
（4）新延修三『われらヒラ記者　朝日新聞を築いた人たち』（波書房、一九七三年）一五五頁。
（5）新延修三前掲『われらヒラ記者　朝日新聞を築いた人たち』一五七頁。
（6）「尾崎英子から竹中繁への手紙」年不明、三月二十八日（竹中繁史料）。年は不明だが、文中にこのとき尾崎の娘・楊子が迎えた女子学院の卒業式は「五十八回」であると書かれており、これが、桜井女学校が新栄女学校と合併して校名を「女子学院」とした一八九〇年から数えて五十八回目だとすると、一九四八年と推測される。

七　野上彌生子からの手紙

差出時期：〔年不明〕十月四日
差出人住所：市外（※一）日暮里渡辺町一〇四〇（※二）
宛先：（封筒表書き　なし）野上彌生子から竹中繁宛

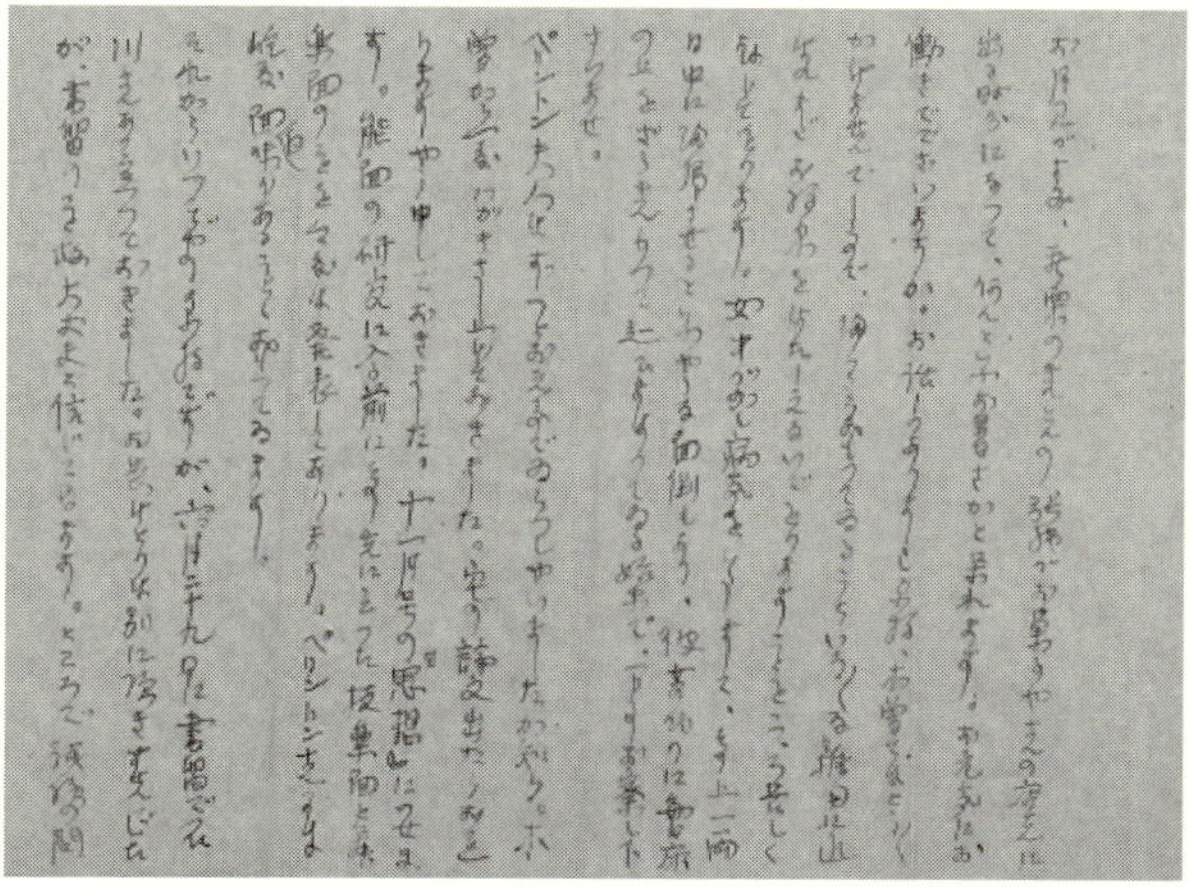

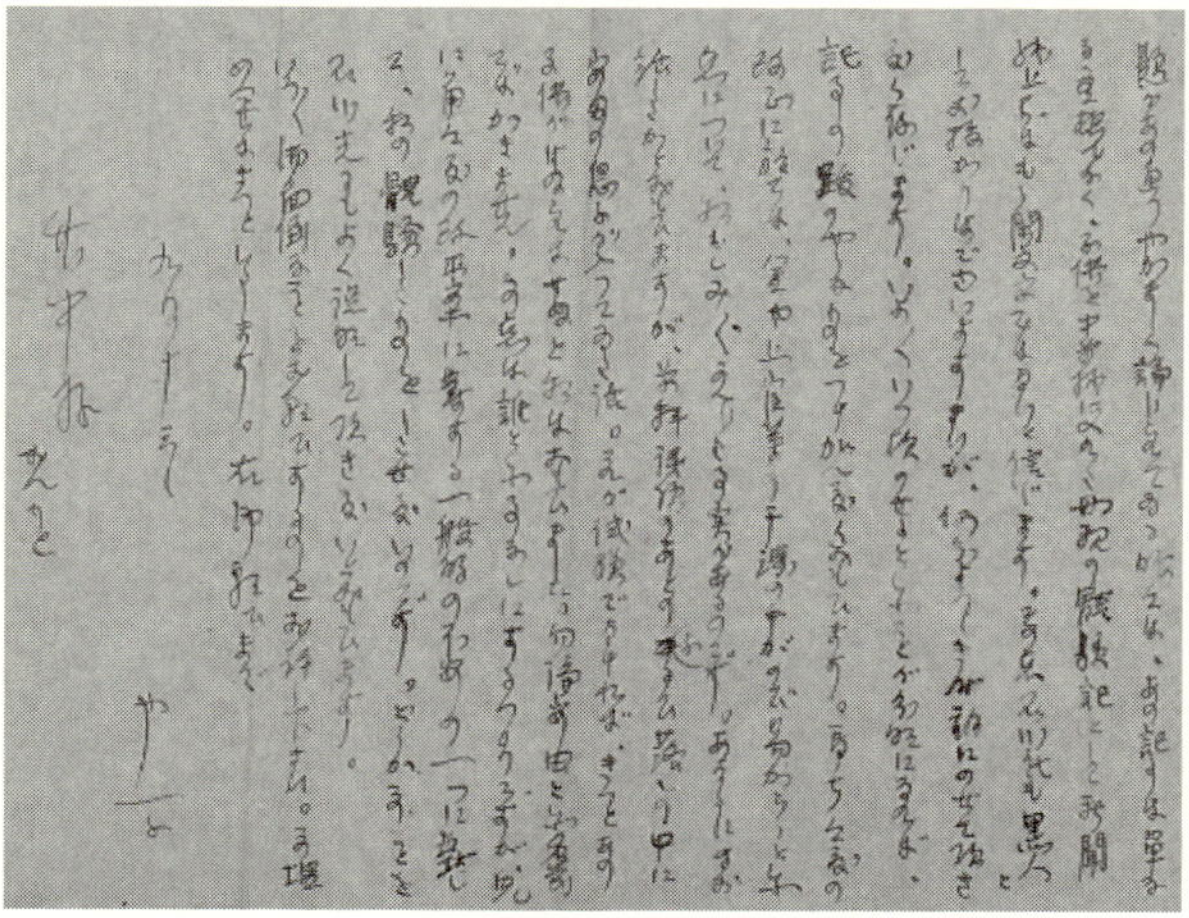

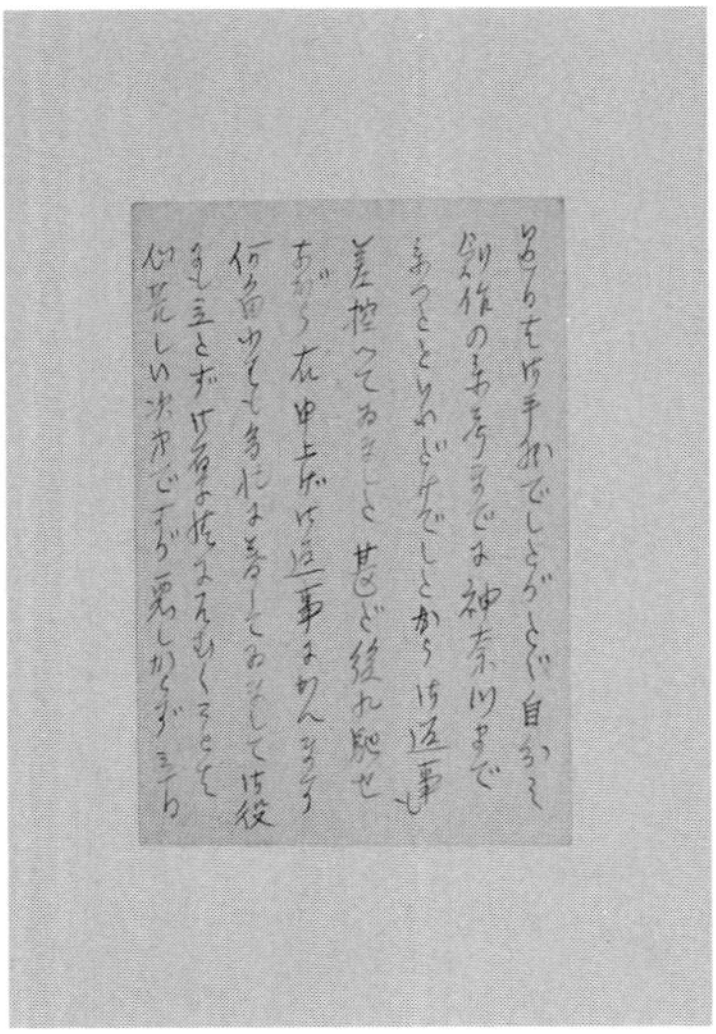

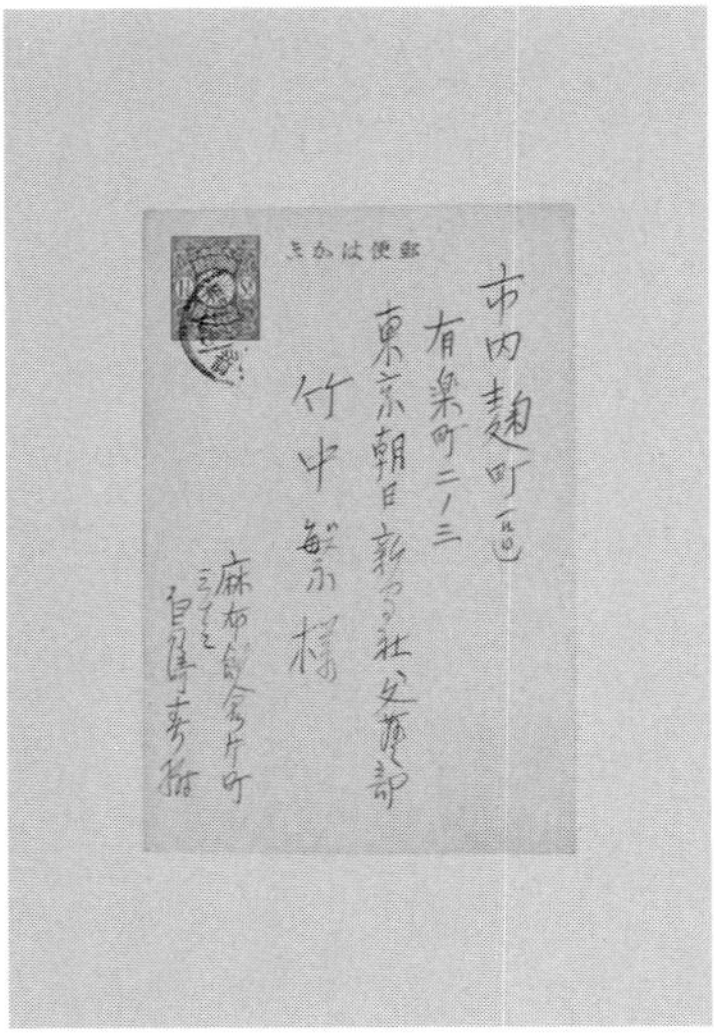
市内麹町（区）
有楽町二ノ三
東京朝日新聞社文芸部
竹中繁様
麻布飯倉片町
三十三
島崎春樹

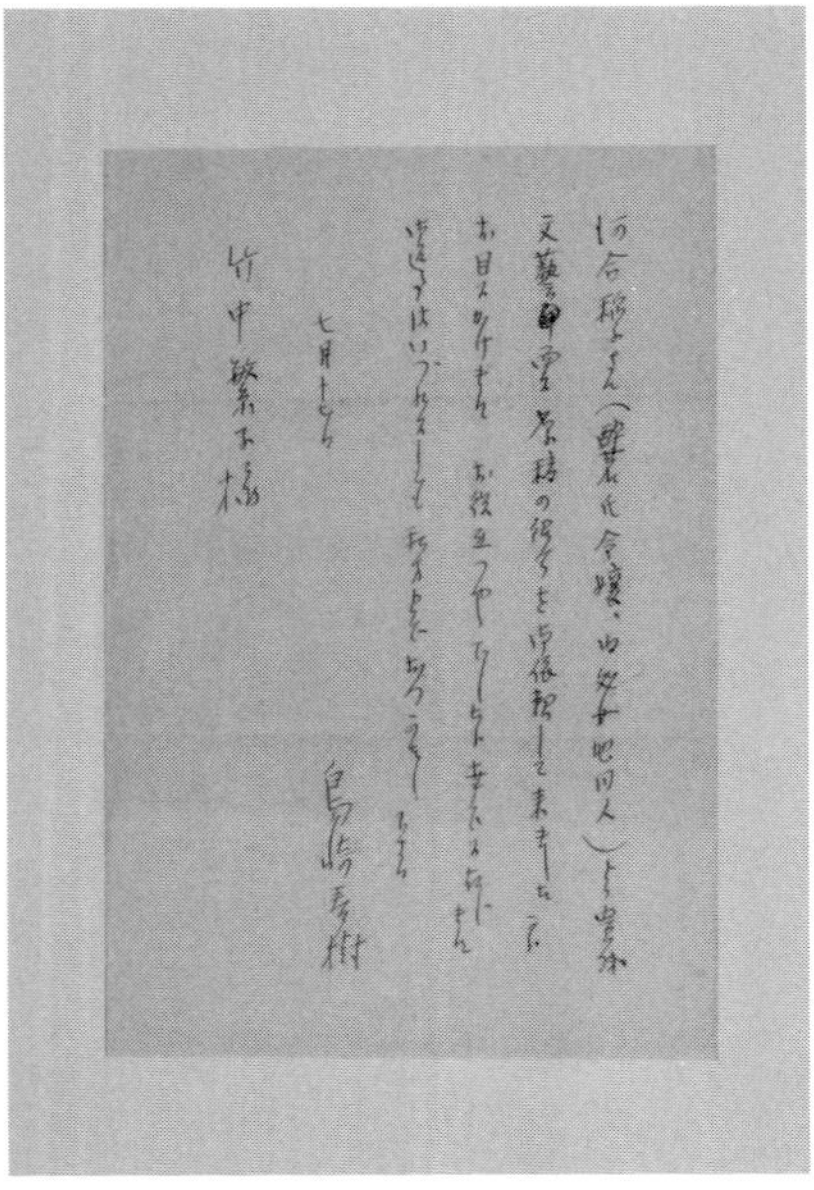

八　島崎藤村からの手紙

差出時期：不明

差出人住所：麻布飯倉片町三十三　島崎春樹

宛先：市内麹町区有楽町二ノ三　東京朝日新聞社文芸部　竹中繁様

差出時期：昭和四年七月一八日消印（速達）

差出人住所：麻布区飯倉片町三三　島崎春樹

宛先：麹町区有楽町二ノ三　東京朝日新聞社編集局文芸部　竹中繁様

竹中繁宛て書簡リスト

＊以下の書簡のリストは、稲葉幸子氏が整理された竹中繁史料のリストを元に作成したものである。差出人名や手紙・葉書などの枚数は、現在判明している範囲のみだが、竹中繁の交友関係を知る一助となる貴重な史料であるため、以下に掲載する。便宜上、日本人からの書簡と中国人からの書簡に分けた。

（1）日本人からの書簡

差出人	手紙	葉書	その他
會田健二	1	2	
赤尾糸	1		
赤川春枝	3	4	
赤松常子	2	1	
浅井花子（花）	1	6	
阿部真佐子	3		
安藤正純	1		
池田トミ子	1		
石井葉	6	2	
石川すゞ	2		
石川忍	45		
石川六郎	1	7	
石島菊枝	1	5	
石原清子		3	
磯よし子		1	
市川房枝	20	27	
伊藤静枝	7	19	
伊藤房緒	2	1	
井上まつ子	1		
井上三保子		1	
井上秀		1	
井上房江	1		
井底蛙子		1	
今井邦子	6	6	
今野千代子	1		
平塚明（らいてう）	5	9	
上野精一	1		1
上野梅子	1		
薄井夏子		12	
薄井君枝	9		

内山完造（内山書店）	9	2	
大井二郎	3		
大久保真太郎		1	
太田宇之助・栄子	8	60	1
大竹せい	2	19	
大谷省三		1	
大月照江		3	
大坪ゆき子		1	
大妻コタカ		7	1
大西斎	1		
大和久義郎			1
岡本かの子	3		
岡本一平	1		
小川愛次郎・光子	1		
奥はつね		1	
小倉事一	1		
小野佳鋭	1		
織本貞代	1		
恩田和子	9	2	
嘉悦孝	1		
香川敦子		3	
笠間雪雄		5	
風間道太郎		2	
樫野志げ・光子	2	3	
葛城一三	3		
加藤タカ	2	5	
加藤為作		3	
加藤幸（ゆ記）	6	1	
門田秀子	2	1	
香取克昌	1		
金井清・菊	1		1
兼田梅子		1	

加納多津	4		
鎌田敬四郎	1		
神近市子	8	7	
上司小剣	1		
河井道子	1		
河合芳子・好人	3	6	
河崎なつ	4	10	
川村十二郎		2	
ガントレット恒	2	6	
木内キヤウ		1	
菊田ハナ（はな）	3	10	
菊地武信	2	1	
菊地豊吉、まつ			1
岸輝子	1	1	
岸克巳	1		
岸辺福雄		3	
木田月子	1	1	1
紀平悌子	1		
清田勉	2		
葛岡松子・伊藤しづゑ連名		1	
国安いく子		11	
栗原玉葉	1		
栗原妙信尼	1	1	
黒川百合	1	1	1
小泉諦観・静江・卓也	60	12	
河野通一	1		
高野千代	3	57	
高良富子（とみ）・武久	1	1	
古賀つる	1		
小島佐四郎	2		
小杉康子	4	3	
後醍院良正	1		

小平一子	4		
小谷節夫			1
小寺菊子	1		
小林捷治	1		
五味憲一			1
是永喜好	19	2	1
近藤真柄	2		
斉藤幸子		1	
斉藤周一	4	7	
斉藤すゑ	1		
斉藤葉	1		
桜間金太郎・他家族		5	
櫻間三輪	2	12	
佐藤恒子		1	
佐藤澄子	4		
山東登喜子	1		
式正次	1		
渋川柳次郎（玄耳）	1		
島崎春樹（島崎藤村）	1	1	
島田好			1
清水三郎		3	
清水俊男		1	
白石晃子	3		
杉村廣太郎		1	
鈴木真之介		1	
鈴木とめ子	2		
鈴森京子	1		
相馬黒光	2	2	
十河信二	3		
外山国彦		1	
園田次郎	1		
高石当代	5	4	

高瀬幸恵			1
高田鈴枝	3	13	
高橋君年	2		
高橋直子		1	
高橋政子	1		
高松泰三・他行・公人・弘人		31	
高群逸枝	16	11	
竹内幾代			1
竹中英治	2	2	
竹中静子	2	5	
竹中正・竹中重夫	2	1	
谷裕		3	
谷口熙一		1	
谷野せつ		2	1
田村朋良			1
塚本好子	3		
槻木謙樹	3	1	
辻まつ	13	9	
続フサ	1		1
鶴岡宣誉		1	
富本一枝	3	2	
鳥海哲子	13	22	
頓宮寛		1	1
永井次代（永井柳太郎夫人）	8	15	
永井柳太郎			1
中川らい	3	8	
永野賀成	1	1	
中町平三郎	1		
中村桃太郎	1		
中村有楽	1	1	
名倉聞一		1	
成田順	1		

新居格		1	
新妻イト		2	
新延修三	14	21	1
西清子	1	1	
西田畊一			2
西端さか恵（さかえ）	2	2	
西村トミ子	1		
西山謙三	2	7	
縫田曄子	4	5	
根本伸子	1	2	
野上弥生子	6	3	
野辺地天馬		1	1
萩原信秀		2	
橋爪友五郎	1	1	
長谷川時雨		1	
長谷川節子	1		
長谷川春子	1		
畠山清子		1	
服部実	1		
鳩山秀夫		1	
林芙美子	2	2	
原田譲二		1	
春原昭彦	1		
坂西利八郎・典子			1
平井順子		1	
平石貞		1	
平田のぶ	2	1	
平林たい子	2		
平山典子	1	1	
廣瀬為次郎	1	1	
深尾須磨子	7	8	
藤田たき		3	

藤田佳世	3	4	
藤原あき	2	2	
藤原義江	1	2	2
古市フミ（春彦）	2		
星野愛（あい）	1	1	
細井正道	1		
前田しのぶ		2	
牧山栄樹			1
真下みさを	1		
真下光子	2		
町田梓樓	1		
松田解子	1		
松見多津		1	
松村照子	3		
丸岡秀子	3		
万代当み	5		
三品長三郎	1		
御園生きくえ		1	
御園生安		4	
三谷民子		3	
宮川次郎	2		
宮川静枝	1		
宮本百合子（中條百合子）	5		
村岡花子	1		
村越てい		2	
村越民	1	1	
村瀬武比古	1		
村山長挙	4		
望月すみ		2	
森口博悟		5	
森田寛蔵	2		
守屋恵子	1		

矢島直一		4	
矢島楫子			1
八田武治	1	4	
柳次郎		1	
柳沢梅子	1		
矢野静代	1		
矢吹とよ子		1	
山崎純一	1		
山下愛	3	10	
山田耕作	1		
山田純三郎			2
山高しげり（金子しげり）	2	21	
山本杉・美津子・保・龍二	19	6	
山谷妙子			1
湯川きよ	1	2	
湯川文次		2	
湯原俊綱		2	
横田一江	1		
横山美智子	1		
与謝野晶子	2		
吉川兼光	1		
芳沢謙吉			1
吉瀬悦子	1		
吉田信	1		
吉田優	30	10	
吉野君代	1		
吉村幹子		5	
吉屋信子		2	
吉原シゲ		1	
米窪太刀雄		21	
蓬田昭三郎		1	
和久山善一・駒	8	64	

鷲尾猛	34	59	
渡瀬淑子	4		
渡辺カメ		16	
渡辺紳一郎		1	
渡辺誠毅			1
渡辺忠吾		3	
渡辺庸子	1		

（2）中国人からの書簡

差出人	手紙	葉書	その他
Lucy Chan	6		
于立忱	1		
易麟	16		17
王瑞竹（毛王瑞竹）	2		
王世義	2	3	
王長春・王成喜（姑）	4	1	1
王梅先	15		4
戈公振	1		1
夏甸	2		
葛承徳	1		
艾秀峯			1
甘海瀾	8	2	
甘樹正	1	1	
貴□	1		
胡（国華報）	3		
胡（香港救世軍）	5		
胡天民		2	
胡展達			1
胡霖	3		
呉木蘭	1		
呉李佑陞	4		
黄警頑	2	2	3
黄霖生・黄余秀裳			1
高陳玄珠			1
高璘度	1		1
司徒学	1		
謝彬・黄震			1
釋痴翁			2
朱維之・範徳瑩	1		
周献琛	1		
徐光達	3		

沈照文	2		
帥雲風	38	8	
帥元紀	4	3	
帥元綸	3	1	
帥氏家族	39	8	
銭稲孫			1
蘇孟守	2		3
宗維廉			1
曹汝霖			1
曹樸	1		
張〔王〕維祺	1		
張實・張琴鈁	1		
張季鸞（張熾章）	6		
張師亮・李廼心	1		
張佩瑄			2
張夢蘭	1		
陳衡哲	5		4
陳征帆	10		4
馬木蘭	1		
梅蘭芳			1
白鷗			1
范歳久	2		
鮑振青・清子			1
毛荷根			1
譯建博	2	1	
俞啓人・呉汝勲	1		
葉叔珂・盧西			1
羅家岳	2		
羅家岳・楊枝紅〔?〕	1		
李孝則・張喬王・鄭耀蛾・張佩瑄の連名			1
李子眞			1
劉王立明	5		

劉景山・劉孫淑賢			1
劉継宣	1		3
劉紹民	2		1
劉定藩・他３名の連名	1		
劉百閔（日本評論社）	1		
盧稚宗			1
呂同壁	6	2	1
呂同壁・帥元紀・帥元綸	8		

第八章　座談会——市川ミサオさんと稲葉幸子さんを囲んで——

二〇一四年七月六日於新宿

竹中繁とは、どのような人だったのだろうか。文章を通して私たちはずっと竹中繁と向き合ってきたが、実際に竹中繁を直接知っていた方々の目にうつる竹中繁は、また別の顔を見せてくれるかもしれない。そこで私たちは、竹中繁の親友・市川房枝の養女であった市川ミサオさん、そして竹中繁の子息・小倉事一氏の次女、つまり竹中繁の孫にあたる稲葉幸子さんにインタビューを行った。以下は、その記録である。

ゲスト：市川ミサオさん（市）：市川房枝養女・公益財団法人市川房枝記念会理事。十七歳で市川房枝の事務所手伝いとして富山から上京、二十三歳で市川の養女となる。著書に『市川房枝おもいで話』がある。
稲葉幸子さん（稲）：竹中繁の孫。長年にわたり竹中繁史料の整理・保存を行う。
研究会メンバー：須藤瑞代（須）、石川照子（石）、山﨑眞紀子（山）、姚　毅（姚）、藤井敦子（藤）

各自自己紹介の後、インタビュー開始。

＊＊＊＊＊＊＊＊＊＊＊＊＊＊＊＊＊＊＊＊＊＊＊＊＊＊＊＊＊＊

須：ミサオさんと稲葉さん、最初にお二人がお会いになったのは、どこで、どんなかたちでお会いになったのですか？　稲葉さんから、時々一緒にお食事なさっているってお話を伺って。

稲：年ははっきり覚えていませんが、私の父が亡くなって、そのあと母が亡くなった平成六年以降だと思いますが、ミサオさんとランチをご一緒するようになりました。

市：お父様がご存命のときは、よく婦選会館へ訪ねてきて。お仕事の帰りに。

須：小倉事一さんですか？

市：はい。よく「元気ですか？」って訪ねてきて下さって。

須：そうだったんですね。香川敦子先生〔『窓の女　竹中繁のこと』の著者〕はご存じですか？

稲：香川先生は婦選会館の会員でいらして、随分昔から、市川先生とももちろんお知り合いで、鶴舞にも、先生と何回も香川先生は行ってましたね。

須：市川先生と竹中繁さんと、最初にお会いした時のこととか覚えてらっしゃいますか？　いつぐらいからだったでしょう？

市：婦選会館で婦選同窓会っていうのがあったんです。そこに竹中先生がお見えになって。いつも。同窓生のお一人で。

石：戦後になるんですか？　戦争中？　戦後ですか？

市：戦後です。
山：竹中繁さんが何歳ぐらいの時ですか？
市：竹中先生が何歳？
稲：何歳だったかしら。戦後だと思います。
須：『窓の女』に書いてあります、七十代ですかね。
山：第一印象はいかがだったんですか？
市：第一印象？　すごくあったかそうで、やさしそうな方っていうのを記憶しています。
須：あの、戦前に竹中繁さんのところにいらしていた中国の方が書かれているのを見ると、いつもご飯の時は黙って食べている方だったと、すごくこう、シーンとして食べておられる方だったと書いてあったんですけれども、そういうところはありましたか？
市：はい。
石：おしゃべりは？
市：市川先生があまりしゃべらないもので、気を遣っておられてお気の毒したと、私はそう思っています。
石：竹中繁さんが気を遣っていた？　そうなんですか。市川先生はあまりしゃべらない？
市：どっちかというと無口な方なので。
石：すごくしゃべられる方だと思っておりましたが、そうなんですか？
市：はい。
須：稲葉さんもやっぱりお会いになっているんですよね、竹中繁さんと。

稲：はい、鶴舞の方で。

須：その時は、厳しい感じだったって伺った気がするんですけれど。

稲：あまり会いたくなかったんじゃないですか（笑）。ずーっと隠していたい、いたかったのに困ったもんだと思ったのではないかと思うんですよね。亡くなるまで市川先生にもお話ししてないぐらいだから。

市：知らなかったもんだから、それを聞いて、もうボロボロ涙を市川先生が流して。

稲：出て来られて困ったもんだって思ったんじゃないでしょうか（笑）。

父は、朝日に問い合わせて、以前から〔自分の母・竹中繁が〕鶴舞にいるということは知っていたと思います。昭和三十一年ぐらいですか、兄と二人で初めて会いに行ったのが最初ですから。その時に感激的な親子の対面なんていうのは一切無く（笑）。そういう感じだったみたいですよ。

須：稲葉さんもその時に初めて？

稲：私は昭和三十七年の中学三年生になる春に、長兄と姉の三人で鶴舞に行きました。双方とも、感動とか感激もなく、淡々とした初対面でした。帥〔雲風〕(1)さん家族を中国に帰国させることが出来、静かな生活を送っていたようです。

須：帥元紀(2)さんはご存じですか？

市：はい。帥さん。

須：前にお会いしたんですよね、稲葉さんと。現在お住まいのカナダから日本にいらした時にお会いして、伺ったら、帥さんは、「竹中さんはすごくやさしいおばあちゃんだった」っておっしゃっていて、稲葉さんがおっしゃるのと違っていて（笑）。

稲：英語の宿題もやってもらったとか言って（笑）。もう全然印象は違いましたね（笑）。

須：なので不思議だなと思ったんですけれど（笑）。稲葉さんは、ご自身のお祖母様のことはお父様から伺ったんですか？　その時に鳩山一郎のこととかも？

稲：父はその話は全然しなかったです。祖母のお葬式の時でしたか、〔鳩山〕薫さんもいらしていて、それで「あっ」ていう感じで。

石：お父様は、自分が竹中繁さんと鳩山一郎の息子であるということを幼い頃から知っていたんですか？

稲：もらわれた先で、散々あそこの家の子じゃないって言われて。もらわれた家は小倉なのに、田中姓で尋常小学校を卒業したそうです。近所の人達からそう言われていたから、薄々は知っていたみたいですね。それで、十代の頃、竹中繁を待ち伏せして、つかまえて、そしたら竹中が振り切って逃げたって（笑）。

須：そんなエピソードがあったんですね。

稲：そんなことを父が言っていました。父は十代の時に苦労した話を一切言わないで死にました。姉が、入院している時に何となく聞き出そうとしても、赤坂で育ったっていうのに、神奈川県かどこかの中学の成績表が出て来て、それで何となく聞いたら一切言わなかったそうです。

須：後になって、竹中繁さんが鶴舞にいることがわかって、訪ねに行ったんですね。

稲：そうです。ただ、父が恵まれていたのは、父を取り上げたお産婆さんの山下マツさんが本当に最後まで面倒を見てくれて、お嫁さんまで探してきてくれたそうです。人には恵まれていて、就職する時も、いくつかいろいろ紹介してくれる人もいたけれど、自分で決めたようなことを言ってました。

山：最初、三省堂に入られたんですか？

稲：ええ、そうです。三省堂ではその当時三省堂蒲田工場長だった喜多見昇さんにとても良くして頂き、父はその後、人にずっと恵まれていたと思います。

山：人に恵まれているっていうことは、お父様の人徳っていうのがあるんだと思いますね。それはやはり竹中繁さんと関係があると思います。魅力的な方だから、周りの人が集まって。

須：ミサオさんが小倉さんにお会いになった時はどんな感じの方でしたか？

市：すごくやさしくてね。やさしい、あったかい感じでした。

須：やっぱり小倉さんとお母様の繁さんと似ておられるところがありましたか？

市：やっぱり似ておられました。どうかすると。

＊＊＊＊＊＊＊＊＊＊＊＊＊＊＊＊＊＊＊＊＊＊＊＊＊＊＊＊＊

稲：今〔二〇一四年七月〕、朝ドラで村岡花子をやっているから、慌てて一通くらいあるかなと思って探したら、一通ありました（笑）。他の人の手紙で、村岡さんが会いたがっています、というのも出てきて。会ったりしていたんだと思って（笑）。

須：ミサオさんのご本を読んでいて、村岡花子さんの名前が出て来られて、仲良かったのかなと思いました。

市：はい。うふふ。

稲：あの当時の人達、みんな知り合いみたいですね。

山：そうですよね。やっぱり女性同士のつながりで。

石：山高しげりさんとか、藤田タキさんとか。斉藤キエさんてご存じですか？　宋慶齢基金会というボランティア団体がありまして、そこで斉藤キエさんもかかわってらっしゃったんですよ。斉藤キエさんも津田の出身で、おばあさんなんですけれど、しっかりといつも英字新聞を片手で持って、かっこいいおばあさんだなって私思っていましたが、今回、ミサオさんの本にも出てきたりして、私も実は津田の出身ですから、そういうところでもいろいろご縁を感じました（笑）。

稲：一緒に行った方が、私は津田の一年生の時はあそこの寮に住んでいたとか言って（笑）。

石：キャンパスの中に寮があるんですよ。最初六人か四人の部屋でね（笑）。縫田曄子さんも津田でしたよね。

＊＊＊＊＊＊＊＊＊＊＊＊＊＊＊＊＊＊＊＊＊＊＊＊＊＊＊＊＊＊

山：ミサオさんは、市川房枝先生のところに十六歳の時に養女に行かれたんですよね？

市：十七歳、満だと十六歳ですね。

山：第一印象はどうでしたか？

市：男みたいな人だなと（笑）。だけど、すごくやさしいので。そういう思い出があります。

須：ミサオさんのご本を読んでいて[3]、「君は」っておっしゃっていたようですが。

市：そうそう、「君、君」っておっしゃったのでびっくりしました（笑）。

須：印象的だったのが、ご飯を食べながら新聞を読んでいるって。

市：そうなんです。先生の箸がどっか行ってしまうから、食べられないように私のお皿を引いたりして（笑）。

石：市川房枝さんの生前、議員の頃をまだ知っているんですけれど、すごくボーイッシュっていうか、男っぽい感じでしたけど、ご本を読ませていただくと、最後の方は花柄の服も着られたりとか、ちょっとフェミニンになられたみたいですね。
市：はい。花柄が好きで（笑）。
石：お好きだったんですか？　そういう写真とか見たことが無いのでね、どうだったかなと想像してしまったんですけれど。
山：一人で留守番をしても怖がらない子が欲しいってことでしたが、留守番が多かったんですか？
市：はい。
山：寂しいとか怖いとかなかったですか？
市：寂しくなかったです。そういう時、斉藤キエさんっていう方が泊りに来て下さって。
石：先ほどの斉藤さんですね、お年を取られていたんですけど、すごくアクティブで、行動的で。
市：千葉の方でしたね。
石：千葉でしたっけね。あの時も八十歳ぐらいでいらしたと思うんですけども、本当にいつも英字新聞を持っていらして、すごい、津田の先輩達は優秀だったんだと思いまして（笑）。やっぱり市川先生とはよく交流されていたんですか？
市：はい。藤田〔タキ〕先生を通じて。津田を出られた方なので。
石：そうだったんですか。私も知っている方が出て来たのでね、すごく興味深くて。
市：すごく優秀な子だから、あんたのところで何か仕事を手伝わせてくれませんかって。
石：それは藤田タキ先生のご紹介で？
市：はい。一般の所行ってもなかなか、斉藤さんちょっと変わった方、風変りって言ったら悪いでしょうか、なかなか受け入れられなかったみたいで。あなたのところで受け入れてあげてくれって。
石：そうだったんですか。
市：それが大変、意気投合でもないけど、いい具合で。なかなか仕事の出来る方なので。
石：斉藤さんはすごくボーイッシュな方ですよね。
市：はい、そうです。
石：いろんなことでつながっているんですね。
市：はい。

＊＊＊＊＊＊＊＊＊＊＊＊＊＊＊＊＊＊＊＊＊＊＊＊＊＊＊＊＊＊＊

山：すごくエネルギッシュな市川房枝先生のお近くで暮らしていかがでしたか？
市：仕事はそうだったかもしれませんが、私は家なので、あんまりよくわからなかったんですけれど、家では普通のやさしい女性でした。
須：腹を立てたりとか怒ったりとかすることもなかったですか？
市：あんまり怒られなかったです（笑）。
須：公職追放でずっとご自宅の時も、あんまりつらいとはおっしゃらなかったと書いてあったんですが。
市：はい、本当につらかったと思いますけれども、わからなかったです。家におられるから、私は喜んでいました（笑）。普通はおられないので、私は喜んでいました（笑）。
山：やっぱり一緒にいる時間が長い時は嬉しかったですか？

市：はい。

須：市川先生の方も、ミサオさんのことを身内みたいに感じるって書かれていて。ミサオさんにとっても、市川先生は身内という感じですか？

市：はい。

＊＊＊＊＊＊＊＊＊＊＊＊＊＊＊＊＊＊＊＊＊＊＊＊＊＊＊＊＊＊

須：市川先生は、割合ズボンを履いておられたり洋風の格好が多かったと思うんですけれども、竹中繁さんはずっと和服で、洋服は着られなかったですか？

市：洋服は着られないです。

稲：母が、着物みたいで下がモンペの服を作って持って行ったりはしていたんですけれど。

須：ちょっと工夫したのを着ているみたいなことは書かれていたんですけれど。

稲：ええ、母が一応作っていたみたいですけれど、確か、身内がたまに訪ねてきてたんじゃないかって言ってたんですよね。腹違いの弟の家族が。

須：竹中姓を名乗っているんですね。

稲：多分、母が思い出すのは、多分その人たちが先に来ていて、かち合った時があったらしくて、その時に慌ててそちらの方を先に帰して、絶対会わせないようにしていたらしいです。

須：それはお父様が行った時に？

稲：そうです。父と母が行ったら、先客にどうも親戚の方が来ているみたいなのに、繁さんが慌ててその人達を会わせないようにして帰して、細心の注意をしていたのがすごくわかったって母が言ってました（笑）。
山：そうですよね。義理のお母さんが認めないって言っていましたよね。
須：元からあまり仲は良くなかったみたいですよね。苦労されていますよね。
稲：そうみたいです。だからさっさと帰して、その後、私たちが家に入ったとかって母が言っていました。
山：秘密にしていたからですよね。
須：そういうことだったんですね。

＊＊＊＊＊＊＊＊＊＊＊＊＊＊＊＊＊＊＊＊＊＊＊＊

須：公職追放中に、竹中繁さんからベッドを市川房枝さんがもらったって話を書かれていて。今も婦選会館にあるんですか？
市：はい。押し入れで寝ておられたので、それを見て、ご自分でお使いになっているいいベッドを下さったんです。今でもあります、婦選会館に。
全員：そうですか。
須：それは、公職追放されているところに竹中繁さんが来られて、ということですか？
市：はい。押し入れで寝ているのを見て。板の上に。私は下で（笑）。
須：二段ベッドみたいになっているんですね（笑）。
山：それはお布団を敷く手間が面倒だからってことですか？
市：ベッドが好きだったんです。

山：ベッドが好きだったんですか（笑）。

市：四ツ谷の頃、ベッドがあったんですが、捨てちゃったんです。ベッドが好きなんです。それで押し入れに。ベッド代わりに。

石：市川先生は、竹中繁さんと中国も一緒に旅行されましたし、親しく交流されていたと思うんですけれども、直接、市川先生が竹中繁さんのことを、こういう女性だとかこういう人間だとかおっしゃっているのを聞かれたことはありますか？

市：特に私は。事務所では話しておられたかどうかわかりませんが、家ではあんまり。

石：家ではそんなことはあんまりしゃべられなかったんですね。

稲：市川先生は名古屋の実家にはあまり帰らなかったんですか？

市：はい。

＊＊＊＊＊＊＊＊＊＊＊＊＊＊＊＊＊＊＊＊＊＊＊＊＊＊＊

須：繁さんは和菓子お好きなんですよね。鶴舞に引っ越された後も、和菓子屋さんのことが。

稲：あの和菓子屋さんもすごく立派な方で。

須：史料の中に出て来たんですけれど。どうして和菓子屋さんからお手紙が届いているのかなと思って。

石：じゃ、御贔屓にしていたんですね。繁さんのお好きな和菓子があったわけですね。

稲：帥さんが、中国に帰る時にお金を二万円ぐらい渡して、必ず繁さんに送るように頼んだそうですが、和菓子屋さんが受け取らないで、ずっと送ってきていて。それで、息子達も店を継がないのでもう閉じることにしたって手紙が来てました。だからもう、和菓子は送れないということで（笑）。

山：お金受け取らなかったんですか？

稲：受け取らなかったようです。

山：やっぱりそれだけの人徳があるんでしょうね。

須：鶴舞にいらしてる時、生活が苦しかった時期ですよね。

稲：その時、鶴舞で学校の先生をしていた、成蹊の方に入った先生なんですけど、その先生と何年間か一緒に暮らして、その先生が自分の給料を全部出して生活していたらしいです。鶴舞に行った時に言われました。その方が全部出して、その先生が結婚して東京に帰る時に、繁さんのお金のことが心配で、それで市川先生に相談したっていう話は伺っています。

須：樫野さんでしたっけ。結構長い間、五年くらいですかね。

稲：そうですね。四、五年くらい。

＊＊＊＊＊＊＊＊＊＊＊＊＊＊＊＊＊＊＊＊＊＊＊＊＊＊＊

須：先ほどの、市川先生の公職追放時期の話にまた戻るんですけれど、市川先生にベッドをあげたっていうお話があって、それで竹中さんが市川先生のところに訪ねて来られたっていうことは、公職追放中、あまりどなたも来なかったって伺ったと思いますが。

稲：八王子の川口町って不便ですよね。

須：その間はミサオさんもご苦労なさっていたんじゃないかな、と。食べ物とかも。

市：はい。

須：あんまりお客さんが来なかったって書かれていたと思うんですけれど、竹中さんはそれでも来られたってことですかね。何かご用事があって来られたのか。たびたび来たってわけではないんですかね？

市：はい、そうですね。でも、割合とお見えになりました。

稲：そうなんですか。

須：市川先生が八王子にいらっしゃった時期も、経済的には苦しくて、でもずっと竹中繁さんの方にお金を送っておられたっていうふうに書いてあったんですけれども、そのお話を伺ったことはありますか？

市：あんまり。自分で郵便局に行かれるから。頼まれていないから。薄々はわかっていましたけれど。

須：やっぱり、市川先生ご自身が送られていたのですね。他の方から集めてっていうのではなく、自分で？

市：自分で。うんとお金が入った時とかにね。それでもあんまり入らないですけれど。

須：そうですよね。竹中繁さんも気が付いていらしたようですよね。ご自身のお金削っても送ってくれたんじゃないかと。

市：はい。

須：多分、最初は何人かでお金集めてまとまったお金を送るっていうことだったと思うんですけれど、最終的には市川先生お一人が出されていたんだろうということを竹中繁さんが書かれたのを、香川先生がこの本に取り上げておられるんですが、その通りですか？

市：はい。

山：この本にも、手紙の中に、ベッド荷造代と運賃千円、ベッド二千円って（笑）。四月分のお部屋代千円、合計四千円送りますって書いてありますけど、きっと家賃を心配されて。

須：きっと、ベッドは竹中繁さんがお礼のつもりで送られたのかもしれないですけど。

山：押入れに寝ていた姿を見て、忍びないと思ってね。家賃心配されていますよね。七月分は済んでるけど、八月分・九月分として受けとって下さいとか。

須：それまで朝日から来ているお金が、年金七十円とかしか無くって、カツカツだけどっていう時に、千円ずつとか送って下さっていたって。相当、市川先生も苦労されたんだと思いますけど、それを知っておられた竹中繁さんもすごいなと思いました。

＊＊＊＊＊＊＊＊＊＊＊＊＊＊＊＊＊＊＊＊＊＊＊＊＊＊

須：一九四五年に戦争が終わった後に、竹中繁さんを千葉から東京にお招きしてみんなであちこち一週間ほどお芝居を観たりお茶を飲んだり、お楽しみ会を毎日なさっていたみたいですけれど、覚えてらっしゃいますか？

市：はい。

須：ミサオさんも行かれたんですか？

市：私は行かないです。

須：お留守番ですね。市川先生が主催されたんですか？

市：他の職員の方が行かれて。

須：楽しい思い出になっていたようなんですけれど、お話とか伺いましたか？

市：はい。
須：市川先生どんなふうにお話しされていたんですか？
山：泊まられたのはどこですか？　あちこちですかね？
市：あんまり家で会話が無いもんですから（笑）。大まかにはわかっていますけれど、細かいことはちょっとわかりません。
須：そういうことをされるということは、相当親しいというか信頼があったんだろうなと思ったんですけれど。
市：はい。
須：竹中繁さんもすごく感激されたみたいですけれど。ノートにとられていますよね。
山：銀座で飲んだお茶がすごくいいお茶で、高くてびっくりしたとかね（笑）。
稲：戦後なのかしら、帥さんが太田宇之助さんの久我山の家に遊びに行ったお話聞きました。
須：素敵なお宅だったとか。
稲：連れて行ってもらって、すごいお家で、門入ると噴水があって。
須：聞きました、聞きました。
稲：豪邸だったとか。
須：今は見る影を留めていないって。
稲：今は中国人の留学生の寮が一つか二つ、久我山の跡地に残っているだけみたいですよ。
石：今も建物は残っているんですか？
稲：中国の留学生のアパートみたいなのが一棟だか二棟だか残っているって言ってました。

須：縫田燁子さんのお父様の太田宇之助さんも竹中繁さんと同じ朝日ですよね。直接お会いになったことかありますか？

稲：私は全然。

市：会館にいらっしゃってお会いしました。朝日の関係で竹中先生といらっしゃって。

須：太田宇之助さんはどんな方でしたか？

市：やっぱり大柄な方でした。縫田先生と同じで。

須：縫田先生も大柄な方なんですか？

市：女の方としては大柄な方で。

＊＊＊＊＊＊＊＊＊＊＊＊＊＊＊＊＊＊＊＊＊＊＊＊＊＊＊

須：市川先生はアメリカにも行かれて、お土産のブラウスがすごくフリルがいっぱいのだったっておっしゃってましたが。

市：はい。透け透けので（笑）。

全員：透け透けの（笑）！

市：困ったんです。とても着られない（笑）。透けたのがいいと思って買ってきてくださったみたいですけど。

全員：（笑）。

須：アメリカでのお話とかも、家ではあまりなさらなかったですか？

市：はい。

須：「ちょっと英語はしゃべれるのよ」、みたいなことはおっしゃってたって書かれていましたけれど。
市：はい。「私の英語も通じたわ」っておっしゃっていました。
須：そうですか（笑）。通訳で、ベアテ・シロタ・ゴードンさん(4)がついて行かれたとか。
市：はい。ゴードンさんは通訳で。
須：親しくされていたんですか？
市：はい。ずっと、最後まで。
須：では、ミサオさんがいらした時からもうずっと？
市：はい。交流はありました。
須：日本国憲法の起草に係わった方ですよね。
市：はい、そうですね。憲法をお作りになっていた方だそうですね。
須：それは後になってからお聞きしたんですか？
市：はい、後から聞きました。
須：そしたらやっぱり市川先生とつながりもあって、女性の権利ということも入れられたのかもしれないですけど。それは意外な感じが。かなり親しくされていたんですか？
市：割合とね。でも、しゃべる時は別な部屋なので。

＊＊＊＊＊＊＊＊＊＊＊＊＊＊＊＊＊＊＊＊＊＊＊＊＊＊＊＊＊＊＊

石：市川先生が一九八一年に亡くなるんですけれど、その時の葬儀とか追悼会のことは覚えてらっしゃいますか？

市：葬儀のことは覚えてます。

石：そうですか。婦選会館で？

市：はい。婦選会館でやって下さって。

石：その準備なんかはミサオさんがされて？

市：私はあまりしていなくて、会館の職員の方がみんなされて。

石：ミサオさんも出席されて。

市：はい。

石：その時何かお話されましたか？

市：ちょっとね、やったことを覚えています、ご挨拶をね。

石：どんなことを言ったか覚えてらっしゃいますか？

市：覚えてないです。書いて、それを読んだんですけど。書いたのはとってありますけれど、覚えてないです。

石：婦選会館にその記録があるんですか？

市：家にしまってあります。私が持っております。

石：そうなんですか。

＊＊＊＊＊＊＊＊＊＊＊＊＊＊＊＊＊＊＊＊＊＊＊＊＊＊＊＊＊＊

須：竹中繁さんのお葬式の時に、小倉事一さんは婦選会館にいらしたのですよね。

稲：すぐ行きました、もちろん。

須：新聞に婦選会館であるっていうのは稲葉さんが見つけられたんですか？

稲：祖母の死んだのは私が新聞で見つけました。あの頃趣味で死亡欄見るのが好きだったので（笑）。どっかで聞いた名前、と思って。

須：そうですか。直接ご連絡は来なくて？

稲：そうです。それで、婦選会館の方でやっているってことで、父親がすぐに駆けつけたんです。

須：そこで市川先生とお会いになって、てことなんですよね。

稲：ええ。父が鶴舞に行っているってことは他の人は誰も知らないから、連絡は全然来ないです。

姚：市川先生も？

稲：父がいることは全然知らないから、私にまで内緒にして水くさい人だったわねって（笑）。

須：誰にもおっしゃらずに行かれたんですか、お父様一人で？

稲：そうです。

須：そしたら、市川先生は小倉さんのことを知って後で泣いておられたっておっしゃっていましたが。

市：はい。涙を流しながら。泣いてもらって、私はもう何も思い残すことはないって、お父様も喜ばれていたというか。

稲：父は自分のそういう話はしても通じないと思っていたのですが、父は苦労した話を市川先生だけに話したみたいなんです。それで、やっと自分の気持ちの整理もついたっていうこともあるし、父にとっても吹っ切れてよかったようです。子供が生まれた時に、まず第一に自分はもう別のこういう人生なんだって吹っ切れたってことを、ちらっと言ってました。先生にそういう苦労した話をして、先生には、子供には話してもわからないだろうから、っていうことを言ったみたいです。

石：お父様はかなり頻繁に市川先生を訪ねてらっしゃったんですか？

稲：どうだったでしょう。

市：はい、割合と頻繁にいらっしゃいました。

石：いらっしゃると、お二人で長くお話しされていたんですか？

市：はい。留守でも、確認もしないで病院の帰りにとか。

石：お約束もしないで突然いらっしゃったりしたんですか？

市：はい。

稲：父は勝手だし。先生を家に呼ぶのはいいんですけれど、市川先生は国会議員だったんで夜が強いみたいで、父は、きちんきちんとした生活をしたい人で、十時には寝るっていう几帳面な人だったから、先生が遅くまでいられると、「もう先生、終電車終わっちゃいますよ。」とか言って（笑）。母がすごく困ってました、やんなっちゃう、うちのお父さんったらって（笑）。

石：生活のリズム絶対崩さないいんですね。本当に几帳面だったんですね。朝は早く起きられるんですか？

稲：朝も早いし、何しろ物をしまう時も全部確認するんです。だから、生活もきちっきちっとしてなきゃ。大体帰る時間もほとんど同じだったし。母は、玄関ガラッと開けて、今日は機嫌がいいか悪いかすぐわかるって（笑）。

＊＊＊＊＊＊＊＊＊＊＊＊＊＊＊＊＊＊＊＊＊＊＊＊＊＊＊＊＊＊＊

須：さっき、村岡花子さんの名前が出ていたんですけど、直接お会いになりましたか？
市：はい。村岡花子さん、お会いしたことあります。婦選会館にいらっしゃいましたから。
須：どんな感じの方ですか？
市：あんまり覚えてないんです。
須：やっぱり仲が良かったんでしょうかね？
市：はい。
須：あと春野鶴子(5)さんが、ひき肉と大根のすき焼きの作り方を教えてくれたとか。
市：はい。春野さんはよくいらっしゃいました。
須：中国に一時期行ってらっしゃって、そこでレポートみたいなのを書かれていたので、面白い人だなと思っていたら、お名前が出てきて。親しくされていたってことだったので、先生のつながりでってことだったんですね。
市：はい。
石：山高しげりさんは覚えてらっしゃいますか？
市：はい、毎週事務所にいらしてました。
石：どんな印象でらっしゃいましたか？
市：割合と気さくな。

石：お話しされたこともあるんですね。
市：はい。
須：相馬黒光さんのお名前も。
市：相馬黒光さん、よく見えました。亡くなるちょっと前に。黒光庵っていうのがありまして、そこに泊まりによく見えてました。必ず婦選会館に寄って下さって。
須：竹中繁さんのお手紙の中にも、相馬黒光さんからのお手紙があって。
稲：素敵な巻手紙で、とてもきれいな字で額に飾りたいぐらい（笑）。
山：相馬黒光って、会う人みんながファンになるっていう魅力的な人ですよね。
全員：いろいろなつながりがありますね。
石：有名な方々がたくさん。ネットワークっていうのがありましたよね。自分達が変えていかなきゃっていう使命感、自負心みたいなのがありましたよね。
山：市川先生の生活、ご自分も苦しかったのに、必ず竹中繁に送金していたっていうのが、すごく強いつながりがあったんだなと思いますね。
須：市川先生と竹中繁さんが特に仲が良かったんですか？
市：はい。
須：たくさんご友人いらっしゃったと思うんですけれど、その中でも特に？
市：はい。
須：そうですか。

市：思ってらっしゃったようです。
姚：気が合っていたんですね。
石：親友ですかね。
市：はい。
姚：話が合うのは何か共通の目的とかあったんでしょうか?
藤：年が離れているのに不思議ですね。
山：最初は中国の旅行あたりからですかね？　資料を見ると、市川先生が中国と中国の女性たちに対する正確な情報を知りたいっていうことで、『婦選』に竹中さんの記事を載せるっていうことでしたよね。
須：一九四〇年の時の渡航許可証を稲葉さんが保管して下さっていて、渡航目的は婦人同士の交流を通じて日中友好をはかるって内容が書かれていて、それを持って行かれていたようです。
姚：中国のことを『婦選』に投稿したのは、市川先生が要請されたんですか?
山：市川房枝先生が書くようにって言ったんですよね。それが、三十一年。三十一年から三十三年まで、昭和でいうと六年から八年まで、毎号載せていたんですよね。
須：そうですね。
姚：そうすると、朝日新聞とは関係無いですよね。
須：退社しちゃっているので、定年退職しているから、それであちこちに。
石：定年は三十年だったんですね。だから五十五歳ですね。
姚：中国も五十五歳です。

山：日本も二、三十年前までは五十五歳ですよね。

＊＊＊＊＊＊＊＊＊＊＊＊＊＊＊＊＊＊＊＊＊＊＊＊＊＊＊＊＊＊＊

山：竹中繁さんのお宅に遊びに行った時に、手料理なんかは？
稲：そういうことは無かったと思います。母が嘆いていたのは、女のひとがしゃべるような話は全然無くって、父といつも新聞の一面記事の話題ばっかりで、「私退屈だから、もうやんなっちゃう」って（笑）。
藤：さすが新聞記者ですね（笑）。
稲：なんで一面記事の話ばっかりなのか、って母が（笑）。
石：お年とられてもそんな感じでしたか？
稲：そうです。
姚：割とお父様と気が合う？
稲：気が合うっていうか、まあ、ねえ（笑）。
須：親子の会話って感じでもないですよね（笑）。
稲：そう、母も「これが親子の会話かなって思った」って（笑）。
須：お母様は随分気を遣われていたんですね（笑）。
稲：そうですね（笑）。
山：もう骨の髄までジャーナリストですよね。
稲：亡くなった時も、朝ちゃんと新聞読んで、ベッドの脇に全部新聞が畳んであって、それで気持ち悪くなって、隣の家に通じるベルを押して二時間だか三時間後だかに息を引き取ったんです。ほんとに朝も新聞読んだらきちんと畳んで。だから死に方だけは真似したいけど（笑）。
須：見事ですよね。
山：普通は目もね、しょぼしょぼして新聞読むのもつらくなってくるのに、九十三歳でそこまでって。
須：目も耳も、特に問題無く？
稲：そうですね。耳も遠いってことは無かったみたいですよ。ちょっとはあったのかも知れないけども、父はそんなこと言ってなかったです。
須：どんな感じでお話しされていたんですか？訥々としゃべる感じですか？
稲：父も外面のいい方だから、普通にしゃべっていたんじゃないですか。
須：それでもやっぱりお話しされたかったんですよね。
稲：ええ。
石：声が大きいとかそういうこともなく普通にですか？
稲：そうですね。ただ、最初は来るのは困るみたいな態度だったのが、最後の方は見送るぐらいになったから、やっぱり来てもらうのがだんだん嬉しくなってきたけれども、ただ態度には表したりはしなかったと言っていましたね。
姚：最後まで、お父様には申し訳ないとかは無かったんですかね？
稲：どうなんでしょう。そのあたりは聞いてみたいぐらいです。父を預けた時に、もう自分はこれでパッと人生変えようって思って、もうみんな忘れようと思って生きたのか、そのへん聞いてみたかったなって思っています（笑）。

石：直接聞いたことはなかったんですね。ぽろっとこぼされたりとか、そういうことも無かったんですか？

稲：まったく無いです。母は、どう思ってるのか、最後までわからなかったって言ってました。

須：そうですか。

山：何回か交流はあったんですか？　お家に遊びに行ったりとか。

稲：父はある時「うちに来ないか」とか言ったようですが、「それは絶対断る」って。一人生活をしたいって。そういう話だったので、ずっともう一人でしたね。帥さんのところに、二年間居て、やっと一人になれたと思ったところだったから（笑）。一人が好きな人なんですよね、きっと。

須：市川房枝さんが上手く一人暮らしに戻れるようにしてさし上げたとか。帥雲風さんとお会いになったことはありますか？

市：はい。

須：よくお目にかかっていたんですか？

市：あんまり。そんなに何回もいらっしゃらなかったです。亡くなった時。

稲：昭和三十二年に亡くなっているんですよね。

須：覚えてらっしゃいますか？　帥雲風さんのことか、お嬢さんの元紀さんのこととか。

市：帥さんにお嬢さんおられたんですか？

須：はい。その帥元紀さんに伺ったんですけれど、鳩山一郎が総理大臣になった時でしたっけ、記者の方が竹中繁さんのところに行って、どう思うかって聞いたら、一言も何もしゃべらなかったって（笑）。

石：記者が来たんですか？
須：一言も、「知りません」も何もおっしゃらなかったって（笑）。
稲：元紀さんが「おばあちゃん、御飯よ」って呼びに来て（笑）。
須：「ご飯食べに行かなきゃ、では」って言って去ってしまったって（笑）。
全員：へえー！
須：ということは、ある程度の人が知っていたということですか？
稲：噂になっていて。サトウハチローのお父さんの佐藤紅緑の小説のモデルになっているって聞いて読みましたけど、違うなって（笑）。題材にしてるんじゃないかって、ちょっと噂になっていたと聞いたので、私も読んだけど、ちょっと違う、これはモデルじゃないんじゃないかと思ったけれども（笑）。
須：たまたま状況が似ていたっていうだけかも知れないですよね。
藤：モデルだとしたら、どこから漏れたんですかね？
稲：やっぱり女子学院で噂にはなっていたみたいだから。
須：市川房枝先生は竹中繁さんと鳩山一郎さんのことを何もご存じなく？
稲：噂は知っていたみたいですよ。
市：噂はよく知っていました（笑）。
山：お子さんがいらっしゃるってことは？
市：それは知らなかったんです。
須：直接その話をされたことは無いんでしょうね、竹中さんは。

稲：絶対しなかった。水くさいって言っているくらいだから、市川先生が（笑）。
須：それだけお親しかったなら、やっぱりおっしゃっていてもいいですけどね。ポリシーなんですかね。多分それを教えたら、市川先生がご心配されるっていうのがあったのかも知れないですけど。
石：市川さんは鳩山家とは交流があったんですか？
市：鳩山威一郎さんのところに行ってかお電話してか分からないけれども、あの、何もお世話になっていないって、お子さんが。だから、何とか少しやってあげてくれって。
全員：へえー。
市：余計なことを言ったみたいで（笑）。
石：そうことを連絡されたことあるんですか？
市：はい、そう言われたそうです。何もあなたに迷惑かけてないって。だけども、何とかしてあげてくれって。
全員：へえー。
市：そう言ったそうです。
石：それに対して、鳩山さんは何か反論とか言ったんですか？
市：私は聞いていないのでわかりません。何かあったんだと思いますけど。
石：稲葉さんはお父様からそこらへんを聞いていますか？　鳩山さんから連絡があったなど。
稲：市川先生がいろいろして下さって、亡くなった威一郎さんと一緒にお墓参りをしたり。
石：そうなんですか、威一郎さんと？
稲：ええ。全部市川先生が準備して下さって、それで行ったたって。

須：小倉さんと威一郎さんはその時初めて会ったんですか？
稲：はい。
須：その後何かお付き合いというのは？
稲：無いです。
石：威一郎さんと一緒にお墓参りに行かれたってことですけれど、それは鳩山家側も繁の存在っていうのはそれなりに知っていたんですね。
稲：はい、そうだと思います。
須：鳩山薫さんは、女子学院時代の教え子ですよね。
稲：一郎さんとは遠縁にあたるんですよね。
姚：その後、鳩山一郎、すぐ結婚したでしょう。三人とも知り合いなんですね。
石：その頃、繁はその後輩の人と交流があったのかしら？
須：面識はあったみたいですね。鳩山家の従妹だったか、遠縁の方ですよね。
稲：遠縁ですね。寺田さんとかいうお名前で。
須：女子学院の中で、鳩山一郎と竹中繁の間があやしいという噂が広がっていた時期だったので、少しいろいろあったのかもと思うんですけれども。
山：結婚した時、〔竹中に〕一緒に住もうって（笑）。
稲：それも三人で住もうとか言ったみたいですよね（笑）。

****

山：お祖母様のことは、実際にお会いした以外にどんな印象もたれていますか？

稲：姉とは、一郎さんと会ったことが失敗だったねって（笑）。そしたら私達はいないことになりますが（笑）、会わない人生だったら、また別な風な道がね。子供を産んだことで、自分がますます表には出ないように気を付けていたような気がします。だから、もうちょっと違う風に人生開けたかもしれないのに、たまたま会っちゃって、ちょっとしたことでね。

山：でも、お子様がもてて、ずっとつながってらっしゃるって素晴らしいことですよね。自分に遺伝子が残っているんですから。

稲：そんないい遺伝子じゃないし（笑）。

藤：似てらっしゃるし。

山：とても素晴らしいことだと思いますけれど。

稲：姉と、いい遺伝子は捨てられて、悪い遺伝子ばかり引き継いだみたいだって（笑）。

山：そんなことないですよ（笑）。

姚：意志が強い方だなと思いますよね。

石：現代と全然違いますもんね、未婚で子ども産むことへの風当たりもあるし。

須：稲葉さんがいらっしゃらなかったら、資料が全部無くなっていただろうと思いますし（笑）。

石：本当にいろいろ伺えました。身近にいらした方ならではのね。繁さんや市川房枝さんのお人柄とかね。

市：はい。
山：お家に帰られてミサオさんの顔を見るとホッとなさったんでしょうね、市川先生は。
市：どうでしょう（笑）。
山：日頃、外でいろいろあってもね。やっぱり「ただいまー」って帰って来た時に嬉しそうな顔をなさるんですか？
市：はい。
石：ほっとされるんでしょうね。

＊＊＊＊＊＊＊＊＊＊＊＊＊＊＊＊＊＊＊＊＊＊＊＊＊＊＊＊＊＊＊＊＊＊＊＊

山：おかげさまで、すごく研究が進んだような気がします。
須：お疲れにならなかったですか？
市：いいえ、全然。
稲：大丈夫です。
石：長い時間、本当にありがとうございました。
市：楽しめました（笑）。

＊＊＊＊＊＊＊＊＊＊＊＊＊＊＊＊＊＊＊＊＊＊＊＊＊＊＊＊＊＊＊＊＊＊＊＊

注

（1）一九二九年に中国から来日した留学生で、竹中のもとに下宿していた（↓七－三）。

（2）帥雲風の長女。

（3）市川ミサオ『市川房枝おもいで話』（市川房枝記念会、一九九二年）。

（4）ベアテ・シロタ・ゴードン（Beate Sirota Gordon　一九二三〜二〇一二）は、アメリカ合衆国の舞台芸術監督、フェミニスト。ウィーン生まれ。五歳の時、山田耕筰の招聘で東京音楽学校に赴任するロシア人ピアニストの父に伴い、来日。芸術家のサロンとなった乃木坂の家で少女時代を過ごす。二十二歳で連合国軍最高司令官総司令部（GHQ）民政局に所属し、日本国憲法草案制定会議のメンバーとして二十四条（家族生活における個人の尊厳と両性の平等）草案を執筆したことで知られる。

（5）春野鶴子（一九一五〜一九八一）。消費者運動家。一九三八年上海にわたり、『婦人大陸』を編集。一九四六年に日本にかえり新聞記者となる。奥むめおに共鳴して一九五〇年に主婦連合会にはいり、政治部長をへて一九五七年副会長。一九八一年十二月八日死去。六十六歳。長崎県出身。長崎女子師範卒。本名はツル子。著作に『私は中国の兵隊だった』など。

市川ミサオさん

稲葉幸子さん

座談会の後、研究会メンバーと

あとがき

まず、最初にお礼を申し上げたいのが竹中繁のご令孫・稲葉幸子さんである。稲葉さんには、たびたびの史料の閲覧を快くご了承いただいた。稲葉さんが続けてこられた資料保存の几帳面さ、朽ちるのを防ぐための配慮に関して、脱帽する思いであった。日記や手帳のみならず、特におびただしい数の手紙類を丁寧に仕分けし保存して下さったおかげで、私たちの作業は効率よく進めることができた。本書にはごく一部しか書簡を載せられなかったが、直接手に取って、改めて竹中繁の温かな交友関係に目を瞠る思いがしたものである。

手紙から電話へ、さらに最近はメールやスマホの普及から、手紙を書くこともほとんどなくなったように思われる。確かに書くにも送るにも時間がかかる手紙は現代の忙しい日々においては、そぐわないのかもしれない。だが、私たちは書簡整理作業を進めていくうちに、手紙を書くことを手放すことで確実に何かを失ってしまったことに気づかされたものだ。稲葉さん宅で、メンバー間でひざを突き合わせて手に取った書簡の数々から、人が人を思いやる気持ちの大切さがひしひしと伝わって来た。この教えは、竹中繁研究を進めていくうちに、常に感じられるものであった。竹中繁と性格も似ていらっしゃるように私達には感じられる稲葉さんの協力がなければ、本書を世に出すことは出来なかったことを強調しておきたい。

そして、竹中繁研究のパイオニア・香川敦子先生にもお礼を申し上げたい。香川先生は竹中繁の人生を詳細に調査し、『窓の女』にまとめてくださっていたおかげで、私たちは竹中について多くの予備知識を得ることができた。香川先生は一九一六年に東京に生まれ、奈良女子高等師範学校を卒業されたあと、東北帝国大学理学部生物学科で学ばれた。大学へ進学する女性が珍しかった時代である。卒業後は、複数の学校で教鞭をとられた。香川先生の母・石川忍が竹中繁の教え子にあたる縁で、市川房枝に依頼される形で竹中繁のことを執筆なさったのだが、ご高齢になられた香川先生は姫路の特養ホームに入り、二〇一六年に百歳で亡くなられた。本書をお見せすることがかなわなかったことは残念でならない。

なお、本書に挿入した書簡の写真撮影に際しては、国立歴史民俗博物館の川村清志准教授に、稲葉家に残されていた、与謝野晶子が竹中に李夫人から預かった布地の可能性がある織物の年代の鑑定は、同館の澤田和人准教授の協力を得た。校正などに際しては京都大学人文科学研究所の村上衛准教授の助言を受けた。高良とみの資料を提供して下さった高良留美子氏にもお礼を申し上げる。

また、本書の出版に際しては研文出版の山本實氏に多大なご尽力をいただいた。

最後に、竹中繁さん。そのお人柄でつねに人と人とをつなぐ役割を果たしてこられたその力が、本書の出版を導いてくれたと思う。中国旅行の日記やメモ、そして中国、日本の友人たちからの大量の手紙を生涯大切にされていた繁さんの思いを、本書が少しでも受け継ぐものになっていることを願っている。

日中女性関係史研究会一同

本研究は平成二十六年度日本学術振興会科学研究費助成事業（学術研究助成基金助成金）・基盤研究C「近代日中女性関係史におけるジェンダー構築の総合的研究——竹中繁を中心として」（研究代表者・山﨑眞紀子　課題番号「26360052」、二〇一四年四月〜二〇一七年三月）の助成を受けた。

また本書の出版は、日本学術振興会科学研究費助成事業（科学研究費補助金）（研究成果公開促進費）・学術図書出版助成（課題番号「17HP5091」）を受けた。

女性記者・竹中繁のつないだ近代中国と日本
——一九二六～二七年の中国旅行日記を中心に——

2018年2月10日第1版第1刷印刷
2018年2月28日第1版第1刷発行

定価［本体8500円＋税］

著　者　山﨑眞紀子・石川照子・
須藤瑞代・藤井敦子・姚毅
発行者　山　本　　實
発行所　研文出版（山本書店出版部）
〒101－0051　東京都千代田区神田神保町2－7
TEL（03）3261－9337／FAX（03）3261－6276
印　刷　モリモト印刷／カバー　ライトラボ
製　本　大口製本

ISBN978－4－87636－433－6

執筆者一覧

山﨑　眞紀子（やまさき　まきこ）

1961年生まれ。日本大学スポーツ科学部教授

著書・編著　『田村俊子の世界―作品と言説空間の変容』（彩流社、2005年）、『上海1944－1945　武田泰淳　『上海の螢』注釈』（共著、双文社出版、2008年）、『ライブラリー・日本人のフランス体験、第18巻　文学者のフランス体験Ⅰ～1929』（編著、柏書房、2011年）、『新聞で見る戦時上海の文化総覧―「大陸新報」文芸文化記事細目』上下巻、別巻（共編著、ゆまに書房、2012年）、『村上春樹と女性、北海道…。』（彩流社、2013年）、『昭和前期女性文学論』（共著、翰林書房、2016年）、『アジア遊学　戦時上海グレーゾーン』（共著、勉誠出版、2017年）。

石川　照子（いしかわ　てるこ）

1957年生まれ。大妻女子大学比較文化学部教授

共編著・共著　『ジェンダー史叢書２　家族と教育』（共編著、明石書店、2011年）、『宋慶齢及其時代――国際学術研討会論文集（共著、中国福利会出版社、2011年）、大里浩秋・李廷江編『辛亥革命とアジア―神奈川大学での辛亥100周シンポ報告集』（共著、御茶の水書房、2013年）、『戦時上海のメディア―文化的ポリティクスの視座から』（共編著、研文出版、2016年）、中国女性史研究会編『中国のメディア・表象とジェンダー』（共著、研文出版、2016年）、『はじめての中国キリスト教史』（共著、かんよう出版、2016年）、『アジア遊学　戦時上海グレーゾーン』（共著、勉誠出版、2017年）。

須藤　瑞代（すどう　みずよ）

1973年生まれ。京都大学・関西大学非常勤講師

著書　『中国「女権」概念の変容――清末民初の人権とジェンダー』（研文出版、2007年）、亥革命百周年記念論文集編集委員会編『総合研究　辛亥革命』（共著、岩波書店、2012年）、平野健一郎・古田和子・土田哲夫・川村陶子編『国際文化関係史研究』（共著、東京大学出版会、2013年）、中国女性史研究会編『中国のメディア・表象とジェンダー』（共著、研文出版、2016年）。

藤井　敦子（ふじい　あつこ）

1975年生まれ。立命館大学BKC社系研究機構客員研究員

論文　「日中戦争期延安における女性言説――雑誌『中国婦女』を中心に」（『藝文研究』九十号、2006年）、「民国期中国における知識人の「新式結婚」とその後――趙元任・楊歩偉夫妻を例として」（『藝文研究』九十四号、2008年）共訳『蟻族――高学歴ワーキングプアたちの群れ』（勉誠出版、2010年）。

姚　毅（よう　き）

1965年生まれ。東京大学非常勤講師

著書・共著　『近代中国の出産と国家・社会——医師・助産士・接生婆』（研文出版、2011年）、小浜正子・松岡悦子編『アジアの出産と家族計画——「産む・産まない・産めない」身体をめぐる政治』（共著、勉誠出版、2014年）、中国女性史研究会編『中国のメディア・表象とジェンダー』（共著、研文出版、2016年）。

資　料

1．年　表

年	年齢	事　　項	日本・中国の動き
1875	0	11 月 1 日、東京・神田で出生。父半蔵は司法省官吏	
1880	5	神田の小川小学校入学　母やす死去	
1888	13	桜井女学校（翌年「女子学院」に名称変更）入学	
1895	20	女子学院高等部卒業	
1901	26	ブラックマーホーム（の前身）勤務	
1902	27	父半蔵死去	
1904	29		日露戦争
1905	30	鳩山一郎と知り合う	ポーツマス条約締結
1906	31		南満洲鉄道株式会社設立
1907	32	未婚のまま男子出産。女子学院に戻りグラハム部舎監に	
1911	36	女子学院退職。東京パック社に入社。11 月に東京朝日新聞の通信員に	辛亥革命
1912	37	東京朝日新聞の社員に（社会部→のち学芸部に）	中華民国建国
1914	39		第一次世界大戦勃発
1915	40	矯風会事務所に婦人記者倶楽部設立	日本の対華二十一カ条要求
1919	44	婦人会関西連合大会で「東京婦人界の現状」報告	五四運動
1923	48	大阪朝日新聞主催の中国観光団に参加	関東大震災
1924	49	神近市子らと日本婦人記者クラブ設立 市川房枝ら、婦人参政権獲得期成同盟会（25 年 4 月に婦選獲得同盟と改称）結成	孫文、神戸で「大アジア主義」講演

1925	50		五・三〇運動
1926	51	９月、服部升子とともに半年間の中国旅行へ	大正天皇没、「昭和」と改元
1927	52	２月、帰国	日本の山東出兵
1928	53	東京朝日新聞社学芸部主催の形で月曜クラブを組織、運営する	第二次山東出兵（済南事件）、張作霖爆殺
1929	54	国際連絡婦人委員会の委員（18 名）に	
1930	55	定年退職	
1931	56	中国人留学生を自宅に寄宿させる 中国の新聞雑誌への寄稿開始 日中親善のための一土会結成（～ 1933 年１月）	満洲事変
1932	57		第一次上海事変 満洲国建国
1935	58	（1935 ～ 1936 年ごろ）謝冰瑩を援助	
1937	62	月曜クラブ廃止　（２月 22 日まで）	盧溝橋事件、日中戦争
1940	65	市川房枝とともに３度目の中国旅行へ	汪兆銘政権樹立
1941	66	千葉県鶴舞町へ転居	
1945	70		終戦
1949	74	元日本留学生帥雲風（以前竹中宅に下宿していた留学生）再来日	中華人民共和国建国
1953	78	東京の帥雲風の家に引き取られ、二年間ともに暮らす	
1954	79	朝日新聞創刊七十五周年記念号に最初の婦人記者として取り上げられる	
1968	93	10 月 29 日死去　婦選会館で追悼会	

2．竹中繁日本語主要著作一覧　（署名は「竹中繁」または「竹中繁子」）

年	月日	タイトル	掲載誌（紙）
1913	9月21，22日	「矢嶋楫子先生の為に」	『東京朝日新聞』
1914		「邪気のないお唇」	佐藤北江・木川修編『佐藤北江』東京朝日新聞社
1916	8月6，7，9，10，11日	「女の観た私娼問題」（一）～（五）（署名は「ＳＴ女」〔竹中繁〕）	『東京朝日新聞』
1924	9月	「私が婦人記者になった動機と其后の感想」	『婦人倶楽部』第5巻第9号
1924	11月11日	「心から叫ばれた最初の農村問題：今年の関西婦人大会に臨んで」	『東京朝日新聞』
1924	12月	「逸することのできぬ機会：東京の婦人界とその近況」	『婦人』第1巻第1号
1925	1月	「新に経済方面に活動する東京連合婦人会の事業」	『婦人』第2巻第1号
1925	2月	「男女共学の輿論喚起に邁進：熾烈なる女子学生連盟の奮闘」	『婦人』第2巻第2号
1925	4月	「三月十日といふ日」	『婦人』第2巻第4号
1925	5月	「全国女子学生連盟と婦選獲得同盟」	『婦人』第2巻第5号
1925	6月	「東京だより」	『婦人』第2巻第6号
1925	7月	「矢嶋楫子女史のことども」	『婦人』第2巻第7号
1925	9月	「東京だより」	『婦人』第2巻第9号
1925	10月	「東都の秋を緊め張つた婦人開放の戦陣」	『婦人』第2巻第10号
1925	11月	「第七回全関西婦人連合大会」（竹中繁子「過去一ヶ年の活動経過報告」）	『婦人』第2巻第11号

1925	12 月	「婦人運動一ヶ年の回顧」	『婦人』第 2 巻第 12 号
1925	12 月 6 日	「キンケイド女史の新著『かぶき』その研究の苦心と由来」	『東京朝日新聞』
1926	1 月	「或る卒業式」	『婦人』第 3 巻第 1 号
1926	2 月	「女子教育の烽火」	『婦人』第 3 巻第 2 号
1926	3 月	「小我をすてゝ団結の力を」	『婦人』第 3 巻第 3 号
1926	4 月	「大地を踏む者」	『婦人』第 3 巻第 4 号
1926	5 月	「伸びて行く力」	『婦人』第 3 巻第 5 号
1926	6 月	「貧児」	『婦人』第 3 巻第 6 号
1926	7 月	「故矢島先生の一周年」	『婦人』第 3 巻第 7 号
1926	9 月	「夏のユーモレスク」	『婦人』第 3 巻第 9 号
1926	11 月	「支那の旅」	『婦人』第 3 巻第 11 号
1926	12 月	「支那の旅（2）旅順と大連」	『婦人』第 3 巻第 12 号
1926	12 月 15 日	「私生児の出産所と棄児の収容所：奉天同善堂の事業」	『東京朝日新聞』
1927	1 月	「支那の旅通信（4）日本人の支那教育者」※（3）のまちがい	『婦人』第 4 巻第 1 号
1927	1 月	「チチハルと呉督軍夫人」	『婦女界』第 35 巻第 1 号
1927	1 月 30 日	「上海から」	『東京朝日新聞』
1927	2 月	「支那の旅通信（5）」※（4）のまちがい	『婦人』第 4 巻第 2 号
1927	2 月 23 日	「広東の除夜」	『東京朝日新聞』
1927	2 月 26 日	「革命の策源地（上）」	『東京朝日新聞』

1927	2月27日	「革命の策源地（下）」	『東京朝日新聞』
1927	3月	「支那の旅通信（6）好学の都南京」 ※（5）のまちがい	『婦人』第4巻第3号
1927	3月6日	「国民の啓発に努力する広東政府：宿弊打破の映画の一例」	『東京朝日新聞』
1927	4月	「三つの圧迫」	『婦選』第1巻第4号
1927	4月	「支那の旅から：故国に帰つて」	『婦人』第4巻第4号
1927	4月1日	「隣邦支那の婦人達」（竹中繁子談・中野てい記）	『女子青年界』第24巻第4号
1927	6月	「東京だより　婦人平和協会と婦人市政研究会」	『婦人』第4巻第6号
1927	6月	「支那婦人の社会運動」	『海外』6月号
1927	7月	「中国婦人雑感」	『婦人運動』第5巻第4号
1927	7月	「婦人の声（二）婦人宿泊所の設立を」	『婦人公論』第12巻第7号
1927	7月	「東京だより：主婦を喚び覚ました不良牛乳問題」	『婦人』第4巻第7号
1927	8月	「天下太平でせうか」	『婦人之友』第21巻第8号
1927	9月	「東京だより：新秋と共に動きを見せた東京婦人界」	『婦人』第4巻第9号
1927	10月	「東京だより：お爺一人と壁を相手に選挙応援演説」	『婦人』第4巻第10号
1927	11月	「東京だより：対議会請願運動・無産婦人運動・職業婦人連盟」	『婦人』第4巻第11号
1927	12月	「東京だより：いたについて来た婦人の動き方　昭和二年の回顧」	『婦人』第4巻第12号
1928	1月	「東京だより：昭和三年の婦人界に望ましい消費組合運動」	『婦人』第5巻第1号
1928	2月	「東京だより：春を待つ心」	『婦人』第5巻第2号

1928	3月	「東京だより：政戦に活躍した婦選獲得同盟・普選達成婦人委員会・婦人無産団体」	『婦人』第5巻第3号
1928	4月	「東京だより」	『婦人』第5巻第4号
1928	6月	「東京たより」	『婦人』第5巻第6号
1928	7月	「フランス婦人界近況」	『婦人』第5巻第7号
1928	7月	「東京たより」	『婦人』第5巻第7号
1928	7月	「世界の女性（8）リダ＝グスタヴァ・ハイマン女史」	『婦人之友』第22巻第7号
1928	8月	「東京たより」	『婦人』第5巻第8号
1928	9月	「東京たより」	『婦人』第5巻第9号
1928	9月	「古い旅嚢から」	『女人芸術』第1巻第3号
1928	10月	「東京便り」	『婦人』第5巻第10号
1928	11月	「東京便り」	『婦人』第5巻第11号
1928	12月	「東京たより」	『婦人』第5巻第12号
1928	12月	「その頃の南北中華婦人と語る――支那旅行印象記の一節」	『日支』第1巻第7号
1929	1月	「東京たより」	『婦人』第6巻第1号
1928	2月	「東京たより」	『婦人』第6巻第2号
1929	3月	「東京便り」	『婦人』第6巻第3号
1929	4月	「東京便り」	『婦人』第6巻第4号

1929	5月	「東京便り」	『婦人』第6巻第5号
1929	6月	「東京だより」	『婦人』第6巻第6号
1929	7月	「東京だより」	『婦人』第6巻第7号
1929	8月	「東京便り」	『婦人』第6巻第8号
1929	9月	「東京だより」	『婦人』第6巻第9号
1929	10月	「東京だより」	『婦人』第6巻第10号
1929	11月	「朝日婦人クラブ発会式」	『婦人』第6巻第11号
1929	11月	「東京たより」	『婦人』第6巻第11号
1929	12月	「東京だより」	『婦人』第6巻第12号
1930	1月	「東京たより：婦人界展望」	『婦人』第7巻第1号
1930	2月	「東京たより：婦人界展望」	『婦人』第7巻第2号
1930	3月	「東京たより：婦人界展望」	『婦人』第7巻第3号
1930	3月	「私のしてゐる仕事：記者生活二十年」	『婦人之友』第24巻第3号
1930	4月	「東京たより：婦人界展望」	『婦人』第7巻第4号
1930	5月10日	「婦選獲得請願提出報告記」（竹中繁子・進藤徳子・島藤枝）	『婦人』第7巻第5号
1930	5月	「婦選獲得誓願提出報告記：全関西十万の請願書提出に当りて」	『婦人』第7巻第5号
1930	5月	「東京たより：婦人界展望」	『婦人』第7巻第5号

1930	6月	「伸びる力育つ力」	『婦人』第7巻第6号
1930	7月	「六月をかへり見て」	『婦人』第7巻第7号
1930	8月	「婦人界展望」	『婦人』第7巻第8号
1930	8月	「あなたの御健康は如何ですか」（※多数の人が短い記事を寄せているうちの一つ）	『婦人之友』第24巻第8号
1930	9月	「婦人界展望」	『婦人』第7巻第9号
1930	10月	「婦人界展望」	『婦人』第7巻第10号
1930	11月	「婦人界展望」	『婦人』第7巻第11号
1930	12月	「婦人界展望」	『婦人』第7巻第12号
1931	1月	「思ひ出の正月：忘れられない元日」	『婦選』第5巻第1号
1931	1月	「昨年掉尾の我婦人界」	『婦人』第8巻第1号
1931	2月	「功を競ふ各婦人団体——二月の東京は婦人大会だらけ」	『婦人』第8巻第2号
1931	3月	「東京に二つの婦人大会：無産婦人大会と第二回全国婦選大会」	『婦人』第8巻第3号
1931	4月	「議会も終り春たけなは　ほつとした心に浮かぶもの：公民権や廃娼案や婦人ガイド養成など」	『婦人』第8巻第4号
1931	5月	「目前の二つの事実：女大出の就職不可能・女子商業生は大歓迎」	『婦人』第8巻第5号
1931	7月	「何故にかくももめ事のみの世か」	『婦人』第8巻第7号
1931	8月	「湯島温泉にて：北村兼子さんの死や吉岡弥生さんのことなど」	『婦人』第8巻第8号
1931	9月	「民国大水害救援に起つてほしい婦人団体」	『婦人』第8巻第9号

1931	10月	「憂はしき満洲の空」	『婦人』第8巻第10号
1931	11月	「『あの頃』を語る座談会」（竹中繁・大竹せい子・柳八重子・平井恒子・中村鈴子・金子しげり・周田松枝・市川房枝）	『婦選』第5巻第11号
1931	12月	「初冬好日のこのごろ　この沈静さは何故ぞ！」	『婦人』第8巻第12号
1932	1月	「今は亡き熊希齢夫人を惜む」	『婦選』第6巻第1号
1932	1月	「魂を入れかへて各自の立場を認識し重大時機を感得せよ」	『婦人』第9巻第1号
1932	2月	「宋慶齢女史の宣言」	『婦選』第6巻第2号
1932	2月	「婦選獲得運動を顧る」	『婦人』第9巻第2号
1932	3月	「民国の昨今」	『婦選』第6巻第3号
1932	4月	「認識不足を耻ぢよ」	『婦選』第6巻第4号
1932	4月	「総選挙後の言」	『婦人』第9巻第4号
1932	5月	「民国教育の過程」	『婦選』第6巻第5号
1932	6月	「民国女性の苦闘の迹」	『婦選』第6巻第6号
1932	6月	「心から尊敬する赤松常子さんの態度」	『婦人』第9巻第6号
1932	7月	「支那婦人の進出」	『婦選』第6巻第7号
1932	8月	「広東行――民国の旅日記より」	『婦選』第6巻第8号
1932	8月	「酷暑前の言葉」	『婦人』第9巻第8号
1932	9月	「広東行（2）――民国の旅日記より」	『婦選』第6巻第9号

1932	10 月	「東京から」	『婦人』第 9 巻第 10 号
1932	11 月	「結ばれた純情」	『婦選』第 6 巻第 11 号
1932	12 月	「甘海瀾氏のこと」	『婦選』第 6 巻第 12 号
1933	1 月	「明日の中国を荷ふ女性たち」	『婦選』第 7 巻第 1 号
1933	1 月	「申年を去らしめて酉年を迎へたる日本」	『婦人』第 10 巻第 1 号
1933	3 月	「東京婦人会だより」	『婦人』第 10 巻第 3 号
1933	4 月	「東京婦人市政浄化連盟の市議選に対する勇敢な態度」	『婦人』第 10 巻第 4 号
1933	5 月	「この鬱陶しいときによろこばしい二つの事」	『婦人』第 10 巻第 5 号
1933	6 月	「自殺のない日は廿日間に僅か二日」	『婦人』第 10 巻第 6 号
1933	8 月	「母心を持つ婦人　その眸に映る世相」	『婦人』第 10 巻第 8 号
1933	9 月	「震災十周年に際し想ふ事のいろいろ」	『婦人』第 10 巻第 9 号
1934	1 月	「昭和八年の婦人界展望」	『婦人』第 11 巻第 1 号
1934	2 月	「東京市の悪税問題」	『婦人』第 11 巻第 2 号
1934	3 月	「全日本婦選大会　第五回の年会」	『婦人』第 11 巻第 3 号
1935	1 月	「男性から与へられた教へ・力」（執筆者 10 名のうちの一人）	『婦選』第 9 巻第 1 号
1935	1 月	「中華民国異聞」	『婦人運動』第 13 巻第 1 号
1935	1 月	「中華民国の婦人作家」	『婦人文芸』第 2 巻第 1 号

1935	2月	「解放された民国婦人」	『婦選』第7巻第2号
1935	2月	「民国婦人刑法改正に成功」	『婦選』第9巻第2号
1935	6月	「支那婦人の一抗議」	『婦人文芸』第2巻第6号
1935	12月	「座談会　昭和十年婦人界回顧」（大竹せい・竹中繁子・平林たい子・新妻伊都子・村岡花子・市川房枝・平井恒子・金子しげり）	『婦選』第9巻第12号
1936	2月	「東京婦人界便り：選挙粛正の名花幾十枝」	『婦人』第13巻第2号
1940	3月25日	「和平の都：南京を見る」	『東京朝日新聞』
1940	3月29日	「親善を語る三婦人：平和の道を拓くこの意気込み」	『東京朝日新聞』
1948	6月	「矢嶋楫子先生――人間として」（執筆者6名のうちの一人）	『婦人新報』第579号
1954	1月25日	「草分け婦人記者の対談」（恩田和子・竹中繁）	『東京朝日新聞』
1968		「竹中繁」	東京新聞社編『私の人生劇場』現代書房

3．竹中繁中国語主要著作一覧

年	月日	タイトル	掲載誌（紙）
1931		「日本第四個女博士」	『中華』（上海）第6期
1931	7月18日	「日本産児限制運動（一）」	『国華報』
1931	7月19日	「日本産児限制運動（二）」※未確認	『国華報』
1931	7月21日	「日本産児限制運動（三）」	『国華報』
1931	7月22日	「日本産児限制運動（四）」	『国華報』
1931	7月26日	「日本産児限制運動」	『香港南強日報』
1931	7月27日	「日本鉱山労働婦人（一）」	『国華報』
1931	7月28日	「日本鉱山労働婦人（二）」	『国華報』
1931	7月29日	「日本鉱山労働婦人（三）」	『国華報』
1931	7月30日	「日本鉱山労働婦人（四）」	『国華報』

1931	7月31日	「日本鉱山労働婦人（五）」	『国華報』
1931	8月2日	「日本産児限制運動」	『中華日報』
1931	8月7日	「日本婦女：同盟的新局面」	掲載紙不明
1931	8月	「日本民法及刑法的改正与女性権利的拡張」	『婦女雑誌』第17巻第8号
1931	8月15日	「婦女消息：日本教育界之女権運動：中等女教員連合之空前大会」	『婦女共鳴』第54期
1931	9月	「日本廃娼問題（日本通信）」	『婦女雑誌』第17巻第9号
1931	9月	「日本的産児限制運動」	
1931	9月	「日本全国高等女学校校長会議與公民教育」	
1931	9月	「日本鉱山労働婦人」	
1931	10月	「日本中等女教員連合與空前的大会」	『婦女雑誌』第17巻第10号
1931	10月	「日本第五十九次議会婦女公民権否決与婦女今後的態度」	『女青年』第10巻第8号
1931	11月	「日本農村婦人的副業」	『婦女雑誌』第17巻第11号
1931	11月	「日本女性的職業戦線悲観」	
1931	11月	「日本各婦人団体関於府県会議員総選挙對策」	
1931	11月	「日本民法改正案全部脱稿後的女権」	
1931	12月	「日本首都的職《マ》婦人《マ》的調查」	『婦女雑誌』第17巻第12号
1932	3月1日	「日本女子的公民教育」	『女鐸』第20期第10集
1932	4月25日	「日本婦女服務於報界的状況」	『女聲』第2巻第14期
1932		「竹中繁女士給本刊編者的一封信」	『慈幼月刊』第2巻第7期
1933		「日本的家庭教育」	『現代父母』第1巻第1期
1933		「留宴中国青年記」	『現代父母』第1巻第4期
1933		「給中国的朋友們」	『現代父母』第1巻第4期
1933		「防止虐待児童法律案的感想（東京通訊）」	『現代父母』第1巻第5期

1933		「一封公開的信」	『現代父母』第1巻第6期
1934		「日本婦女服務于報界的状況」	『婦女旬刊』第18巻第31期
1934	11月30日	「日本的幾個女作家」	『女聲』第3巻第4期

＊「日本産児限制運動」、「日本鉱山労働婦人」など、同一内容の記事を複数の新聞・雑誌に掲載しているものもある。

参考文献一覧

○日本語著作

青柳達雄「李人傑について、芥川龍之介『支那游記』中の人物」(『日本の文学』第8集、1990年12月)。

芥川龍之介『上海游記・江南游記』(講談社文芸文庫、2001年)。

『芥川龍之介全集　第十一巻』(岩波書店、1978年)。

浅居誠一編纂兼発行『日清汽船株式会社三十年史及追補』(日清汽船株式会社、1941年)。

朝日新聞社百年史編修委員会編『朝日新聞社史　大正・昭和戦前編』(朝日新聞社、1995年)。

阿部洋「1920年代満州における教育権回収運動——中国近代教育におけるナショナリズムの一側面」(『アジア研究』第27巻第3号、1980年)。

阿頼耶順宏「謝冰瑩——“女兵”作家の軌跡」(『東洋文化学科年報(追手門学院大学)』第2号、1987年11月)。

荒武達朗「日本人旅行者の見た南京市街——清末～1920年代」(『近代東アジア土地調査事業研究ニューズレター』第7号、2016年)。

晏妮「上海における近代的女子教育の展開——愛国女学校と務本女塾を中心に」(奈良女子大学博士学位論文、2014年)。

池上貞子「草野心平と中国——嶺南大学時代」(『跡見学園女子大学文学部紀要』第38号、2005年)。

生駒盛芳「鎌田弥助略伝」(『揖宿史談』第2号、1982年)。

市川房枝『市川房枝自伝(戦前編)』(新宿書房、1974年)。

井上ひさし・こまつ座『井上ひさしの大連　写真と地図で見る満州』(小

学館、2002年1月)。

浮田英彦「南満洲鉄道株式会社に見るホテル事業に関する基礎研究——運輸営業課の運営管理であった1907年(明治40年)8月〜1927年(昭和2年)12月を中心として」(『福岡女学院大学紀要　人文学部編』第18号、2008年2月)。

江刺昭子『女のくせに——草分けの女性新聞記者たち』(インパクト出版会、1997年)。

衛藤安奈『熱狂と動員——1920年代中国の労働運動』(慶應義塾大学出版会、2015年)。

王紅「上海時代の田村俊子——中国語の雑誌『女聲』を中心に」(『中国女性史研究』第8号、1998年)。

大江平和「熊希齢と北京香山慈幼院——1919年から1927年までの財政を中心に」(『人間文化創成科学論叢』第15巻、2012年)。

大阪朝日新聞社『五十年の回顧——大阪朝日新聞創刊五十周年記念』(大阪朝日新聞社、1929年)。

大里浩秋「『日華学報』目次」(神奈川大学人文学研究所『人文学研究所報』第38号、2005年)。

太田宇之助「孫文と私——一老記者の回想」(『中央公論』第90巻第12号、1975年)。

太田宇之助『新支那の誕生』(日本評論社、1937年)。

小野和子『中国女性史——太平天国から現代まで』(平凡社、1978年)。

夏暁虹著、清水賢一郎・星野幸代訳『纏足をほどいた女たち』(朝日選書、1998年)。

香川敦子『窓の女　竹中繁のこと——東京朝日新聞最初の婦人記者』(新宿書房、1999年)。

風間道太郎『尾崎秀実伝』(法政大学出版局、1968年)。

片倉製糸紡績株式会社考査課編輯『片倉製糸紡績株式会社二十年誌』(片

倉製糸紡績、1941 年）。

加藤恭子「二〇世紀初頭における、中国への日本の女子教員派遣と「東洋婦人会」——中国の女子学校教育の実施にむけた協力活動について」（『お茶の水史学』第 57 号、2014 年）。

川崎キヌ子『満州の歌と風土——与謝野寛・晶子合著『満蒙遊記』を訪ねて』（おうふう、2006 年）。

韓立冬『戦前日本の中国人留学生予備教育——特設予科とその周辺』（東京大学博士学位論文、2017 年）。

菊池敏夫『民国期上海の百貨店と都市文化』（研文出版、2012 年）。

貴志俊彦、松重充浩、松村史紀編『二〇世紀満洲歴史事典』（吉川弘文館、2012 年）。

木之内誠編『上海歴史ガイドマップ　増補改訂版』（大修館書店、2011 年）。

国松文雄『わが満支 25 年の回顧』（新紀元社、1961 年）。

久布白落実『廃娼ひとすじ』（中央公論社、1973 年〔1981 年再版〕）。

呉市海事歴史科学館編『日本海軍艦艇写真集・巡洋艦』（ダイヤモンド社、2005 年）。

桑原哲也「日本企業の国際経営に関する歴史的考察——両大戦間期、中国における内外綿会社」（『日本労働研究雑誌』第 562 号、2007 年 5 月）。

高瑩瑩「第一次日本占領期における青島のメディア」（『海港都市研究』創刊号、2006 年 3 月）。

ドロシー・コウ著、小野和子・小野啓子訳『纏足の靴——小さな足の文化史』（平凡社、2005 年）。

香内信子『与謝野晶子——昭和期を中心に』（ドメス出版、1993 年）。

高良とみ『高良とみの生と著作　第 3 巻　女性解放を求めて 1925－35』（ドメス出版、2002 年）。

高良美世子『誕生を待つ生命——母と娘の愛と相克』（自然食通信社、2016 年）。

小島晋治・丸山松幸『中国近現代史』（岩波書店、1986 年）。

児玉勝子『覚書・戦後の市川房枝』（新宿書房、1985 年）。

後藤朝太郎『支那庭園』（大空社、2007 年〔初版：成美堂書店、1934 年〕）。

小林一博『「支那通」一軍人の光と影――磯谷廉介中将伝』（柏書房、2000 年）。

小林英夫『満鉄　「知の集団」の誕生と死』（吉川弘文館、1996 年）。

崔淑芬『中国女子教育史――古代から 1948 年まで』（中国書店、2007 年）。

嶋津拓「戦前戦中期における文部省直轄学校の「特設予科」制度について――長崎高等商業学校を事例として」（『長崎大学留学生センター紀要』第 15 号、2007 年）。

周一川『中国人女性の日本留学史研究』（国書刊行会、2000 年）。

徐静波「内山完造――三五年に亘る上海体験と上海観察」（和田博文・黄翠娥『〈異郷〉としての大連・上海・台北』勉誠出版、2015 年）。

資料集刊行会『天羽英二　日記・資料集』全 5 巻（天羽英二日記・資料集刊行会、1984 ～ 1992 年）。

秦剛「谷崎潤一郎と田漢」（千葉俊二・銭暁波編『アジア遊学　谷崎潤一郎　中国体験と物語の力』勉誠出版、2016 年）。

進藤久美子『市川房枝と「大東亜戦争」――フェミニズムは戦争をどう生きたか』（法政大学出版社、2014 年）。

新保敦子「「解放」前中国における郷村教育運動――中華平民教育促進会をめぐって」（東京大学教育学部紀要、第 24 巻、1984 年）。

帥元紀「中国系日系カナダ人の私」（『とりりあむ』トロント日本商工会、2011 年 7 月号）。

末次玲子「『王道楽土』のジェンダー構想」（早川紀代・李熒娘・江上幸子・加藤千香子編『東アジアの国民国家形成とジェンダー――女性像をめぐって』青木書店、2007 年）。

末次玲子『二〇世紀中国女性史』（青木書店、2009 年）。

杉本史子「新文化運動後期における女子学校の「学潮」と女学生――『民國日報』とその副刊の報道を中心として」(『立命館文學』第619号、2010年12月)。

杉本史子「辛亥革命期の湯国梨と務本女塾――女性教員、女性運動家として」『立命館文學』第608号、2008年12月)。

鈴木裕子編『日本女性運動資料集成第一巻　思想・政治Ⅰ　女性解放思想の展開と婦人参政権運動』(不二出版、1996年)。

須藤瑞代「女性記者竹中繁の見た中国女性たち――1920～30年代を中心に」(『中国女性史研究』第17号、2008年2月)。

須藤瑞代「女性と国際交流――竹中繁と日中女性の連帯」(平野健一郎・古田和子・土田哲夫・川村陶子編『国際文化関係史研究』東京大学出版会、2013年)。

須藤瑞代「民国初期の節婦烈女」(辛亥革命百周年記念論文集編集委員会編『総合研究　辛亥革命』岩波書店、2012年)。

関口安義『特派員　芥川龍之介――中国でなにを視たのか』(毎日新聞社、1997年)。

蘇林・佐々木啓「「満洲国」における中国人女子教育」(早川紀代・李燅娘・江上幸子・加藤千香子編『東アジアの国民国家形成とジェンダー――女性像をめぐって』青木書店、2007年)。

太平洋戦争研究会編『写説　満州』(ビジネス社、2005年)。

高嶋航「近代中国における女性兵士の創出――武漢中央軍事政治学校女生隊」(京都大学人文科学研究所『人文學報』第90号、2004年)。

高田幸男「近代中国の大学と地域エリート――三江師範学堂・東南大学の事例研究」(『アジア教育史研究』第18号、2009年3月)。

高村直助『近代日本綿業と中国』(東京大学出版会、1982年)。

竹中憲一『「満州」における教育の基礎的研究』(柏書房、2000年)。

単援朝「上海の芥川龍之介――共産党代表者李人傑との接触」(『日本の文

学』第８集、1990 年 12 月)。

単援朝「芥川龍之介と上海――中国体験のもう一面」(鈴木貞美・李征編『上海一〇〇年』勉誠出版、2013 年)。

千葉俊二編『谷崎潤一郎　上海交遊記』(みすず書房、2004 年)。

中華全国婦女連合会編著・中国女性史研究会編訳『中国女性運動史 1919-49』(論創社、1995 年)。

中国人民政治協商会議広東省広州市委員会・文史資料研究委員会編『広州近百年教育史料』(広東人民出版社、1983 年)。

中支被難者聯合会編『南京漢口事件真相：揚子江流域邦人遭難実記』(岡田日栄堂、1927 年)。

張蕾『芥川龍之介と中国――受容と変容の軌跡』(国書刊行会、2007 年)。

陳祖恩著、大里浩秋監訳『上海に生きた日本人――幕末から敗戦まで』(大修館書店、2010 年)。

富澤芳亜・久保亨・萩原充編著『近代中国を生きた日系企業』(大阪大学出版会、2011 年)。

永岡健右「時代の証言：寛・晶子が『満蒙遊記』でみたもの」(『国文学』学燈社、1997 年６月臨時増刊号)。

中山優「同文書院大旅行記 (6)」(『中山優選集』中山優選集刊行委員会、1972 年)。

奈良女子大学アジア・ジェンダー分科学研究センター編『奈良女子高等師範学校とアジアの留学生』(奈良女子大学アジア・ジェンダー分科学研究センター、2014 年３月)。

新延修三『われらヒラ記者　朝日新聞を築いた人たち』(波書房、1973 年)。

仁木ふみ子『震災下の中国人虐殺――中国人労働者と王希天はなぜ殺されたか』(青木書店、1993 年)。

西澤泰彦『図説満鉄　「満洲」の巨人』(河出書房新社、2000 年)。

西原大輔『谷崎潤一郎とオリエンタリズム――大正日本の中国幻想』(中

央公論新社、2003年)。

日本女子大学成瀬記念館『激動の時代を生きて　高良とみ』(2014年)。

野上弥生子『私の中国旅行』(岩波新書、1959年)。

早川正雄『呉俊陞の面影』(大阪屋号商店、1930年)。

林貞三『調査　支那蚕糸業』(上田蠶絲専門學校同窓會報、1926年)。

春野鶴子『上海放浪記』(学風書院、1961年)。

春原昭彦・米田佐代子・岩崎千恵子・池田恵美子・平野恭子編『女性記者——新聞に生きた女たち』(世界思想社、1994年)。

藤田元春『西湖より包頭まで——支那研究』(博多成象堂、1926年)。

夫馬進『中国善会善堂史研究』(同朋舎出版、1997年)。

古澤幸吉著、古澤陽子編『吾家の記録　古澤幸吉自叙伝——村上・厚岸・東京・ハルピン』(古澤隆彦〔個人出版〕、2016年)。

古家誠一『奉天同善堂調査報告(社会課報告資料第一号)』(南満洲鉄道株式会社、1927年)。

前山加奈子「関露と『女聲』」(渡邊澄子編『今という時代の田村俊子——俊子新論』(国文学解釈と鑑賞別冊)至文堂、2005年)。

前山加奈子「ジェンダー視点で見る近代中国の断髪:日本との比較において」(『駿河台大学論叢』第26号、2003年7月)。

前山加奈子「1920年代初頭における日本と中国の女性定期刊行物:呉覚農が紹介・論争した女性運動論からみる」(『駿河台大学論叢』第42号、2011年)。

松浦章『近代日本中国台湾航路の研究』(清文堂出版、2005年)。

満洲日報社臨時紳士録編纂部編『満蒙日本人紳士録　満蒙銀行会社要覧』(大連:満洲日報社、1929年(芳賀登他編『日本人物情報体系』第12巻、皓星社、1999年所収)。

南堀英二『奇跡の医師　東洋一の個人総合病院上海福民病院を造った慈愛の医業』(光人社、2010年)。

『南満洲鉄道株式会社第二次十年史（上）』（原書房、1974年）。

村田雄二郎編『「婦女雑誌」からみる近代中国女性』（研文出版、2005年）。

山口建治「蘇州日本租界と片倉製糸――『蘇州市第一絲廠廠志』抄訳」（『人文研究』第149号、神奈川大学、2003年）。

山崎朋子『アジア女性交流史――明治・大正期篇』（筑摩書房、1995年）。

山﨑眞紀子「田村（佐藤）俊子から左俊芝へ、戦時下・上海『女声』における信箱」（堀井弘一郎・木田隆文編『戦時上海グレーゾーン』勉誠出版、2017年）。

山田辰雄編『近代中国人名辞典』（霞山会、1995年）。

山根幸夫『東方文化事業の歴史』（汲古書院、2005年）。

山本澄子『中国キリスト教史研究』（増補改訂版、山川出版社、2006年）。

与謝野寛・与謝野晶子『鉄幹晶子全集』第26巻（勉誠出版、2008年）。

米村秀司著『消えた学院――日中共学を実践した「青島学院」の三十年を追う』（ラグーナ出版、2011年）。

李雪「1930～40年代の天津における日本人教育に関する一考察――天津中日学院の補給生を中心に」（『早稲田教育評論』第29巻第1号、2015年）。

劉霖「1920－1930年代中国上海におけるミッション系女子教育――中西女塾の分析を中心に」（www.hues.kyushu-u.ac.jp/education/student/pdf/2011/2HE10057M.pdf）。

梁吉生「天津近代女子教育と南開女子中学」（『中国女性史研究』第2号、1990年）。

歴代知事編纂会編『新編日本の歴代知事』（歴代知事編纂会、1991年）。

○英語著作

Catherine M. Osborn, *From Dream to Reality: a Record of the Development of the Blackmer Girls' Home*, Boston: Women's National Missionary

Association of the Universalist Church, 1918.

○中国語著作

邢軍著、趙暁陽訳『革命之火的洗礼――美国社会福音和中国基督教青年会1919－1937』（上海：上海古籍出版社、2006 年）。

呉翎「20 世紀初三位皖籍女性的追求解放之路」（『江淮文史』第 6 期、2011 年）。

顧明義・方軍編『大連近百年史』（瀋陽：遼寧人民出版社、1999 年）。

黄菊艶主編『近代広東教育与嶺南大学』（香港：商務印書館、1995 年）。

江蘇省地方志編纂委員会編『江蘇省志　教育志（上）』（南京：江蘇古籍出版社、2000 年）。

湖北省地方志編纂委員会『湖北省志　教育』（武漢：湖北人民出版社、1993 年）。

左芙蓉『社会福音・社会服務与社会改造――北京基督教青年会歴史研究1906-1949』（北京：宗教文化出版社、2005 年）。

謝冰瑩『一個女兵的自伝』（上海：上海良友図書印刷公司、1936 年）。

謝冰瑩『我在日本』（台北：東大図書有限公司、1984 年）。

謝冰瑩「于立忱之死」（『伝記文学』第 56 巻第 6 期、1990 年〔原載：『台北聯合報』副刊、1984 年 6 月 15 日〕）。

≪上海婦女誌≫編纂委員会編『上海婦女誌』（上海：上海社会科学出版社、2000 年）。

周新国・陳乃林主編『江蘇教育史』（南京：江蘇人民出版社、2007 年）。

周東怡「清末赴日視察風潮中知識份子的活動――以厳修的教育活動及其貢献為探討中心」（『香港師大歴史学報』第 46 期、2011 年 12 月）。

徐伝徳主編『南京教育史（第 2 版）』（北京：商務印書館、2012 年）。

薛理勇主編『上海掌故辞典』（上海：上海辞書出版社、1999 年）。

張競「与謝野晶子与李助君的戯劇性邂逅――一段鮮為人知的歴史細節」

（*The Journal of Humanities Meiji University*, vol.7, 2001）。
陳三井主編『近代中国婦女運動史』（台北：近代中国出版社、2000 年）。
丁長清・唐仁粤主編『中国塩業史』（北京：人民出版社、1997 年）。
丁芮『北洋政府時期京師警察庁的婦女救助——以済良所和婦女習工廠為例』（『北京社会科学』第 1 期、2011 年）。
樊書華「燕京大学与哈佛——燕京学社的建立」（『美国研究』第 1 期、1999 年）。
方漢奇等著『≪大公報≫百年史（1902-06-17—2002-06-17））』（北京：中国人民大学出版社、2004 年）。
熊月之主編『上海名人名事名物大観』（上海：上海人民出版社、2005 年）。
楊大辛主編『近代天津図誌』（天津：天津古籍出版社、1992 年）。
劉景山『劉景山先生訪問記録』（台北：中央研究院近代史研究所、1987 年）。
劉継曾等著『武漢国民政府史』（武漢：湖北人民出版社、1986 年）。
連玲玲「企業文化的形成与転型——以民国時期的上海永安公司為例」（『中央研究院近代史研究所集刊』第 49 期、2005 年 9 月）。